ARETHA FRANKLIN

ARETHA FRANKLIN

APOLOGÍA Y MARTIROLOGIO DE LA REINA DEL SOUL

DEL ESCRIBA DE SUS MEMORIAS, LA BIOGRAFÍA DESAUTORIZADA

DAVID RITZ

Edición y traducción de Manuel de la Fuente

LIBROS DEL KULTRUM

Publicado por:
LIBROS DEL KULTRUM
Sinónimo de Lucro, S.L.

Título original:
Respect: The Life of Aretha Franklin

Publicado en Estados Unidos por
Little, Brown and Company

© 2014 by David Ritz

© de la traducción 2020,
Manuel de la Fuente
© de la imagen de la cubierta 1969,
Michael Ochs Archives/Getty Images
© de esta edición 2020,
Sinónimo de Lucro, S.L.

Derechos exclusivos de edición:
Sinónimo de Lucro, S.L.

ISBN: 978-84-121842-1-1
Depósito Legal: B 8492-2020

Primera edición:
octubre de 2020

En la cubierta:
*Singer Aretha Franklin smokes as
cigarette as she works in the studio
by a microphone at Muscle Shoals
Studios on January 9, 1969 in
Muscle Shoals, Alabama.*
(Photo by Michael Ochs Archives/
Getty Images)

Corrección pictográfica
en el dorso de la cubierta
y de la contracubierta:
Jaume Morató Griera

Diseño de colección y cubierta:
pfp, disseny
Maquetación:
pfp, disseny
Impresión y encuadernación:
Romanyà Valls, S.A.

Esta colección se compagina con
las tipografías ITC Caslon No. 224,
diseñada por William Caslon (1725)
y Edward Benguiat (1982), y
Akzidenz Grotesk, diseñada por
la fundidora de tipos H. Berthold
(1896).

ÍNDICE

INTRODUCCIÓN

El 12 de noviembre de 2018, el festival de cine documental de Nueva York DOC NYC estrenaba una de las películas más esperadas por los aficionados a la música soul, *Amazing Grace*, realizada por Sydney Pollack en 1972 y que no llegó a montarse por problemas de sincronización de imagen y sonido. El film recogía dos conciertos de Aretha Franklin, celebrados los días 13 y 14 de enero de 1972 en la iglesia baptista New Temple de Los Ángeles y editados en un doble álbum en junio de ese año. El disco, del mismo título que habría de tener la película, sería el más vendido de la historia del góspel y marcaría el cenit de la carrera de la cantante. No es de extrañar, por lo tanto, el interés suscitado por el estreno de un largometraje que rescataba una época gloriosa de la música negra.

El largo proceso para completar el films es un fiel reflejo de las tensiones vividas en el seno de la industria musical y en la propia conformación de la historia oficial de la música popular, de ahí la primera pregunta que surge ante este hecho: ¿por qué tardó casi medio siglo en finalizarse un documento tan revelador? La respuesta nos lleva a los entresijos de la industria, ejemplificados, en el caso que nos ocupa, por el control férreo que ejerció Aretha Franklin del relato de su trayectoria, y del que es también testimonio, como veremos, el presente libro.

Desde que D. A. Pennebaker dirigiera, en los años 60, *Don't Look Back*, la pionera cinta que seguía la gira británica de Bob Dylan en 1965, diversos artistas y productores se plantearon la idoneidad del cine para acercarse al público y mostrar un elemento fundamental del rock: la corporeidad. Las películas visualizaban a los fans bailando enfervorizados en los conciertos al ritmo de la música, persiguiendo a sus ídolos por las calles y hoteles, al tiempo que veíamos a los cantantes en la intimidad de los camerinos escribiendo canciones, drogándose, flirteando con sus seguidores o discutiendo con periodistas. El propio Pennebaker estrenaría en 1968 *Monterey Pop*, ampliando el foco a los festivales.

No obstante, las dificultades técnicas, junto con la imagen poco edificante que se ofrecía de los propios artistas, provocaron que *Amazing Grace* no fuera la única película en dormir durante una larga temporada el sueño de los justos. Ahí tenemos *Roxy: The Movie*, la filmación de tres conciertos de Frank Zappa en el Roxy Theatre de Hollywood en 1973, que, también por problemas de sincronización, no vio la luz hasta el año 2015; o *Bird on a Wire*, que registraba el tour de Leonard Cohen en Europa e Israel de 1972 y que su realizador, Tony Palmer, no rescató hasta 2010, presentándole al espectador las situaciones íntimas del cantante que habían provocado la condena al ostracismo del documental; por no mencionar el caso más peliagudo de *Cocksucker Blues*, con Robert Frank filmando un material, la gira de los Rolling Stones por Estados Unidos en 1972, que sufriría un accidentado periplo de demandas judiciales y proyecciones en festivales. En todos estos casos hablamos de un momento, a principios de los años 70, en que la alegría por la celebración y divulgación de una música juvenil, rebelde y contestataria se daría de bruces con los departamentos de relaciones públicas de la industria, empeñados en ofrecer una imagen inmaculada de los artistas. Y no sería hasta décadas más tarde cuando la nostalgia facilitaría el estreno en condiciones de aquellas películas, a modo de reivindicación de una época esplendorosa, aunque perteneciente ya al pasado.

En *Amazing Grace y Aretha Franklin: apología y martirologio de la reina del soul* se dan estas circunstancias. La gran Reina del Soul, mirando siempre al futuro, vio con recelo los intentos del productor Alan Elliott, que en 2007 se propuso solventar esos problemas técnicos que habían impedido completar la película. Hablamos de una artista preocupada siempre por figurar en las listas de éxito con sus nuevos lanzamientos, que renuncia constantemente a grabar discos con repertorio clásico, una cantante que, en definitiva, prefiere competir en los años 80 y 90 con Madonna o Whitney Houston en lugar de, como le aconsejan sin cesar, batirse con el legado de Sarah Vaughan o Ella Fitzgerald. Aretha Franklin entiende que la vigencia de su reinado, en una sociedad de la inmediatez como la estadounidense, depende de seguir al pie del cañón y no quedar relegada a una reliquia de tiempos pretéritos.

Ése es el conflicto que retrata esta biografía de David Ritz, construida a partir de los testimonios del entorno personal y artístico de Aretha Franklin. Ritz, encargado de la escritura y edición de las memorias de Aretha, *From these Roots*, publicadas en 1999, decidió acometer su propia biografía, pese a la oposición frontal de la biografiada. Poco le importó no contar con su beneplácito y este libro, que ahora presentamos traducido al español, saldría finalmente en 2014, cuatro años antes del fallecimiento de la cantante. En él asistimos a una trayectoria musical fascinante, desde los orígenes en el circuito del góspel hasta su paso por los principales sellos discográficos en los que Aretha Franklin desplegaría un talento musical inconmensurable.

Sin embargo, el libro de Ritz no se queda en una mera descripción de gestas discográficas, al poner el acento en dos perspectivas imprescindibles para comprender la figura de Aretha Franklin. En primer lugar, su compromiso social al lado de los desfavorecidos y de la comunidad negra estadounidense. En los años 50 y 60, el éxito del rock and roll se explica, entre otros factores, por el emblanquecimiento del rhythm and blues. La irrupción de cantantes como Bill Haley o Elvis Presley confirió al rock una dimensión mundial, mientras el soul, heredero del góspel, exploró, como no podía ser de otra manera, la negritud en todas sus vertientes. Los cantos de las iglesias negras se fundieron con una intensa expresividad corporal no exenta de un explícito componente sexual. Aretha Franklin desarrolló, además, una reivindicación del papel de la mujer en canciones que se convertirían en auténticos himnos, como 'Respect' o 'Think'.

En este eje conviene situar la segunda perspectiva que recoge la biografía de Ritz: la obstinación de Aretha Franklin por situar su música por encima de todo, aunque en su camino tuviesen que sacrificarse las carreras musicales de sus propias hermanas. Reina solo podía haber una y, en una industria voraz, no se podía permitir concesiones de ningún tipo. Así pues, aquí contemplamos también esa dimensión personal que explica la gestación de los discos, la organización de las giras y la celebración de los conciertos. Y también, cómo no, los éxitos, galardones y homenajes que recibió una artista que nunca dio su brazo a torcer y que tuvo siempre la última palabra en la gestión de una carrera única en la historia de la música popular. Este libro explica desde una posición privilegiada, la de un escritor que trabajó de cerca con la reina del soul, esa trayectoria, al tiempo que nos adentra, al igual que la película *Amazing Grace*, en algunas de las páginas más relevantes de la historia social y cultural reciente de Estados Unidos.

Manuel de la Fuente
Universidad de Valencia

A la memoria de Jerry Wexler y Ruth Bowen,
virtuosos mentores

CONOCER A LA REINA

A mediados de los años 70, cuando empecé a dedicarme a escribir, había tres personas con las que quería trabajar a toda costa: Ray Charles, Aretha Franklin y Marvin Gaye. Eran los cantantes que más me fascinaban. Tenía que conocerlos porque estaba convencido de que sus vidas serían tan interesantes como su música.

Primero fui a por Ray, persiguiéndolo sin descanso. Tras varios intentos infructuosos, encontré la vía de acceso cuando Western Union me indicó que podía remitirle mensajes en braille. Le mandé unos telegramas donde se lo explicaba todo con la mayor sinceridad del mundo. Aceptó recibirme, nos caímos bien y nos pusimos manos a la obra, aunque tuve que sustituir mi plan inicial de escribir su biografía por el de narrarla desde su perspectiva. Fue entonces cuando descubrí el fascinante oficio de coescribir y editar autobiografías. El libro resultante, *Brother Ray* (Global Rhythm, 2007), gozó de buena acogida y me animó a acometer mi siguiente proyecto: trabajar con Aretha. Pero cuando Ray me la presentó en su camerino del Dorothy Chandler Pavilion de Los Ángeles, me contestó que no estaba interesada... al menos, de momento.

Tras publicar una serie de novelas, contacté con Marvin Gaye. En este caso, el proceso fue a la inversa. A mitad del trabajo, Marvin murió asesinado de manera trágica por su padre. No me quedó otra que convertir la autobiografía truncada en una biografía. La escritura de *Divided Soul: The Life of Marvin Gaye* constituyó una experiencia única y fascinante, aunque dolorosa. Su muerte me dejó tocado y ojalá hubiéramos podido completar juntos el libro inicialmente previsto.

Visto lo visto, pensé que, en adelante, cuando se me planteara qué opción tomar, me inclinaría por ésta en lugar de la biografía. Por un lado, valoraba la conexión personal que se establece con el artista y, por otro, me encantaba ser el transmisor de su voz. Me sentía como un actor escogiendo sus papeles. A lo largo de los veinte años posteriores, trabajé así en los libros de Smokey Robinson, Etta James, B.B. King y los Neville Brothers. Cada libro que se publicaba se lo enviaba a Aretha con una nota expresándole mi deseo de que pronto nos pusiéramos a trabajar con el suyo.

Tras completar las memorias de Jerry Wexler, el productor más importante de Aretha, pensé que pronto llegaría el momento de la verdad. En el proceso de investigación de la vida de Wexler, di con gran parte de la peripecia vital de Aretha. Wexler colaboró intensamente con casi todos los mejores músicos que habían tocado con Aretha y me puso en contacto con ellos, incluso con John Hammond*, el primer productor de Aretha, a quien entrevisté en profundidad.

Al haberme movido durante dos décadas en el terreno del rhythm and blues, había reunido un enorme volumen de documentación sobre la vida y obra de Aretha. Me había pasado centenares de horas hablando con los compañeros que más la conocían, como Luther Vandross, el productor de 'Jump to It' (el tema con el que volvió a

---

* (*N. del E.*) John Henry Hammond jr. (1910-1987). Músico, crítico, productor musical y cazatalentos. Responsable del descubrimiento y desarrollo de la carrera musical de Billie Holiday, Count Basie, Pete Seeger, Bob Dylan, Leonard Cohen, Bruce Springsteen y Stevie Ray Vaughan.

triunfar), Arif Mardin, el arreglista con quien había trabajado durante más de cuarenta años, y Ruth Bowen, su representante y, quizás, su colaboradora más estrecha en la industria, que contestó mis preguntas con sinceridad pasmosa.

Pero sobre todo entablé relación con su familia más cercana (sus hermanos Cecil y Vaughn, así como sus hermanas Erma y Carolyn), lo que me permitió el acceso al santuario del universo Franklin antes de empezar a trabajar con la propia Aretha. Smokey Robinson, cuya infancia había transcurrido en Detroit, en la calle de al lado de los Franklin, y que era el mejor amigo de Cecil, me los presentó a casi todos. Se convirtieron en la mejor baza para animarla a trabajar conmigo. Durante varios años, me suministraron información detallada y de valor incalculable al respecto de su hermana.

Iba a Detroit con frecuencia y cada vez le enviaba una carta a Aretha, con el deseo de conocerla en persona. Y en 1994, por fin, llegó la respuesta. Un miércoles, a eso de las ocho de la tarde, sonó el teléfono en mi habitación del hotel Atheneum.

«Señor Ritz», se presentó. «Soy Aretha Franklin».

Me salió el tartamudeo que he tenido desde pequeño y no pude pronunciar palabra. Llegué a asustarme un poco. Pensé que igual, tras dos décadas de persecución, sería incapaz de articular una simple frase. O que me había quedado mudo por la conmoción de oír su voz. O que en aquel momento lo iba a echar todo a perder.

Sin embargo, la tozudez se impuso sobre el miedo y, no sin cierta dificultad, le expresé mi alegría por su llamada.

«Estoy entrevistando a escritores para mi autobiografía», continuó, «y quisiera hablar con usted».

«Muchas gracias, señora Franklin».

La habría llamado Aretha, pero usaba un tono tan formal (seguiría varias semanas dirigiéndose a mí como «Sr. Ritz») que se me antojó fuera de lugar.

«Me gustaría saber cómo querría plantearlo», me comentó.

«Podemos reunirnos cuando le venga bien», le dije.

«No hago entrevistas personales, solo por teléfono».

«¿Esto ya es una entrevista?»

La pregunta le hizo reír. «Sí, señor Ritz. Dígame qué enfoque tiene en mente».

Le expliqué con toda la pasión del mundo mi idea del proyecto, que mi interés radicaba en escribir un libro suyo, no mío, que la suya era una de las grandes historias que quedaban por contar de la cultura estadounidense contemporánea, que yo era el fan número uno de su música, que había escuchado sus discos de manera compulsiva y había seguido su carrera de cerca, que trabajaría sin descanso para que el texto reflejara su punto de vista, que era el sueño de mi vida relatar su vida y hacer un buen libro.

Terminó la charla sin aclararme cuándo me daría respuesta. Aquella noche no dormí. Me pasé una semana hecho un manojo de nervios, hasta que recibí la segunda llamada.

El día en que supe que la Sra. Franklin me había elegido a mí, fue uno de los más felices de mi vida. Para celebrarlo, me puse *Amazing Grace*, su glorioso disco de góspel, y lo escuché de principio a fin.

Llamé a mi amigo Billy Preston, a quien conocía desde hacía décadas gracias a Ray Charles, para darle la noticia. Billy y Aretha contaban con el mismo mentor, el reverendo James Cleveland, el gran cantante de góspel que era una de mis principales fuentes de información sobre Aretha. Billy había realizado el mismo viaje que Aretha desde la música religiosa al pop. Se conocían desde críos. Habían coincidido montones de veces en estudios de grabación y escenarios, y llevaba años ofreciéndome claves del mundo de Aretha.

Me felicitó, aunque a la vez me alertó: «Apunta alto, pero con los pies en la tierra».

«¿A qué te refieres, Billy?»

«La conozco, y la colega no suelta prenda. Jamás».

No quería hacerle caso, ni a él ni a los otros amigos y compañeros de Aretha que me aseguraron que no podría romper su coraza y contar la historia real. No quise creerme a Erma Franklin cuando me dijo las siguientes palabras: «Quiero mucho a mi hermana y la tengo presente en mis oraciones. Me encantaría que purgase todas las penurias que ha sufrido. Sin embargo, no creo que se anime. Se ha construido un muro de protección infranqueable y nadie es capaz de atravesarlo».

Me sentía lleno de energía, capaz de demoler aquel muro pese a las advertencias. Casi todos los colaboradores más cercanos de Aretha suscribían la opinión de Wexler y Erma. Decían que, con el tiempo, Aretha se había vuelto una persona de trato difícil en el trabajo: impaciente, dominante, irascible. Me daba igual, yo cambiaría esa dinámica. Me mostraría tan paciente, tolerante y amable que acabaría con sus reticencias. De hecho, había aprendido a tratar a las estrellas, estaba acostumbrado a vérmelas con personalidades difíciles. Ray Charles era un genio, pero también un tipo con un humor de perros. A Marvin Gaye tuve que perseguirlo desde Hawái a Inglaterra y Bélgica para que me contara su vida mientras luchaba contra la depresión. Etta James se describía a sí misma como «esquizofrénica hasta la médula» y en su libro me dio las gracias por «meterme en la jaula de la fiera». Ahora iba a por Aretha. La seduciría para atraerla a mi terreno apacible.

Me puse a ello, pero con escasos resultados. A pesar de mostrarme como el perfecto confidente, como una persona amable y persistente a quien contarle los secretos más íntimos, el plan no funcionó. Apenas le arañé la coraza. Salió ilesa tras mi estrategia de acoso y derribo por empatía. En casi todos los otros casos (Ray, Marvin, Etta, Smokey, B.B. King, los Neville Brothers, Jimmy Scott, Leiber y Stoller,

Tavis Smiley, Cornel West, Buddy Guy, Betty La Vette, Joe Perry), había acabado haciendo el libro que quería. Con Aretha, no: salió el libro que quería ella. Aretha consideraba que era un retrato bastante preciso.

«Cuando Aretha se mira en el espejo», me había dicho su hermana Erma años atrás, «ve a una mujer diferente a la que percibimos los demás».

Mi objetivo siempre es llegar al interior de la persona biografiada. Soy un instrumento para que el lector lea a la estrella expresándose de forma personal y directa. Mientras me dirigía en coche a la casa de Aretha para tener la primera entrevista, pensaba en crear un ambiente coloquial y distendido que facilitara esa intimidad.

Conocía la zona de su casa en Bloomfield Hills, una urbanización frondosa de Detroit, porque la noche anterior había ido por allí para asegurarme de que llegaría a tiempo el primer día de trabajo. Acudía sin anotaciones ni listado de preguntas o temas que tratar. Pensé que lo mejor sería que Aretha llevara la conversación en aquel primer encuentro para conocernos de manera informal. Solo había previsto empezar con unas palabras de agradecimiento a Dios por ofrecerme la oportunidad de contar su historia.

Desde que conocí a Marvin Gaye a finales de los años 70, me había ido aproximando al cristianismo. Marvin hablaba con tanta pasión de Jesucristo, que me lo contagió. Fue un proceso lento (no me bauticé hasta 2004), pero pronto vi que iba evolucionando desde mi judaísmo intelectual hasta otro tipo de trascendencia debido a mi aproximación antropológica a la cultura negra. Me di cuenta de que el núcleo de esa cultura era una convicción imperecedera de que el amor divino es un espíritu vivo.

Cuando Aretha abrió la puerta de su casa y me invitó a entrar, tenía a Dios en la cabeza. Solo por la gracia divina estaba allí con aquella mujer excepcional.

Pasamos al salón. No abandonamos la cordialidad de «la señora Franklin» y «el señor Ritz».

Tras los saludos de rigor, le pedí expresar unas palabras a modo de oración.

Supuse que, al ser hija de predicador, no pondría objeción alguna, pero al instante me percaté de que para ella aquello era demasiado íntimo, con lo que me limité a musitar lo siguiente: «Solo quiero agradecerle a Dios que nos haya concedido la ocasión de trabajar juntos».

Pasamos aquel día y varias semanas hablando única y exclusivamente de música, un tema con el que siempre estuvimos cómodos, sobre todo al evocar el mundo del góspel de los años 50 del que ella procedía. Le puse un disco de góspel contemporáneo que no conocía y ella, a su vez, me mostró algunos discos de góspel tradicional que yo ignoraba. Fue un intercambio fabuloso y del salón nos fuimos a la cocina, donde empezó a prepararme la comida y una cena rápida. Me sentí a mis anchas.

Pero no había que confiarse. Las preguntas sensibles (el abandono del hogar de su madre, su doble maternidad de adolescente, las palizas de su primer marido Ted White, los golpes de su padre a Clara Ward, su amiga y estrella del góspel) se quedaron al margen. Aquello resultaba un ejercicio fundamental de introspección. Aretha nunca lo entendió. Idealizar el pasado era su forma de ocultar el dolor.

En ocasiones sí aparecía ese dolor, aunque no lo expresara explícitamente, en las lágrimas que le salían de los ojos, cuando surgía alguna pregunta sobre pérdidas o desengaños y se quedaba en silencio. Era evidente que la respuesta estaba encerrada en esas lágrimas.

Así pues, comprendí que tenía que profundizar más. Tal vez si la confrontaba con lo que me habían contado sus familiares, amigos y compañeros, eso podría hacerla pensar. En absoluto. Aretha sólo quería escribir su libro con su enfoque, así de fácil. No había más que hablar. El caso es que el libro que salió al final, *From these Roots*

(1999), pese a sus carencias y omisiones, constituye un retrato preciso de Aretha, muy útil para los interesados en temas de cultura y psicología que quieran entender a una mujer inescrutable, un testimonio celosamente cuidado por la propia artista que no se puede obviar.

Me cuento entre esos interesados. Pero como pensé que me había quedado una historia inverosímil en muchos aspectos, seguí investigando para escribir, desde mi punto de vista, un relato más preciso.

En lo que a mí respecta, tras dos años trabajando en *From these Roots*, había fracasado a la hora de materializar el tremendo potencial de la vida de Aretha. No me salió lo que quería hacer. No me he quedado tranquilo desde que se publicó hará unos quince años. Me ha costado una década volver a meterme en la vida de Aretha, consciente de que esta vez tendría que ir solo por mi cuenta.

Hace algunos años, Aretha pensó en sacar otro libro, la secuela de *From these Roots*. Aunque me apartó de la revisión final de sus memorias, hemos mantenido después una relación cordial. Me llama de vez en cuando y, a finales de los años 90, pasé algunas veladas agradables con ella y Jerry Wexler en East Hampton. También fui a verla a sus conciertos de góspel en Detroit.

En un aparte de esos conciertos, me dijo: «Creo que deberíamos hacer otro libro».

Me sorprendió y también me halagó que contara de nuevo conmigo.

«Quiero echar la vista atrás y revisar lo que escribimos», le contesté. «Quiero que profundicemos más».

«Ay, no», replicó con rapidez. «*From these Roots* está perfecto así. Habría que actualizar los últimos años. Desde que salió publicado, me han dado varios premios y en *Rolling Stone* me nombraron la mejor cantante de todos los tiempos».

«Creo que habría que contar más cosas al margen de consignar un mero listado de trofeos».

«Todo lo contrario», me dijo. «Esos premios no han tenido la atención merecida».

Le mencioné que me rondaba la idea de escribir su biografía y respondió: «Eso será si lo apruebo yo».

«Entonces no sería mi libro».

«¿Y por qué quieres hacerlo tú?»

«Para contarlo todo desde mi perspectiva».

«Pero no es tu vida, es la mía».

«Aretha, eres una figura histórica de primer orden. Aparecerán otros que hablarán de tu vida. Eso es lo bueno y lo malo que tienen las celebridades».

«La fama tiene más cosas malas que buenas».

Retomé la investigación para este libro sin el beneplácito de Aretha, aunque contaba con el apoyo de tres familiares muy cercanos: su prima hermana Brenda Corbett (que también ha sido su corista durante dos décadas), Sabrina (la hija de Erma) y su cuñada Earline Franklin. Coincidíamos en lo oportuno de ofrecer un enfoque externo al de la propia Aretha y se ofrecieron a ayudarme. «Confiamos en que ofrezcas la versión más fiable», me confesó Brenda.

Me hizo gracia que usara esa palabra, «versión», porque, con toda la documentación voluminosa que había juntado, mi libro sobre Aretha Franklin solo pretendía eso, ser una versión más. No creo que haya una única historia posible de Aretha, sino muchas. Mi relato sobre Aretha no es objetivo porque he trabajado con ella durante años, la conozco en persona y, además, bien. Siento por ella mucho cariño y ternura como amigo y devoto. Me fascina su música. Con todo, también me acerco a este proyecto (igual que Aretha en el primer libro) desde mi subjetividad. Parto de la mezcla cultural que he ido adquiriendo, con un texto que reúne aspectos psicológicos y mitológicos. Al tratarse de la música negra (no solo góspel sino también jazz, blues y R&B) que me llevó al cristianismo, entiendo que no se puede juzgar una cosa de forma ecuánime si no se analiza de forma crítica. A Dios, aparte de rezarle, hay que cuestionarlo.

Y también parto del respeto. Por eso el libro lleva el título de su canción más popular*. Al final, lo más importante de Aretha es el respeto, ejercerlo siempre y no olvidarlo. No existiría este *Aretha Franklin: apología y martirologio de la reina del soul* sin *From these Roots*. De no haber escrito su libro, no me habría atrevido con el mío. Considero que este segundo libro es un complemento del primero.

No me quedaba más remedio que empezar, al igual que todos los que se aproximan al estudio de la obra de Aretha, por la visión de las cosas de la propia artista. Respeto su relato, aunque también lo discuto. Respeto su derecho a interpretar una vida tan compleja como la que le tocó vivir y, además, me propongo reinterpretarla y desarrollarla. Y, sobre todo, le agradezco a Aretha que me llamara aquel día al hotel Atheneum de Detroit, que atendiera mis interminables preguntas durante los años que trabajamos juntos, que me animara y respondiera a mi entusiasmo, que me preparara su lasaña especial y su pudin con gofre de plátano y vainilla.

Han pasado treinta y seis años de aquel trascendental día en que Ray Charles me presentó a Aretha Franklin en el camerino del Dorothy Chandler Pavilion. Desde entonces, el hecho de haber documentado su vida desde dos puntos de vista radicalmente distintos (el suyo y el mío) supone un privilegio que agradezco enormemente.

---

* (*N. del E.*) En su edición original la obra lleva por título *Respect*.

PRIMERA PARTE

LOS ORÍGENES SAGRADOS

1
PADRE E HIJA

Aunque Nat King Cole, Sam Cooke y Marvin Gaye eran hijos de predicadores, sus padres no eran famosos ni gozaban de reconocimiento o carrera musical. El padre de Aretha, el reverendo C.L. Franklin, constituía una notable excepción. Era una figura prominente de la historia del pueblo negro estadounidense, un teólogo progresista y activista social, amigo cercano de Martin Luther King y compañero suyo como líder de la lucha por los derechos civiles. Con todo, la fama le llegó por las excelentes dotes retóricas que desplegaba agitando a su público al ritmo de la música.

El gran cantante de blues Bobby «Blue» Bland me rememoraba sus primeros recuerdos de los sermones de C.L. Franklin en la iglesia baptista New Salem de Menfis:

«No tendría más de once o doce años cuando mi madre me llevó a escuchar al predicador nuevo que estaba en boca de todos. Era a principios de los años 40. Aún no nos habíamos ido a vivir a Menfis, pero nos acercábamos los fines de semana, en parte para ir a misa. Me gustaba ir por el fascinante espíritu musical que había, aunque cuando empezaban los sermones, me aburría soberanamente, hasta que apareció aquel hombre con voz de cantante. De hecho, me sorprendió que se pusiera a cantar antes que nada. No recuerdo qué cantó, pero tenía una voz potente. Me incorporé en el asiento y presté atención.

Me quedé hipnotizado. Pasó a la parte del sermón y seguí atento. No era por lo que decía (no recuerdo lo que contó, ni siquiera el tema general) sino por la *manera* de decirlo. Hablaba como cantando. Hablaba música. Lo que me atrapó, sin embargo, fue el sonido que hacía, similar a un chillido, para enfatizar determinadas palabras. Sostenía la palabra en la boca, la movía de un lado a otro y la exprimía con la lengua. Finalmente la soltaba como una explosión y las mujeres empezaban a gritar agitando las manos. Me encantó aquello y comencé también a dar gritos. A la semana siguiente, le pregunté a mi madre cuándo volveríamos a la iglesia de Menfis.

"¿Y ese interés de repente?", me preguntó.

"Me cae bien el predicador", le respondí.

"¿El reverendo Franklin?", inquirió.

"No sé cómo se llama, el que da sermones cantando".

"Sí, él", concluyó.

»En ocasiones íbamos a la iglesia misionera de East Trigg, donde me decía mi madre que estaba el pastor W. Herbert Brewster, el maestro del reverendo Franklin. En aquella iglesia contaban con dos voces potentes, Queen Anderson y J. Robert Bradley, que eran dos cantantes alucinantes de góspel, nunca había oído nada igual. Al reverendo Franklin le gustaban mucho, a veces se dejaba caer por la misa vespertina de East Trigg después de acabar en New Salem. Se sentaba en primera fila y tomaba notas durante los sermones de Brewster. Después, cuando se ponían a cantar Queen Anderson y Bradley, se levantaba gritando y moviendo las manos.

»Así pues, poco tardé en imaginarme también cantando. Me gustaba la música que sonaba en la radio, sobre todo las primeras grabaciones de Nat King Cole con su trío. Evidentemente, me gustaban los cantantes de blues como Roy Brown, los artistas del *jump blues* como Louis Jordan y los baladistas como Billy Eckstine, pero, a ver, mi modelo principal era el reverendo Franklin.

»Años después, cuando empecé a trabajar con B.B. King, me dijo que tenía la misma opinión de Franklin. Para entonces, el reverendo se había trasladado de Menfis a Búfalo y Detroit, y allí me fui con B.B. King, a la iglesia New Bethel, para verle».

«Estuve años aprendiendo de sus sermones», me dijo B.B. King. «Me gustaba pensar que sus sermones iban dirigidos en concreto a los cantantes de blues porque venía a vernos a los clubs, pero, en realidad, los sermones de Frank (así lo llamaban los amigos) eran para todo el mundo. Porque grabó varios que se vendían junto a nuestros discos de blues, en los mismos estantes de las tiendas, y lo teníamos por colega, por uno más de nosotros. No era el típico clérigo, nunca catalogó nuestra música de diabólica, y siempre tuvimos eso en cuenta. Pero, encima, dejaba claro que admiraba nuestro trabajo. Nos consideraba artistas de verdad y no tenía reparos en pregonarlo. Nos hacía sentirnos como príncipes».

El hecho de que Franklin fuera un hombre de ideología progresista (incluso radical) en la cultura tremendamente conservadora de la iglesia negra ayuda a comprender gran parte de la historia de Aretha. Había que tener un carácter y convicciones fuertes para formar parte de aquella cultura y el reverendo tenía de sobra.

«Era un genio en el uso de la retórica», dijo Jesse Jackson, que habló en el funeral de C.L. Franklin, oficiado en 1984. Cuando lo vi en 2008, Jackson describió a su mentor como el modelo del predicador negro contemporáneo: «No es solo que sus mensajes estuvieran plagados de excelentes poemas y metáforas sorprendentes, sino que incluía también mensajes sociales para señalar que, como hijos de Dios, a todos nos quería por igual. C.L. proclamó, generaciones antes que James Brown, el orgullo de ser negros y el derecho a decirlo en voz alta. Junto con Martin Luther King, estaba en la vanguardia de la causa por los derechos civiles. Era un intelectual que te convencía hablando, pero sin demagogia, y constituía un referente para los millones de inmigrantes que habían llegado desde el sur del país en los años 40 y 50, con la esperanza de ganarse la vida en las grandes ciudades industriales del norte».

«Para mí, el padre de Aretha fue uno de los contados predicadores dispuestos a descartar ese mito que pregona la presunta enemistad entre el góspel y el blues», me comentó James Cleveland. «Tuvo el enorme valor de decir que ambos son parte de nuestro patrimonio como pueblo».

La tensión creativa entre la música religiosa y la popular es uno de los misterios más enraizados en la cultura afroamericana. Para los creyentes, es difícil reconciliar la unión del alma y la carne. Los cantantes que alaban a Dios el domingo por la mañana y luego, el sábado por la noche, celebran los placeres sexuales con la misma pasión artística (de ritmos y riffs) han tenido que hacer frente al reproche generalizado.

En la cultura judía se cuenta una historia similar en *El cantor de jazz*, la primera película sonora, film pionero de 1927 en el que Al Jolson interpreta a Jakie Rabinowitz, hijo de un cantor litúrgico que desafía a su padre ortodoxo cantando temas populares y sustituyendo la sinagoga por el escenario.

Curiosamente, el reverendo C.L. Franklin era, al igual que su hija Aretha, fan de Al Jolson. Y para rizar el rizo, fue Franklin, proveniente de la iglesia negra, quien pondría en solfa la separación entre el góspel y el blues jazzístico.

En el siglo xx, esta grieta musical se inicia con Thomas A. Dorsey, el antiguo pianista de bar conocido como Georgia Tom, que inventó la música góspel negra moderna al incorporar el blues a las canciones religiosas. Su primer éxito, 'Take My Hand, Precious Lord', la cantó su discípula Mahalia Jackson en el funeral de Martin Luther King. Aretha la interpretó en multitud de ocasiones. Sin embargo, la comunidad religiosa negra tardó en aceptar la música de Dorsey al considerarla demasiado jazzística. Aunque se adaptara al repertorio eclesiástico, los mayores del lugar lamentaban que estuviera mancillada de armonías carnales.

El estereotipo del cantor de jazz (el cantante atrapado entre la iglesia y el mundo exterior) siguió vigente a lo largo de los años 40 y 50. Surgieron numerosas obras con distintos matices, pero unidas por un nexo común: la tensión terrible entre cantarle a Dios y al sexo.

En la comunidad negra se veía, además, con una cuestión supersticiosa.

Al recordar la muerte de Jesse Belvin en Arkansas en 1962, Ray Charles me comentó lo siguiente: «Jesse recordaba a menudo su etapa de director del coro de una iglesia de Los Ángeles. La gente le recomendaba que no lo dejara. Cuando empezó a cantar R&B, en su voz resonaba la presencia religiosa. Hablamos del tío que compuso 'Earth Angel', que siempre me ha parecido un tema religioso. Pues bien, cuando falleció con su parienta en un accidente de coche, la gente empezó a decir un montón de idioteces, como que se había muerto por dejar la iglesia. Creían que era un castigo de Dios. Muchos cantantes, como Mahalia, tenían miedo de pasarse al pop. Yo no. Me pusieron a caer de un burro por llevar las canciones góspel al R&B y me traía sin cuidado. No soy supersticioso. Además, me conozco lo de la muerte de Jesse porque su chófer había trabajado para mí y lo despedí por beber y dormirse al volante. Él fue quien mató a Jesse y a su mujer, no Dios».

Cuando en 1964 Sam Cooke murió por los disparos de la gerente de un hotel de Los Ángeles, la conmoción fue tremenda en la comunidad de góspel y blues.

«Recuerdo las palabras que me dijo mi padre al enterarnos de la muerte de Sam», me contó Marvin Gaye. «Me dijo: "¿Ves?"

"Si veo el qué", le respondí.

"Que veas lo que pasa cuando le defraudas a Dios".

«Pasé de discutir», continuó Marvin. «No se podía discutir con mi padre. Era uno de esos pastores que opinaban que si cantabas la música del diablo, acabarías en el infierno. Creo que he superado esas cosas, que me he desprendido de esa forma de pensar. No obstante, en el fondo, esas creencias siguen ahí. Para salvarme, estoy seguro de que algún día tendré que seguir los pasos de san Francisco de Asís y dedicarme a cantarle a los pájaros y al Dios que los ha creado».

«Uno de los aspectos más fascinantes de C.L.», decía James Cleveland, «es que sus ideas musicales tan avanzadas parecían de alguien educado en el norte, cuando en realidad era un chico del campo, del sur profundo».

Nacido en una familia de aparceros el 22 de enero de 1915 en el Misisipi rural, su madre Rachel se hizo cargo de él, como también se encargaría de criar a Aretha. En la familia era Abu, la abuela, y fue la figura maternal de referencia en la vida de Aretha. El padre de C.L. se fue de casa cuando el niño contaba con tan solo cuatro años.

«Según Abu», me señaló Carolyn, la hermana pequeña de Aretha, «nuestro padre tenía voz de persona mayor a los diez años. Parecía un vaticinio. Antes de llegar siquiera a la adolescencia ya pronunciaba sermones».

«Abu adoraba a su hijo», decía Cecil, el hermano de Aretha. «Presumía de que su hijo leía mucho mejor que el resto de niños. Comentaba que la biblioteca más cercana estaba en un pueblo a 50 km. de distancia y tenían que ir en coche de caballos. A los 13 años ya había leído novelas de Charles Dickens y Nathaniel Hawthorne, y podía recitar de corrido los libros de la Biblia, desde el Génesis al Apocalipsis, incluso era capaz de comentarlos. Allá en Misisipi, en el quinto pino, lo tenían por un fenómeno, un niño prodigio».

A los 14 años, C.L. vivió lo que denominaba el «bautismo de renacimiento» en el río Sunflower. No acabó el colegio, pero a los 18 años ya daba sermones en un circuito de iglesias que va desde Cleveland a Clarksdale, en Misisipi. Antes de cumplir los 21, se matriculó en el Greenville Industrial College, una academia baptista afroamericana privada en mitad del campo.

«He trabajado y he vivido en Greenville», decía B.B. King. «En parte por eso me llevaba tan bien con Franklin. Conocíamos bien aquello. A ambos nos habían tratado como perros y nos habían insultado por ser negros. Los dos habíamos visto linchamientos. Y aun así, nuestras madres nos educaron para creer en un Dios justo.

»Frank me contó que en el colegio le habían enseñado a seguir la Biblia a pies juntillas. Tenías que interpretarla de forma literal. Una vez me dijo que le nombró a un profesor la teoría de Charles Darwin y que éste le soltó un buen sopapo. Pero Frank supo apreciar las valiosas lecciones de la Biblia, porque era poesía y la poesía está abierta a distintas interpretaciones».

Cecil, el hijo de C.L., añadía lo siguiente: «En el colegio de mi padre se seguían las enseñanzas de Booker T. Washington, que no acometía de frente el tema racial. Washington ponía el acento en el aprendizaje técnico de los chicos negros, mientras que su rival, W.E.B. Du Bois, apostaba por las humanidades para desarrollar el pensamiento crítico. Curiosamente, pese al adoctrinamiento fundamentalista de Greenville, mi padre acabó rechazando el fundamentalismo. Se sentía más próximo a Du Bois que a Washington, desde un punto de vista tanto sentimental como filosófico. Su curiosidad intelectual le llevó a guiarse no solo por el corazón sino también por la cabeza. Navegó a contracorriente de los tiempos que le tocó vivir y, gracias a esa inteligencia natural, se hizo de ideología progresista. Mi padre sentía la misma devoción por Dios que los fundamentalistas, pero comprendió que las Sagradas Escrituras no se podían tomar sin más, al pie de la letra, y requerían la explicación cuidada y razonada por parte de expertos».

C.L. se casó a los 19 años con Alene Graines, y a los 21 ya se había divorciado y se había casado con Barbara Siggers, que tenía un hijo pequeño llamado Vaughn. Dos años después, Barbara dio a luz a la primera hija de la pareja, Erma Venice. Vivían en Menfis y, con 24 años, Franklin dio su primer sermón en la iglesia baptista de New Salem, y ahí es donde Bobby Bland lo vio por primera vez. Fue en 1939. En 1940, Barbara y C.L. tuvieron a Cecil.

Ese mismo año, Franklin fue padre de una niña, Carol Ann, con otra mujer, Mildred Jennings, de 12 años de edad. Decidieron ocultarles el escándalo a sus otros hijos hasta que, en 1958, los reunió para contárselo.

El 25 de marzo de 1942, C.L. Franklin y su esposa Barbara trajeron al mundo a Aretha Louise, llamada así por las dos hermanas de su padre, en el número 406 de la avenida Lucy de Menfis.

C.L. hizo sus primeros pinitos en los medios de comunicación de Menfis a principios de los años 40. Tenía un programa de radio, *La sombra de la cruz*, con el fin de «ofrecer cantos de alabanza, mensajes para unir a los negros del Sur, mitigar los odios raciales y darles a conocer a los blancos las cosas que habían hecho los negros», según las palabras de C.L. Fue en Menfis donde empezó a elaborar su sermón más famoso, «El águila agita el nido». Ochenta años después de que Franklin emplease esa metáfora tan gráfica y compleja, su sermón sigue apareciendo en numerosas antologías de literatura y se continúa estudiando en las universidades. A día de hoy, está considerado uno de los textos esenciales de la historia afroamericana.

En 1944, la familia se mudó a Búfalo (Nueva York), y C.L. empezó a oficiar en la iglesia baptista Friendship y allí nació el último de los cuatro hijos del matrimonio, Carolyn Ann.

C.L. Franklin fue dominando el medio radiofónico y se convirtió en el primer predicador negro en hacer radio en Búfalo. Según su biógrafo, Nick Salvatore, «su programa *Voice of Friendship* contaba con rezos (y algunos sermones breves), música góspel y análisis de las noticias».

Durante el verano de 1945, a la edad de 30 años, vivió su gran momento en la Convención Nacional Baptista. El *Michigan Chronicle* recogió que el enérgico sermón que dio, basado en la Carta a los Corintios 5:1-2, «casi paralizó al público con una lección de lógica, historia y reflexión». El original bíblico («Porque sabemos que si nuestra morada terrestre, este tabernáculo, se deshiciera, tenemos un edificio de Dios, una casa no hecha con las manos, eterna en los cielos.) resultó ser irónico. La contundencia de su mensaje le proporcionó a Franklin una nueva morada terrestre. Su discurso fogoso llamó la atención de los presbíteros de la iglesia baptista New Bethel de Detroit que le ofrecieron ponerse al frente de la parroquia tras la jubilación del pastor Horatio Coleman. Así, en el verano de 1946, cuando Aretha tenía cuatro años de edad, la familia se instaló en Detroit y, a principios de los años 50, el reverendo C.L. Franklin se convirtió en una estrella nacional.

La idealización del pasado es un fenómeno fascinante. Llegué a entenderlo mejor en la época en que trabajaba con Aretha en sus memorias, *From these Roots*, y fui a ver *Minnelli on Minnelli*, la obra de Broadway en la que Liza interpretaba canciones relacionadas con las películas de su padre, el cineasta Vincente Minnelli. La obra recreaba la época en la que Minnelli conoció a su madre, Judy Garland, durante el rodaje de *Cita en San Luis*. Cualquiera que haya oído algo del matrimonio de Garland y Minnelli sabe que, desde el principio, fue una relación tormentosa que acabó con un divorcio desagradable. Pero Liza contó una historia diferente, realizó un retrato idílico que mostraba una vida también idílica. Al reelaborar su infancia como la vida de una niña privilegiada criada en un entorno familiar infinitamente feliz, Liza presentaba un cuento de hadas que sustituía el dolor de un pasado traumático.

En *From these Roots*, Aretha habla de sus hermanas, Erma y Carolyn, y de sus hermanos, Cecil y Vaughn, sin desvelar que este último era hermanastro por parte de madre. Tampoco mencionaba a Carolyn Ann, la otra hija que su padre había tenido con una adolescente. En definitiva, se aferraba al mito de que, cuando estuvieron juntos, sus padres tuvieron una relación idílica.

En la dedicatoria de su libro, escribió: «Se lo dedico a mis padres, el reverendo C.L. Franklin y Barbara Siggers, unidos por el amor y la dicha matrimonial de la que surgí yo, Aretha».

Tampoco aclaraba en qué momento exacto su madre abandonó a su marido con sus cuatro hijos y se llevó a Vaughn, para volver a Búfalo en 1948.

Erma, que entonces tenía diez años, lo recuerda bien: «Nos quedamos destrozados», comentaba. «Mi madre era una mujer maravillosa, muy guapa e inteligente. Cantaba como los ángeles, podría haber llegado lejos. También tocaba el piano. Trabajaba de auxiliar de enfermería y, aunque mi padre cobraba bien de la iglesia, siempre pensé que quería ser independiente. Quizás ahí estaba el problema, no sé. Lo que sí puedo asegurar es que fue una relación tormentosa y que mi padre tenía un carácter violento. Nunca vi ninguna agresión, pero teníamos cuidado de no hacerle enfadar. También tengo que reconocer que éramos conscientes de su fama de mujeriego, veíamos en la iglesia que las mujeres se le lanzaban directamente encima. Cuando crecí, vi que se aprovechaba de muchas de ellas, aunque nos daba igual, era nuestro padre y le queríamos. Simplemente, tenía esa forma de ser.

»No sé si lo de que mi madre se fuera a Búfalo había sido cosa de ella o de mi padre. Puede que le tuviera miedo o que se hubiera cansado de sus ligues. Eso sí, hay que reconocer que mis padres gestionaron aquello muy bien. Nos aseguró que siempre sería nuestra madre y que podríamos ir a verla cuando quisiéramos. Y fuimos a menudo: Búfalo está a poco más de 300 km de Detroit y la visitábamos con frecuencia».

En el tema de su madre, Aretha negaba rotundamente que Barbara hubiera abandonado a la familia. Decía que era un rumor, una mentira maledicente. La recordaba como una mujer muy cariñosa en todos los aspectos y, para ella, su madre jamás habría dejado a sus hijos.

Con todo, no pudo desmentir el abandono de Barbara Siggers. En 2012, Anthony Heilbut, un destacado experto en música góspel, en su magnífico libro *The Fan Who Knew Too Much*, escribió: «Barbara se fue de casa cuando Aretha tenía diez años y murió un tiempo después sin volver a ver a sus hijos». El caso es que Aretha tenía seis años cuando su madre se fue a Búfalo en 1948 y que entrevisté a sus hijos y los cuatro me aseguraron que iban a verla a menudo.

«Mi padre era diferente», me dijo a mediados de los años 80 el hermano mayor de Aretha, Cecil Franklin. «Su vida era básicamente Dios, sus hijos y su parroquia. Jamás iba a ser hombre de una sola mujer, a diferencia de mi madre, que sí era mujer de un solo hombre. Se entregaba a él en cuerpo y alma y no le gustaba compartirlo. Cuando íbamos a verla a Búfalo, sé que quería que nos fuéramos a vivir con ella, pero no era posible: éramos muchos y no cobraba lo suficiente para mantenernos. Mi padre sí que podía. Había infinidad de mujeres de la iglesia que deseaban cuidarnos y, además, estaba Abu, que llevaba la casa con mano de hierro. No era muy común en aquellos tiempos que un hombre asumiera la custodia de los hijos tras la ruptura, pero C.L. Franklin era una persona fuera de lo común».

«Echando la vista atrás», decía Carolyn Franklin, la hermana pequeña de Aretha, «creo que Aretha fue quien peor llevó lo de nuestra madre. Yo apenas tenía cuatro años y no era muy consciente de lo que pasaba. Aretha era una niña muy tímida e introvertida que estaba muy apegada a su madre. Erma, Cecil y yo éramos mucho más independientes. Yo dormía con Aretha en el mismo cuarto y, cuando se fue nuestra madre, se tiró días llorando. Recuerdo que intentaba consolarla, a ella que era mi hermana mayor, diciéndole que sería divertido ir a Búfalo. Aretha se preparaba la maleta días antes de la visita. El momento especial llegaba cuando nuestra madre nos regalaba cosas de enfermería para jugar».

Aretha ofrecía muchos detalles al respecto de su sueño de ser enfermera como su madre, que le enseñaba a atender a los pacientes cuando iba a verla a trabajar toda contenta al Hospital General de Búfalo. La recordaba como una mujer cargada de paciencia que nunca la reñía ni hablaba mal de nadie, ni siquiera del reverendo C.L. Franklin. En resumen, la veía como una santa.

También detallaba cómo era la casa materna de Búfalo, en la calle Lythe, en una zona rodeada de árboles, Cold Springs. Enumeraba los muebles: las sillas de terciopelo azul plateado, los sofás de fantasía, el piano vertical. Se ponía a cantar canciones con su madre. Aretha guardaba un recuerdo especial de aquellos años. Como la casa era pequeña, ella y Erma se quedaban a dormir con los vecinos, el Sr. Dan Pitman y su mujer, que le enseñó a Aretha a hacer ganchillo, una afición que tuvo de por vida.

«Durante aquellos viajes a Búfalo», rememoraba Erma, «conocimos a un hombre, Trustee Young. Supuse que era el novio de mi madre. Tenía un coche grande y nos llevaba a veces. Nos lo pasábamos en grande y fuimos a las cataratas del Niágara».

«Aretha adoraba a su padre», decía Cecil, «pero le habría encantado vivir con su madre. Puede que se lo llegara a pensar en serio, pero no le dijo nada a nuestro padre porque ya le había dejado claro que no. Por eso Aretha siempre volvía muy triste de Búfalo a Detroit. Nuestro padre puso mucho empeño en que Aretha fuera una persona segura de sí misma, pero tuvo muchas inseguridades desde cría. Con todo lo que consiguió en su vida, albergaba una profunda inseguridad interior. De hecho, esa inseguridad la definía, junto con su talento avasallador».

«No hay persona más segura en el estudio y en el escenario», me dijo Carolyn, «pero fuera de ahí, ya es otro cantar. Ha cambiado mucho con los años, pero la firmeza con la que se desenvuelve sirve para disimular sus dudas. Puede parecer extraño que una artista del talento de mi hermana albergue tantas inseguridades, pero así es, y se debe a una infancia difícil».

La Aretha a la que conocí al principio era de todo menos insegura, de ahí la sorpresa que me llevé al releer las entrevistas que les había hecho a sus hermanos diez años atrás. Dado que Erma, Cecil y Carolyn coincidían en este punto, no había discusión al respecto: Aretha había sido muy insegura de niña.

Ruth Bowen, su representante, me aleccionó al respecto.

«Conozco a Aretha desde cría», me contó. «La conocí por su padre, con quien me llevaba muy bien, hasta la tuteaba. Frank era muy amigo de Dinah Washington, mi primera clienta importante. Dinah salió con su padre, si bien poco tiempo, pero, además, también fue novia de Ted White, quien sería a su vez el primer marido de Aretha. Me llevaba muy bien con Ted, pero no pienses mal. Aretha había sido una niña especial, con traumas. Es normal cuando tu madre se marcha de casa sin entender el motivo. Y si a eso le añades que se muera joven de un infarto, pues imagínate. Aretha tenía entonces diez años y ocurrió de repente, no se lo esperaba nadie. Frank me dijo que le preocupaba que Aretha no lo superara porque se pasó semanas sin hablar. Se metió en el cascarón y tardó años en salir. Lo que la sacó del hoyo fue, evidentemente, la música. Sin la música, no sé si Aretha habría salido adelante».

En *From these Roots*, Aretha le dedica menos de una página a la muerte de su madre. Se limita a mencionar que su padre reunió a los cuatro hermanos en la cocina para anunciarles que Barbara había fallecido de un ataque al corazón. Asegura en sus memorias que dio la noticia con mucho tacto. En el relato no se aprecia ninguna muestra de dolor porque, para Aretha, el dolor es la parte más privada de una persona.

2
LA INESTABILIDAD

La familia se había instalado en Detroit tres años después de los disturbios raciales que destrozaron la ciudad en 1943. Fueron las llamadas «huelgas del odio»: los blancos se negaron a trabajar con los negros en la industria del automóvil y de ahí se desencadenó un enfrentamiento a gran escala que duró dos días y dejó 35 muertos. Aretha recordaba que sus vecinos, Richard Ross y su familia, daban detalles muy escabrosos de los disturbios.

«Mi hermano Vaughn decía que en Búfalo ya había sufrido discriminación», comentaba Cecil, «pero que lo que vivió en Detroit fue auténtico odio. Detroit era un hervidero de problemas políticos, sociales y raciales. La gente decía que los disturbios se debían a que los blancos sentían un odio atroz hacia los negros provenientes del Sur en busca de trabajo porque, según muchos blancos, querían quitarles el trabajo. Cuando fui a la universidad de Morehouse, escribí un artículo sobre los disturbios con el que comprendí muchas cosas que se me escapaban a los seis años de edad.

»Justo antes de los disturbios, en la fábrica de Packard habían puesto a unos cuantos negros en la cadena de montaje al lado de los blancos: dejaron el trabajo 25.000 blancos. No olvidemos que el contexto era la Segunda Guerra Mundial, y no podía disminuir la producción por una cuestión de patriotismo. Aun así, uno de los manifes-

tantes gritó por megafonía: "¡Prefiero que gane la guerra
Hitler a trabajar con los putos negros!".

»Hay que añadir la situación inmobiliaria. Aparte del
plan de viviendas Brewster (donde vivió de pequeña Diana Ross), los edificios de protección oficial eran solo para
blancos. A los negros los estafaron por completo y les co-
braban de más por vivir en barrios mugrientos e insegu-
ros. Para una generación entera de negros que vivían en
ciudades como Chicago y Detroit, la Gran Migración Negra se convirtió en la Gran Pesadilla Blanca.

»El detonante llegó en Belle Isle, una zona de meren-
dero situada en medio del río Detroit. Surgió por un inci-
dente de carácter sexual. Un chico blanco denunció que
un negro había intentado propasarse con su chica. Empezaron a pegarse, y se difundieron diversos rumores: a los
negros les llegó la noticia de que un blanco había tirado a
una chica negra y a su bebé por el puente de Belle Isle.
Durante tres días, muchedumbres de blancos y negros
libraron una batalla campal que terminó cuando el presidente Roosevelt envió al ejército. Murieron 34 personas,
de las que 25 eran negros, 17 de ellos por las agresiones
policiales. Fue toda una guerra racial.

»Yo estudié Historia en la universidad y me interesaba
saber lo que había llevado a mi padre a trasladarse en los
años 40 a una ciudad donde el odio contra los negros se
había desarrollado con tanta rapidez».

»Fue como un reto», me dijo. «Habían acusado sin
pruebas a la Asociación Nacional para el Progreso de las
Personas de Color de haber instigado los disturbios. Y en
la comunidad negra se acusaba a los blancos de ignorar
nuestras necesidades básicas. Mi cometido era ocuparme
de las necesidades espirituales de los negros, pero pensé
que era importante despertar además la conciencia política de la gente. En Búfalo había invitado a dar una charla
a A. Philip Randolph, el presidente del sindicato Brotherhood of Sleeping Car Porters. En el discurso abogó por la

equiparación de los derechos laborales. Nos transmitió a los que le escuchamos ganas de implicarnos. Me di cuenta de que la vida de un cristiano de verdad no puede circunscribirse a interpretar la Biblia. No se puede separar la justicia moral de la social».

Anna Gordy, la hermana de Berry Gordy, y primera mujer de Marvin Gaye, conocía bien a C.L. Cuando hablamos de él, me dijo: «Teníamos una relación profunda, más allá de la mera amistad». Recordaba haberlo conocido a finales de los años 40, cuando ella tenía 25 años y él, 33. También recordaba su sermón «El águila agita el nido» y cómo lo relacionaba con los disturbios de 1943.

«Era el hombre con más iniciativa allí», decía Anna. «Exhibía un carisma que atraía a muchos no practicantes. Era un poeta que te llegaba muy adentro. Cuando lo escuché, aún arrastrábamos los efectos de los disturbios. Seguía palpándose la inquietud en Detroit. El reverendo Franklin ayudó a superar el trauma explicando que Dios usa la historia por el bien de la gente. Según mi interpretación, Dios era el águila y la historia era el nido. Él señaló que los disturbios podían derivar en progreso. Eso es el águila agitando el nido. Cuando salta en pedazos el sistema establecido, pueden producirse cambios a mejor. Opinaba que Detroit se hallaba sumida en la hostilidad y la inestabilidad, y que el caos puede derivar en un sistema más justo. Más adelante, en los años 50 y 60, destacó como líder de los derechos civiles, pero ya de joven lo veíamos como una persona muy madura para su edad».

Cecil, que escuchó el sermón del águila en multitud de ocasiones, decía que no se cansaba del oírlo.

«Era la metáfora favorita de mi padre», decía. «Cuando mencionaba el águila, se animaba. Si nos fijamos en el lenguaje empleado en ese sermón, se ve que está expresando la idea de que Dios lo controla todo, pese a que vivamos circunstancias adversas. Y que Dios nos conduce a un camino mejor. Cuando nos movemos en la dirección que quiere Dios, cuando seguimos sus deseos, volamos como el águila. Mi padre tenía un estilo que combinaba la oratoria, los gritos (nos parecían golpetazos) y los cánticos. Iba pasando de un registro a otro hasta que se nos metía el mensaje en la cabeza y todo el mundo se ponía a lanzar loas a Dios».

No cabe duda de que, tras la muerte de su madre, Aretha se refugió en la fortaleza de su padre.

«Nos pasó a todos», decía Cecil. «Nuestro padre encarnaba a la perfección la figura patriarcal (tanto en la iglesia como en la familia) y no nos despegábamos de él. Era nuestro Gran Protector. La diferencia es que Aretha, desde el principio, se convirtió en su compañera, entró a formar parte de su grupo y del ministerio itinerante. Más adelante aprendí a dar sermones y di algunos en su iglesia. También Erma aprendería a cantar y lo hizo muy bien, cantando canciones en la iglesia y en sus discos. Igual con Carolyn y la prima Brenda. Teníamos un talento natural, habíamos heredado los genes musicales de nuestros antepasados, pero Aretha lo manifestó a una edad escandalosamente temprana».

Smokey Robinson fue otro testigo de excepción: «Conocí a Cecil siendo críos», me contó. «Compartimos una educación basada en el amor a la música, no solo de góspel sino también de jazz. La primera gran voz que me influyó fue Sarah Vaughan. Cecil y yo no habíamos cumplido los diez años cuando empezamos a escuchar jazz moderno.

»Siempre estábamos con Aretha, aquella niña tímida que cobraba vida cuando poníamos los discos. La oías cantar siguiendo a Sarah y se te ponían los pelos de punta. Sarah usaba melismas muy complejos, pero Aretha los seguía como si fuera lo más normal del mundo.

»Otra cosa que nos dejaba boquiabiertos era su manera de tocar el piano. En ocasiones nos poníamos a trastear con el piano de cola que tenía Franklin en el salón.

Tocábamos con un dedo melodías sencillas. Pero cuando se sentaba Aretha, tocaba, a los siete años, acordes, pero de los complicados. Más tarde me di cuenta de que eran el tipo de acordes nada sencillos que se tocan para acompañar al predicador y al cantante, aunque entonces, lo único que entendía eran las dotes excepcionales de Aretha. Eso sí, estábamos en Detroit, donde la música circulaba a raudales. Todo el mundo cantaba y tocaba el piano y la guitarra. Ese fue el mundo del que surgió Aretha, de ahí y de un mundo mágico y remoto que escapaba a nuestro entendimiento: de un planeta musical distante en el que los niños nacen ya con todo el talento desarrollado».

Charlie Parker tuvo la suerte de nacer en Kansas City en un momento de convergencia de diferentes corrientes musicales. Dinah Washington vivió de pequeña en Chicago, donde adquirió su estilo singular gracias al ambiente de una ciudad en la que su soul puedo nutrirse del góspel, el jazz y el blues. Aretha fue producto providencial de Detroit, un centro urbano dinámico como Chicago, con una cultura en los años 40 y 50 moldeada por la Gran Migración Negra de gente procedente del sur del país en busca de una mejor calidad de vida en una ciudad poco dispuesta a satisfacer esas aspiraciones.

La tensión causada por la hostilidad intensificó la expresión artística. Los cantantes de blues como John Lee Hooker, que, al igual que C.L. Franklin, se trasladaron a Detroit (aunque desde Misisipi), llegaban atraídos por la esperanza del ascenso social. En el Sur, Hooker había cantado en la calle subido encima de camiones. En Detroit cantaba en los bares y también allí fue donde empezó a grabar discos, de modo similar a C.L.

«La primera vez que vi a John Lee en Detroit», me contaba B.B. King, «me dijo que los blancos les habían subido el alquiler a un par de bares donde tocaba. Al cerrar, se fue a buscar clubs nocturnos, y así es como recaló en la calle Hastings».

Esa calle es una especie de zona cero en la biografía de Aretha Franklin. La iglesia baptista New Bethel, la de su padre, estaba situada en el número 4210 de la calle, a poca distancia del barrio donde se cocía la cultura negra. Los sábados por la noche se juntaban con la mañana del domingo y en la cultura musical afroamericana se unían el pecado con la salvación. La gente celebraba el amor a Dios bailando en el interior de New Bethel y poseída por el Espíritu Santo. Y también la gente celebraba el amor carnal, embriagada por el vino y la marihuana. O bien se debía aquello a que los ritmos chirriantes de los clubs se habían colado en las iglesias o viceversa, las formas musicales eclesiales que apelaban a los sentimientos llegaron a los clubs. Así, C.L. Franklin adquirió su llanto de blues de Muddy Waters de la misma forma que Bobby Bland tomó el suyo de C.L.

En la calle Hastings todo circulaba en ambos sentidos: el blues sacro por las noches y el góspel blusero por las mañanas.

«La primera vez que llegué de Chicago a Detroit», decía Buddy Guy, «fue entrados los años 50. Quería ver a dos personas. En primer lugar, al reverendo C.L. Franklin, porque B.B. King me había dicho que daba unos sermones que superaban el estilo de canto de Howlin' Wolf. Tenía razón. También quería ir a la calle Hastings a ver a John Lee Hooker. 'Boogie Chillun' fue la canción que hizo que me quisiera dedicar al blues. Fue un éxito en 1948, cuando yo todavía me encontraba trabajando en Luisiana en la plantación. John Lee hablaba del ambiente de la calle Hastings, con el club Henry Swing, al que iba todo el mundo. Allí en Luisiana me imaginaba la calle Hastings como un lugar lleno de glamour, chicas guapas, coches de lujo, la música a todo trapo y las parejas siguiendo el blues sexual de John Lee. Pero cuando llegué, me pareció mucho mejor de lo que me había imaginado. Las iglesias y los clubs estaban pegados. Se veía a los cantantes de las iglesias recurriendo al jazz, y a grupos de jazz usando a los organistas de las iglesias para la sección rítmica. En ambos casos, hacían lo mismo: el góspel traía alegría y el blues quitaba las penas. Yo apenas apreciaba diferencias, pese a que los predicadores aseguraran que era como elegir entre Jesucristo y el diablo. B.B. King se llevaba muy bien con C.L. Franklin porque éste no decía esas cosas. No creaba enfrentamientos, decía que toda la música buena venía de Dios».

Aretha recalcaba que a su padre le gustaba vivir bien y este le enseñaba que el bien no se encontraba solo en las iglesias. A finales de los años 40, C.L. llegó a la conclusión de que para vivir bien era indispensable tener una casa grande.

«Para instalarse en Detroit», me decía Erma, «mi padre le pidió a la iglesia que construyera un santuario nuevo y le comprara una casa parroquial. La antigua New Bethel, una vieja bolera reformada, era un regalo para la vista. La nueva, edificada en la misma parcela de Hastings, era moderna y llamativa. Nuestra casa parroquial, ubicada en el bulevar East Boston, 649, era un palacete majestuoso. Estaba en la parte norte de la ciudad y, aunque situada a unos pocos kilómetros de New Bethel, se hallaba a un mundo de distancia. Había mezcla de razas en el barrio, si bien con más negros que blancos. Los negros, en su mayor parte, eran gente de piel no muy oscura y de profesión liberal: había médicos, abogados y políticos. Si mi padre no hubiera sido un predicador en auge con una parroquia grande, no lo habrían aceptado allí por el color de la piel. Sin embargo, encajó bien, sabía que formaba parte de la élite de la ciudad».

Aretha decía que su casa en el bulevar Boston era de cuento de hadas, como el castillo de una princesa. Se encontraba situada en la esquina de Boston con Auckland, la calle principal que trazaba la frontera de clase socioeconómica del barrio. En Boston estaba la clase alta. Era un bulevar de verdad, no una calle, sino una isla en el centro llena de plantas y arbustos muy bonitos. Hablaba muy bien de sus vecinos, con cierto orgullo, y mencionaba al congresista Charles Diggs y al doctor Harold Stitts. Recordaba el color púrpura de las cortinas del salón y la moqueta afelpada verde esmeralda que recubría todo el suelo. Junto a la ventana estaba el piano de cola. Fue la primera de su grupo de amigos en tener televisor, un Emerson grande en el que veía con su padre los combates de boxeo patrocinados por las cuchillas de afeitar Gillette.

«Nuestra infancia estuvo marcada por dos traumas, el abandono y la muerte de mi madre», decía Erma. «Se añadió después otro cuando perdimos a Lola Moore, nuestra segunda madre».

Lola Moore se había ido a vivir con C.L. y sus hijos a principios de los años 50, al poco tiempo de morir Barbara Siggers. Aretha la describía como una mujer con mucho gusto para la moda, un sentido del humor maravilloso y, para rematar, una excelente cocinera. Cuando viajó con sus hermanos a Chicago a conocer a la familia de Lola, Aretha pensó que C.L. habría querido casarse con ella, pero no estaban hechos el uno para el otro.

En *From these Roots*, Aretha relata la ruptura y la posterior huida de Lola de casa. Comenta que Cecil se quedó muy triste, hasta el punto de que siguió a Lola hasta el taxi para impedir que se fuera. Sin embargo, Erma y Cecil me dieron otra versión, que fue Aretha quien se vino abajo cuando Lola se volvió a Chicago.

«Pensé que se iba a abalanzar sobre el capó del taxi», decía Erma. «No paraba de llorar. Nos afectó a todos porque buscábamos una madre que sustituyera a la que habíamos perdido. Lloré yo, lloró Carolyn, y lloró Cecil, pero Aretha lo pasó especialmente mal. Se quedó días enteros encerrada en su cuarto, le costó asumir la realidad».

«Y encima», explicaba Cecil, «queríamos convencer a nuestro padre, queríamos decirle que Lola era ideal, que tenía que casarse con ella para completar una familia incompleta. Recuerdo que Aretha me pedía que hablara con él. "Dile que necesitamos una madre", me suplicaba. "Dile que queremos a Lola". "No, Aretha, no", le contestaba. "No nos va a hacer caso". "A ti, sí, Cecil". "Para nada. No voy a decirle ni mu". Y ahí quedó la cosa.

»Incluso después de irse, Aretha quería pedirle a nuestro padre que fuera a buscarla. No obstante, sabía muy bien que no daría el paso, porque Erma, que era una mujer muy fuerte, podría enfrentarse a él o cuestionar sus decisiones, pero Aretha jamás le habría llevado la contraria en nada».

«No sabemos por qué se fue Lola», añadía Carolyn, «pero visto ahora, atando cabos y juntando fechas, todo indica que en aquella época, cuando Lola vivía en casa, nuestro padre inició una relación con Clara Ward. Seguro que a Lola no le sentó bien».

La llegada de Clara Ward a la vida de C.L. reestructuró el sistema afectivo de la familia. Empezaron a verse en 1949 y, con todas las idas y venidas, la relación solo acabó con la muerte de Clara en 1973. C.L. estuvo con ella a su lado.

«Veíamos a Clara y Frank», decía el reverendo James Cleveland, «como la versión eclesial de Ike y Tina Turner. Evidentemente, no lo decíamos en voz alta, pero era bien sabido por todos lo que sucedía. Ni siquiera lo ocultó, ni falta que hacía porque eran nuestros reyes, él nuestro predicador más importante y ella, nuestra mejor cantante, una pareja impecable».

Aretha nunca reconoció la relación de Clara y su padre, los catalogaba de amigos. Destacaba de Clara su potente canto góspel, su peculiar forma de vestir y sus moños altos. Le gustaban los sombreros que lucía, incluso su forma de comer pollo. Decía que Clara le había enseñado a comer bien el muslo de pollo, con bocados muy pequeños. Decía que era una gran dama y que ojalá se hubiera casado con su padre.

«Toda niña necesita una madre», me decía Carolyn Franklin, «y nosotras no éramos la excepción. Está claro que teníamos a Abu, una figura fundamental, una fuerza vital imprescindible. Era una mujer sensata, cariñosa. Le encantaba el rapé. Educaba con disciplina y se ponía seria cuando era necesario. Abu era estupenda, pero no dejaba de ser la madre de nuestro padre. Toda su vida estaba volcada en su hijo y nosotros nos quedábamos al margen. Queríamos una madre de verdad que nos abrazara fuerte y nos dijera cosas cariñosas. Aretha, por su carácter introvertido, lo deseaba más que nadie. La introversión se agravó con la partida y posterior muerte de nuestra madre. Y luego sufrió de nuevo cuando se marchó Lola. Ahí me dijo que Clara tenía que ser nuestra madre. Cada invierno pronosticaba la boda para el mes de junio. Incluso se imaginaba los detalles de una boda que nunca llegó, lo cual sumió a Aretha en la tristeza.

»Nuestro padre intentaba animarla, pero no estaba muy encima de ella. Cuando Aretha empezó a cantar en la iglesia, le hizo más caso, pero eso solo sirvió para tapar, e incluso sepultar, sus inseguridades, que nunca superó del todo».

3
MADRES Y PADRES

Aretha es fan acérrima de todas las grandes voces, y en eso se parece mucho a su padre. Ha mostrado su admiración por vocalistas góspel poco conocidos como Jackie Verdell o Peggy Lee («una de las mejores cantantes de todos los tiempos») y ha expresado su devoción por Leontyne Price, cuya interpretación del "Nessun dorma" de Puccini estudió durante años. Entre sus cantantes masculinos favoritos está Little Jimmy Scott, un artista de jazz con profundas raíces soul muy próximo en los años 50 a Billie Holiday y Dinah Washington, que tiene una versión de una canción que podría definir el estado de ánimo en que se encontraba Aretha: 'Sometimes I Feel like a Motherless Child' [A veces me siento una criatura huérfana de madre].

«Todas querían ser su madre», decía Ruth Bowen. «Cuando la conocí en la iglesia de su padre, parecía una niña perdida. Tenía una mirada muy triste, como si tuviera miedo. Entonces se puso a cantar y sacó ese sonido de góspel recubierto de blues, un blues tremendamente poderoso, hermoso y maduro. Terminó y volvió a sentarse, refugiándose en su mundo. Todas las mujeres de la iglesia, en especial las que querían acercarse a su padre, aspiraban a ser la madre de aquella niña. Me dio la sensación de que tenía montones de madres, y en realidad no tenía ninguna».

Fue en aquel momento de pérdida de la madre y búsqueda del consuelo cuando comenzó a cantar en público. Recordaba haber cantado sola en la iglesia a los diez años de edad, el mismo año de la muerte de su madre.

«Se había preparado para cantar 'Jesus Be a Fence Around Me'», me contaba Erma. «Se aprendió la versión de Sam Cooke y los Soul Stirrers. Se sentó al piano, dirigió la mirada al público (habría ese día unos dos mil asistentes) y se quedó callada. Me quedé dudando de que pudiera empezar. Sabíamos que tenía una voz preciosa, pero también éramos conscientes de lo que había sufrido y llorado aquella semana. Fue increíble, convirtió su dolor intenso en una belleza intensa. Mi hermana tiene ese don. Ya lo tenía de pequeña y jamás lo ha perdido».

Ahí quedó fijada su característica principal: los momentos más traumáticos de su vida producirían su música más emotiva. La aflicción derivaba en una creatividad desconcertante. La introversión florecía en extroversión. Una niña insegura se transformaba en una artista desenvuelta. Con el paso de los años, según iban adquiriendo sus problemas tintes dramáticos, más se empecinaba en expresar ese sufrimiento. El dolor quedaba silenciado en todas las parcelas de su vida, excepto en la música, con una voz que lo decía todo. La música era el único territorio que podía revelar la verdad.

«Hay que tener en cuenta la influencia de la iglesia en este aspecto», me señalaba Billy Preston al hablar de los primeros años de Aretha. «En las parroquias negras se cuenta la verdad, ahí es donde uno se siente más cómodo con el público. En la iglesia se puede llorar sin avergonzarse. No hay pudor en gemir en voz baja y gritar al mismo tiempo. Si alguien va lleno de temores, el público te los quita con aleluyas enérgicos. Así empecé yo a cantar y tocar el piano, igual que Aretha. Tras ese bautismo como artista, le perdí el miedo al público. Me daba igual dónde tocara, cerraba los ojos y me imaginaba en la iglesia. Siempre he usado ese truco y sé que Aretha también. Cantaba pensando en el visto bueno de los parroquianos, y esa aceptación fue en todo momento incondicional».

Pero Aretha también cantaba pensando en la aprobación de su padre, su protector, y en las mujeres que querían a su padre y cuyo amor ella buscaba para sí misma.

«Se produjo un cambio evidente», decía Erma. «Cuando Aretha vio el interés mutuo entre Clara y su padre, le hizo más caso a ella. Nosotros también, era normal. Se trataba de una mujer con mucha energía y carisma. Era una estrella. Y aunque no hubiera formado parte del séquito de amores de nuestro padre, nos había influido a todos como cantante. Tenía un estilo fabuloso».

Así como Mahalia Jackson, ataviada con túnicas negras y lúgubres o blancas y radiantes, representaba la dignidad del góspel, Clara Ward, con sus vestidos plateados y dorados, resultaba mucho más llamativa. Ambas eran cantantes sumamente dotadas con una pasión desbocada y unas florituras barrocas que ejercieron una enorme influencia durante las décadas posteriores. Mahalia cantaba sin moverse apenas del púlpito, pero Clara interactuaba con los asistentes, se movía mientras gritaba. También fue la primera cantante estrella del góspel en actuar en clubs de jazz. A pesar de que el repertorio de Mahalia incorporaba el trabajo con tintes blues de Thomas A. Dorsey, su lugar de actuación era la iglesia y la sala de conciertos, con la rara excepción que supuso su aplaudida aparición en el Festival de Jazz de Newport de 1958. Clara cantaba donde fuera para darse a conocer, incluso en Las Vegas y Broadway. Al igual que C.L., buscaba la mayor repercusión posible.

El centro de su obra lo constituía Dios, sin dejar de lado el dinero. La madre de Clara, la maravillosa Gertrude Ward, era la versión góspel de Mama Rose, la incansable madre y representante de Gypsy Rose Lee. El grupo ori-

50

ginal, el Ward Trio, empezó a principios de los años 40, con Clara adolescente. A los otros miembros, Gertrude y la tata Willa, pronto se les incorporaron magníficas vocalistas, como la gran Marion Williams, una soprano que causó impacto en Aretha y complementaba el liderazgo de Clara, al tiempo que se lo disputaba.

Según Willa, su madre lo controlaba todo con mano de hierro y mostró una gran habilidad empresarial al montar su propia empresa, con representación de artistas y editorial. En una época en la que los promotores estafaban sin piedad a los artistas góspel, Gertrude contaba con su propia compañía y llevaba a raya la carrera de Clara.

«Todo el mundo ha vivido algo similar», me señalaba James Cleveland. «Era mítica su personalidad implacable. Cuando tocaba el piano para los Caravan, la vi actuando en una iglesia con el reverendo Franklin. Al acabar se iban juntos, pero los vio Gertrude y gritó: "¡Devuélveme a mi hija ya mismo!" Y eso que Frank no eran de los que se callaban, no estaba acostumbrado a que le dieran órdenes. Pero cuando Gertrude se ponía el mando, allí no se movía ni el reverendo. Así que acompañó a Clara para que se fuera con su madre. Esa misma noche en el hotel, en cuanto Gertrude se durmió, vi saliendo por el hall a una pareja que se parecía mucho a Clara y Frank».

Ruth Bowen, que conocía bien a Clara, me dijo: «Me parece muy tierno que Aretha tuviera a Clara de ejemplo. Pero no lo digo porque Clara no fuera una persona encantadora (y tanto que lo era) sino porque era una chica insegura y llena de problemas, igual que Aretha. El padre de Aretha fue el amor de la vida de Clara, aunque éste nunca se comprometió por completo, y ella sufrió mucho por eso. Frank la quería, sí, pero no estaba por casarse. Le gustaban demasiado las mujeres y siempre iba con unas y con otras. Aquello constituyó un suplicio para Clara, que lo quería solo para ella».

En su autobiografía, *How I Got Over*, Willa decía que Clara se había quedado embarazada a los 17 años y perdió el niño por el ajetreo de los viajes y los conciertos. Se divorció un año después y no se volvió a casar. Opinaba también que Clara encontró la seguridad en diversas relaciones sexuales con mujeres a raíz de la manera que tenía su madre de ahuyentarle a los pretendientes masculinos. En el mundo del góspel, la homosexualidad estaba a la orden del día. Para Willa, Clara era una persona frágil, con constantes problemas de salud y que tuvo algunas depresiones fuertes. «Su imagen glamurosa de cantante góspel era la parte que adaptó para sí misma Aretha», decía Ruth Bowen, «pero también estaban las dificultades que tuvo para encontrar la felicidad y los intentos estériles de escapar de su madre dominante».

«Solo había un hombre que podría haberse enfrentado a Gertrude», decía Billy Preston, que trabajó en la escena góspel como niño prodigio cantando y tocando el órgano. «y era C.L. Franklin. Gertrude espantaba a los demás. Clara era su gallina de los huevos de oro y no se permitiría perder el control sobre ella. Creo que por eso se aferró tanto Clara a Frank. Lo veía como el caballero a lomos de un corcel blanco que le podría ayudar a escapar de su madre. Frank no cumplió esa labor y Clara se hundió. Estuvo siempre con él, aunque él no se dejaba la piel por ella».

«El reverendo Franklin era alguien excepcional», me decía B.B. King. «Era un gran narrador y un negro orgulloso de su gente, en un tiempo en que el orgullo no abundaba en nuestra comunidad. Nos aportó orgullo. Pero tengo que decir que no me sorprendió que una noche, en los años cincuenta, apareciera por un club de Chicago con Clara Ward. No es que me sorprendiera que viniera a ver un concierto de blues o que saliera con la señorita Ward, porque ya llevaban un tiempo juntos. Lo que me dejó anonadado fue después, cuando estábamos en el camerino. Ella dijo algo que le molestó y el reverendo le pegó tan fuerte en toda la cara que se cayó de rodillas al suelo. Me quedé parado, incapaz de articular palabra».

«Frank y Clara tenían una relación rara», decía James Cleveland. «Ambos se querían y admiraban mutuamente, pero esta admiración se venía abajo con frecuencia y Clara se llevaba la peor parte. En aquel entonces, no era infrecuente los malos tratos a las mujeres. En ese sentido, Frank era fruto de su tiempo. Le vi perder los nervios con Clara en diversas ocasiones. Ella, curiosamente, no hacía nada, se mostraba pasiva. A veces se quedaba sin rechistar, pero otras le gritaba y le decía que no podía más. Entonces él le enviaba flores y bombones, y vuelta a empezar. Siempre volvía con él. Siempre».

Cuando Aretha estaba en la cincuentena, se encontraba soltera y con cuatro hijos criados, dos matrimonios fracasados, y unas cuantas relaciones largas a sus espaldas. Aun así, en todas las entrevistas que dio a lo largo de los años, siempre transmitió la imagen de estar tranquila en el terreno sentimental. Es más, en ese terreno sostenía que su padre era igual y que si pecaba de algo, era de una dedicación total a la familia que le impidió ser más famoso.

«Podría dejar a sus mujeres», explicaba Erma, «pero ni nos planteamos que nos dejara a nosotros. Nos transmitía esa seguridad. Carolyn y yo lo sentíamos así. Y Cecil también, por supuesto. Nunca nos hizo pensar que tuviéramos que ganarnos su aprobación y, con todo, Aretha se esforzaba mucho para conseguir ese beneplácito paterno. Quizás por eso se convirtió en una estrella tan grande».

«No recuerdo a qué edad vio Aretha a Clara tocando el piano en el salón de casa», me comentó su hermano Cecil. «Supongo que yo tendría diez años y Aretha, ocho. Nuestro padre invitaba a muchos artistas a fiestas en casa. Tal vez el más increíble fuera Art Tatum. Era tuerto y tocaba el piano como si tuviera cuatro manos. Me sentaba con Aretha en el descansillo de la parte alta de las escaleras y contemplábamos embobados la escena. Nunca había visto a nadie tocar esa clase de arpegios y florituras. Aquellas fiestas eran para beber y bailar con música de fondo, pero cuando se ponía a tocar un músico como Art Tatum, se convertían en un concierto en toda regla. Se callaban todos y escuchaban embelesados.

»Recuerdo otra noche con Arthur Prysock cantando y su hermano Red tocando el saxo. Apareció Oscar Peterson con su bajista Ray Brown. Entonces Ray estaba casado con Ella Fitzgerald, que también se encontraba allí. Y nosotros escuchando a Arthur y Ella, acompañado por Oscar Peterson. ¡Qué maravilla! Al cabo de una hora de concierto, Oscar le dijo a nuestro padre: "reverendo Franklin, ni en sueños habría pensado que tocaría jazz en casa de un pastor". Él le respondió: "Oscar, ni en sueños habría pensado que Dios me bendeciría con el disfrute de esta música tan preciosa en el salón de mi casa". Y ese fue solo una de las muchísimas veladas que hubo. Venía la flor y nata. Una vez se presentó Duke Ellington para conocer a mi padre y acabó al piano interpretando una pieza estupenda. Al igual que mi padre, Ellington era una persona muy moderna que miraba al futuro, no se quedaba anclado en el pasado. Le dije que me encantaba el jazz y me contestó: "Pues tienes que escuchar a un tío que se llama Monk. Hace cosas diferentes". Monk se convertiría pronto en uno de mis ídolos.

»Aretha fue por otro lado. Se pasaba horas en mi habitación escuchando los discos de jazz de mi creciente colección. Pero el punto de inflexión se produjo la noche en que Clara Ward se puso a tocar nuestro piano de cola. Dio un concierto con todos sus grandes temas, como 'Surely He's Able' o 'Packin' Up', y también improvisó como los músicos de jazz. Aretha no se perdió ni una nota, y al día siguiente se puso al piano a tocar lo mismo que Clara. Al poco tiempo, se aprendió 'After Hours', de Avery Parrish, un blues muy popular en la época de mi padre. A él le encantaba. A veces, en las fiestas, subía a despertar a Aretha. Aunque fueran las 3 o a las 4 de la madrugada, quería que sus amigos la escucharan tocando 'After Hours'.

»Todos los que venían a la iglesia sabían de las dotes de cantante de Aretha porque había empezado muy joven. Pero pocos la habían visto tocar. Más adelante, en los años 50, cuando salió 'Canadian Sunset', de Eddie Heywood, una pieza difícil que fue todo un éxito, la versión que hacía Aretha se convirtió en un hito de las fiestas de nuestro padre.

»Aretha siempre hacía lo mismo: escuchaba un tema y, acto seguido, lo tocaba nota por nota. Si era un tema instrumental, lo reproducía sin equivocarse. Si era una canción, hacía una versión perfecta. Realizaba correctamente todas las inflexiones, tanto en la voz como en el teclado. Tenía un oído infalible. Siempre fuimos conscientes de su talento natural, propio de los genios. Eso no se aprende, se tiene o no se tiene».

En cierta ocasión le pregunté al reverendo Cleveland si pensaba que C.L. Franklin había explotado a Aretha.

«Bueno, depende de lo que entendamos por "explotar". Si tienes una canción, quieres que se conozca, que se cante y se grabe. Si uno de tus hijos es un genio, quieres darlo a conocer también, que la gente se entere, que desarrolle su potencial. Frank era ambicioso, estaba pensando a todas horas en ampliar su público. Como cantante que era, sabía del poder de la música para transmitir la palabra de Dios. Quería contar con los mejores intérpretes, y que su hija fuera la mejor cantante le llenaba de orgullo. Se tomó como una obligación convertir a Aretha en una estrella, era para él impensable que no llegara a lo más alto.

»Cuando me contrató en los años 50 para tocar en la iglesia, vi de cerca la relación con su hija. Y sí, a veces la sacaba de la cama a mitad de noche para que cantara y tocara delante de sus invitados famosos, como Nat King Cole o Billy Eckstine. No creo que a ninguna cría de 11 años le haga gracia despertarse a altas horas para tocar delante de unos borrachos, y sí, igual eso no era lo mejor para ella. Pero, por otro lado, compartía ese impulso de su padre; lo heredó.

»Cuando estaba sentado en el piano del salón trabajando en los arreglos para el coro, era normal que Aretha se me acercara y se sentara a mi lado. Me veía componiendo, confrontando los tenores y las sopranos, las octavas, la relación entre la melodía y la armonía, y la armonía con el ritmo. Me observaba y después lo podía hacer tal cual. En la familia dicen que fui uno de sus profesores, aunque, en realidad, le enseñé muy poco a la pequeña Aretha. Se limitaba a observar y luego a hacerlo ella misma.

»¿Que si la explotaba? Pues claro, normal con ese talento. Ella no le habría perdonado lo contrario, lo habría percibido como una traición del padre. Una vez manifestado el talento, quería estar siempre con su padre, en la iglesia, en la carretera, y también en aquellas fiestas en que la presentaba a los mejores artistas del mundo. En el salón de aquella casa conoció a Dinah Washington».

En 1954, Dinah Washington era una estrella sideral y la preadolescente Aretha estaba en la escalera mirando la fiesta. Y allí Aretha conoció a Ted White, que en los años 60 sería su primer marido, su primer mánager importante y una figura trascendental en su vida, capaz de alejarla del control de su padre. Tenía fama de ser un chulo con clase. Aquella noche, lo vio llevándose de allí a una alcoholizada Dinah Washington, la artista cuya evolución desde el góspel al blues, el jazz y el R&B pronto transitaría Aretha.

4
EL CIRCO DEL SEXO

Ray Charles y Billy Preston usaban la misma expresión para describir la escena góspel de los años 50. La llamaban «el circo del sexo».

Ray me contó que cuando empezó en el R&B a principios de esa década, muchas veces coincidía con grupos de góspel que actuaban en la misma ciudad.

«Como los hoteles no admitían negros, nos metíamos en pensiones llevadas normalmente por ancianas», rememoraba Ray. «Compartían espacio gente como los Blind Boys of Alabama o los Dixie Hummingbirds con *bluesmen* como T-Bone Walker o Lowell Fulson. Me gustaban mucho los cantantes de góspel por sus ritmos y armonías. Me había criado en la iglesia de un pueblo y sé muy bien lo que transmite su música. En ocasiones nos quedábamos cantando salmos hasta tarde y creía regresar a la infancia. Cuando cantaban con el corazón, eran la hostia, y con el sexo eran más salvajes que yo, lo que ya es decir. En aquel entonces me encantaban las orgías, pero yo a solas con dos o tres tías. Los del góspel tenían otra mentalidad. Los tíos estaban con tíos y las tías con tías y acababan todos mezclados. No me parecía mal, me flipaba ver a aquella gente tan religiosa yendo siempre tan a saco. Me llamaba la atención lo sueltos que iban. Se decía que los pastores de las iglesias no lo sabían o no se enteraban. ¡Y una mierda!, más de una vez he oído que iban también a las pensiones porque querían sumarse a la fiesta».

«Yo no iba con la gente del R&B», me decía Billy Preston en una de las entrevistas para su autobiografía (por desgracia, se murió sin acabar ese libro). «La marcha de verdad estaba en la gente del góspel. Allí valía todo y cuando digo todo es porque muchas veces se liaban hombres con hombres y mujeres con mujeres. Parecía lo normal. Fuera del circuito de la iglesia, a los gais los llamaban maricones. Era un ambiente muy intolerante. Pero dentro de la iglesia, los gais eran autores de muchas de las canciones, como si fuera una tradición. Todo el mundo sabía que mi maestro, James Cleveland, que se convertiría en el Rey del Góspel, era gay. No solo era un cantante, pianista, y director de coro sensacional, es que además fue el creador del góspel moderno con coros grandes. James tenía su propia iglesia y seguidores por todo el país. Algunas de las figuras más destacadas (como Earl Hines, de Los Ángeles, o Alex Bradford, de Chicago) eran gais. Mahalia estuvo toda la vida rodeada de gais. En la calle, serlo suponía la burla pública, pero en la iglesia, la gente estaba orgullosa de formar parte de la élite gay de músicos. Junto con los predicadores, eran el alma de la iglesia. La gente iba por los sermones y la música. En las iglesias de los negros, la Palabra de Dios siempre es musical. Dios está en los surcos».

El padre de Aretha era una figura consolidada en el circuito góspel en 1954. Y Aretha, con doce años de edad, se fue entonces con él por primera vez de gira. Un año antes, C.L. había empezado a grabar sus sermones para Joe Von Battle, el propietario negro de la tienda de discos Joe's, situada en la calle Hastings, 3530, cerca de la iglesia baptista New Bethel. Von Battle era una institución en la zona, y también editó discos de blues de John Lee Hooker. Los discos de C.L. se vendieron con facilidad en Detroit y más tarde, cuando Von Battle consiguió distribución, también sonaron bastante en Chicago y Nueva

York. Además, los ponían en una emisora de radio importante de Gallatin (Tennessee), la WLAC-AM. El programa de góspel contaba con el patrocinio de la tienda de discos Randy's, que tenía un servicio de venta por correo que contribuyó a las buenas ventas de C.L. Se abrió el mercado musical (mucho antes de entrar en escena Los Ángeles) y, a mediados de los años 50, Franklin llegaba a todo el país. Puso en marcha un «servicio religioso itinerante», tal y como lo llamaba Aretha, que le servía para aumentar los ingresos (los pastores de las iglesias donde actuaba le pedían a los asistentes un «donativo como muestra de amor») y vender los discos de sus sermones.

C.L. disponía de tres presentadores: Sammy Brant, una mujer menuda con una voz enorme, Lucy Branch, otra vocalista potente, y la propia Aretha, que cantaba acompañada del coro o tocando el piano. La parte central del programa la ocupaba, por supuesto, el sermón pasional del reverendo. Mientras predicaba, Aretha resaltaba sus afirmaciones con florituras pianísticas.

Nunca le gustó estudiar, con lo que estaba encantada de faltar a clase para irse de gira. Le gustaba estar con su padre y formar parte de su camino a la fama. También tenía ganas de pasar de la infancia a la edad adulta.

«Aretha quería crecer», decía Ruth Bowen. «Quería hacerse mayor, y su talento le permitió ser mujer antes de llegar a la adolescencia».

En las entrevistas, Aretha siempre se ha mostrado reacia a hablar de su embarazo a los trece años, igual que tampoco ha querido referirse al sexo en el circuito góspel.

«Entiendo que no quiera mencionar el tema», decía Etta James cuando le pregunté por sus primeras giras de conciertos. «A nadie le gusta reconocer que a las ocho de la tarde estás alabando al Señor y que una hora después estás dale que te pego con un pedazo de cantante que quita el hipo. Aretha y yo nos iniciamos antes de la adolescencia. En aquella época empezamos a salir de casa y queríamos experimentar. Más que eso de "una vida sexualmente activa", sería mejor decir "una vida sexualmente hiperactiva". Teníamos muchas ganas, Aretha también, porque en eso consiste crecer. Ella era como la mayor parte de nosotras y daba igual que fuera la hija de un predicador famoso. De hecho, los hijos de los predicadores tenían fama de promiscuos porque se les encasillaba en una categoría concreta y se rebelaban actuando a su manera».

«¿Que si Aretha era promiscua?», se preguntaba Ruth Bowen. «Bueno, era una cultura promiscua y ella pertenecía a esa cultura. Era una niña prodigio de esa cultura. Los genios se sienten unos privilegiados, y eso les pasa a todos, desde Mickey Rooney a Judy Garland, pasando por Elizabeth Taylor o Dinah Washington. Se sienten con derecho a hacer lo que quieran, sobre todo en el terreno sexual. Como empiezan muy jóvenes, también tienen que trabajar mucho y eso los distingue del resto de críos. Saben que son especiales, y todos los viajes, los conciertos, el dinero que les hacen ganar a sus padres o patrocinadores, todo eso les hacer creer que merecen poseer lo que se les antoje».

«Sé que mi crecimiento fue diferente al de los otros críos», decía Etta James. «No pasé por las etapas normales ya que me convertí, de la noche a la mañana, en mujer. Fue raro y me jodió. Seguro que también le jodió a Aretha porque de repente nos vimos en un mundo lleno de estímulos y nos llegó demasiado pronto».

Jerry Wexler, experto en música afroamericana y destacado productor, nos ofrece otra perspectiva sobre el góspel y la vida de sus artistas. Es un tema del que hablamos durante años.

«Todo se resume en la sexualidad reprimida», decía Wexler, ateo convencido. «Lo llaman espíritu santo, pero es muy libidinoso. La música góspel no es solo más animada y pasional, también más sensual».

No compartía entonces la opinión de Jerry, y sigo en mis trece a día de hoy.

El arzobispo Carl Bean, con quien escribí sus memorias tituladas *I Was Born This Way*, también es hijo de la escena góspel. Discípulo de Alex Bradford, Bean fundó y dirigió la Hermandad de la Iglesia de Cristo.

«El góspel es una música del momento», explicaba. «La energía extraordinaria de ese momento es la manifestación de Dios. La naturaleza de ese momento, su poder desbordante, no se puede atribuir a una sola persona. El hombre no es más que el transmisor divino. Dios es el combustible. Si escuchas con atención la voz y la música, si abres tu corazón a lo que dicen las canciones, te darás cuenta de que no hay ser humano capaz de conjurar ese espíritu. Si después los cantantes lo celebran de modo terrenal, eso ya es otro tema, porque lo importante es la sinceridad que se transmite en las alabanzas a Dios durante la ceremonia. Sé que el reverendo C.L. Franklin era un creyente apasionado, igual que el reverendo James Cleveland y Aretha Franklin. Que esas personas tuvieran sus debilidades (como nos pasa a ti, a mí y a todos) no tiene relación alguna con la autenticidad de sus actuaciones. Su expresión artística, tanto en los sermones como en las canciones, constituyen pruebas irrefutables de la gloria eterna de Dios».

Cuando les pregunté a los hermanos de Aretha si alguna vez había tenido ella una crisis de fe, la respuesta fue unánime: «Jamás».

«En la familia tuvimos algunos problemas», decía Erma. «Nos peleamos y superamos muchas cosas, pero nunca dudamos de nuestra fe. Todos poseíamos una fe inquebrantable en Dios».

El arzobispo Bean resumía perfectamente la cuestión: «La promiscuidad desenfrenada que se vivía en el mundo del góspel no afectaba en absoluto a la transmisión del mensaje divino. Porque, de lo contrario, sería imposible expresar la palabra de Dios con seres humanos porque todos tienen puntos débiles. Muchas veces se ha dicho, por parte de gente inteligente, que no se puede confiar en el mensaje si no se confía en el mensajero. Dios habla a través del hombre y el hombre tiene un punto de desmadre en todas las culturas».

«Aretha también se desmadraba», decía James Cleveland, pero sin reproches ni a malas. Se reía al recordarlo: «Cuando empezó a salir de gira con su padre, él intentaba meterla en vereda. Pero era guapa, ligona y poseía una voz que encandilaba a todo el mundo y, cómo no, a los hombres. Visto lo visto, Frank fue buen padre, se preocupaba por sus hijos, los cuidaba. Pero era un hombre poco convencional y sus hijos le salieron igual. Los padres dicen: "Haced lo que digo, no lo que hago". Sin embargo, los niños acaban imitando lo que hacen los padres. Y así se explica el caso del reverendo C.L. Franklin y sus hijos, especialmente Aretha, la más dotada de la familia».

En sus memorias, Aretha hablaba de sus primeras parejas. Tuvo muchas. Relataba sin problema sus amores de juventud, como Gordon Blasingame, de Búfalo, pero era más terrenal cuando se refería al físico de los hombres y a la atracción por distintos manjares: describía con éxtasis su descubrimiento del bacon, la lechuga o el sándwich de tomate.

No obstante, al salir el nombre de Sam Cooke, cambiaba por completo. La voz le sonaba más alegre al recordar aquella pasión preadolescente. Contaba que lo vio cantando en New Bethel con su grupo de góspel y que enloquecía a las chicas. También decía orgullosa que era muy amigo de su padre.

Según Aretha, ella tenía 12 años y Sam, 23 cuando se fueron juntos al motel de él. Cuando su padre se enteró, se puso hecho una furia. Se cruzó con las Staple Singers y les preguntó si su hija estaba con Sam, a lo que declinaron dar respuesta. Aretha después dijo que aquel día no pasó nada y aunque reconocería que fue a su hotel en Nueva York al cabo de un tiempo, también insistía en que la relación entre ambos se había quedado en el terreno platónico.

«Sam a mí me contó otra cosa», decía Johnnie Taylor, el gran cantante de soul que formó parte de los Highway QC's, el grupo de góspel creado por Sam. «Él decía que no solo disfrutó de la voz de Aretha. Pero no hacía falta que me lo confesara porque cuando estaba en ese circuito tocando en las mismas ciudades que el reverendo Franklin y Aretha, me daba cuenta, no era tonto. Se veía una chica muy tímida que apenas hablaba, pero en las fiestas era otra historia».

«Éramos precoces para nuestra edad», decía Erma, que se introdujo en el góspel con su hermana cuando tenía 15 años y Aretha, 12. «Hicimos cosas muy adelantadas para unos críos. Al vivir en el mundo de los adultos, se rompieron algunas barreras propias de la infancia. A nuestro padre, que era muy estricto, no le parecía bien, pero tampoco podía controlarnos por completo. En las giras tenía una agenda cargada: aparte de preparar las actuaciones, daba entrevistas en prensa y, si había emisora de radio, se iba al programa de turno. También buscaba tiempo para leer, le gustaban los libros de política, poesía y teología. No podía estar pendiente de unas hijas llenas de energía y curiosidad, íbamos bastante a nuestro aire».

En la vida de Aretha, el tema del sexo estaba muy relacionado con la rivalidad con sus hermanas. Carolyn, a quien le gustaban las mujeres, me comentó que Aretha y Erma se disputaban con frecuencia a los hombres.

«Recuerdo que era poner rumbo en la carretera y empezar a pelearse por algún tío», relataba Carolyn. «Aretha creía que le había gustado a uno y Erma pensaba que Aretha se lo estaba quitando. Son dos mujeres con mucho carácter, cabezonas y arrogantes, y encima nunca se echan atrás. Erma igual es un poco más espabilada, pero Aretha tampoco es tonta. En el terreno musical, Aretha es incuestionable, aunque Erma canta muy bien. Erma es más extrovertida, mucho más que Aretha, y no tenía ningún problema en conocer gente. A Aretha le costaba más hablar con desconocidos».

A raíz de las observaciones de sus hermanos y de personas como James Cleveland, Ruth Bowen y Etta James, se puede trazar un perfil claro de la joven Aretha: una chica traumatizada por el abandono y repentino fallecimiento de su madre, afectada por la marcha de Lola Moore y por el rechazo de su padre a que Clara Ward fuera su madre, que encontró su mundo en la cultura de la música espiritual, llena de energía mística y carnal, una música capaz de subir todas las temperaturas noche tras noche. Así pues, no resulta extraño ni sorprendente que descubriera su sexualidad de forma activa a los doce o trece años. Los preadolescentes y adolescentes se expresan de diversas formas, y Aretha optó por el sexo en un ambiente especialmente distendido y en absoluto represivo. Y mientras fue descubriendo el sexo adulto, también empezó a grabar canciones como cantante adulta de canciones religiosas.

En aquellas primeras muestras de su voz, se oye algo más que a una niña convirtiéndose en mujer. Se oye un auténtico milagro.

5
EN LA SANGRE

Hay un montón de excelentes trompetistas que salieron en los años 20 con Louis Armstrong. Sin embargo, la calidad de su sonido (con un tono de una belleza cautivadora y una voz cálida y llena de humanidad) cambió por completo la música estadounidense. Se podría aplicar lo mismo al saxo de Lester Young, Charlie Parker y John Coltrane. Todos ellos sabían expresar el llanto, al igual que Billie Holiday, Mahalia Jackson y Dinah Washington.

En Aretha ese llanto se torna evidente cuando, de adolescente, sale al escenario del Oakland Auditorium y canta 'Take My Hand, Precious Lord'. En aquel entonces, el reverendo Franklin y su grupo de góspel congregaban multitudes por toda California. Thomas A. Dorsey había escrito el tema en los años 30 basándose en una melodía del siglo XIX. La letra habla de la fe, de que Dios puede transformar en esperanza el dolor que experimentó Dorsey por la muerte de su mujer y su hijo. Consciente de que no puede salir adelante por su cuenta, le pide a Jesucristo que le enseñe el camino. Le reza para que convierta en luz la oscuridad. Es una de las canciones más sensibles del góspel negro, y el hecho de que Aretha se acercase a ese cántico religioso, muestra su disposición, entusiasmo incluso, por situarse al nivel de Mahalia, que la interpretó en numerosas ocasiones. La adolescente Aretha se aproxima a un momento espiritual especialmente maduro, la manifestación de la desesperación ante la realidad de la muerte. «When my life is almost gone, hear my cry» [Cuando se me aproxime el final, oíd mi llanto], suspira. Sobrecoge ese llanto que busca la comunicación con lo desconocido. Es una mujer, y no una niña, quien canta. La interpreta a un ritmo diferente (no hay un ritmo establecido en esa canción), buscando su camino por el laberinto trágico de la vida. Permanece en la oscuridad y canta: «As the night draws near and the day is past and gone, at the river I stand» [Mientras se aproxima la noche, y el día ya ha pasado, sigo en este río]. El río es el Jordán y el Estigia, el río entre la vida y la muerte, entre el dolor y la renovación. Tras cantarla una sola vez, no se puede expresar la profundidad de sus sentimientos. «Ain't no harm to moan» [No hace daño quejarse], dice Aretha, reproduciendo sin palabras la melodía. Su voz resuena atemporal. Su arte ha llegado ya a su plena expresión. Ha dejado de ser una mera niña prodigio o una promesa. Se ha convertido en una gran artista.

«Piensa en *El nacimiento de Venus*, de Botticelli», me comentaba Jerry Wexler escuchando un día juntos la canción. «Así es Aretha, una diosa con una madurez y belleza indescriptibles».

Pero cuando canta ante un público entregado en el Oakland Arena, es también una chica de 15 años de edad que ha tenido un hijo y está embarazada de otro.

Al escucharla cantando en 'Never Grow Old', grabada también en directo en esta serie inicial de sus primeras actuaciones registradas, ya se percibe una mayor ascensión. Se trata de una letra espiritual con un subtexto que habla del paso de lo finito a lo infinito, con un tono muy serio.

El pareado de 'While the Blood Runs Warm', «He bought the pain of death / while he rocked you on his breast» [Compró el dolor de la muerte / mientras te mecía en su pecho], es extraordinariamente complejo. La canción cobra todo su sentido cuando Aretha subraya de forma enérgica la palabra «rock» con aromas de R&B, dejando un poso sensual y sexual.

Según recordaba Erma, en esa época Aretha empezó a cantar 'Precious Lord' porque la canción le recordaba a Billy Kyles, que la interpretó a menudo con su Thompson Community Choir. Erma suponía que a Aretha le gustaba Kyles, ocho años mayor que ella, que con el tiempo sería una de las figuras centrales del movimiento por los derechos civiles, y se encontraba junto a Martin Luther King en el balcón del motel Lorraine aquel fatídico día de abril de 1968.

«De las primeras grabaciones de Aretha, mis tres canciones favoritas son las que cantaba para demostrarle a su padre que podía competir con Clara Ward», decía Erma. «Esos temas, 'There is a Fountain Filled with Blood', 'While the Blood Runs Warm' y 'The Day Is Past and Gone', formaban parte del repertorio habitual en los oficios con los sermones de nuestro padre y la actuación de las Ward Sisters. Mi padre quería que nos dejáramos la piel, que compitiéramos, y Aretha era muy competitiva. Lo vi en seguida cuando, por aquella época, monté un cuarteto de góspel y le pedí a Aretha que se metiera. La idea era turnarnos a la hora de cantar, pero Aretha quería cantarlas todas. Duramos unas dos semanas. Aretha competía siempre, y eso le permitió estar tanto tiempo en lo más alto, pero no es lo mejor para la estabilidad de un grupo».

Carolyn lo veía desde una perspectiva distinta: «No digo que Aretha no sea competitiva», señalaba, «sino que cuando canta, va más allá. Se sumerge en un territorio desconocido. En eso consiste su genialidad. Llega a un territorio conectado con el alma. Poco importa lo que cante, un tema espiritual o terrenal, porque lo relevante es que abre la boca y se sale de este mundo. Es imposible explicar ese territorio, ni Erma, ni yo, ni nadie. Ni siquiera nuestro padre. Es una zona que conquistan los grandes artistas. Yo a eso lo llamo "sangre", la sangre artística que corre por las venas de ciertas personas y que les permite expresar todas las emociones del mundo».

Cecil estaba de acuerdo: «Cuando escuchas las primeras grabaciones de Aretha», decía, «te das cuenta de que ya está todo ahí, toda su inteligencia musical. Lo lógico sería pensar que, al haber crecido con mis hermanos en la misma casa y con el mismo padre, deberíamos poseer la misma inteligencia, pero para nada. Aretha nació así, y los expertos ya intentarán analizar cómo llegó a desarrollar su estilo. Dirán que ensayaba y se esforzaba más que nosotros, o que se fijaba más en la música que escuchaba, o que estaba más motivada, pero yo te aseguro que nada de nada. No ensayaba más ni escuchaba más música que Erma, Carolyn o yo mismo. A Aretha no le gustaba estudiar, no le apetecía aprender solfeo porque no le hacía falta. Lo tenía todo dentro, absorbía lo que escuchaba y después lo repetía mejorando el original. Eso se percibe cuando la escuchas cantando las canciones de Clara Ward. Si una niña de 13 años suena como si fuera mayor y más sabia que una mujer de 31, no se debe a que Aretha quisiera eclipsar a Clara. Se ponía a cantar y no hay más explicación».

En 1955, el mismo año de esas grabaciones de Aretha, Clara Ward fue el centro de una polémica que no tenía nada que ver con su relación con el reverendo Franklin sino con ese puente que a la vez separaba y unía la música religiosa y el pop, el mismo puente que pronto transitaría Aretha.

El *Defender* de Chicago, un importante periódico dirigido a la población negra, publicó la respuesta de Ward a un comentario que le había hecho la estrella del rhythm and blues LaVern Baker. Baker había empezado su carrera con el nombre artístico de Little Miss Sharecropper y el éxito le llegó cuando cambió de compañía discográfica y grabó 'Tweedle Dee' para Jerry Wexler y Ahmet Erte-gun en Atlantic Records. LaVern había acusado a Clara de plagio y ésta contraatacó. «Aquí a los únicos a quienes se podría acusar de robar ritmos musicales sería a los artistas actuales de R&B porque casi todos empezaron en los coros religiosos, incluso LaVern. Que me digan si no han copiado el estilo de los grupos que cantan en las iglesias». Añadía que había rechazado una oferta de 2.500 dólares para hacer «una versión jazzística de 'Swing Low, Sweet Chariot' con su grupo usando un nombre falso».

El debate entre Clara y LaVern se reduce básicamente a qué fue antes, el huevo o la gallina. A raíz de que Al Green se ordenara como pastor y oficiara en la iglesia baptista Cornerstone de James Cleveland en Los Ángeles a principios de los años ochenta, le lancé precisamente esta pregunta a Cleveland: ¿qué fue antes, los cantos espirituales o el blues?

«Al padre de Aretha le haría gracia», decía el reverendo Cleveland, «porque sabía que no hay respuesta. Es un misterio sin solución. La intuición te dice que los cantos espirituales, pero si lo piensas, te das cuenta de que antes estaban los gritos en los campos. Igual todo empezó porque alguien en un campo de algodón empezó a quejarse de cansancio, o porque quería estar con una mujer, esa queja la oyó una mujer muy creyente y la convirtió en un rezo. La necesidades carnales y espirituales van de la mano. Recurrimos a la música para expresarlas porque se trata de necesidades básicas. A saber qué fue primero».

A mediados de los años 50, los acontecimientos se sucedían con rapidez en el mundo de Aretha. Su padre se estaba haciendo muy famoso y sus discos estaban muy demandados entre la comunidad negra de todo el país. La compañía Chess Records, de Chicago, empezó a distribuirlos. Con el tiempo, han pasado por todos los formatos habidos y por haber (del 45 RPM al LP, casete, CD y MP3) y, a día de hoy, siguen disponibles. Solo en 1956, el *Defender* calculó que C.L. había vendido más de medio millón de copias.

Los hermanos Phil y Leonard Chess habían nacido en la misma época que Jerry Wexler y eran empresarios judíos con una querencia innata por la música negra en todos sus géneros. Fueron los primeros en distribuir los discos de Aretha Franklin a lo largo y ancho del país.

Aquel mismo año de 1956, a Aretha se le presentó el problema de compaginar su carrera pujante en la música góspel con la maternidad y los estudios. Había dado a luz a su primer hijo, llamado Clarence por el padre de Aretha, a los 14 años de edad. La familia se había mudado a una casa más grande. Situada en el bulevar LaSalle, 7414, al oeste de Detroit, era, en palabras de Aretha, «la casa más maravillosa que he visto en mi vida. Era como un museo construido por artesanos europeos, los mismos que habían hecho palacios por Italia y Francia. Mi padre amasó una fortuna cuando se hizo famoso. Se merecía, como gran persona con enorme iniciativa, todo lo que tenía, como el magnífico estudio de grabación que estaba a la altura de su genio. También se había erigido en portavoz de la gente de Detroit».

Preferí no preguntarle a Aretha por un rumor que había circulado durante décadas por la comunidad negra y la industria discográfica, y era la posibilidad de que C.L. Franklin fuera el padre del primer hijo de Aretha. El primero que me lo contó fue John Hammond, que también se lo había dicho a Jerry Wexler. Cuando le pregunté a Hammond de dónde lo había sacado, solo contestó que era «algo bien sabido en la comunidad negra» y señaló como prueba que a C.L. le iban las chicas muy jóvenes, ya que había dejado embarazada en Menfis a Mildred Jennings. Wexler citaba a menudo a Hammond y, con muy poca discreción, expandió durante años el rumor del incesto. Llegó a tal punto que incluso Nick Salvatore, el biógrafo de C.L., lo reconocía, descartándolo por considerarlo nada más que eso, un rumor.

Cuando le saqué el tema a Erma, respondió con rapidez: «Es asqueroso y completamente falso».

Carolyn y Cecil reaccionaron de idéntica forma, y parecían sinceros, dado el cariño con el que hablan de su padre y su hermana. En mi investigación, al igual que en la de Salvatore, no di con indicio alguno de veracidad al respecto.

En *From These Roots*, Aretha recuerda el embarazo. Su padre no le puso ningún problema y se comportó de forma comprensiva y, además, estaba Abu, que cuidaba de todos, de su hijo, de los hijos de éste y de los bisnietos. Erma, por ejemplo tuvo a los 16 años a Thomas, de modo que a Abu no le faltaba faena.

Aretha no ha dicho nunca quién es el padre, y se refiere a él llamándolo Romeo.

Según Brenda Corbett, que se fue a vivir con la familia cuando su madre Louis, la hermana de C.L., falleció en 1954, el padre del primer hijo de Aretha era Donald Burk. El matrimonio ni se planteó.

«Era un chico que conocía del colegio», decía Cecil. «Tampoco es que estuvieran todo el día juntos ni cosas así, era solo un chico más. Aretha me lo contó la primera y pensé que nuestro padre se pondría furioso cuando se enterara. Pero todo lo contrario. Decía que son cosas que pasan y nos reunió a todos para advertirnos de las consecuencias de tener hijos a una edad temprana. A mí, en un aparte, me habló de los métodos anticonceptivos y de la importancia de usar condón. En los años 50 no eran nada común que los padres hablaran así sobre esos temas con sus hijos. Mi padre sostenía que con las hijas era más difícil hablar de sexo y se preocupaba mucho por ellas».

«Nuestro padre era una especie de príncipe para sus feligreses», decía Carolyn, «y nosotros para él éramos sus princesas. Como teníamos cocineras, sirvientas y muchas feligresas querían también ayudar en casa, estábamos bastante mimados, pero mi padre quería que no nos acostumbráramos y nos obligaba a hacer labores del hogar. Sus hijos tenían que saber lo que era el trabajo y también tenían que recibir una buena educación: desde pequeños, nos inculcó la importancia de ir a colegio. Era lógico, quería que tuviéramos una amplia cultura general. Creo que eso era precisamente lo que más le preocupaba del embarazo de Aretha, la manera en que le afectaría a su desarrollo educativo, si tendría que dejar el colegio o si, tras un abandono temporal, volvería a los estudios».

«Aretha regresó a clase al poco tiempo de tener a Clarence», recordaba Erma. «Era muy buena estudiante, le iba bien en todas las asignaturas, y, por las tardes, se iba a Arcadia, la pista de patinaje. Allí conoció a Donald Burk. A Aretha se le daba de maravilla patinar».

Su primer recuerdo de darse el capricho de comprarse algo con el dinero ganado con las actuaciones de góspel fueron unos Raybestos, los Cadillac de los patines.

Tras nacer Clarence, de inmediato volvió a la plena actividad, de gira con su padre y a Arcadia los fines de semana. Aprendió a madurar como las chicas a esa edad, con las lecciones que te va dando la vida. Era una joven fuerte, que se sobreponía a sus propios errores.

En su libro dice que el padre de su segundo hijo, al que tuvo a los 15 años, era un mujeriego. Solo da una pista de su identidad: le puso su nombre a su hijo, Eddie. Brenda Corbett opina que se trata de Edward Jordan. Cecil también lo considera, como Aretha, un donjuán. Al igual que Clarence, se le puso el apellido Franklin y creció en la familia, a cargo principalmente de Abu y la cohorte de feligresas deseosas de atender las necesidades del clan.

Aretha recuerda que su padre también respondió de la mejor manera a la noticia de su segundo embarazo. Según ella, no mostró el más mínimo enfado ni reticencia alguna.

«No voy a entrar en detalle para describir lo que sucedió cuando nuestro padre se enteró de que Aretha iba a tener a su segundo hijo de un hombre diferente», matizaba Cecil. «Basta con decir que no le sentó nada bien y que lo manifestó de forma muy expresiva».

«Un hijo siempre es una bendición», explicaba Erma. «Así lo decía siempre Abu. A nadie se le pasó por la cabeza la idea de abortar, independientemente de las circunstancias de cada embarazo. Se asumió que había que recibir a cada crío y darle todo el amor del mundo. También se dio por sentado que nuestro futuro, nuestra educación y nuestras carreras, no se alterarían por una maternidad prematura. Nuestro padre estaba orgulloso de habernos transmitido que había que ser fuerte y nos animó en todo momento a no perder el ánimo. No veía a sus hijas haciendo de amas de casa, quería que fuéramos grandes estrellas, y nos lo creímos, nos contagió esa visión».

«Aretha abandonó los estudios cuando tuvo a su segundo hijo», proseguía Erma. «Por otro lado, mi padre quería que continuase yéndose de gira con él. Había pasado a ser uno de los mayores reclamos porque había corrido la voz de lo buena cantante que era la hija del reverendo Franklin. Le dijo que podría retomar más adelante los estudios, pero ahí se quedó: Aretha se metió de lleno en el mundo del espectáculo y no lo dejaría jamás».

«Creo que uno de los motivos de las inseguridades de Aretha», comentaba Cecil, «es que fue la única que no acabó de estudiar. Erma, Carolyn y yo fuimos a la universidad, pero Aretha, no. Es fácil de entender, se volcó en su carrera de cantante, pero imagino que te mina la autoestima no acabar la secundaria y que tus hermanos tengan estudios universitarios. Entre ella y yo no había ninguna rivalidad (yo era una de las personas en quien más ha confiado siempre), pero con sus hermanas tuvo sus cosillas».

«Empecé a cantar en el coro de mi padre a los siete años», decía Erma. «Carecía de las aptitudes artísticas de

Aretha, pero era buena cantante. Mi padre me apoyó en todo momento, al igual que a mis hermanos. No habría cumplido los trece años cuando monté un grupo femenino llamado las Cle-Patrettes. Fue porque los Four Tops, que vivían en nuestro barrio, me animaron a que pusiera en pie mi propio grupo. Levi Stubbs, Obie Benson, Duke Fakir y Lawrence Payton siempre se han llevado muy bien con mi familia (con todos, con mi padre, mis hermanas y mi hermano) y eran muy guapos. Entonces se llamaban los Four Aims y tenían contrato con Chess Records. Querían que firmara con su compañía, pero mi padre tenía relación con Joe Von Battle. En 1953, a los catorce años, Joe sacó un single, con 'No Other Love' en una cara y 'Say Would You Baby' en la otra. Quería dejar el colegio y salir de gira. Era la época anterior a las Chantels y las Shirelles. Habría sido pionera en el terreno de los grupos femeninos.

»No obstante, mi padre no lo vio bien y no quiso que dejase los estudios. Me insistió en que acabase la secundaria y estudiase una carrera. Le hice caso, prioricé los estudios, acabé el colegio con matrícula y me saqué Económicas en el Clark College de Atlanta. Me ha ido bien, aunque siempre me he quedado con la espinita de saber que podría haber hecho muchas cosas en el mundo de la música».

6
EN MARCHA

La segunda mitad de los años 50, cuando Aretha pasó de ser una niña de 13 años a una mujer de 18, fue una época intensa para los negros de clase trabajadora que buscaban formar parte de la prosperidad del país en plena Guerra Fría. Para los parroquianos de la iglesia baptista New Bethel del reverendo Franklin, en su mayor parte provenientes de las zonas rurales de Misisipi y Alabama, el objetivo era el progreso económico y social, con mejor trabajo, casa y educación, para abandonar así el escalafón más bajo de la sociedad.

Los afroamericanos veían como emblemas de la nueva clase media a dirigentes como Walter White, líder de la Asociación Nacional para el Progreso de las Personas de Color cuando la sentencia del caso Brown en 1954*, o Adam Clayton Powell, el primer diputado negro en el estado de Nueva York. En Detroit, el reverendo C.L. Franklin era la máxima representación de las aspiraciones de la comunidad negra: hablaba bien, era de mentalidad abierta, creyente, orgulloso de su raza e inteligente transmisor de sus dotes espirituales. A esa aura contribuía que les resultara atractivo a las mujeres.

* (*N. del E.*) Resolución judicial del Tribunal Supremo estadounidense que revocó las leyes que establecían las escuelas separadas para los negros, lo que supuso un importante avance en la lucha contra la segregación racial.

«Cuando tienes una parroquia compuesta por antiguos aparceros provenientes del sur del país», decía James Cleveland sobre New Bethel, «y el pastor también trabajaba de aparcero, la gente percibe ese éxito como si fuera propio. Da igual que no vivas en una mansión, lo importante es que tu pastor, una persona con la que te sientes identificado, sí vive rodeado de lujos, de modo que llegas a sentirte orgulloso de pertenecer a una iglesia que ha conseguido prosperar en la jungla urbana con dignidad e inteligencia. Puede que tú apenas formes parte de la clase media, pero el caso es que él sí y con eso te basta».

C.L. Franklin aprovechó las oportunidades que le surgieron para medrar socialmente. Al igual que sus amigos Clara Ward y Sam Cooke, su ambición le permitió romper barreras. Alentada por su madre, Gertrude, Clara llevó el góspel a los clubs nocturnos y Sam lo convirtió en música pop. C.L. valoraba que lo habían hecho sin sacrificar su integridad artística y así es como vio nuevos mercados donde expandir sus sermones y la música de su hija. Cada día podía presentarse un avance en su carrera.

Además, estaban evolucionando los vehículos musicales empleados por la minoría cultural para acceder al público mayoritario. Siguiendo a Billy Eckstine, Nat King Cole encarnaba la materialización del sueño de los negros de la época. Debutó en la primavera de 1956 con su programa de televisión en la NBC que fue uno de los primeros presentados por un afroamericano. Hazel Scott y Billy Daniel ya habían presentado unos pocos años antes sus propios programas, si bien eran más modestos y duraron poco. Nat consiguió situarse a la altura de los grandes presentadores blancos. Destacó como pianista consumado y excelente cantante. Con su interpretación de baladas como 'Mona Lisa', 'Nature Boy', 'Too Young' y 'Unforgettable', se ganó el cariño del público blanco. Su fraseo, si bien peculiar, era brillante. Hablaba al cantar, con mucha sutileza y buen gusto. Se convirtió en referencia para las siguientes generaciones: de Johnny Mathis a Aaron Neville, pasando por Clyde McPhatter y Marvin Gaye, todos tenían a Nat por la máxima expresión de la canción.

Uno de sus más apasionados admiradores era un artista que empezaría como imitador suyo y evolucionaría hasta allanarle el camino musical a Aretha. A finales de los años 40, Ray Charles dejó las clases especiales para ciegos en Florida y se puso a actuar en clubs, se mudó a Seattle hasta recalar finalmente en Los Ángeles, abriéndose paso con un trío musical inspirado en el de Nat y cantando canciones que sonaban igual.

«Me podría haber tirado así toda la vida», me contaba Ray, «pero apareció el dueño de una compañía de discos que me dijo que ya había un Nat King Cole y, aunque hubiese gente encantada con escuchar en los clubs canciones similares, no iba a vender muchos discos ni a ganar dinero de verdad hasta que encontrara mi propio sonido».

El sonido que encontró Ray era puramente rural, primigenio y netamente negro. Hundía sus raíces en los gritos del campo, los cánticos espirituales, el góspel y el blues intenso. Al igual que Nat, Ray poseía un destacado virtuosismo como pianista de jazz y podía adaptar la voz al medio jazzístico. De hecho, como conservaba el llanto áspero de su gente, podía adaptarla a cualquier medio. Así, en 1956, el mismo año en que en casa de Franklin se coló a través del televisor Emerson Nat King Cole cantando con Peggy Lee y Julius LaRosa, también llegó 'This Little Girl of Mine', de Ray Charles, que era una canción góspel ('This Little Light of Mine') que había llevado al terreno del rhythm and blues. Menos de tres años después, Ray consiguió colar su estilo en las listas de éxito con "What I'd Say", un estilo consistente en la mezcla de bailes sexuales con coros provenientes del canto eclesiástico.

«El jazz es la expresión intelectual de la música negra», me decía Oscar Peterson, el gran pianista de jazz, cuando hablamos sobre Nat King Cole y Ray Charles. Peterson era fan de Nat, hasta el punto de que había intentado seguir los pasos de la fama cantando como él. «El jazz también nace del estómago y las emociones y, cómo no, se basa en el blues. Pero en los años 50, cuando apareció Ray, el jazz se había olvidado de sus orígenes, y esto cambió con su estilo sincero y directo. Cuando se habla de la aproximación del jazz al soul en los años 50, si escuchas lo que hacían Charles Mingus, Art Blakey y Horace Silver, es evidente la influencia directa de Ray. Nat King Cole era insuperable como virtuoso del piano y por su voz perfecta, pero era más un intérprete que un innovador. Ray lo puso todo patas arriba».

Aquel año de 1956 también fue cuando salió «Please, Please, Please», de James Brown, que dos años antes había abandonado a los Ever Ready Gospel Singers, si bien su enorme influencia cultural no habría de llegar hasta la década posterior.

El sueño de Aretha por conquistar la fama, heredado de su padre y consistente en triunfar, como Nat King Cole, ante ambos públicos, el de los blancos y el de los negros, haría que su carrera, curiosamente, se quedara paralizada durante años. No estaba muy claro cómo meter en el mercado la música negra. La Motown fijaría el modelo, al igual que los éxitos de *Modern Sounds in Country and Western Music* de Ray Charles, pero mientras los años 50 llegaban a su fin y Aretha se preparaba para dejar atrás el góspel y entrar en el mundo del pop, solo había una opción: apuntar alto y tocar todos los palos.

«C.L. quería que su hija fuera la número uno», decía James Cleveland. «Quería que triunfase a lo grande en todos los estilos. Las conocía a todas, a Mahalia Jackson, Sarah Vaughan, Dinah Washington, Della Reese, y creía que Aretha llegaría a cantar mejor que ellas. Así pues, se enfrentó a canciones de todo tipo, no había nada que se le resistiera».

«Nos encantaba Ray Charles», decía Erma, «y sabíamos que les estaba imprimiendo un carácter sensual a las canciones religiosas. No lo veíamos mal y tocábamos sus canciones sin parar. Pero éramos jóvenes y con la cabeza llena de pájaros. Quien nos volvía locas era Sam Cooke, nos parecía irresistible. Cuando lanzó 'You Send Me' a finales de 1957, yo tenía 18 años y Aretha, 15. Ya teníamos hijos y vivíamos de cantar. Habíamos ido de gira y algo sabíamos de la vida. No éramos unas groupies atolondradas... bueno, hasta que oímos aquella canción. Cuando sonó en la radio, estábamos de gira y le pedimos al conductor que parase un instante al lado de la carretera para recobrar el aliento. Acto seguido, le suplicamos que nos llevase corriendo a una tienda de discos. La escuchamos sin parar durante una semana. A nuestro padre le gustaba, pero acabó tan harto que nos dijo que iba a destrozar el disco a martillazos. Nos daba igual, la poníamos una y otra vez. Justo antes de Navidad, anunciaron que Sam iba a salir en el programa de Ed Sullivan. Aquello era una ocasión especial, con lo que me fui a comprar un vestido de noche para verlo. Ya ves, no era para ir a Nueva York al teatro sino al vestíbulo del hotel en Atlanta. La ocasión merecía la pena, iba a salir por la tele y no podía ir vestida de cualquier manera. Me lo imaginaba mirándome a través de la pantalla y contemplando lo que me había puesto para él».

'You Send Me', compuesta por el propio Cooke, despuntó en las listas de R&B y también en las de música pop, donde permaneció durante tres semanas en el número 1. Se cumplía el sueño: el ídolo del góspel se erigía en ídolo de todo el país. Al mismo tiempo que el programa televisivo de Nat King Cole comenzaba a flaquear y a perder anunciantes, la carrera de Sam Cooke iba hacia arriba. Con su mezcla perfecta de la energía del góspel y la voz suave y sedosa, encadenó una serie de éxitos que le permitieron edificar un pequeño imperio discográfico con su sello, su editorial y una lista de cantantes que incluía a sus pupilos Bobby Womack y Johnnie Taylor.

«Sam fue el acicate que aceleró el cambio de Aretha», me contaba Johnnie Taylor a finales de los años 70 en su despacho de Dallas, Texas. «Cuando ocupé su puesto en los Soul Stirrers (hablamos de 1957), coincidimos en un concierto con su padre y Clara Ward y las Ward Singers. El padre se había ido por ahí con Clara y nosotros estábamos sentados en el vestíbulo del hotel. El tema central de nuestra conversación era Sam, siempre él. Aretha era distinta. Aunque su padre era quien era, no podría decirse que ella fuera muy de iglesia. Le iba más la fiesta, una chica tímida pero diablilla. Entonces no sabía que tenía hijos, me enteré años después. No lo habría imaginado jamás, no lo parecía. Al igual que su padre, le gustaba salir con las estrellas del espectáculo. Y me parece bien. Era la mejor cantante que había oído desde Jackie Verdell. Jackie estaba en las Davis Sisters y cantaba con tantas ganas que iba por ahí diciendo que se meaba en la toga. En su momento pensé que sería la sucesora de Dinah. Ignoro por qué no se cumplió mi pronóstico, quizás es porque Aretha se apropió de esa energía como yo me apropié de la de Sam. Nosotros nos meábamos más que nadie. A Aretha y a mí nos costó un tiempo cambiar el paso, pero en cuanto escuchamos 'You Send Me', decidimos dejar atrás el góspel. Teníamos que seguir los pasos de Sam».

Cecil respaldaba la opinión de Johnnie Taylor: «Cuando Aretha dejó las giras con nuestro padre, no paraba de hablar de la música de Sam. Recuerdo la noche en que vino Sam a Detroit a cantar en el Flame Showbar. Erma y Aretha decían que no irían a verlo porque les había sentado fatal que se hubiera casado. No les hice mucho caso, y el hecho es que, llegado el día del concierto, a mediodía empezaron a arreglarse para ir al concierto, que empezaba a las nueve de la noche. Se pusieron un montón de maquillaje para parecer mayores. Tampoco hacía falta porque en la sala trabajaban, haciendo fotos a los asistentes, las hermanas de Berry Gordy, Anna y Gwen. Anna y mi padre se tenían mucha confianza y las coló a las dos. Regresaron a casa fascinadas».

En 1958, a los 16 años de edad, Aretha volvió a viajar a California con su padre. En el hotel Watkins coincidió con Nat King Cole, que le recordaba al reverendo Franklin por su piel oscura y sus gestos caballerosos. En el mismo viaje, Sam Cooke la invitó a su casa y le regaló una chaqueta de ante con flecos que había llevado una vez. Aretha contaba que esa noche se la puso para dormir y se llevó un disgusto cuando le desapareció semanas después. «Para mí que fue cosa de mi hermana Erma», decía.

De regreso a casa con la *troupe* de su padre, pararon en Florida, donde reemplazó a la cantante de The Caravans, Shirley Caesar, para un concierto. Dada su admiración por el grupo, especialmente por Albertina Walker e Inez Andrews, decía que era «uno de los grandes hitos de mi etapa góspel». En aquel momento lo vio como un punto de inflexión en su trayectoria. «Cuando canté con The Caravans», decía, «me di cuenta de que había alcanzado la cima. Hay otras grandes cantantes de góspel, como Dorothy Love, Edna Gallmon Cooke, Bessie Griffin, Gloria Griffin, Delois Barrett, la lista es muy larga. Me encantaban todas. No tenían nada que envidiarles a las grandes divas de la ópera. Pero, al igual que las Ward Singers, eran especiales, algo más que unas cantantes estupendas. Tenían mucha armonía, rompían las normas del góspel. En mi opinión, no había ningún grupo mejor».

Pese a toda la admiración que sentía por sus ídolos del góspel, Aretha y su padre sabían que, a la vista del éxito de Sam Cooke, había que evolucionar. Si Sam había conquistado al mismo tiempo a los fans negros de R&B y al público blanco, Aretha podría emularlo.

Aretha se preparaba para cumplir su sueño y, mientras tanto, Berry Gordy también seguía su camino. Había sido boxeador, operario en una fábrica, dueño de una tienda de discos de jazz y de ahí había pasado a componer los éxitos de Jackie Wilson ('To Be Loved', 'Lonely Teardrops', 'Reet Petite'). Hijo de empresarios (su padre era contratista y su madre tenía una compañía de seguros), Gordy tenía tanto talento como ambición. Cuando cumplió 30 años en 1959, puso en pie un sello discográfico que pronto se convertiría en la Motown. Hasta llegar ahí, se había centrado en la escritura de canciones. Una de ellas, 'All I Could Do Was Cry', compuesta con su hermana Gwen, fue interpretada por Erma Franklin.

«Berry Gordy era popular, lo conocíamos todos», decía Erma. «Era un tipo listo, muy por encima del pícaro medio. Pero en aquellos tiempos toda la industria musical era picaresca pura y dura. Lo que pasa es que Berry tenía mucha clase y energía. Me caía bien. Empecé con él cantando en algunas maquetas en la casa donde vivía con su mujer de entonces, Raynoma Singleton. Tenía una canción en concreto que era muy buena, 'All I Could Do Was Cry'. Trataba de una chica que veía que su chico se casaba con otra. A mí no me había pasado eso, pero me identificaba con la parte del llanto porque mi matrimonio se había ido al garete. Me lo pasaba bien ayudando a mi padre cuando se iba de gira, y en Detroit estuve trabajando de auxiliar de enfermería, pero mi pasión era la música y por eso estuve dándole vueltas a grabar esa canción para Berry. No obstante, yo me veía como cantante de jazz al estilo de Sarah Vaughan y Ella Fitzgerald, no me apetecía hacer R&B. Berry les enseñó la canción a los de Chess Records, la cantó Etta James y fue un éxito. Me di cuenta de que había metido la pata».

«No es fácil cuando en tu familia todos tienen dotes artísticas», añadía Cecil. «Mi padre nos había educado para llegar a lo más alto y ninguno queríamos defraudarle. Si Erma hubiera grabado 'All I Could Do Was Cry', habría sido el primer éxito de la familia. No sé si Aretha habría llevado bien aquello. El caso es que Erma no vivía para complacer a Aretha o a nuestro padre. Iba a su aire.

»Tampoco es que fuera una persona tímida, era muy echada para adelante. Cuando Aretha era una cría, le hacía mucho caso a nuestro padre, le seguía en todo hasta que creció y siguió su camino. Con Erma y Carolyn no fue igual. Eran más contestonas, tomaban decisiones por su cuenta. Erma era muy inteligente y leía mucho. Tenía tanta autoestima que nuestro padre la llamaba Madam Queen**. Admirábamos la confianza que desplegaba, aunque a Aretha le incomodaba, temía que le hiciera sombra. Más adelante, Aretha volvió a tener el mismo problema con Carolyn. A la hora de la verdad, las hermanas siempre se ayudaban entre sí, pero lo cierto es que Aretha sentía en ocasiones que la intentaban pisar. Y ella tenía muy claro que quería ser protagonista y llegar la primera a todo. Gracias a esa forma de ser es como llegó al estrellato».

También se caracterizaba por la curiosidad artística.

«A finales de los años 50, cuando todo el mundo estaba con el R&B, yo me fui por otro lado», me explicaba Cecil. «Mientras Erma y Aretha se iban corriendo al teatro Warfield a ver a Little Willie John, yo me quedaba tranquilamente escuchando a Thelonious Monk. Era mi favorito, me metí mucho en el jazz moderno.

»Mi amigo Pete Moore, que después estaría en los Miracles con Smokey Robinson, me enseñó el oficio de peluquero. Instalamos una pequeña peluquería en el baño del primer piso de nuestra casa. Algunos decían que el hijo de un predicador no debería dedicarse a esas cosas, pero mi padre me animó al ver que mostraba iniciativa. Además de nuestro exquisito estilo para cortar el pelo, nuestra tienda era diferente por la música, ya que poníamos el mejor jazz: Charlie Mingus, Miles Davis, Sonny Rollins, Betty Carter, etc. Movíamos nuestras manos haciendo y deshaciendo moños al ritmo de Sonny Stitt.

** (*N. del E.*) Apodo de Stephanie St. Clair, empresaria del juego en Harlem y activista involucrada en la lucha por los derechos de la comunidad negra.

»Aretha venía mucho a nuestra "tienda", sobre todo por la música. También se tiraba horas y horas escuchando el equipo de música de mi habitación (yo vivía en una especie de apartamento separado en la mansión). Ahí descubrió a Sarah Vaughan, la favorita de Smokey. Y siguió indagando, se empapó de Ella Fitzgerald, Billie Holiday, Carmen McRae, Anita O'Day, June Christy, Dakota Staton, todo lo que cayera en mis manos, hasta el extremo de poder imitarlas con todo lujo de detalles. Años más tarde, incorporaría a sus actuaciones eso de imitar las voces de, por ejemplo, Diana Ross, Gladys Knight o Mavis Staples. Pero éstas eran contemporáneas suyas. Fue en el Magnavox estéreo de mi habitación donde descubrió a los maestros del jazz. Todo aquello, para Aretha, no era un proceso consciente. No creo que escuchase las armonías complejas del jazz para mejorar su estilo. El jazz no hizo que fuera mejor artista, sino el hecho de que absorbía todo lo que escuchaba, ya fuera jazz, blues o góspel. Lo mezclaba y juntaba todo. Por eso no se puede hablar de una artista con un único estilo. Aretha puede ser vista como una gran cantante de blues, como una indiscutible cantante de góspel y ninguno de los grandes del jazz pondrá en duda que es también una excelente vocalista de ese género. En resumidas cuentas: es las tres cosas a la vez. Los *jazzmen* a eso lo llaman ser bueno de la hostia».

En 1959, C.L. Franklin creía que su hija ya estaba preparada.

Aretha ha comentado a menudo que en el único lugar donde no se pone nerviosa antes de actuar es en una iglesia. Consideraba que era el mejor público porque no eran críticos sino devotos. Decía que a los clubs nocturnos iba gente muy cínica para ver al artista fracasando en lugar de triunfando. Para ella, los críticos eran personas que buscaban fallos. Se dio cuenta de que, si iba a dar el paso de dedicarse a la música, necesitaría mucho apoyo, y quería contar, por lo tanto, con su padre y con su hermano.

«Por mí, genial», recordaba Cecil, «pero mi padre tenía otros planes para mí. Igual que se empeñó en que Erma estudiase en el Clark College de Atlanta, quería que yo fuese al Morehouse College, también en Atlanta. A mí aquello no me apetecía, le dije que no quería ir la universidad. "Hijo mío", me contestó, "no hay nada más importante que la educación. Es lo que hay. Además, es una universidad para afroamericanos y allí podrás estudiar la historia de nuestro pueblo. Martin Luther King estudió en Morehouse, y tú también vas a ir". No me convencía, le puse un montón de objeciones. Entonces me mostró el billete de avión, porque ya lo había comprado, y el recibo de la matrícula, que también estaba ya pagada. "Ve allí", añadió, "y si cuando estés no te gusta y te quieres ir, sin problema. Pero a esta casa no vuelves". Fui, me quedé y me gustó. Me cambió la vida a mejor, pero echaba de menos a Aretha y seguir sus pasos hacia el estrellato».

A finales de los años 50, cuando Aretha estaba a punto de cumplir 18 años, llevaba cinco de profesional. Su padre le había estado pagando un sueldo modesto y se grabaron y distribuyeron por todo el país sus canciones de góspel. Era madre soltera y disponía de la custodia de sus dos hijos. No tenía ningún compromiso sentimental, pero eso cambiaría pronto.

Su padre llevaba todos los aspectos de su carrera y había ido eligiendo a los asesores necesarios, tanto para él como para su hija, según se iba metiendo cada vez más en la industria.

«Nuestro padre conocía a muchos cantantes y músicos famosos», me comentaba Carolyn, «pero no estaba muy al tanto de la industria de musical. Sí que controlaba el circuito eclesiástico, pero era un hombre que sabía sus limitaciones (ahí radicaba gran parte de su inteligencia) y delegaba en otros. Mientras Aretha se preparaba para dar el salto, surgían, por otro lado, dudas e inseguridades. Pero lo cierto es que mi padre tenía un talento natural; Aretha también. Había un plan trazado, que fuera una estrella y con rapidez».

Pero como no llegó con esa rapidez esperada, los siguientes años estarían llenos de tensiones.

SEGUNDA PARTE

COLUMBIA

7
LA MÁS GRANDE E IMPORTANTE

En 1960, el año en que Aretha buscaba su primer contrato de grabación fuera del góspel, fue también cuando el mejor amigo de Cecil Franklin, Smokey Robinson, lanzó *Shop Around*, el primer single de la nueva Motown Records con ventas astronómicas. Dado que Berry Gordy estaba fichando artistas de Detroit para el sello, era lógico que se acercase a Aretha.

«Sí, exacto, fue así», según me confirmaba Cecil. «Yo entonces estaba en la facultad, en Morehouse, pero no había perdido el contacto con Smokey. El fichaje de Aretha por Motown habría sido coser y cantar porque, además, nuestro padre tenía una relación muy estrecha con Anna Gordy, la hermana de Berry, que conocía perfectamente a Aretha. Pero nuestro padre no quería que Aretha fuese a Motown sino a Columbia, el sello que había editado a Mahalia Jackson, Duke Ellington, Johnny Mathis, Tony Bennett, Percy Faith y Doris Day. Decía que Columbia era la compañía más grande e importante del mundo. Leonard Bernstein también había grabado para Columbia.

»Berry era un tío guay, había escrito algunas canciones de las buenas, había fichado a Smokey, y Smokey y los Miracles estaban muy bien, pero todo eso no se podía comparar con Columbia. Berry representaba la escena de Detroit y nuestro padre pensaba que la carrera de Aretha tenía que iniciarse fuera. Era lo que había pasado con Della Reese: se había criado en Detroit, pero su carrera no despegó hasta que se fue de la ciudad con la orquesta de Erskine Hawkins. Así que Aretha debería empezar en Los Ángeles o Nueva York. California quedaba muy lejos y Aretha quería estar más cerca de casa para sentirse protegida, dadas sus inseguridades. Nuestro padre se encargaba de seleccionar con cuidado a sus asesores y mánagers. Era el general que dirigía el operativo al completo».

El general tuvo que contratar a un sargento, una persona que haría de mánager y agente. En su libro, Aretha solo menciona una vez el carácter violento de su padre y es en lo referente a este proceso. No le gustaba el mánager elegido, se opuso a la decisión de su padre y éste le pegó un sopapo en toda la cara. Ella siguió en sus trece.

Aquello sería un presagio de los problemas que iban a surgir de inmediato. La primera fisura entre padre e hija no haría más que ensancharse a lo largo de los años. El punto de fricción sería la gestión de su carrera, con una crisis mayor que surgiría pronto, un cambio radical en la relación de Aretha con los hombres, el poder y el control. Pero vayamos con esa cuestión, con quién se haría cargo de la carrera de Aretha.

Para empezar, ficharon a una mujer, Jo King, que operaba también fuera de Nueva York y tenía contactos con los sellos más importantes. Fue en un viaje a Nueva York a principios de 1960 cuando C.L. le presentó a su hija al gran Phil Moore.

Cuando Aretha y su padre llegaron a Manhattan al pequeño estudio «solo para cantantes» de Moore, este pianista-arreglista-asesor de 42 años de edad contaba con una amplia experiencia que incluía bandas sonoras de Hollywood, cabarets y clubs de jazz. Había hecho arreglos para Tommy Dorsey y Harry James, había compuesto un montón de bandas sonoras para Metro-Goldwyn-Mayer y Paramount, había supervisado el enorme éxito de Dorothy Dandridge y había asesorado a Lena Horne.

«Cuando el reverendo Franklin vino a verme», me contaba Moore, «las cantantes que más le gustaban eran Dorothy y Lena. Ése es el futuro que veía para su hija. Quería que empezara en Nueva York y de ahí luego dar el salto a Hollywood y el cine. Le dije a Aretha que se sentara al piano y que cantara lo que quisiera. Cantó 'Navajo Trail'. La elección era curiosa pero la acompañé al piano. Me sorprendió el toque góspel que le imprimió al tema. Le indiqué varios temas clásicos y se los sabía todos. Se ajustaba a la melodía con un tono perfecto pero les daba un aire diferente, las convertía en algo más serio, incluso temas como 'Accentuate the Positive'. Al instante vi que era una cantante muy seria. Su padre me hizo preguntas sobre la forma de actuar en el escenario, quería saber cómo podría ayudarles a dar con un público similar al de Lena Horne y si podría pulir su estilo.

»Le dije: "Reverendo, mis años de experiencia me han enseñado a hablar con claridad. Recibo a muchos cantantes que nunca llegarán a nada. Tengo la responsabilidad de avisar de entrada. También vienen cantantes con mucho potencial, pero con quienes hay que trabajar mucho, durante años y de forma constante. Ahora tengo algunos estudiantes en este proceso. No obstante, su hija no entra en ninguna de estas dos categorías. No puedo ayudarla. Ya tiene el estilo completamente maduro, muy desarrollado. Posee un estilo único y, en mi opinión, no hay que modificar nada. Únicamente tiene que encontrar buenas canciones. Lo de cómo actuar en escena no es urgente, eso ya llegará. Lo que tiene que buscar ya mismo es un repertorio adecuado. Y veo un problema: no es sencillo porque creo que le irá bien cualquier estilo que cante".

»Franklin tomó nota de lo que le dije. Quería pagarme bien por asesorar a su hija, aunque le decía que no hacía falta. Creo que ahí me gané su confianza. Al mostrarme sincero, me preguntó si me parecía buena idea lo de intentar que fichara por Columbia. Le dije que sí, por supuesto, y que el productor idóneo sería John Hammond, a quien conocía desde hacía años. Estaba en Columbia y era un tipo estupendo. Había trabajado con Benny Carter, Fletcher Henderson y Benny Goodman. Fue el primero en meter dentro del estudio de grabación a Billie Holiday. Había sido productor de Count Basie. Era el músico más serio que conocía. Estaba convencido de que percibiría al instante la calidad de Aretha. Sacaría lo mejor de ella y protegería sus derechos artísticos. Además, era un aristócrata de verdad, hijo de un Vanderbilt, y al estar bien posicionado en Columbia, la carrera de Aretha contaría con buena promoción. También le recomendé a Franklin que hablara con Major Holley, un bajista de primer nivel, para que le produjera una maqueta para Hammond. Era natural de Detroit, había coincidido varias veces con el reverendo y tenían muy buena opinión el uno del otro. Con ese plantel, no me cabía duda del despegue de su carrera».

Como Phil Moore, Major Holley era un profesional curtido, un excelente músico de jazz que había colaborado con auténticos gigantes como Coleman Hawkins o Charlie Parker. Cuando hablamos, recordaba haber tocado con Oscar Peterson en el salón de la casa de Franklin. También se acordaba de que había sacado a su hija de la cama para cantara 'Canadian Sunset'.

«Aquella noche no cantó», decía Major, «y no tardó en volver a la cama. Era muy tímida, pero tocó un poco y muy bien. Más tarde, algunos amigos que la habían oído cantar contaban maravillas de su voz. Supongo que era normal que su padre, el predicador, quería que le grabara algunas maquetas de jazz porque, de hecho, algunos músicos de Detroit lo llamaba el Predicador del Jazz. No tenía claro el repertorio de canciones y me pidió consejo. Elegí temas conocidos. No sé cuántas grabamos pero fue todo muy sencillo. Junté un trío que le proporcionara un acompañamiento consistente. Quedé con Aretha, llegó un día a la 1 de la tarde, ensayamos durante una hora y a las 3 ya lo teníamos grabado. Era muy natural. Creo recordar que la canción que le gustó más fue 'Today I Sing the Blues'. Nos llamó la atención que una chica de 18 años cantara esa balada con la autoridad de una mujer mayor.

»Esperaba que si la fichaban, me llamarían para tocar en su primer disco. Pero bueno, no fue así. Cuando escuché el disco, me quedé parado porque habían grabado la misma canción, 'Today I Sing the Blues'. Sé que no soy objetivo, pero pensé que la maqueta era mucho más potente. Le dije al reverendo lo mismo que Phil Moore: cuanto menos producción lleve, mejor para ella. Los artistas menores requieren mucha producción y los grandes no necesitan apenas».

En cuanto escuchó la maqueta, John Hammond la fichó para Columbia y le produjo el primer disco.

Hablé por primera vez con John Hammond a principios de los años 80, cuando estaba preparando la entrada en Columbia de Stevie Ray Vaughan. Iba a ser la despedida a lo grande de Hammond, su último gran fichaje. Me lo presentó Jerry Wexler. Wexler admiraba a Hammond, que era siete años mayor que él, y éste respetaba a Wexler por su dedicación al jazz y su compromiso con los derechos civiles. También tenían una rivalidad que saltaba a la vista. Hammond fue quien primero fichó a Aretha, si bien juntos no consiguieron ningún éxito de relevancia. Wexler me confesó lo siguiente: «John es muy bueno descubriendo a nuevos artistas, pero el estudio no es lo suyo. Lo que busca es registrar la música, pero un productor tiene que ser algo más, tiene que esculpir un sonido. Eso no se le da bien».

Por su parte, John se defendía al hablar de este fracaso afirmando que no pudo producirla de la manera que había planeado.

«Las primeras sesiones se hicieron a toda prisa», me contó. «Fue Curtis Lewis, el compositor de 'Today I Sing the Blues', quien me trajo la maqueta con la canción interpretada por Aretha. Me encantó, quería que firmase el contrato cuanto antes. Es curioso pero, años después, Helen Humes, una cantante magnífica a la que metí con Count Basie, me recordó que yo le había grabado a ella en 1947 esa canción en Mercury. Decía que la había escrito con Curtis, pero que no la había firmado y que, por lo tanto, nunca cobró los derechos.

»Yo no veía a Aretha como artista de rhythm and blues. No era un mercado que ni yo ni Columbia cuidáramos demasiado. Para mí era más una cantante de jazz y blues. Para las primeras sesiones, contraté a los mejores músicos de jazz de Nueva York, pero me habría gustado disponer de más tiempo para trabajar en los arreglos. Sin embargo, el reverendo Franklin tenía mucha prisa por sacar el disco, pensaba que no hacía falta esperar más. Querían conseguirle conciertos en los clubs de jazz y para eso necesitaba tener el disco. Yo no lo veía tan importante, Aretha acababa de cumplir 18 años y había tiempo. Además, me enteré de que Sam Cooke le había dicho a RCA que fuese a por Aretha. Si no le hubiese firmado el contrato, asegurándole a su padre que ese mismo año tendríamos el disco, seguro que se habría ido corriendo a otra compañía».

Pero se quedó en Columbia. El contrato estaba cerrado y en mayo salió anunciado en *Ebony*, la revista para la comunidad negra con distribución en todo el país, el lanzamiento del disco de debut de Aretha, junto con un disco nuevo de Oscar Brown, *Sin & Soul*. Que eligieran esos dos discos en el anuncio indicaba la apuesta de la compañía por el mercado afroamericano.

En su libro, Aretha ofrece dos retratos diferentes de sus pasos iniciales en el estudio de grabación. El primero es el de una joven ingenua que, insegura por su llegada de Detroit a Nueva York, se llevó a algunos acompañantes. Menciona a dos, a Sue Dodds Banks, una amiga de su padre, que era chófer de una funeraria de Detroit, y a Elizabeth Thornton, antigua secretaria de Mahalia Jackson.

Recuerda haberse alojado en la Asociación Cristiana de Jóvenes, en el hotel Bryant del centro, en el hotel Chelsea (de donde la echaron porque a su padre se le había olvidado pagar un semana) y en un pequeño hotel de Greenwich Village. Al describir su vida monacal en Nueva York, vigilada en cada paso que daba por una señora mayor, no parece que quien hable sea madre de dos críos.

El otro autorretrato que realiza es el de una mujer en busca de hombres. Erma y ella iban detrás de los Flamingos. Los habían conocido a través de Harvey Fuqua, el maestro del *doo wop* que apadrinó a Marvin Gaye y lo llevó a la Motown. La competición entre las hermanas derivó en que Aretha acabara con Nate Nelson. También salió con Paul Owens, cantante de los Swan Silvertones, uno de los grandes grupos de góspel. Decía que la relación terminó cuando lo pilló con otra mujer.

«Yo estaba todavía con los Moonglows cuando conocí a Aretha», decía Harvey Fuqua. «Como casi todas las adolescentes, le volvía loca el *doo wop* porque era una música muy romántica. Todas las canciones trataban sobre la adoración a las mujeres y las promesas de amor eterno. Las armonías estaban construidas para conquistarlas.

»Aretha era una persona peculiar, porque la primera impresión que te daba era la de ser la persona más tímida que jamás había existido. Podía estar durante horas en la misma habitación rodeada de gente y sin abrir la boca, como si se le hubiera comida la lengua el gato. Pero cuando se iban todos, la timidez se esfumaba y se me acercaba para que le presentara a algún tío. A continuación, hechas las presentaciones, iba tras él y sin parar. Era muy insistente».

De los hijos de Franklin, quizás la más objetiva a la hora de relatar aquel periodo en 1960 fuera Carolyn, la menor.

«Entonces tenía 16 años y estaba aún en el instituto», decía. «Seguía viviendo en casa. Aretha estaba en Nueva York y venía con frecuencia a visitar a sus hijos, aunque quien los criaba era Abu. Todos teníamos claro desde el principio que la maternidad no iba a interferir en la carrera de Aretha. Erma, que también quería dedicarse a la música, estaba de gira con Lloyd Price. Cecil seguía en la universidad. En aquella situación, mi padre me mandó a vivir a casa de unos vecinos. Me sentó fatal. Protesté y lloré, pero no hubo manera. Ahora comprendo que, después de haber criado a cuatro hijos como padre soltero, quería recobrar algo de su vida. Supongo que, por otro lado, le apetecía tener la libertad de llevar a casa a las chicas que quisiera sin tener a sus hijos por ahí merodeando. Independientemente de todo eso, me sentí como desterrada. Estuve durante años enfadada con mis hermanos por no intentar convencer a nuestro padre de que me quedara. Sé que habría dado igual, porque mi padre jamás reconsideraba las decisiones en cuanto las tomaba, pero me sentí abandonada por todos. Era la oveja negra frente a Cecil, el estudiante brillante, y Erma y Aretha, las grandes cantantes. Y ellas iban detrás de los chicos cuando yo descubría que mis preferencias sentimentales iban por otros derroteros. En el seno de una familia de estrellas, en el caso de Aretha una estrella sideral, me costó encontrar mi identidad y mi propia voz. Visto ahora, me doy cuenta de que estábamos todos en fase de aprendizaje, de búsqueda. Incluso Aretha tardaría años en encontrar su voz de verdad».

Jerry Wexler compartía la opinión de Carolyn de que los seis años que estuvo Aretha en Columbia fueron básicamente un proceso de aprendizaje para dar con su auténtica voz.

«En aquellas primeras grabaciones», decía, «suena titubeante y poco ordenada, como si intentara conocerse a sí misma, y no creo que John le fuera de mucha ayuda».

Hammond tenía otra perspectiva sobre aquella Aretha de 18 años. «No había mucho que orientar ahí, tenía un estilo perfecto. Cualquiera con un poco de oído se habría dado cuenta de que era una cantante de góspel que se sentía muy cómoda con el jazz y el blues. Contraté a Ray Bryant, un pianista de jazz y blues con base de góspel. Entendía a Aretha y a ella le encantaba su forma de tocar. De hecho, lo primero que grabamos, una canción que nos propuso Aretha ('Today I Sing the Blues'), se convertiría en un clásico de su repertorio, incluso con los cambios de discográficas. Escuchas ese tema y ahí no hay una cantante buscando su estilo porque ya lo tiene».

No cabe duda de que en 'Today I Sing the Blues' estaba la verdadera Aretha. Unos años después, cuando fichó por Atlantic y sacó el disco *Aretha '69*, adaptó la canción a la manera de 'Dr. Feelgood', pero no de forma radical, porque la original era muy buena. Lo que no estaba tan bien era el resto del disco. Las canciones son irregulares y los arreglos no están muy trabajados. Solo cuando Aretha se centra en el piano y acomete variaciones de blues como 'Right Now' o 'Maybe I'm a Fool' se ve que todo está ajustado a la perfección.

«Ésas son las canciones», opinaba Hammond, «que, a mi parecer, salieron mejor. Mi idea original era que todo el disco fuera de canciones similares. Aretha y su padre me decían que habían acudido a mí por haber trabajado con Count Basie y Billie Holiday. Para mí, ella se inscribía en esa tradición, pero, cuando nos pusimos manos a la obra, les entró prisa por sacarlo rápidamente. Querían que sonara en la radio, que salieran cuanto antes los singles y que se metiera alguno en las listas. Así es como terminamos haciendo 'Sweet Lover', un tema inocuo que creían que sería un éxito entre el público adolescente. Lo mismo pasó con 'Love Is the Only Thing'. Los músicos que contraté para esa sesión, Ray Bryant, Osie Johnson y Milton Hinton, eran de los más competentes de Nueva York y se podían adaptar a cualquier estilo. Al principio, Aretha y su padre pensaron que el trombonista que les propuse meter en algunos temas, el excepcional Tyree

Glenn, le daría al disco un toque desfasado, pero les convencí. También creo que incluir una canción como 'Over the Rainbow' no pegaba ni con cola. Sin embargo, no cedían, se mantenían en sus trece con lo de llegar a todos los públicos y que lo mejor era homenajear a Judy Garland. Tiré la toalla.

»Les recomendé que metiéramos 'It Ain't Necessarily So', de la magistral *Porgy and Bess*, de Gershwin. George Gershwin entendía muy bien el lenguaje del blues y, con las letras de su hermano Ira, había compuesto piezas perfectas para voces negras. A mí me preocupaba un poco lo que contaba, ya que insinuaba un cuestionamiento de la Biblia, y podría ser polémico. Pero el reverendo Franklin no estaba preocupado porque, según me dijo, le encantaba la música de los hermanos Gershwin. También se oponía a la interpretación literal de las canciones religiosas. Me llamó la atención todo lo que sabía y sus ideas progresistas.

»Donde más chocamos fue a la hora de negociar su idea de incluir una canción góspel. A mí el góspel me gusta mucho, me había encargado de que Sister Rosetta Tharpe y el Golden Gate Quartet actuaran en 1938 en el Carnegie Hall. Es uno de mis géneros favoritos, pero, al mismo tiempo, opinaba que le restaría coherencia al disco. El reverendo Franklin defendía la postura contraria. Lo hablamos largo y tendido hasta que llegó un día con su hija proponiendo una solución intermedia, la canción 'Are You Sure', del musical de Broadway *The Unsinkable Molly Brown*. Tenía un cierto mensaje espiritual y el reverendo Franklin la veía adecuada para el público blanco. Para mí era muy sosa, prefería algo más parecido a lo que cantaba Aretha en las iglesias, pero de nuevo se salieron con la suya.

»Aretha y su padre estaban encantados por cómo estaba quedando el disco, querían tocar todos los palos. Yo, por el contrario, quería que se registrara la esencia del talento de aquella joven. Lamentablemente, a excepción de unas pocas canciones, no lo conseguí, por mucho que el disco tuviera muy buenas críticas y 'Today I Sing the Blues' y 'Won't Be Long' llegaran al top ten de las listas de rhythm and blues. No es que se vendiera una barbaridad, pero sonó en la radio. Así, pese a todas mis reticencias, el disco acabó constituyendo un éxito relativo».

Las sesiones de grabación empezaron en agosto de 1960 y, entre unas cosas y otras, se completaron un mes y medio después. Hammond comentaba que el proceso se alargó por la discusión al respecto del lanzamiento de las canciones.

«La compañía quería publicar dos singles antes de acabar el disco, 'Love Is the Only Thing', que no tuvo éxito, y a continuación sacamos 'Today I Sing the Blues'».

Billboard le concedió tres estrellas a ambos singles. La crítica señalaba que el primero era «un blues elegante con la voz de la cantante en dos pistas. De fondo suena un exquisito piano al estilo del góspel. Le sabe dar algunos toques de jazz». Sobre el segundo, señalaba que era «un tema lento de rhythm and blues con la joven cantante acompañada a la perfección de guitarra, piano y bajo. Es una buena artista a la que bien merece la pena seguir».

Con el tercer y cuarto single, *Won't Be Long* y *Right Now,* publicados en Navidad, *Billboard* también se expresaba con generosidad: «La joven cantante de blues Aretha Franklin aprueba con buena nota su segundo lanzamiento discográfico. Interpreta 'Won't Be Long' con soltura vocal y canta muy bien la cara B. Un disco potente».

Según Dunstan Prial, responsable de la biografía de Hammond, el productor notificó al mánager de Aretha que «Won't Be Long» había vendido 40.000 copias y que iba a convertirse en un gran éxito, pero no se cumplió el pronóstico. Llegó al número 7 de las listas de R&B, aunque no dio el salto a las listas de pop. Se quedó en un éxito menor.

«Se desinfló porque Aretha no salió a dar entrevistas

ni a hablar con la prensa», me comentaba Hammond. «Se negó a promocionarlo. Ignoro el motivo, pero el caso es que no asistía a citas importantes. Supongo que se sumergía en una suerte de estado depresivo. Le faltaba trabajo por hacer en el terreno de las relaciones públicas».

Antes de que el disco saliera finalmente en febrero, Jo King ya le había conseguido a Aretha unas noches en el Village Vanguard, el club de jazz tal vez más prestigioso de Nueva York.

Aretha ha comentado en entrevistas que se le ofreció la oportunidad de actuar en el Apollo, pero que escogió el Vanguard por su enorme prestigio en el circuito del jazz.

Hammond lo recordaba de forma diferente. Me contó que Aretha no se presentó en el Apollo. Había faltado varias veces a compromisos en el estudio y en los clubs, sin dar nunca explicación alguna.

«A veces decía que le dolía la garganta», señalaba Hammond, «aunque casi nunca explicaba la ausencia».

Tras faltar a su cita en el Apollo y a otra en Village Gate, Dunstan Prial menciona que Hammond le dijo por carta a Aretha lo siguiente: «Si no cambias de actitud, pronto pasarás de ser una joven promesa a mera historia de la industria musical».

En su libro, Aretha no hace referencia alguna al roce con Hammond. Lo que quería era afianzarse en el jazz antes de pasarse al R&B. Como dijo una vez Ray Charles, «si demuestras que dominas el jazz, el resto es pan comido. El jazz es lo más difícil. Cuando cantas jazz bien, los críticos empiezan a respetarte».

Con todo, tres personas que estuvieron en aquel concierto comentaron que Aretha no llevaba un repertorio de jazz.

En el *Billboard* de octubre de 1960, Jack Maher escribió: «Cuando Aretha Franklin se sentó al piano y comenzó a cantar blues, recibió un sonoro aplauso del público presente en el Village Vanguard de Greenwich Village. La joven cantante, que hasta ahora solo ha publicado un disco en Columbia, tiene una voz potente que explora distintos sentimientos cuando interpreta las canciones que domina a la perfección. El debut neoyorquino de Franklin se convirtió en todo un acontecimiento cuando aún disfrutaba cantando temas de blues como 'Love Is the Only Thing' o 'Won't Be Long'. Poseían un marcado acento góspel que se adaptaba perfectamente a su repertorio de blues, además de imprimirlo a los otros géneros.

»Y este acento se manifiesta también en diversos momentos, pese que los temas del resto del programa carecían de esa fuerza del blues. Se veía en pequeñas dosis en temas como 'Tell Me Right Now', una composición del estilo de Duke Ellington, o en las versiones rápidas de 'Hello Young Lovers' y 'Lover Come Back to Me', pero no fue hasta "Ain't Necessarily So" cuando salió de nuevo la fuerza, cuando exhibió con orgullo el blues en su máxima expresión.

»La acompañó un magnífico trío dirigido por el pianista Ellis Larkin, con Major Holley al bajo y Floyd William a la batería».

Major Holley me comentaba lo siguiente: «Nos resultó curioso que mezclara temas de distinta procedencia. Quería que Ray Bryant tocara en el concierto, pero no estaba libre, así que le recomendé a Ellis Larkin, el mejor pianista de jazz, que trabajó durante años con Ella Fitzgerald. Cuando se lo dije, Aretha se puso muy contenta y nos hizo ensayar temas de Ella, como "I Thought About You", "A Foggy Day" y "I've Got a Crush On You". Aretha las cantaba estupendamente. Pero más o menos un día antes de actuar, dijo que tocaríamos las canciones del disco. Los blues estaban muy bien, pero los temas nuevos, los que ella pensaba que triunfarían más, no estaban a su altura, se quedaban por debajo. También quería incluir canciones de Broadway. Yo no entendía nada».

«La primera vez que vi a Aretha», me decía Carmen McRae, la gran cantante de jazz, «fue en el Vanguard a principios de los años 60. No sabía mucho de góspel, con lo que no había oído hablar de ella ni de su padre. Pero Max Gordon, el dueño del Vanguard, me insistió en que fuera porque decía que iba a ser la sucesora de Dinah Washington.

»Me fascinó, lo digo ya de entrada. Le di la razón a Max, tenía el talento de Dinah Washington. Cantaba blues como nadie y le ponía un sentimiento a 'Ain't Necessarily So' que hacía que la canción fuera perfecta. Sí que vi que flojeaba en la elección del repertorio porque había algunos temas muy tontorrones. Igual es que estaba buscando llegar al público adolescente, pero el caso es que había cuatro o cinco canciones que eran una mierda. No obstante, también era capaz de darle la vuelta a una cursilada como 'Hello Young Lovers'. Hacía mucho que no escuchaba a una cantante expresar tantas emociones con la voz. Al terminar, me la presentó Max. Como cantaba con tanta pasión, me esperaba que tuviera una personalidad desbordante, como Dinah, pero era la persona más tímida que he conocido en la vida. Apenas me miraba a los ojos y no articulaba más de dos palabras seguidas. Menuda tía, qué tímida era. No le di ningún consejo porque tampoco me lo pidió, aunque estaba claro que, por mucho talento que tuviera (y tanto que lo tenía), en algún momento tendría que decidir si quería ser como Della Reese, Dinah Washington o Sarah Vaughan. También percibí que igual le apetecía parecerse a Leslie Uggams o Diahann Carroll. Pensé que tenía que ubicarse con rapidez porque, de lo contrario, la industria la devoraría. Y doy fe de que la industria es despiadada en esos casos».

Carmen lo vio con nitidez. Fascinada por estar en Nueva York, en el mundo del jazz, en el de Broadway, en el del R&B y en el de la música pop, Aretha se movía en diferentes direcciones al mismo tiempo.

«De haber triunfado al principio como artista *mainstream*, nunca habría llegado a trabajar con ella», decía

Jerry Wexler. «Se habría orientado a una carrera más próxima al pop, como Nancy Wilson».

Wilson, descubierta en Ohio por Cannonball Adderley, llegó a Nueva York de la mano de Capitol Records en 1960, el mismo año en que Aretha firmó el contrato con Columbia. Su primer single, *Guess Who I Saw Today*, una historia muy bien narrada, fue un hit absoluto y catapultó a Nancy a los primeros puestos entre las cantantes de jazz en cabarets, clubs y salas de conciertos.

Por otro lado, Mary Wells firmó con Motown aquel mismo año y su carrera despegó de inmediato con canciones como 'Bye Bye Love'. Curiosamente, fue Smokey Robinson, que había sido vecino de Aretha y el mejor amigo de su hermano, el responsable de la producción de canciones como 'Two Lovers', 'You Beat Me to the Punch' o 'My Guy', que formaron la base del éxito inaudito de la Motown. Eran cancioncillas para adolescentes, similares a las que tenía Aretha en su primer disco con Columbia, 'Sweet Lover' y 'Love Is the Only Thing'.

Si comparamos el disco de Aretha con los primeros trabajos de Mary Wells y Nancy Wilson, las diferencias son apreciables. La canción de Nancy, 'Guess Who I Saw Today', es una letra de nivel y con unos arreglos repletos de sutileza. Mary trabajaba con canciones maravillosas y, además, Smokey la ayudaba a construir un sonido exquisito y delicado.

En contraposición a lo que sucedía con Wilson y Smokey, el trabajo de Aretha con Hammond reportó escasas ventas. Aretha, como era lógico, se sentía frustrada, ya que esperaba un éxito mayor. Le echaba la culpa a la falta de promoción por parte de Columbia porque promocionaban más sus canciones de R&B, como 'Today I Sing the Blues', en detrimento de sus temas pop. Sin embargo, no se veía en una posición de fuerza para enfrentarse al departamento de marketing. La frustración aumentaba cuando veía a un montón de artistas negras penetrando en el mercado de los blancos.

Aquel 1969 también fue el año de Chubby Checker con 'Twist', de Ray Charles con 'Georgia on My Mind', de Sam Cooke con 'Chain Gang', de Jackie Wilson con 'Doggin' Around', de Dinah Washington y Brook Benton con 'Rockin' Good Way', de The Shirelles con 'Tonight's the Night' y The Drifters con 'Save the Last Dance for Me'.

Aretha tenía motivos para quejarse: la música negra estaba traspasando fronteras por doquier. Una vez le pregunté si pensaba que su carrera se había visto lastrada por la producción y las canciones escogidas y me contestó con rotundidad: «Para nada. Nunca he hecho concesiones con mis temas. Incluso entonces sabía distinguir las canciones buenas de las malas. Y si Hammond, una de las leyendas de la industria, no sabía producir un disco, pues ya me dirás a quién tendría que haber buscado. El problema fue la promoción. Al frente de Columbia estaba un ejecutivo famoso llamado Goddard Lieberson. El jefazo absoluto y, al parecer, muy cercano a Mahalia. Era quien se encargaba de aprobar los presupuestos de promoción de cada disco, el responsable de que tu disco apareciera en los medios. Con los años que estuve allí, jamás me reuní con él en persona. Nunca se acercaba por el estudio ni me llamó para decirme que le gustaba mi trabajo. Me hicieron a un lado para apoyar a estrellas más grandes del sello, como Percy Faith o Guy Mitchell. Al poco de estar en Columbia, ficharon a Andy Williams y Barbra Streisand. A ellas, al contrario que a mí, sí les asignaron presupuesto para marketing».

Hammond no estaba de acuerdo: «Cuando Aretha firmó con nosotros», decía, «la tratamos como a una artista con todas las de la ley. Nadie de ninguna área del sello la ignoró. A lo largo de mi dilatada trayectoria, casi todos los artistas que he conocido le echan la culpa a la discográfica cuando no consiguen el éxito esperado. Es típico en esta industria».

A principios de 1961, cuando se estaba instalando en la Casa Blanca John F. Kennedy, salió al mercado el primer disco de Aretha. Pese a constituir la presentación en sociedad de una de las voces más cautivadoras de las últimas décadas, apenas causó sensación. Su carrera, fuera de la música religiosa, empezaba con muchos titubeos.

Su vida personal tampoco es que fuera muy boyante. En Nueva York quedaba con unos y con otros, pero se estaba perdiendo la crianza de sus hijos, que seguían a cargo de Abu.

«A Aretha le gustaba Nueva York», decía Carolyn, «y no estaba a gusto con el hecho de que su padre hubiera estado residiendo siempre en Detroit. Habría preferido que se hubiera buscado una parroquia en Nueva York para estar cerca de él. Aretha es de ésas que necesitan y quieren estar con un hombre fuerte a su lado. Con los años ha cambiado, pero en aquella época en que daba sus primeros pasos, quería estar con un hombre que la ayudara con las decisiones profesionales».

Encontró ese apoyo en alguien que nadie se habría imaginado, y combinaría su vida personal y profesional de una manera a la que su padre se opuso radicalmente. Por primera vez, se produjo una ruptura seria en la sagrada relación entre padre e hija.

8
EL CHULO ELEGANTE

En mayo de 1961, la revista *Jet*, con la que Aretha tendría un trato especial a lo largo de toda su carrera, recogía en su columna «Latidos de Nueva York», que «Marv Johnson y Aretha Franklin, la hija del predicador de Detroit, llevan en secreto un apasionado romance que podría acabar en el altar».

«Aretha no salió mucho tiempo con Marv Johnson, pero fue una relación importante», decía Erma. «Marv había conseguido su primer éxito, 'Come to Me', en la Motown. Era un chico guapo y con voz parecida a la de Jackie Wilson o Sam Cooke. Al igual que Aretha, se encontraba en pleno ascenso».

«Lo que menos necesitaba mi hermana era un hombre volcado en su propia carrera», añadía Carolyn. «Ella estaba abriéndose camino y Marv ya triunfaba por todo lo alto. No le prestaba a Aretha mucha atención. Por otro lado, Ted White sí que le hacía caso, veía el potencial de mi hermana y provenía de la escena musical de Detroit, esfera cultural en la que se podría incluir a Aretha. No era Berry Gordy, pero tenía algunas cosas mejores que él. Por ejemplo, era un tipo mucho más sereno y tranquilo».

La cantante de R&B Bettye LaVette, que surgió también en esa escena, comentaba lo siguiente: «No se puede entender la cultura de Detroit de principios de los años 60 sin tener en cuenta el papel de los proxenetas. Eran la misma gente que los productores. Seguían los mismos principios: eran hombres que buscaban mujeres que trabajaran para ellos y les hicieran ganar mucho dinero. Hoy en día están demonizados, pero entonces constituían el modelo para los hombres, y las mujeres iban detrás de ellos. Tenían poder. Eran supervivientes natos y habían sabido salir de la pobreza. Algunos de mis amigos eran proxenetas y trabajaban para ellos muchas mujeres a las que admiraba, chicas con clase, elegantes y bien vestidas. Yo no tenía las características requeridas para ser prostituta de alto standing, de ésas que lucen los chulos, pero, como cantante, algunos productores se convirtieron en mis proxenetas. Y yo tan contenta.

»En aquel, tiempo, las mujeres no pintábamos nada. Si querías triunfar en la música, había que seguir las reglas. Un ejemplo claro era la Motown. La primera mujer de Berry Gordy, Raynoma Singleton, decía que el mismo Berry había trabajado de proxeneta. No era bueno con las putas, pero con las cantantes, sí. El paralelismo resulta evidente».

Bettye LaVette también tuvo una relación cercana con Ted White, la persona que en 1961 pasaría a ser el primer marido de Aretha.

«Diría que Ted era algo así como un chulo elegante», comentaba. «Era un tipo majo. Los proxenetas de Detroit de la generación anterior, como Jimmy Joy, amigo mío también, poseían carisma, pero iban por ahí pavoneándose y vestidos de forma llamativa. Ted cambió el look. Se vestía como un empresario, con trajes a medida, abrigos de ante, trajes importados de Inglaterra, etc. También era un tío culto y educado, de buenas maneras. Fue el primero en llevarme a restaurantes franceses caros. Sabía de vinos y me aconsejaba perfumes. Cuando cenábamos en algún sitio pijo, me pedía que hablara en voz baja y me comportara como una dama. Me enseñó modales de alta sociedad. Además, siempre estaba cuando lo necesitaba.

Cuando me quedaba en alguna ciudad sin poder volver a casa porque el promotor del concierto se había ido sin pagarme, me sacaba un billete de avión y asunto resuelto. Me fiaba mucho de él.

»Lo conocí en 1963, cuando estaba ya casado con Aretha. Aunque estaba casado, me tiraba los trastos y a mí me gustaba físicamente, y también me atraía por lo que era, pertenecía a una clase más alta. Siempre estaba rodeado de mujeres, amantes, putas y cantantes. Me gustaba que sintiera interés por mí. Yo tenía 17 años y Aretha, 21. En aquel entonces, ella no podía alzar la voz, fue antes de convertirse en estrella, en la Reina del Soul».

«Ted White era famoso antes de estar con Aretha», me contaba Etta James. «Mi novio de aquella época, Harvey Fuqua, hablaba mucho de él porque era uno de los proxenetas más elegantes de Detroit. No me llamó la atención que Aretha se casara con él. Muchas de las grandes cantantes que nos gustaban de crías, como Billie Holiday y Sarah Vaughan, tenías novios y mánager proxenetas. Era normal entonces. Mi madre se había dedicado a la prostitución. Cuando empezamos, formaba parte de la industria musical, como si estuviera en el ADN. Y el carisma de los proxenetas radicaba además en que nos pagaban y nos protegían. También nos pegaban. Muchas chicas pensaban que si su novio no les pegaba es porque no las querían. Recuerdo una canción de Billie Holiday que me ponía mi madre que decía: "Mejor que me pegue mi hombre a que me deje". En la canción decía que a nadie le importaba si le daba todo el dinero a su chulo. Todas entendíamos aquello, hasta que las palizas eran demasiado y llegabas al límite de tolerancia. Está claro que el movimiento feminista cambió esa mentalidad, y menos mal. Soy feminista, aunque los años 50, y principios de los 60, eran un mundo diferente. Éramos unas chiquillas con ganas de triunfar a cualquier precio y buscábamos a hombres que nos consiguieran lo que quisiéramos».

Otro asunto es cómo empezó Aretha con aquel hombre que encarnaba su sueño: conseguir lo que quisiera; el mismo hombre al que vio llevarse a Dinah Washington borracha de casa de su padre.

Aretha decía que se lo presentó su hermana.

«Conocía a Ted White», explicaba Erma, «porque era un personaje público del mundillo del espectáculo en Detroit. Estaba siempre en todos los conciertos. Era un hombre guapo y con mucha clase y gusto. Había estado en las fiestas en nuestra casa varias veces. No tuve que presentárselo a Aretha porque también lo conocía».

«Ella había tenido varios encontronazos con nuestro padre, incluso antes del contrato con Columbia, por la gestión de su carrera», me confesó Carolyn. «Sabía que mi padre dominaba al dedillo la escena de góspel, pero le cuestionaba que estuviera al tanto también de la música pop. No obstante, la crisis de verdad no llegó hasta que apareció Ted White. Ted modificó aquella lógica emocional y nuestro padre no quería verlo ni en pintura».

«Todos los críos tienen su etapa de rebeldía», comentaba Cecil. «La de Aretha fue, más o menos, a los 18 años de edad. Quería triunfar como cantante pop a cualquier precio, aunque fuera renunciando a sus señas de identidad de artista góspel. Se obsesionó con esa idea y nuestro padre sabía que no había que perder la cabeza, aunque él deseaba el éxito de su hija más que nada en el mundo. Presumía de captar en seguida a la gente y no tenía buena opinión de Ted White. Decía que era una persona turbia y que acabaría haciéndole daño a Aretha».

Aretha ni siquiera desliza insinuación alguna en sus memorias sobre los tejemanejes turbios de White.

«Había que estar ciego y sordomudo para no ver que Ted White era un proxeneta de manual», opinaba Harvey Fuqua. «Es que ni lo ocultaba. Es más, lo exhibía con orgullo porque se consideraba uno de los más listos de Detroit. Y sí, era muy listo porque logró llevarse a una artista como Aretha a su terreno».

Antes de que apareciese Ted White, a nadie se le ocurría que se cuestionara y se le disputara a C.L. Franklin el control de la carrera de su hija. Le dijo a los 17 años que ya estaba preparada para centrarse en su carrera. Y un año más tarde reunió a su grupo de ayudantes para que la acompañaran a Nueva York a cumplir el sueño.

«En aquella época», recordaba Erma, «la vida de Aretha pasaba en gran medida por la lucha que mantenían dos hombres, nuestro padre y Ted, por gestionar su carrera. Se llevó el gato al agua Ted porque, a diferencia de nuestro padre, podía centrarse por completo en ella. Nuestro padre, por el contrario, tenía que hacerse cargo de la parroquia y las giras, que seguían a buen ritmo. Por si fuera poco, estaba tomando fuerza entonces el movimiento por los derechos civiles, del que mi padre fue un líder destacado en todo el país. No solo era muy amigo de Martin Luther King, sino que se entendían también en todos los órdenes: ambos eran intelectuales, de ideología progresista y opuestos a los métodos violentos. No tenían ningún punto de fricción. Así pues, nuestro padre se metió de lleno por primera vez en política. Aquello le quitaba tiempo para ver a Aretha. No obstante, se oponía a que Ted interviniese en la carrera de su hija. Le dijo que siguiera con Jo King o se buscara a otro mánager. Con todo, no había nada que hacer porque Ted se movió con rapidez: pasó de ser su novio a ser su madre y, por lo tanto, su mánager».

«Hoy ya no se menciona», decía Cecil, «pero en aquellos años Aretha luchaba por ganarse la vida. Columbia no le pagaba mucho y sus discos tenían buenas críticas, pero se vendían poco. Creo que nunca percibió en Columbia regalías de los discos».

«Ted no era mal mánager», decía Cecil. «Le montó una pequeña gira con Jackie Wilson y otra con Sam Cooke».

Aretha contaba que, cuando compartió camerino con Sam Cooke, Huey "Piano" Smith & His Clowns y con Sugar Pie DeSanto, se dio cuenta de la nula privacidad que tenía para cambiarse de ropa. Sam le puso un biombo para que tuviera su propio espacio.

«Creo que Ted White era el hombre adecuado para Aretha», decía Bettye LaVette. «Tenía de todo: clase, buen gusto y *savoir faire*. Si hablaba en voz alta en un restaurante, o le soltaba algo fuera de lugar al gestor de los conciertos, Ted se lo corregía rápidamente. Era una persona curtida y sabía cómo convertirla en una mujer fina. También disponía de dinero para invertir en la carrera de Aretha. Una de sus empleadas (un chica impresionante) le proporcionaba bastante dinero, que usó para financiar a Aretha. No había motivo para no estarle agradecida a Ted, y durante bastante tiempo predominó ese agradecimiento».

«La pareja de Aretha y Ted», señalaba Etta James, «se podría comparar a las de Ike y Tina Turner. Ike moldeó a Tina, eso no lo discute nadie. Desarrolló el talento que tenía y le enseñó todos los secretos para actuar en directo. La hizo famosa. Ted White no era artista, pero poseía una dilatada experiencia. Cuando lo conocí a través de Harvey Fuqua, en los años 50, antes de estar con Aretha, me pareció un tipo la mar de agradable. Me cayó muy bien. Sabía de música, conocía a los compositores que escribían los grandes hits de la época. Disponía de muchos recursos. Cuando en los años 60 estuve con él y con Aretha, ya no era la chica tímida de antes. Empezaron a salir, le compró ropa más moderna, la convirtió en toda una dama, que fumaba y bebía de la copa de vino con finura. Aquello le venía bien porque aspiraba a codearse con las altas esferas del mundo del espectáculo y Ted le iba a puliendo los modales. Y bueno, pues si después no le fue tan bien, ya ves tú qué novedad. Igual de mal que a casi todas nosotras con nuestras parejas. Llegaban y nos prometían que nos meterían en el mundillo, nos ponían en contacto con otros promotores y productores tan listillos como ellos, nos compraban los vestidos y nos metían apresuradamente a dar conciertos. En aquel entonces, y esto es lo que la gente no entiende, aquello nos parecía bien. Joder, nos parecía una pasada. Queríamos ser las elegidas, que nos escogieran, traficaran con nosotras y nos enseñaran la senda del éxito. Eso era la parte buena. La mala se veía cuando se daban cuenta de que no nos iban a controlar toda la vida. Estallaban con violencia. Yo también viví eso, al igual que Billie Holiday y Sarah Vaughan. Y Aretha también. Por el camino, llegamos a lo más alto. A saber si podría haber sido diferente, si podríamos haber triunfado sin nuestros proxenetas. Ni puta idea».

Dos hechos que sucedieron en agosto de 1961 nos indican el buen momento que estaba pasando Aretha en los primeros compases de su relación con White. El primero es la obtención del premio New Star a la mejor cantante femenina, otorgado por los críticos de jazz internacionales de la revista *DownBeat* en la novena edición del galardón. Había ganado por 30 votos a 25 a Abbey Lincoln. Entre el resto de las candidatas estaban LaVern Baker, Helen Humes, Nina Simone, Marjorie Hendricks (la volcánica corista de Ray Charles), Gloria Lynne, Nancy Wilson, Etta Jones y Carol Sloane. No era un premio que ganara cualquier cantante de 19 años de edad y le daba la razón a Hammond: Aretha Franklin, pese a resistírsele el éxito comercial, gozaba de un amplio reconocimiento crítico.

Justo después de ese premio, Aretha publicó un artículo de opinión en el *New York Amsterdam News*, una importante publicación afroamericana, titulado «Pasar del góspel al jazz no es faltarle el respeto a Dios».

«No creo haber despreciado a nuestro Señor cuando hace dos años cambié el rumbo de mi carrera», decía el artículo. «Al fin y al cabo, el blues es el testimonio musical de los tiempos de la esclavitud de mi pueblo».

La postura que defiende sigue el pensamiento de su padre: la música negra, desde sus raíces, e independientemente de las ramificaciones que pueda tener, contiene un poder espiritual.

Sin embargo, lo curioso es que el primer single de su segundo disco grabado en ese periodo, *The Electrifying, Aretha Franklin*, está más próximo a los géneros populares que al jazz. Los arreglos de 'Rock-a-Bye Your Baby with a Dixie Melody' los hizo Bob Morsey, que pronto adquiriría importancia en la trayectoria de Aretha en Columbia. Era el director musical del sello y también trabajaba en la CBS. Al mismo tiempo que empezó a producir las canciones de Aretha, se encargó de los arreglos de 'Moon River' para Andy Williams. Un año después, en 1963, firmaría la producción del debut discográfico de Barbra Streisand, también para Columbia.

En los años 20, Al Jolson había cantado 'Rock-a-Bye Your Baby with a Dixie Melody' con la cara pintada de negro. Más adelante la versionaron Sammy Davis, Judy Garland y Jerry Lewis. Pese a constituir un clásico esencial del cancionero estadounidense, se trataba de una elección extraña para Aretha, y máxime cuando se iniciaba el movimiento por los derechos civiles.

Cecil me explicó que la razón se hallaba en que a C.L. Franklin le encantaba Al Jolson.

«Mi padre me contó que Jolson siempre se manifestó con mucho afecto por la comunidad negra», me comentaba Cecil. «Su maquillaje era una manera de rendir homenaje a nuestra tradición musical. Mi padre conocía muy bien la historia cultural de Estados Unidos y había leído que Jolson había contratado a guionistas negros y había ayudado a lanzar la carrera de Cab Calloway. Hoy nadie se acuerda, pero Al Jolson y la comunidad negra se profesaban admiración mutua».

Pese a las explicaciones de Cecil, a mí personalmente me cuesta escuchar la versión de Aretha, y eso que le pone muchas ganas al cantarla. Las cuerdas suenan algo apáticas, el metal me parece obviable, y el final grandilocuente, forzado y falso. Un crítico más benévolo destacaría la introducción soul con el piano, tocado por Aretha, y el toque ligeramente irónico de la big band al final.

A Aretha le gustaba tanto la canción que la cantó en su debut televisivo. El 20 de octubre de 1961 salió en *American Bandstand*, ante un público adolescente que parecía desconcertado al oír una canción que relacionaban con la generación de sus padres y la de sus abuelos. Puede que Aretha se equivocara al escogerla, pero esas elecciones extrañas serían marca de la casa en los años próximos.

«Yo creía un error meter la canción de Jolson», me decía John Hammond. «No pintaba nada en un disco de Aretha Franklin. Había que venderla como una gran artista de jazz y blues, no como una revisionista de la tradición musical. Me parecía una barbaridad, pero mis opiniones poco contaban entonces, ya que me había enterado de que Aretha estaba enfadada conmigo por una historia concreta. Me había ido de vacaciones a Europa y, mientras estaba fuera, un ejecutivo de Epic, filial de Columbia, le ofreció un contrato a Erma, la hermana de Aretha. Al parecer, había mucha rivalidad entre ellas y esa propuesta no le hizo gracia a Aretha. Me echó a mí la culpa, creía que era yo quien había movido los hilos. Le dije que era mentira, pero ni me escuchó, no aceptó ninguna explicación sobre ese asunto».

«Fue nuestro padre quien se movió para que me hicieran una prueba en Columbia», me comentaba Erma. «Un ejecutivo me vio cantando en un club. En aquel entonces andaba con Lloyd Price. De hecho, Lloyd me había dicho el año anterior que me fuera con él de gira, pero nuestro padre, siempre tan protector, decía que todavía no estaba preparada. Y así, en 1961, inicié con Lloyd una relación profesional que duraría casi cinco años. Mi suegra, Ollie

Patterson, se había quedado en Detroit al cuidado de mis hijos, Thomas y Sabrina.

»Al ejecutivo de Columbia le gusté tanto que le dijo a mi padre que igual podría hacerme un contrato. Sería en Epic, un sello diferente a Columbia. Eran la misma compañía, pero así contaría con otros productores y con una identidad diferenciada de la de Aretha. Pensé que mi hermana se alegraría por mí. Pues no, todo lo contrario, le sentó fatal. Le dijo a mi padre que eso le afectaría a su carrera porque habría demasiada confusión, el público se perdería con tanta hermana Franklin. Mi padre y ella ya tenían sus problemas por culpa de la relación con Ted. No estuve en la conversación, aunque sé que mi padre me apoyó y le dijo a Aretha que ella no era la única que deseaba (y se merecía) una carrera en el mundo de la música. Cuando después Carolyn también probó suerte, recibió el mismo trato por parte de Aretha».

Con el conflicto con Erma de fondo, Aretha se puso a trabajar en el estudio para alumbrar su segunda criatura: *The Electrifying Aretha Franklin*. Se trata de la primera vez que se acompaña de cuerdas y una big band, y aparece acreditado John Hammond como productor. Hammond aclara que solo es testimonial porque su relación profesional con Aretha estaba finiquitada.

«Me dijeron que me encargaría yo de la producción», recordaba, «pero el caso es que lo asumieron los productores de la compañía. Por lo visto, ellos estaban más capacitados para sacar éxitos al mercado. Tomaron el presupuesto que había diseñado en mis sesiones de grabación, que era muy bajo, y lo hincharon para adaptarlo a una producción más cara. Cuando lo escuché, me pareció una obra muy sosa. A mí me interesaba seguir documentando las maravillas que hacía con el jazz y el blues. Creo que las últimas canciones que le produje son de 1961, concretamente dos relacionadas con Ray Charles. La primera era un tema instrumental compuesto por él y titulado 'Hard Times (No One Knows Better than I)', que tocaba ella al piano para añadirle al final una parte vocal en la que canta: "Ray Charles says it was hard times but I feel alright" [Ray Charles dice que fueron malos tiempos pero yo estoy bien]. Era una espléndida muestra de espontaneidad bluesera. La compañía rechazó su publicación. La segunda apareció en *Electrifying*, era 'Lucky Old Son'. Era un éxito de los años 40 de Frankie Laine en Mercury. También la habían grabado Louis Armstrong y Sinatra, pero la versión que recordaba Aretha era la de Sam Cooke. Para mí era una balada de blues hipnótica, y la interpretó con mucho sentimiento e inteligencia. Mi amigo Sid Feller me dijo que, cuando trabajaba de productor para Ray Charles, éste, al escuchar la versión de Aretha, pensó de inmediato en incluirla en su disco *Ingredients in a Recipe for Soul*, que saldría un año después que el *Electrifying* de Aretha. Entonces el término "soul" comenzaba a reemplazar al "rhythm and blues" como palabra en clave para referirse a la música popular negra».

La gran balada soul de las listas de éxito de rhythm and blues en 1961 era "At Last", de Etta James, compuesta por Mack Gordon y Harry Warren y popularizada por Glenn Miller en 1942. Cuando trabajaba con Etta en su libro, le pregunté cómo le dio por adaptar un estándar de jazz con unos arreglos tan poderosos en una pieza tan tremenda, el mismo año en que a Aretha no le había ido bien trabajar con un blues clásico como 'Lucky Old Son'.

«Es sencillo», respondía Etta, «Aretha hacía unas versiones fantásticas, tan buenas o mejores que las mías. Pero en Columbia no sabían cómo ganarse al público negro. Mi compañía, Chess, había dado con la fórmula. Leonard Chess estaba dotado de un instinto especial para detectar los gustos de la comunidad negra. Jerry Wexler también. Eran judíos y nunca se referían a los negros usando nuestro argot, pero nos conocían mejor que nosotros mismos. En Columbia les faltaba un tío así. Tenían a John Ham-

mond, pero era un como un profesor de universidad instalado en una torre de marfil. No pisaba la calle como
Chess o Wexler. Si quieres grabar canciones que les gus-
ten a los negros, tienes que comprender las calles donde
viven, patearlas y pillar locutores de radio que las pongan
en las emisoras que oyen los negros. No quiero generali-
zar porque no todas eran así, pero, en general, las canciones de Aretha en Columbia los negros las veían poco
negras y los blancos, lo contrario, excesivas. Dicho de
otro modo: en aquellos años, tenías que ganarte hasta la
médula al público negro y que hubiera suerte y esas canciones llegaran a los blancos. Columbia no tenía ni idea
de cómo funcionaba de verdad el rollo».

Como producto meramente musical, *Electrifying* resulta desconcertante, ya que se mueve entre lo brillante y
lo banal. Leslie McFarland, un escritor de encargo que
aportó cinco canciones al primer disco de Aretha, había
escrito cuatro para el segundo: 'It's So Heartbreakin'', dirigida en cierta medida para el público adolescente y con
Aretha al piano; 'I Told You So', una cancioncilla blues
aún más ligera y con big band; y la contundente 'Rough
Lover', con una letra que parece referirse a su relación,
todavía en sus primeras fases, con Ted White. Habla de
alguien que lleva los pantalones, que puede «be a man
who dares shut me up» [ser un hombre que se atreva a
callarme la boca]. La chica no quiere un hombre manso,
sino un «boss» [mandón], «a devil when he's crossed» [un
demonio cuando se enfada]. Su voz suena convincente.

También es estupenda la cuarta canción de McFarland, 'Just for You', una conmovedora balada enriquecida
por unas sutiles cuerdas y el acompañamiento delicioso
de Tommy Flanagan, el gran artista de jazz que acompa-
ñaría al piano durante doce años a Ella Fitzgerald. En esta
canción, Aretha expresa, con veinte años de edad, una
paleta de emociones propia de una mujer varias décadas
mayor. Como Ray Charles, que nunca sintió que su estilo

encajara con las canciones para adolescentes, Aretha necesita temas con profundidad dramática.

Y en *Electrifying* hay dos canciones de esas: 'Blue Holiday', escrita por Luther Dixon, autor de 'Sixteen Candles', de los Crests. Los temas de Dixon para Perry Como, Bobby Darin y Elvis Presley llamaron la atención de Florence Greenberg, el jefe de Scepter Records, el sello que pronto despuntaría por los éxitos de Dixon con las Shirelles.

'Blue Holiday', de hecho, la grabaron las Shirelles en 1961. Cuando Aretha la interpretó las Navidades de ese año en Nueva York, recordaba que echaba de menos a su familia en Detroit. Estaba también embarazada de ocho meses de su tercer hijo, el primero de Ted White. La versión de las Shirelles nos ofrece a la cantante Shirley Brown recreando con convicción a una adolescente llorando por un amor perdido. Por su parte, Aretha lleva la canción al territorio del jazz, a lo que contribuyen unos músicos que son puro jazz: el bajista Wynton Kelly y el batería Jimmy Cobb (ambos músicos de Miles Davis), el trompetista Joe Newman y el trombonista Al Grey (ambos de la orquesta de Count Basie), el veterano guitarrista Mundell Lowe y el saxofonista y arreglista Oliver Nelson.

«No sabía muy bien quién era», me decía Joe Newman. «Creo que para esa sesión de grabación me contrató John Hammond. No me acuerdo si aquel día estaba en el estudio. Me sentía muy cómodo, sobre todo por la compañía de Wynton y Jimmy. Habían hecho *Kind of Blue* con Miles Davis en Columbia y eran lo más de lo más en Nueva York. Me imaginé que Aretha Franklin sería una de esas chicas como Dakota Staton, que llegan queriendo ser Dinah Washington. Pues sí que estaba yo bien, me equivoqué de cabo a rabo. ¡Aretha era increíble! Nos dejó boquiabiertos. Wynton le dio la base y ella se puso a flotar como si fuera Sarah Vaughan. Pero, al menos para mí, en ella había más soul, más iglesia, más funk, más lamento que en Sarah. Recuerdo 'Blue Holiday' y otra canción tremenda que se llamaba 'Nobody Like Me'. Era una balada preciosa en la que tocaba el piano. Habría jurado que la había escrito alguien del estilo de Ray Charles. Le pregunté por el compositor y me respondió que era James Cleveland, el artista de góspel que había dirigido el coro de su padre en Detroit. "Estás de coña", le dije. "¿Un tío de la iglesia ha escrito eso?" Aretha no hablaba mucho en el estudio, era tímida y reservada y solo le prestaba atención a la música. No obstante, cuando le pregunté eso, me miró y me dijo: "Joe, todo está en la iglesia". Me dejó sin respuesta».

'Blue Holiday' y 'Nobody Like Me' constituyen la última y mejor muestra del empeño de Hammond por documentar la belleza de Aretha Franklin. Alcanza el punto perfecto de intersección donde convergen el jazz, el blues y el rhythm and blues. Como me decía Quincy Jones, que produciría a Aretha en los años 70, «todos los grandes juntan distintas corrientes. En Ray Charles había tanto jazz como R&B. Marvin Gaye tenía un increíble instinto jazzístico. Fíjate en su fraseo. Otro tanto puede decirse de Stevie Wonder. Aretha también está dentro de esa categoría».

9
LLEVARSE EL GATO AL AGUA

El 31 de enero de 1962, Aretha Franklin dio a luz a su tercer hijo, Theodore White II, en el Hospital Osteopático de Detroit.

«Cuando Aretha volvió a casa para tener al niño», decía Carolyn, «esperábamos que hiciera las paces con nuestro padre. Evidentemente vino al hospital a ver a su nieto (siempre fue un abuelo maravilloso), pero se informó antes para para no coincidir con Ted. Acompañamos todos a Aretha durante el parto y se quedó en casa unos días con el pequeño Teddy. Sin embargo, al igual que había hecho con Clarence y Edward, le dejó el niño a Abu, que estaba encantada de tener a otra criatura. Antes de darme cuenta, Aretha se había ido otra vez a Nueva York a seguir dando conciertos y grabando discos».

Para entonces, Erma seguía sus pasos.

«Me había ido a Nueva York, más o menos cuando Aretha tuvo a Teddy, al salir mi primer single en Epic, *Hello Again*. Tuvo bastante repercusión, en *Billboard* lo pusieron bien, y me salieron algunos conciertos en buenas salas, como el Small's Paradise Lounge de Harlem, donde quedaba con Bettye LaVette, una magnífica cantante de Detroit, y con Esther Phillips, que estaba muy enganchada a las drogas. Las drogas estaban a la orden del día, sobre todo en el mundo del rhythm and blues. Las probé, y mis hermanos también. Pero las drogas no fueron vistas como un problema hasta pocos años después, en los mismos años 60.

»A principios de la década, Aretha actuaba en el centro de la ciudad y yo, en las afueras. Solo nos separaban unos 15 km de distancia, aunque parecían quince mil. Quedábamos a veces pero, en persona, la relación era un poco fría. Algunos de nuestros amigos, como Mary Wells o Smokey, habían grabado canciones de mucho éxito. Y a Aretha lo que le preocupaba era que yo triunfase antes que ella, puesto que no había grabado ningún tema que hubiese estado en lo más alto».

El 20 de febrero, cuando no había pasado ni un mes del nacimiento de Teddy, Aretha actuó en el club de jazz Village Gate, compartiendo cartel con otro artista de Columbia, Thelonious Monk. Según Robin D. G. Kelley, autor de la soberbia biografía de Monk, esa noche la pequeña sala estaba abarrotada con casi 500 personas. Estaban los sobrinos y sobrinas de Monk, con ganas de ver a Aretha y a su tío.

«Fui a verla», recordaba Erma. «Quería saber qué tal estaba tras el parto de Teddy. Tenía buen aspecto, con energía para volver al trabajo. En mi familia siempre hemos tenido mucha disciplina en el trabajo y no nos tomamos muchas vacaciones. Cecil también se vino porque era fan devoto de Monk. Al lado del gran maestro, Aretha estuvo más que a la altura».

«El jazz me vuelve loco», me decía Cecil. «Si tuviera que elegir a mis tres pianistas favoritos, serían Erroll Garner, Oscar Peterson y Thelonious Monk. No me lo podía perder, y máxime tocando la misma noche que mi hermana. Era una velada especial. Monk acababa de fichar por Columbia (supongo que por eso actuaban los dos) y tenía al saxo tenor a Charlie Rouse. No recuerdo si entonces había empezado a grabar el primer disco que sacó con Columbia, *Monk's Dream*, pero sí que tocó 'Body and Soul' y 'Just a Gigolo', temas que saldrían en ese disco que habré escuchado unas cien veces.

»"Parece que te apetece ver más a Monk que a mí", me reprochó Aretha antes del concierto.

"Quiero veros a los dos y tengo ganas de verte con él".

»Como allí estaba Monk, creo que Aretha centró casi todo el concierto en el jazz. Quería mostrarle a la gente del jazz que era como ellos. Ni que hubiera alguna duda. Me parece que aquella fue una de las primeras veces que cantó 'Skylark', un tema que pronto grabaría para Columbia, al igual que 'Just for a Thrill' y 'God Bless the Child'. Todos hemos escuchado la versión de Ray Charles de 'Just for a Thrill' en su disco *Genius*, y nos habíamos criado con el "Child" de Billie Holiday. Aretha clavó los dos. Habían acudido los fans de Monk y se ganó su respeto. Sin embargo, Aretha, que sabía de sobra poner patas arriba una iglesia, hizo retumbar todo el club. Todos sabíamos que estaba a punto de dar con esa canción que le abriese por fin las puertas de la fama».

Esa canción tardaría aún cinco años en llegar. Mientras tanto, Bob Mersey se puso al frente de la carrera discográfica de Aretha.

«Mersey era un producto genuino de la cultura de Columbia», decía Bobby Scott, que también será en el futuro personaje central en la trayectoria de Aretha. «Trabajé con él mucho tiempo. Éramos productores y arreglistas, pero con diferentes bagajes. Goddard Lieberson, el gerente de la empresa, veía a Mersey como el Pachá del Pop. El gran pachá anterior a él fue Mitch Miller, el hombre que definió la música popular de los años 50, generando una fortuna para la empresa y sentando las bases del futuro de Columbia. Mitch era un músico de primera y un supremo intérprete de oboe. Su máxima era que para vender música, había que hacerla sencilla. Ponía de ejemplo a Rosemary Clooney y su 'Come On-A My House' y a Sinatra cantando 'Mama Will Bark' con Dagmar. Lieberson había tenido un éxito sideral con la banda sonora de 'My Fair Lady' y también había juntado a Bob Mersey con

Andy Williams, otro movimiento que había incrementado considerablemente los ingresos de la compañía. Cuando se hizo patente el distanciamiento entre Aretha y Hammond, Lieberson la derivó a Mersey, diciéndole que si no vendía como artista de R&B, lo mejor sería convertirla en cantante pop. Por otra parte, como se había ganado una cierta reputación como artista de jazz, la discográfica pensó que no podía abandonar el jazz por completo. Ahí es cuando me llaman a mí porque soy pianista de jazz y toqué con Lester Young siendo todavía adolescente. También puedo tocar góspel y blues, y soy compositor: los Beatles hicieron una versión de mi tema 'A Taste of Honey', y los Hollies y Neil Diamond llegaron a las listas con otra canción mía, 'He Ain't Heavy, He's My Brother'. Trabajé unos años de director musical de Bobby Darin. Con todo, cuando me reuní con Aretha, me veían como un ayudante de Mersey especializado en jazz. Mersey era la figura clave. Yo también formaba parte del elenco pero, dicho de forma metafórica, era el pianista de los descansos de la función. Goddard puso todas sus esperanzas en Mersey, y si escuchas los álbumes que hizo con ella, se nota el acierto de Goddard».

Mersey tocó en tres discos fundamentales de Aretha Franklin, unos discos elegantes y que se mantienen vigentes a día de hoy: *The Tender, the Moving, the Swinging Aretha* (1962), *Laughing on the Outside* (1963) y *Unforgettable: A Tribute to Dinah Washington* (1964).

El punto álgido de su colaboración con Mersey se produce en una canción de *The Tender* firmada por la propia Aretha: 'Without the One You Love'. Se trata de la primera ocasión en que contempla todo el proceso creativo, desde la creación de la melodía y la letra, hasta su adaptación a una gran orquestación de cuerdas.

Esta balada, que seguía el modelo de 'The Masquerade Is Over', marcaría la senda de sus futuras composiciones, que serían todavía más audaces. Estaba claro que iba a escribir canciones estupendas. Por cierto, en su disco *Yeah!!!* (1965) aparece una versión en directo de esta canción, más desnuda y emotiva, con Aretha al piano.

The Tender no es un disco redondo, ya que también hay tropiezos, como una canción mediocre de Berry Gordy, 'I'm Wandering', una versión poco pulida de 'I Apologize', el tema que lanzó Billy Eckstine en 1949, y una revisión muy pobre de "Look for the Silver Lining". Aun así, Aretha retoma el pulso con tres versiones espectaculares: 'God Bless the Child', 'Just for a Thrill' y 'Try a Little Tenderness'. Para Jerry Wexler, esta última versión animó a Otis Redding a hacer la suya con su estilo particular. Scott Freeman, el biógrafo de Redding, decía que el mérito era del mánager Phil Walden, pero hablé con Walden en los años 90 y le daba la razón a Wexler.

«Otis tenía el disco de Aretha donde canta 'Tenderness' y 'God Bless the Child'», confirmaba Walden. «El éxito del "Tenderness" de Otis radica en que la hizo más rápida, sí, pero siguió la versión de Aretha. También quería hacer su versión de 'God Bless the Child'. Aretha y Sam Cooke fueron los artistas que contrató Otis para grabar algunas de sus canciones insignia, lo que es gracioso porque, por su parte, la versión de Aretha de 'Respect' convirtió aquella pequeña pieza de R&B en un auténtico estándar».

The Tender, the Moving, the Swinging Aretha Franklin se grabó durante los meses de abril y mayo de 1962. En julio apareció en el Festival de Jazz de Newport, compartiendo cartel con los amigos de su padre, Clara Ward y Oscar Peterson. También estaban en el programa Sonny Rollins, Count Basie, Jimmy Rushing (el potente cantante de blues que había estado con Basie), Thelonious Monk y Duke Ellington.

El crítico de jazz Jack Maker dejó escrito en *Billboard* lo siguiente: «Durante la actuación de Ellington, Thelonious Monk desplegó su arsenal de compositor e intérprete tocando 'Monk's Dream', compuesta para la banda. Duke oficiaba de director. También cabe resaltar la actuación de Aretha Franklin, que, con su voz de raíz góspel, consiguió que el público le pidiera bises al unísono».

Unos días después, Martin Luther King fue a la cárcel por participar en una manifestación en Albany, Georgia.

Cecil recordaba aquel periodo: «Mi padre estaba organizando con Luther King una manifestación en Detroit. Se llevaban muy bien, Martin Luther confiaba mucho en mi padre. Se podría decir que eran almas gemelas con un objetivo común».

Billboard publicó en agosto una reseña de 'Just for a Thrill' y 'Try a Little Tenderness', en la que destacaba que «son de las mejores canciones que ha grabado Aretha, lo que ya es decir. Su interpretación es maravillosa y cualquiera de los dos temas, o ambos, podrían pasar a ser las más exitosas de su carrera hasta la fecha».

El 2 de agosto, Aretha salió por segunda vez en *American Bandstand*, cantando 'Don't Cry Baby' y 'Try a Little Tenderness', si bien no entró en el *hit parade*.

«La canción que más sonó entonces fue 'You'll Lose a Good Thing', de Barbara Lynn», comentaba Erma. «Fue un gran éxito, todo el mundo la escuchaba. Nos gustaba mucho 'Locomotion', de Little Eva, 'Duke of Earl', de Gene Chandler y 'Unchain My Heart', de Ray Charles. Sin embargo, para mí las canciones que estaba haciendo Aretha no tenían nada que envidiar a ninguna de éstas. Aretha sentía que todo el mundo se llevaba el gato al agua, excepto ella».

El 27 de septiembre, el Ministerio de Justicia de Estados Unidos interpuso una demanda judicial para poner fin a la discriminación racial. Tres días después, el gobernador de Misisipi, Ross Barnett, prohibió que James Meredith se matriculara en la universidad.

A mediados de octubre, la crisis de los misiles en Cuba paralizó el país durante dos semanas. Aretha recuerda poco de aquellos días, aunque sí se acordaba con detalle de los cómicos con los que compartió escenario en aquel entonces, como Buddy Hackett y su número del camarero chino o Irwin Corcy, aquel que llevaba el pelo revuelto y hacía comentarios disparatados sobre distintos temas inconexos. Sentía especial afecto por Dick Gregory, con quien había trabajado tiempo atrás en el club Playboy de Chicago.

Dado que cada vez tocaba ante un público más numeroso, cambió de mánager. En noviembre, la revista *Jet* publicó que «la ruptura de Aretha con su mánager, Jo King, podría acabar en los tribunales por la exigencia a la estrella incipiente de 9.000 dólares para rescindir el contrato vigente».

«Ted partió de cero cuando se hizo cargo de su carrera», decía Erma. «Practicó una política de tierra quemada, dejando atrás lo que había hecho Jo King. Apartó a las personas que formaban parte de su entorno y a quienes habían participado en la trayectoria de Aretha, incluso su padre. Su condición fue controlarlo todo».

Le pregunté a Erma por qué lo había consentido Aretha.

«Creo que lo que más miedo le daba era el mundo exterior», según Erma. «Era como si quisiera sentirse protegida. Nuestro padre la había protegido mucho, incluso demasiado. La había introducido en el mundo del espectáculo, pero no pudo desatender por completo su trabajo en la iglesia. Llegó un momento en que no podía seguirla tan de cerca como en las primeras giras, en que no podía estar pendiente de ella a diario. Es ahí cuando ella se buscó un sustituto. Puede parecer una explicación enrevesada, pero Ted White era similar, en muchos aspectos, a nuestro padre: tenía mucha confianza en sí mismo, desbordaba carisma, inteligencia, capacidad organizativa y podía enfrentarse a la realidad de ese mundo exterior sin problema. Nuestro padre había ayudado a que Aretha fuera famosa en la música religiosa y lo que ella buscaba en

Ted era lo mismo aplicado a la música popular. No hay que ser psicólogo para ver por qué muchas veces llamamos "papi" a nuestras parejas y maridos».

Para el padre de Aretha, 1963 fue un año importante. Hacía pocos años que se había puesto en marcha un proyecto urbanístico que había derruido la calle Hastings (con sus bares, clubs y la iglesia baptista New Bethel) para construir la autovía Chrysler. La parroquia de Franklin se trasladó temporalmente a otro lugar y C.L. Franklin aumentó las giras. Como señala su biógrafo Nick Salvatore, pasó entonces mucho tiempo en Los Ángeles. Cada vez le llamaban de más iglesias de todo el país por sus sermones, al tiempo que aumentó su implicación en la política de Detroit. Era un paso lógico: según ganaba fuerza el movimiento por los derechos civiles, también iban adquiriendo notoriedad sus sermones que predicaban el orgullo de su gente, la comunidad negra.

El 10 de marzo debutó en un púlpito más importante; fue el día abrió sus puertas la nueva sede de la iglesia New Bethel en la esquina de Linwood con Filadelfia. El edificio era un antiguo teatro rehabilitado y ahora disponía de 2.500 localidades. C.L. Franklin destacó que las obras las había acometido una empresa formada por trabajadores negros, aclarando que no se trataba de una muestra de racismo antiblanco sino de «la capacidad que tenemos de hacer lo mismo que los demás cuando nos dan la oportunidad».

En el mes de mayo, Franklin se encontraba ultimando la preparación de una gran marcha de protesta en Detroit, que contaría con un discurso de su amigo Martin Luther King. La Unión del Ministerio Baptista, una organización *proestablishment* y de ideología conservadora, se opuso a la marcha por la presencia de Franklin. Su creciente popularidad despertaba la envidia de muchos de sus colegas. Así pues, se reunió con los miembros de la entidad y su presidente le dijo que no tenía voz ni voto porque no estaba al día del pago de las cuotas de la organización. C.L. Franklin se puso hecho una furia y se abalanzó contra él, pero sus compañeros lo contuvieron y evitaron que llegaran a las manos. No obstante, al final Franklin se salió con la suya gracias a su relación con Martin Luther King. Daba igual la oposición que tuviera, el caso es que iba a llevar a Luther King a una marcha a Detroit y no había nada más que discutir.

El 27 de mayo, Mahalia Jackson respaldó un acto a fin de recaudar dinero para la Conferencia Sur de Liderazgo Cristiano, de la que Luther King estaba al frente, que se celebraría en el centro de convenciones McCormick Place de Chicago. Aquel acto contó con la presencia de Al Hibbler, el alcalde Richard Daley, Dick Gregory, Eartha Kitt y Aretha Franklin. La revista *Jet* reseñó: «La actuación de Aretha Franklin, la cantante de góspel reconvertida al blues, que cerró un acto repleto de estrellas y predicadores enviando a la gente a casa entusiasmada tras su versión de 'Precious Lord'. Aretha, la hija del reverendo de Detroit C.L. Franklin, le entregó después cuatrocientos dólares a Mahalia por asistir al acto».

«Nuestro padre también se preocupó de que Aretha no abandonase las actuaciones benéficas de causas justas», decía Cecil. «Nos lo inculcó a todos. Ted White llevaba por completo la carrera de Aretha, elegía las actuaciones y el repertorio, pero si la llamaba su padre y le pedía que cantase para Martin Luther King, aplazaba sus compromisos previos. Ted seguramente no se opondría a que apoyase esta causa, además de percatarse de que le daría a ella más presencia. Con todo, recuerdo que una vez sí hubo un conflicto serio porque coincidieron un concierto en un club importante con motivo de una actuación benéfica para Luther King. Ted le dijo que fuera al club porque necesitaban el dinero, pero Aretha le respondió que Luther King la necesitaba más. Se enfrentó a su marido. Quizás ahí empezaron los problemas maritales. Fue una relación difícil porque se basaba en el interés mutuo, en que cada uno utilizaba al otro. En cualquier caso, mi hermana mantuvo su apoyo a la causa de los derechos civiles en todo momento. Me sentía orgulloso de ella y, por otro lado, ese punto impidió que rompiese de manera irreversible la relación con nuestro padre».

Al poco tiempo del concierto en Chicago, Aretha volvió al estudio y grabó el que podría considerarse su mejor disco para Columbia.

«Para mí es el mejor de su carrera», decía Etta James. «Todos prefieren sus discos en Atlantic, y sí, son clásicos, pero cuando escuché 'Skylark', recuerdo que le dije a Esther Phillips, mi mánager de entonces, que aquello era una pasada. En aquella época, intentábamos probar cosas nuevas cantando estándares. Yo tenía versiones de 'Sunday Kind of Love' y 'Trust in Me', y Sam Cooke interpretaba 'Tennessee Waltz' y 'When I Fall in Love' en el Copacabana. Queríamos llegar a clases más altas, era el principio de una clase negra más elitista. Aretha nos sacaba ventaja porque su padre era rico y creció en un entorno muy acomodado. Bueno, eso da igual. El caso es que llevó 'Skylark' a un nuevo terreno. Cuando canta el estribillo por segunda vez y sube una escala, es decir, gritando, recuerdo que pensé cómo coño lo hacía. Recuerdo que se lo comenté de inmediato a Sarah Vaughan, y eso que es una persona que me imponía respeto. Le pregunté si había odio a Aretha Franklin y su versión de 'Skylark'y me contestó: "Sí, yo ya no la voy a cantar más"».

El disco en el que se incluía 'Skylark', *Laughing on the Outside*, se grabó durante los meses de primavera y verano de 1963 y es el disco más sólido que surgió de la colaboración entre Robert Mersey y Aretha Franklin. En él se encuentran algunas de sus mejores canciones.

«Cuando oí 'Skylark'», recordaba Jerry Wexler, «llamé a John Hammond para darle la enhorabuena. Creía que era el productor de aquel temazo, pero John me dijo que él no se había encargado. Me explicó que Aretha se había enfadado por lo de Erma y que Columbia le había puesto a Bob Mersey, un tío del mundo del pop. Se le podrán decir muchas cosas, pero incluso el más cursi (como mi amigo Mitch Miller) a veces hace cosas brillantes. En el caso de Aretha, Mersey lo hizo genial. Hay que reconocérselo porque, además, grababa hits.

»Pocos años después, conocí a Donny Hathaway y empezamos a hablar de hacer versiones, y mencionó el *Laughing on the Outside*. Se lo sabía de memoria. Quería grabar 'For All We Know' al estilo de Aretha. Al escuchar su versión, que es preciosa, se aprecia la huella de Aretha».

A Aretha le gustaba mucho Frank Sinatra y consideraba que ella había hecho, en *Laughing on the Outside*, una versión mejor de 'Where Are You?'".

«Mi hermana tenía dos caras», me decía Cecil cuando le comenté eso de compararse con Sinatra. «En cuanto a su manera de cantar, siempre se ha sentido muy segura de sí misma. Era consciente de su talento, saltaba a la vista, ni siquiera la persona más insegura del mundo podría tener dudas. Se había pasado años recibiendo elogios entusiastas de todos los que la habían oído cantar en la iglesia. Con todo, pese a saber lo buena que era y que con 21 años de edad cantaba baladas con la intensidad de Frank Sinatra o Billie Holiday, tenía un lado repleto de inseguridades porque no se veía capaz de convertirse en una estrella del espectáculo. Por eso probaba con todos los géneros: pop, blues, baladas, R&B, etc. Y también por ese motivo se puso en manos de Ted White, porque pensaba que necesitaba un tipo así, un brutote, que le abriese camino. Creía que por su cuenta no sabría, y tenía razón».

Las canciones hablan por sí mismas: 'Solitude', de Duke Ellington, 'If Ever I Would Leave You', de Lerner y Loewe, o 'I Wanna Be Around', de Johnny Mercer. La que daba nombre al disco, "Laughing on the Outside", expresa lo mismo: que bajo la capa de alegría y el glamour que desprende Aretha en la portada con su vestido resplandeciente, se ocultan unos sentimientos perennes. Se ríe por fuera, pero llora por dentro.

En el mismo disco incluyó un tema que Ray Charles había grabado tan solo unos meses antes en Los Ángeles. La sesión de Aretha en Nueva York tuvo lugar el 12 de junio. Se trata de 'Old Man River', de Rodgers y Hammerstein, uno de los grandes iconos del cancionero estadounidense. Expresa una metáfora muy clara: el tiempo es un río que sigue su curso sin sufrir herida alguna, con lo que ojalá pudiéramos desaparecer en el anonimato del tiempo y dejar atrás los restos de nuestro mundo. La canción también contiene mucho drama, un vehículo ideal compuesto por blancos para que la canten los negros. La versión de Paul Robeson quizás sea la más icónica. Ray Charles la cantó en el punto álgido de su adicción a la heroína. Su productor, Sid Feller, me relató lo siguiente: «Ray se quedó una vez grogui al teclado. Al principio creí que era un infarto, pero en seguida se vio que era por las drogas. Cuando se despertó, se puso a cantar como si nada, ofreciendo la versión más impresionante que jamás he oído. Es increíble la de sentimiento que transmite. En la canción llora, literalmente».

Aretha llevó la canción por otro camino, haciendo una versión más ligera y juguetona, con un acompañamiento de jazz más alegre. Dejaba el sufrimiento en la superficie y se negaba a explorar ese lado oscuro.

«En aquel entonces se decía que era una canción compuesta para que la cantara un hombre, pero me dio igual», comentaba Aretha, «Se había escrito para un musical de Broadway, por lo que quería darle ese toque liviano».

No se puede decir lo mismo de su interpretación de 'Say It Isn't So', de Irving Berlin.

«Es la otra gran canción que recuerdo de ese disco», rememoraba Etta James. «Mi madre ponía mucho las versiones de Billie y Dinah, pero cuando escuché la de Aretha, era puro soul. A mitad de la canción, va directa a la yugular, sobre todo cuando canta "Say everything is still okay" [Dime que todo sigue bien], porque ahí se nota que ha escuchado a Ray. Bueno, a Ray lo escuchábamos todos, pero lo de Aretha era la hostia: agarraba el tema original y le daba un meneo tan acojonante que ya solo te quedabas con su versión. Tardé cuarenta años en acercarme a la original, para hacerte una idea de cuánto me atrapó la versión de Aretha. Y cuando al final la grabé para mi disco *Heart of a Woman*, le introduje un toque latino y la aceleré, pero, aun así, no me pude desprender del estilo de Aretha que se me había quedado incrustado en el cerebro».

El domingo 23 de junio de 1963, diez días después de que Aretha terminase de grabar *Laughing on the Outside*, más de cien mil personas salieron a las calles de Detroit en la marcha organizada por C.L. Franklin y Martin Luther King. Se había convocado para las cuatro de la tarde, pero la gente empezó a congregarse al salir de misa. C.L. aseguraba que acudieron 200.000 personas, mientras que otros cálculos más conservadores hablaban de 125.000. En cualquier caso, constituyó un hito en la historia de esa gran ciudad industrial, y nunca se habría llevado a cabo de no ser por la obstinación y empuje de C.L. Franklin. Un periodista del *Michigan Chronicle* lo reflejó así: «Llegaron de todas partes negros de todo tipo y condición (gente de a pie, médicos, ancianos, alcohólicos, clérigos con sus parroquias, etc.) reclamando libertad». El biógrafo Nick Salvatore escribió: «Los manifestantes tomaron con alegría las calles, también los barrios comerciales y de ocio donde habían sido marginados hasta hacía poco. Hay que señalar que fue sobre todo una marcha negra, ya que no acudieron demasiados blancos. Algunos sindicalistas negros lamentaron que apenas hubieran asistido sus compañeros blancos».

La marcha concluyó en el Cobo Hall, y allí C.L. había organizado el discurso de Luther King. Eso sí, antes del discurso, hubo un concierto con el pianista de jazz Ramsey Lewis, la reina del blues y amiga de C.L. Dinah Washington, el organista de jazz Jimmy McGriff, los Four Tops y Erma Franklin. Aretha no asistió.

«Creo que canté un tema góspel», decía Erma. «No me acuerdo muy bien. Recuerdo la alegría del ambiente. Fue uno de esos momentos en que, como decía mi padre, "la presencia de Dios estaba en todas partes". Sentí por primera vez una unión especial en nuestra gente, un orgullo y objetivos comunes. Teniendo en cuenta que tanto mi padre como Luther King eran personas de ideas muy abiertas, no es de extrañar que salieran músicos de jazz y blues a cantar 'Lift Every Voice and Sing' con un coro de iglesia. Recibió la felicitación del presidente Kennedy y también de Walter Reuther, el líder sindical. Estaba muy contenta de tener el padre que tenía. Había conseguido cosas increíbles. Luther King se refirió a él como su gran amigo y dio un discurso impresionante. Nos fuimos a casa convencidos de que había empezado una nueva época y de estar vislumbrado un mundo nuevo. Para mí fue el mejor momento de los años 60».

Aquel discurso también tuvo interés por la frase que pronunció Martin Luther King: «Esta tarde tuve un sueño. Se trata de un sueño que hunde sus raíces en el sueño americano». Luther King estaba anticipando el discurso que daría dos meses después en el Lincoln Memorial, un episodio trascendental en la larga lucha por los derechos civiles. Berry Gordy publicó el discurso en LP y lo llamó *The Great March to Freedom*.

En septiembre, Aretha regresó a los estudios neoyorquinos de Columbia y conoció a Bobby Scott, el magnífico pianista, arreglista y compositor al que había contratado Bob Mersey para registrar algunas sesiones en clave de jazz.

«Recuerdo que cuando conocí a Aretha lo primero que me llamó la atención fue que no me miraba a los ojos cuando se dirigía a mí», me comentaba Scott. «Me resultó curioso, no lo entendía. Al principio lo atribuí a su timidez, porque era tímida, pero también sentí que era una forma de examinarme. Me daba igual, no me importaba recitarle mi currículum y ahí es cuando me hizo caso. Lo que no me esperaba fue su pregunta cuando le dije que había tocado también con Lester Young. "¿Sí? ¿Has tocado con el Presidente?". Solo los grandes conocedores del jazz sabían que a Lester lo llamaban "Pres", es decir, el Presidente. Con eso me indicó que era más que una mera cantante de música religiosa. Evidentemente, había escuchado las canciones que había grabado con Mersey. 'Skylark' me había dejado sin palabras. Y tras eso, Mersey quería que la llevase más al jazz. La verdad es que la musicalidad de Aretha no tiene límites. El único artista con el que he trabajado y que tenía esa misma capacidad era Marvin Gaye».

Pocos años después, Scott tocó una excelente balada con Marvin, 'Vulnerable', lanzada póstumamente. Le pregunté qué tenían en común Marvin y Aretha.

«Modelaban a su gusto y mejoraban cualquier tema que cantaran. Eran genios por naturaleza. Y bueno, curiosamente, cuando empecé a trabajar con él, había encadenado una serie de éxitos y buscaba otra cosa, solo le interesaba la dimensión artística de su trabajo. Pero en aquella primera reunión en que Aretha me pidió que nos tratáramos de usted, me dijo algo que nunca olvidaré. Con toda la consideración que me tenía por mi experiencia, y sus reparos a expresar sus opiniones, finalmente me miró a los ojos de forma muy intensa para decirme lo siguiente: "Me gustan sus ideas, Sr. Scott, pero recuerde que lo quiero es grabar hits"».

Las sesiones de Aretha con Scott se prolongaron durante tres días de octubre de 1963. En lugar de las sesiones jazzísticas que había concebido Mersey, el repertorio final, como casi todo lo que Aretha grabó en Columbia, parecía moverse en varias direcciones a la vez. «Aretha quería hacer una versión de 'Harbor Lights', que conocía de los Platters», comentaba Scott. «Decía que en aquella época, a principios de los años 60, en la era post *doo wop*, podría volver a ser un éxito. Yo conocía muy bien la canción, la había escuchado desde crío porque todo el mundo la había interpretado, desde Guy Lombardo hasta Bing Crosby. Vi que se le podría dar una nueva lectura, máxime en manos de una gran cantante de blues, así que nos lanzamos. Aretha me ayudó con los arreglos de los coros femeninos, era muy buena en eso. Yo incorporé una trompa, di con el ritmo adecuado y quedamos muy contentos, seguros de que llegaría a las listas de éxitos. Pues no.

»Cuando tengo nuevas canciones, se las presento siempre a los mejores cantantes. Así que le ofrecí a Aretha un montón de temas de jazz, pero ninguno le llamó la atención. Se inclinó más por las baladas, como 'Tiny Sparrow', una de las piezas más espirituales y metafóricas que he compuesto en mi vida. Decía que le recordaba su etapa religiosa. También se quedó con 'Johnny', una que escribí al estilo de Rodgers y Hammerstein, y 'Looking Through a Tear', otro tema en plan Broadway y que le encantó en cuanto se la interpreté. Así es como se dejó de lado el plan inicial de grabar un disco de jazz. También añadió 'Once in a While', del hermano de Sam Cooke, L.C. Ella pensaba que aquel tema R&B podría triunfar, yo estaba convencido de que no, la grabamos y al final tuve yo razón. La veía muy sosa. Me pasó lo mismo con 'Bill Bailey, Won't You Please Come Home'. Me gustaba la versión de Jimmy Durante, no le veía mucho sentido a que la hiciera Aretha. Ella me decía que se la imaginaba con un fondo de orquesta a lo Count Basie, y yo le contesté que no sabía darle ese toque de Ernie Wilkins y Count Basie. La cantó, eso sí, con toda la pasión del mundo, pero no dejaba de parecerme un tema para los clubs nocturnos, que no estaba a la altura de una artista como ella.

»En aquel momento ya habíamos perdido todo el sentido de coherencia en el estilo, algo que no les preocupaba demasiado a Aretha y Ted, su marido. Estaban tan cegados por su forma de cantar que creían que cualquier cosa que grabara, hasta 'Moon River' o 'I May Never Get to Heaven', la iba a catapultar al estrellato. Entendía esas ganas, ese entusiasmo, y lo compartía, pero no nos entendimos bien entre el estudio y la gente de marketing. Cuando escucharon el disco, no sabían cómo publicitarlo porque estaba muy bien, pero pecaba de indefinición. Escuchado hoy, todavía conserva su fuerza. Aretha siempre es Aretha. Tomó la interpretación que le había preparado de 'I Won't Cry Anymore' y lo clavó. Era un tema que habían cantado Tony Bennett, Charles Brown, Big Maybelle, Dinah Washington y Joe Williams. Pero Aretha lo hizo suyo de tal modo que pensé que había aniquilado las posibilidades de aquel tema. No fue hasta que le añadí una sección de cuerdas y se la pasé a Marvin Gaye cuando se vio que aún tenía recorrido. Marvin y Aretha estaban a la par en la reinvención melódica y en audacia interpretativa. Me habría encantado que hubieran cantado juntos».

El 22 de noviembre de 1963, Aretha estaba embarazada de siete meses y se enteró del asesinato de John F. Kennedy mientras se encontraba en el Broadway Market de Detroit, una tienda de productos gourmet. En su autobiografía menciona que lo que más recuerda de ese día es el intenso olor de los jamones colgados, los embutidos y los quesos. En otras ocasiones confesó que, tras aquel suceso, se sentía especialmente segura cuando estaba con su padre.

A Erma la pasaba lo mismo. «Mi padre era duro como una piedra», decía. «Sobre todo en los años 60, cuando cambiaron con tanta rapidez tantas cosas y murieron algunos grandes líderes, él permaneció impasible. Nos enseñó a mantenernos fieles a nuestras ideas. Creía en un futuro justo, en el que vencería el amor de Dios. Siempre estuvo a nuestro lado en aquellos tiempos convulsos, levantándonos, apoyándonos y consolándonos.

»Ted White era muy posesivo y había veces en que daba hasta miedo. Pero cuando las cosas se pusieron mal y llegó al límite, Aretha venció el pavor que le tenía y regresó con nuestro padre. Atrás quedaban los desencuentros del pasado, siempre nos reconciliábamos con él. Nos unía un vínculo más fuerte que el que pudiéramos tener con cualquier otra persona».

Un mes más tarde, ocurrió otra muerte repentina que causó una mayor conmoción en la familia. El 14 de diciembre, los ciudadanos de Detroit, y de todo el país, se enteraron de que había muerto en su ciudad, a la edad de 39 años, Dinah Washington, debido a una mezcla letal de fármacos (secobarbital y amobarbital). Casada en aquel entonces con su séptimo marido, Dick "Night Train" Lane, defensa de los Detroit Lions, parecía encontrarse en su mejor momento o, como diría su biógrafa Nadine Cohodas, «fue como si la hubieran arrancado de sus amigos en el esplendor de la vida».

«Ted y Aretha se encontraban en Nueva York y se fueron rápidamente a Detroit», recordaba Cecil. «Nuestro padre estaba especialmente desolado. Había sido muy amigo de Dinah desde hacía años. Recuerdo que Aretha tenía cara de asustada, como si sintiera de cerca la presencia de la muerte. Ted lo veía de otro modo: "La Reina ha muerto. Larga vida a la Reina. La nueva reina es Aretha"».

10
DE UN DÍA PARA OTRO

«Tengo una anécdota con Dinah Washington», me contó Etta James. «Entonces yo era muy joven y había grabado ya un par de hits. Actuaba en un club pequeño de Providence y, al mismo tiempo, Dinah estaba en el Loew's State Theater. Me quedé alucinada cuando me dijeron que vendría una noche a verme. ¡Dinah Washington en mi concierto! Así pues, empecé mi actuación con 'Unforgettable', su gran éxito. Antes de llegar al estribillo, se oyó un ruido muy fuerte. Dinah se había levantado de la silla, había tirado los vasos y platos de su mesa al suelo y me señalaba con el dedo gritando: "¡Mala puta, ni se te ocurra cantar las canciones de la Reina cuando la tienes delante!".

»Salí del escenario llorando y sin acabar el concierto. No quería ver a nadie, ni que nadie me dijera nada. Pero al rato vino Dinah al camerino y me dijo: "Mira, lo siento, he perdido los nervios pero, por lo menos, has aprendido una lección. Si sabes que en un concierto tuyo hay un gran cantante, ni se te ocurra cantar sus canciones. Jamás". "Sí, señora", fue lo único que llegué a decir. Me invitó a ir a su actuación en el Loew's del día siguiente. Fui y nos hicimos muy amigas. La quería mucho, pero es que, madre mía, esa mujer era tremenda».

Aretha relata en su autobiografía un encuentro con Dinah Washington que también tuvo lugar en un camerino. Tras un concierto en Detroit, apareció Dinah Washington en el camerino de Aretha. Tras reprocharle el desorden que había, con la ropa y los zapatos esparcidos por todas partes, Aretha se quedó con que se comportaba como una diva y no le gustó nada aquella actitud.

Cuando murió Dinah, Aretha tenía 20 años y estaba aún lejos de consagrarse como diva. Estaba construyendo su carrera, actuando en clubs de jazz y con algunas incursiones en sitios como el Apollo. Ganaba poca cosa, nada de royalties y los anticipos de Columbia no es que fueran para tirar cohetes. Pero tampoco paraba de actuar con un grupo estable que le había creado Ted White: Teddy Harris al piano, Hindell Butts a la batería y Roderick Hicks al bajo, unos músicos espléndidos. Quienes seguían su trayectoria con atención, como John Hammond, Carmen McRae, Bobby Scott o Jerry Wexler, sabían de su ilimitado potencial y que era cuestión de tiempo. Por otro lado, seguía mostrando en público una timidez excesiva.

«Sí, hablábamos», recordaba Ruth Bowen, que trabajó con Dinah y Aretha, «pero nunca manteníamos conversaciones largas. No llegué a ser su representante y persona de confianza hasta años más tarde. En aquel tiempo, la veía de vez en cuando y sabía que tenía serios problemas de autoestima. Era Ted quien hablaba por ella, y fue Ted quien le dio la idea de meterse en el estudio a grabar un disco de homenaje a Dinah. Él la vio siempre como la nueva Dinah Washington, y no perdió un segundo en materializar esa percepción».

Se celebraron dos ceremonias fúnebres por Dinah Washington, la primera en Detroit, en New Bethel, presidida por C.L. Franklin y con Aretha cantando. La segunda se llevó a cabo donde había vivido ella, en Chicago.

«Fui a las dos», decía Ruth. «Justo al terminar la de Detroit, vi que Ted le comentaba a Aretha lo de grabar un disco de homenaje. Ted sabía lo unida que estaba a Dinah, ya que ambas habíamos creado la Queen Booking Agency [Agencia de contratación de la Reina] y quería mi beneplácito. También quería que me volcara con Aretha de forma similar a como había trabajado con Dinah. Tenía que haberle dicho que no era el momento de hablar de trabajo cuando estábamos todavía en el funeral, y mejor esperar algunas semanas, pero no, me callé, no pude abrir la boca por el dolor que sentía. Era como si se me hubiera muerto una hermana».

Columbia también tenía ganas de grabar el homenaje, creían que era un buen proyecto y decidieron hacer una fuerte inversión. Seleccionaron las canciones Aretha y Bob Mersey, luego éste escribió arreglos de vientos y cuerdas y, dos meses después del fallecimiento de Dinah Washington, el 7 de febrero de 1964 (y justo cuando cumplía un mes de vida Ted White, el nuevo hijo de Aretha), se celebró la primera sesión de grabación en el estudio de la compañía, situado en el 799 de la Séptima avenida de Nueva York.

«Poca gente ha valorado la dedicación de Aretha a su trabajo y su carrera», señalaba Erma. «Independientemente de sus circunstancias personales, tanto si estaba de duelo como si acababa de dar a luz, siempre volvía al trabajo porque era ahí, con su capacidad de expresar en las canciones sentimientos bien profundos, donde hallaba la fuerza para seguir adelante».

Aretha suena en ese disco fuerte y vulnerable a la vez. Es un álbum dulce, que posee frescura y tristeza, y que constituye un adecuado —aunque en ocasiones desmesurado— homenaje musical a la reina fallecida realizado por la aspirante. Es, indudablemente, un clásico.

«Ted quería titularlo *What a Difference a Day Makes*», rememoraba Ruth Bowen, «pero a mí no me gustaba, me sonaba como que, de un día para otro, había finalizado el reinado de Dinah para dar paso al de Aretha. Menos mal que al final le pusieron *Unforgettable*. Era mucho mejor».

El tema que da título al disco es una maravilla repleta de sinceridad y elegancia. Aretha se aproxima con gran respeto a la mística de Dinah. Y en 'Cold, Cold Heart', de Hank Williams, le cambia el toque jazzístico de Dinah para darle una lectura de góspel-blues que anticipaba su futura carrera en Atlantic. Y, al igual que haría después en Atlantic, también oficiaría de coproductora sin aparecer en los créditos. Todo gira alrededor de su idea.

En los comienzos de su carrera por el circuito religioso, Aretha reflejaba la sensibilidad de Clara Ward y Jackie Verdell, pero su estilo único ya estaba allí presente desde el principio. Los excesos interpretativos forman parte esencial del estilo del góspel, pero el estilo de Aretha, con sus saltos de octava y sus florituras entre sencillas y complejas, era inimitable, solo lo podía hacer ella.

La versión que hace de 'What a Difference a Day Makes' resulta especialmente respetuosa con la original. Ahí Aretha no intenta reinventar la canción, no quiere olvidar a Dinah Washington, la lleva muy presente, hasta el punto de notarse dentro de ella el espíritu de Dinah. No se enfrenta a la canción, se acerca a ella con respeto, pero también con entereza. La canta de manera ortodoxa desde los primeros compases, narrando una historia pausada sobre el descubrimiento del amor. No es hasta llegar al verso «My yesterdays were blue, dear» [Mis días de ayer eran tristes, mi amor] cuando empieza a acariciar la letra, estirando y exagerando la palabra «blue» [triste] para dejar constancia de que, aun constituyendo un homenaje a Dinah, intenta apropiarse de la canción.

Todos los temas de *Unforgettable*, de hecho, suenan así, expropiados por Aretha. Y en el disco no cabe duda alguna de que está a la altura de Dinah Washington en alma, técnica, imaginación, espíritu y creatividad. Pero fue un disco que apenas tuvo eco en aquel momento que coincidió con dos enormes fenómenos musicales.

En 1964, los Beatles llegaron a Estados Unidos, poniendo patas arriba la cultura popular de una manera inédita desde Elvis. Por otro lado, se vivió la eclosión de la Motown. Las Supremes irrumpieron con una serie de números uno, como 'Where Did Our Love Go'; Mary Wells sacó 'My Guy'; Martha and the Vandellas lanzaron 'Dancing in the Streets'; y los Tempations y los Four Tops llegaron al top ten de la música pop.

Justo cuando Ted White y los directivos de Columbia querían que el mundo reconociese a Aretha a la luz de la música del pasado, a través de Dinah Washington (una de las artistas más imperecederas del siglo XX), la gente miraba hacia el futuro. Comenzó a abrirse paso la música pop negra, adaptada a un público blanco, y Aretha quedaba fuera de ese movimiento. Aparecía presentada como una adulta y, aunque solo tenía 21 años, su música iba dirigida a un espectro de población de mayor edad.

«*Unforgettable* quizá fue lo mejor que hizo en Columbia», opinaba John Hammond. «Mersey dio con la base de jazz adecuada para el proyecto. En 'Evil Gal Blues' y en 'Soulville', recurrió a un órgano Hammond B3 que generaba un fantástico ambiente de blues auténtico. 'Drinking Again' recrea de manera maravillosa los bares nocturnos. Dinah la había cantado muy bien, pero Aretha la llevó a la categoría de Sinatra, evocando su tema 'One for My Baby'. Creo que es igual de buena. El problema no eran las canciones ni la voz, ambas estupendas. Recuerdo que pensé que si Aretha no volvía a grabar nada más, pasaría a la historia por aquel disco. El problema estaba en que no era el momento adecuado, ya que, tras la muerte de Dinah, fuera de la comunidad negra, su música había dejado de interesar. La música popular se encontraba en un punto radical y revolucionario, que nada tenía que ver con Dinah Washington, pese a lo grande que era y seguirá siendo».

«Si no me equivoco», decía Clyde Otis, que pasaría a ser la siguiente figura destacada en la carrera musical de Aretha, «en *Unforgettable* fue la primera vez que Aretha interpretó uno de mis temas. Me refiero a 'This Bitter Earth'. Yo trabajaba en Mercury cuando se la mostré a Dinah, que la grabó en 1960. Fue uno de sus mayores éxitos. Le había producido algunos hits a Brook Benton y, por supuesto, había hecho también los duetos de Brook y Dinah, tanto 'Baby (You Got What It Takes)' como 'It's a Rocking Good Way (To Mess Around and Fall in Love)'.

141

Cuando Bob Mersey, que era mi vecino en Englewood (Nueva Jersey), me comentó que Aretha iba a grabar un homenaje a Dinah, le dije que quedaría bien 'This Better Earth'. Aretha ya quería incluirla antes de yo decirlo. Me habría encantado producirla, pero de aquel disco se encargaba Bob. Cuando oí la versión de Aretha, me conformé pensando que no habría podido aportar nada más. Yo era quien más quería y admiraba a Dinah, pero Aretha llevó la canción a niveles celestiales. Tras su versión, me enteré de que mi canción pasó a ser considerada un clásico. Y fue gracias a ella; ella es quien creó ese clásico. Hay otras versiones soberbias, me gusta mucho, por ejemplo, la de Nancy Wilson. Pero Aretha… desgranó las partes de la canción y la volvió a juntar de un modo que me dejó anonadado. Para mí, la canción es suya y solo suya».

Aretha sentía el drama que albergaba la canción. 'This Bitter Earth' es una de las baladas de blues más pulidas, que transita desde la desesperación hacia la esperanza. Es cierto que los blues auténticos plantean una transformación, ya que por el simple hecho de cantarlos o escucharlos plantean la pérdida de la tristeza, pero 'This Bitter Earth' nos embarca en un viaje desde los lugares más profundos de la depresión. Constituye el mayor hallazgo de *Unforgettable*, el logro de Aretha más olvidado e infravalorado.

Cuando salió el disco en febrero, el single de lanzamiento fue *Soulville*, un divertimento de ritmo enérgico dirigido al mercado del R&B. Por primera vez, Aretha aparece cantando también con los coros, ya que los hizo grabando su voz varias veces con distintas armonías, una técnica que perfeccionaría, a finales de la década, Marvin Gaye en su álbum *What's Going On*.

«Creo que lanzar primero 'Soulville' fue un error», afirmaba Hammond. «Bob Mersey había producido un disco clásico para todos los públicos, tendría que haberlo promocionado así. Sin embargo, Columbia prefirió dirigirse al público joven, cuando el caso es que no era un proyecto específico para ese rango de edad. Sam Cooke había rendido un homenaje maravilloso a Billie Holiday y Aretha seguía su estela al evocar el espíritu de Dinah. Tenían tantas ganas de conseguir un éxito de verdad que tergiversaron el disco. Curiosamente, mientras la sección promocional de la compañía intentaba asaltar las listas de R&B, los publicitarios también la llevaron al programa de televisión de Steve Allen para cantar 'Skylark', una canción más adulta. A las semana siguiente, me veo que la llevaban además al programa *Shindig!* para interpretar 'Soulville'. Parece mentira tanta confusión demográfica a la hora de promocionar el disco».

En marzo, la revista *Ebony* publicó su primer artículo sobre Aretha, que empezaba mencionando que «se ha convertido en la intérprete femenina de referencia de una expresión de blues con ribetes de góspel inaugurada por Ray Charles, el "predicador blues"». Continuaba señalando que tenía «varios singles populares y cuatro discos en Columbia a sus espaldas, unas cuantas apariciones televisivas y una apretada agenda de actuaciones en clubs y teatros que le generarían más de 100.000 dólares ese año». Más adelante, el artículo también recogía que formaba parte de un selecto grupo de John Hammond, el de «artistas del cinco por ciento» de la Columbia, una modalidad de contrato que le garantizaba a aquella artista que había firmado a los 18 años de edad, unas elevadas regalías durante un periodo de cinco años». El reportaje se cerraba con un listado de las quejas de Aretha: que su anterior mánager no la trataba bien, que sus agentes no tenían en cuenta sus necesidades y que Columbia no le proporcionaba «las mismas condiciones para despuntar» con las que sí habían contado Robert Goulet o Barbra Streisand.

En lo referente a la queja sobre los agentes, Ruth Bowen me matizó lo siguiente: «Sería imposible enumerar la cantidad de veces que, a lo largo de los años, me ha despedido y vuelto a contratar. Es su forma de ser. Si en un concierto fallaba algo, su reacción inmediata era echarle la culpa a su agente. No analizaba nada más, aunque la razón fuera haber tenido poco público por una nevada: la culpa recaía en mí por llevarla a un club que no valoraba su estilo. Yo ya estaba acostumbrada a artistas con ese carácter, había trabajado con Dinah. Pero Aretha se pasaba. Con el tiempo, dejé de tomármelo como algo personal. Cuando le salía bien un concierto, y le salieron bien muchos, me ponía por las nubes. Cuando un piano sonaba un poco desafinado, o el camerino era muy pequeño, yo era la peor agente del mundo. Le daba la razón y me lo tomaba con filosofía. Son los peajes típicos que hay que pagar por trabajar con genios».

La genialidad de Aretha queda fuera de toda duda en sus apariciones en el programa de Steve Allen. La primera fue en marzo y repitió en mayo. Allen la presenta como «una de las cantantes jóvenes más interesantes que tenemos en la actualidad» mientras muestra a cámara la carátula de *Unforgettable*. Lo curioso es que, en las dos apariciones, de las canciones que interpreta, solo una es del disco de Dinah Washington. Empieza con una enérgica 'Lover Come Back to Me', se sienta luego al piano y pasa a 'Rock-A-Bye Your Baby with a Dixie Melody', continúa al piano con una intensa 'Won't Be Long', ataca con 'Skylark' y vuelve al piano para soltar una desenfadada versión de 'Evil Gal Blues', una de las canciones preferidas de Dinah. Ante la cámara Aretha está espléndida, esbelta y sexi. Va vestida con elegancia y ofrece una actuación inmejorable.

Veinticinco años después de esta actuación, Steve Allen me dijo que «su talento para el jazz, ya que soy pianista de jazz, era enorme. Sin embargo, también me percaté de lo desenvuelta que estaba para cantar otros estilos. La llevé al programa para que se diera a conocer, pero también quería pasarle mis canciones. Gracias a mi amigo, Clyde Otis, accedió a cantar algunas: un año después la convencí de que grabara dos temas que había compuesto, convirtiéndolas en estándares. Fueron 'This Could Be the Start of Something Big' e 'Impossible'».

El disco recibió buenas críticas, pero apenas salió de los estantes de las tiendas y, de nuevo, los directivos de Columbia tuvieron que buscar otra fórmula para que llegara a un público más amplio.

«Entonces es cuando me pidieron que me hiciera cargo de ella», recordaba Clyde Otis. «Me llamó Goddard Lieberson y me dijo: "Es tan buena como Barbra Streisand, pero no conseguimos introducirla en el mercado adulto. No termina de cuajar. Tú conoces el mercado de R&B, Otis, has grabado algunos éxitos. Que triunfe en el R&B y seguiremos los pasos de Motown y la llevaremos al territorio del pop". A mí me parecía bien, pero el problema era que Ted White no pensaba lo mismo que Goddard. Veía que Barbra Streisand arrasaba y quería lo mismo para Aretha, quería llegar al público blanco. Yo soy muy cabezón, pero Ted me ganaba y contaba con el apoyo de Aretha. Ambos se habían fijado en 'Only the Lonely', de Sinatra, en Pat Boone y en 'Friendly Persuasion', de Johnny Mathis. Hasta me pidieron que les preparase una versión de 'That's Entertainment'. Yo les intentaba convencer de que aquél no era el camino, pero no dieron su brazo a torcer. Tampoco me parecía mal porque había escrito una canción de ese estilo y sabía que Aretha la podría interpretar a la perfección.

»Llamé a Goddard y le conté cómo estaba el asunto, les dije que aspiraban al público blanco. Me contestó que igual triunfaban con un tema mío, así que me pusieran a ello sin tirar la casa por la ventana.

»Al final tiramos la casa por la ventana y el resultado fue 'Take a Look'. Aretha dijo que sería un éxito, opinión que compartía Ted. Se la mostré de inmediato a Goddard, y también afirmó que con ese tema daría la campanada. Era pop, aunque más profundo, tenía alma y mensaje. Iba a ponerse por delante de Streisand. Seguro que triunfaba».

11
IDIOTAS

En 1964 se abrió un amplio abanico de éxitos en el mundo del pop. El sublime jazz brasileño llegó a lo más alto con la exquisita lectura, a cargo de Stan Getz y Astrud Gilberto, de "La chica de Ipanema", de Antônio Carlos Jobim. Por primera vez en su prolongada carrera, el gigante del jazz Louis Armstrong logró un número uno del pop con 'Hello, Dolly'. Más allá del éxito inicial de los Beatles y las Supremes, también estaban The Four Seasons ('Rag Doll'), The Dixie Cups ('The Chapel of Love'), los Beach Boys ('"I Get Around"'), The Shangri-Las ('Leader of the Pack"'), Dean Martin ('Everybody Loves Somebody') y Roy Orbison ('Pretty Woman').

El paisaje del pop estaba conformado, y supongo que siempre lo estará, por una ecléctica mezcolanza de música, una pizca de joyas y basura. Aretha había dado con una joya al cantar la magistral 'Take a Look', de Clyde Otis, quien estaba convencido, junto con Lieberson, de que esa canción elevaría la carrera comercial de Aretha a otro nivel. La melodía era excelsa y la letra, una exploración conscientemente controvertida de la oscuridad del alma de la condición humana, dialogaba con 'This Bitter Earth'. La canción va desde la desesperación a la esperanza, y cuando Otis pregunta qué ha sido del preciado sueño, lo contempla flotando a la deriva por un «arroyo lleno de sangre» [bloody, bloody stream]. Se nos dice que nadie resulta vencedor cuando el premio es el odio, que solo el amor puede cambiarnos el destino.

Aretha acomete las primeras seis palabras, «Take a look in the mirror» [Echa un vistazo al espejo] de manera inmediata y deslumbrante. Es una orden que no se puede ignorar. Le extrae el alma a la canción con una intensidad capaz de convencer al directivo musical más escéptico de que la canción puede ser un éxito. No obstante, el single no cumplió las expectativas.

«Aquello me mosqueó», recordaba Clyde Otis. «Si escuchamos una canción como 'Mr. Lonely', de Bobby Vinton, que llegó al número uno el mismo año que salió 'Take a Look', trata sobre la soledad de la guerra desde el punto de vista de un soldado. La melodía y la letra están bien, pero son demasiado tópicas. Y fue un pelotazo. Comparar esa canción con 'Take A Look' es como pasar de la noche al día. Aretha no cae en el tópico, le canta a la humanidad, canta sobre el gran misterio de saber por qué abunda tanto la maldad. Hay que tener en cuenta que, en aquel momento, estábamos viviendo lo que se denominó el "freedom summer" y nos encontrábamos conmocionados por el asesinato en Misisipi a sangre fría de tres voluntarios jóvenes (Michael Schwerner, Andrew Goodman y James Chaney) a manos del Ku Klux Klan. Lo único que habían hecho era intentar que los negros se registraran para votar. Cuando Aretha cantaba 'Take a Look', queríamos que la gente dirigiera su mirada hacia estos hechos.

»Aretha la cantó con tanta intensidad que hicimos dos ediciones diferentes: tras la primera con cuerdas, volvimos con una con vientos y coros femeninos. Esta segunda era mejor aún, pero tampoco consiguió el éxito esperado.

»Igual estaba adelantada a su tiempo y, si se hubiera grabado unos años más tarde, habría participado del éxito que tuvieron artistas como Curtis Mayfield y Marvin Gaye con sus canciones con mensaje. En la industria musical, hay directivos que aseguran que pueden adivinar el futuro. Ahí me incluía yo, y pronostiqué que esa canción sería mi mayor éxito, hasta que el mercado me quitó la razón. Sin embargo, Aretha estaba empeñada en derrotar a Barbra Streisand en su propio terreno. Yo le decía que así no podría, que no se centrara tanto en ella como en triunfar en la música, pero aquel verano ella solo quería cantar baladas e insistió en hacer una versión de 'People', el gran tema de Streisand. La interpretó de maravilla, pero Barbra era invencible en su campo. También se empeñó en grabar 'My Coloring Book', otra de Streisand. Bob Mersey le había hecho unos arreglos preciosos a Barbra, y lo mismo quería Aretha para ella, como le ordenó a mi arreglista Sinky Hendricks. Le dije a Ted White que era un error plantearle esa batalla a Streisand. "Quiere mostrarle al mundo que puede interpretar las canciones de Streisand de manera todavía más pulida", me contestó Ted. "Para Aretha es mejor marcar su propio territorio", le repliqué en vano. Aretha y Ted exigieron, por otro lado, grabar un tema bluesero que habían escrito ambos, 'I'll Keep on Smiling'. Para mí era una pérdida de tiempo, aunque, evidentemente, no se lo podía decir así, como tampoco le comenté que incluir un tema como 'Jim', una balada de jazz muy delicada de Sarah Vaughan que había oído en el tocadiscos de su hermano de pequeña, no iba a ser la sensación del momento. Es cierto que Aretha cantaba todo aquello con facilidad y soltura, pero no había ninguna lógica en la selección del repertorio. Creo que quería ser como aquellos artistas, como Sarah, Streisand y Sinatra, pero sin saber todavía quién era ella misma. Ted White me decía que sería una máquina de encadenar éxitos y que mi cometido era suministrarle las canciones. "Entonces, ¿por qué la limitas a que grabe estándares?", le pregunté. "Canta de todo porque puede cantar de todo", me respondió. "Hay que tocar todos los palos y ver con cuál da en el clavo. Cuanta mayor sea la variedad, mejor".

»Ted estaba al frente de los mandos, de manera que busqué más compositores, como a Van McCoy, una figura brillante y prometedora. Había escrito 'Abracadabra', un tema grabado por Erma, la hermana de Aretha, en Epic. Me gustaba aquella canción y me caía bien Van, con lo que le pedí alguna canción para Aretha y me dio 'Sweet Bitter Love', que me pareció perfecta. Y le encantó, tanto que siguió cantándola después de su etapa en Columbia. Estaba loca con aquel tema, la interiorizó mucho porque, en mi opinión, hablaba de ella misma. En aquel entonces, empezaba a irle mal con Ted y se mostraba cansada de sus órdenes, estaba lidiando con un "amor agridulce". Cuando llegaba a la parte en que cantaba "My magic dreams have lost their spell" [Mis sueños mágicos han perdido su hechizo] la convertía en una ópera majestuosa. Era una obra maestra, pero tampoco triunfó.

»Y hablando de obras maestras, ahí tenemos su versión de 'But Beautiful', grabada en aquellas sesiones. Ella tenía en la cabeza la versión de Nat King Cole, pero yo le dije a Sinky que se fijara en la orquestación que le había escrito Ray Ellis a Billie Holiday y le pedí que la mejorara. Era el único disco que había grabado Billie en Columbia justo antes de morir a finales de los años 50. Para mí, la referencia era la versión de Billie, pero no se la puse a Aretha porque no necesitaba ninguna inspiración ni motivación adicional. Siempre que le llevaba alguna versión, Aretha se proponía superarla. Los arreglos de Sinky fueron sensacionales y Aretha se la llevó a su terreno. No es Billie, pero es que tampoco Billie es Aretha. Billie sangra, experimenta una leve muerte en cada canción, es como el cisne que se muere en el ballet. Aretha se sobrepone al dolor y sale adelante. Billie murió joven y yo, en aquellos años, pensé que a Aretha no le iba a pasar lo mismo, que fuera como le fuera en la vida, no moriría joven. Se mostraba introvertida pero poseía una gran fortaleza interior, estaba hecha de acero. A pesar de todas las inseguridades, podría sobrevivir de sobra en la jungla de la industria musical».

Otis entendió a Aretha en las dos dimensiones, tanto en lo personal como en lo creativo. La buena sintonía entre ambos tampoco derivó en alcanzar el ansiado éxito, y cuando se vio que aquellas sesiones de grabación de 1964 no habían dado con la tecla del triunfo, Clyde Otis recibió instrucciones de cambiar por completo.

«Lieberson y Mersey pensaron que ya estaba bien de dar palos de ciego y que había que ir a por el mercado adolescente», me comentó Otis. «Para entonces, Ted y Aretha ya se habían rendido y abandonaron esa idea de tocar todos los estilos para ver dónde sonaba la flauta. Aceptaron lo que les decía, dejar de lado los estándares, los temas al estilo de 'That's Entertainment' y las canciones de Judy Garland. Había que dirigirse a los chavales. Les pasé una cancioncilla que podría sonar en el radio, titulada 'Runnin' Out of Fools', y que había compuesto con un toque de R&B. A Ted no le gustaba, pero con él el enfrentamiento ya era directo: no me respetaba como productor y yo pensaba de él lo mismo como mánager. Aretha no podía ignorarme porque tenía contrato en Columbia hasta 1966 y en la discográfica yo era el encargado de que despegara su carrera. Por mi parte, yo no podía pasar de Ted porque Aretha confiaba en él. El caso es que grabamos la canción y, aunque no fue un éxito, sí la pusieron en la radio y empezó a sonar por Harlem. Llegaría a ser la única canción próxima al éxito que grabó con Columbia. Aún es conocida a día de hoy.

»A Aretha le gustaba sobre todo hacer versiones. A veces me traía alguna canción escrita con Ted, pero no estaba a la altura. Luego me confesaba que solo la había escrito ella y que la habían firmado a medias. No es que fuera muy prolífica como compositora, pero, como intérprete, se veía siempre capaz de mejorar los temas originales, y normalmente era así. En el disco *Runnin' Out of*

Fools, hizo un par de versiones de la Motown. Como hablaba mucho de su amigo Smokey Robinson, grabó 'My Guy', el tema que le había escrito a Mary Wells. Empleamos los arreglos de la canción original y Aretha la grabó pese a que yo pensaba que no le aportaba nada. También reelaboró el otro gran éxito de entonces de la Motown, 'Every Little Bit Hurts', de Brenda Holloway. Y ya puestos a aprovechar su preferencia por las versiones, pues que grabara un tema mío y así me generaba royalties. Le di 'It's Just a Matter of Time', que había compuesto en los años 50 con Sinky y Brook Benton. Aretha quería hacer también 'Mockingbird', lanzada el año anterior por Inez y Charlie Foxx, al igual que otras canciones para adolescentes, como 'The Shoop Shoop Song'. Dionne Warwick había empezado a cantar canciones de Burt Bacharach y Hal David y casi todas ellas entraron el top ten, de modo que Aretha escogió también 'Walk on By', pensando que podría seguir la estela de Dionne. Me opuse argumentándole que ella era demasiado enérgica para las canciones de Burt y Dionne tenía un estilo más suave que encajaba mejor. Le dio igual lo que le dije. Más adelante me quitaría la razón con otro tema del tándem Bacharach/Dionne, 'Say a Little Prayer', pero eso sería ya cuando estaba consolidada en Atlantic y convertía en oro todo lo que tocaba. En su última etapa en Columbia, estaba un poco desesperada y *Runnin' Out of Fools* no me parece de lo mejor que haya hecho. Es un disco en el que se percibe que Aretha y Ted están pasados de moda. Les dije que parecían un par de idiotas yendo detrás de las canciones que les gustan a los adolescentes. Si me hubieran dado más tiempo, podría haber reescrito sus canciones originales al estilo R&B, como habíamos hecho con Dinah Washington y Brook Benton. Pero Ted y Aretha no querían esperar a nadie, pensaban que estaban perdiendo el tren».

«Lo más triste», añadía Jerry Wexler, que sería el salvador en el próximo capítulo de la historia musical de

Aretha, «es que Clyde, con todo su talento, iba a rebufo. Sus arreglos con cuerdas y jazz para Aretha no estaban mal, pero luego le metía ese envoltorio de R&B y sonaba como algo que había caducado hacía cinco años. No se podía triunfar con ese estilo. El sonido de Dinah a principios de los años 60 estaba bien, pero era cosa del pasado. El R&B es muy de la calle, muy inmediato, muy del momento. Lo que antes funcionaba, después ya no».

«Tenía dos factores esenciales en contra», me explicaba Otis. «El primero era mi relación con Ted, que iba cada vez a peor. Era por parte de ambos. Él pensaba que yo estaba ya desfasado y que pasaba demasiado tiempo en el estudio. Para mí, él era uno de esos que no saben nada pero que van por ahí dando órdenes por ser el marido de la artista. No paraba de decir que se había tirado años pagando con su dinero la carrera de Aretha y que, de no haber sido por él, no habría llegado tan lejos. A mí no me la pegaba, era una exageración. Desde su llegada a Columbia, no había parado de trabajar, en conciertos de R&B, en clubs nocturnos o en festivales de jazz. No digo que se estuviera forrando, pero sí que algo ganaría y sospecho que él vivía de ella. Eso me lleva al segundo factor: las desavenencias constantes entre Ted y Aretha. No presentaban una postura en común. Me daba la sensación de que ella pensaba que yo, es decir, que Ted vivía del cuento. Tenía problemas con él, pero también arrastraba los suyos. Se ausentó de muchas sesiones de grabación sin explicación alguna. Simplemente, no aparecía por allí. Se decía que bebía, pero yo jamás lo vi. A veces le entraba como una depresión y no quería trabajar. Lo que sí vi fue que Ted la obligaba a trabajar, y quizás ella necesitaba ese empujón, aunque ese empujón también llegaba a mayores: en ocasiones, llegaba a darle algunas bofetadas, sin importarle en absoluto si había gente delante.

»Las cosas empeoraron cuando mi jefe, Goddard Lieberson, me comentó que seguramente no renovaría el contrato con Columbia cuando terminara el año que le quedaba, de modo que querían sacarle el máximo provecho en ese periodo de tiempo. Como la había visto cantando en clubs de jazz y sabía lo bien que se le daba, comenté que podría sacar un disco en directo. Pero entonces los equipos portátiles eran caros y poco fiables, por lo que el proyecto derivó en un disco de estudio con su trío de jazz, el que dirigía Teddy Harris, al que se le añadirían aplausos para que sonara como en un club. Se tituló *Yeah!!! In Person with Her Quartet*, y creo que es de los mejores que hizo. Para saber exactamente cómo era Aretha en aquella época antes de cambiar de sello discográfico, hay que escuchar *Yeah!!!*

»Le pedí a Kenny Burrell, el guitarrista de jazz de Detroit, uno de los mejores de la historia, que se incorporara al trío. Kenny aportó mucha clase y sutileza. Tocaba con Beans Richardson al bajo y Hindel Butts a la batería y hacían una música llena de ritmo. Las sesiones transcurrieron sin sobresaltos, creo que Ted no apareció por allí. Sí que recuerdo que vino Steve Allen a escuchar sus dos canciones, 'This Could Be the Start of Something Big' e 'Impossible', la pieza que Nat King Cole había grabado en los años 50. Se quedó impresionado, igual que yo cuando escuché la versión que hizo de 'Misty', de Erroll Garner. Erroll era amigo mío y, unos meses más tarde, le puse la versión de Aretha. Esa canción la había cantado Sarah, la había cantado todo el mundo, pero Erroll no pudo contener las lágrimas al escuchar a Aretha. "Dios", me dijo, "la canta como si la hubiera escrito ella".

»También interpretó un tema que había escrito, con orquestación de Mersey, hacía algunos años, 'Without the One You Love'. Me considero un compositor muy competitivo y no es fácil que alabe el trabajo de los demás, pero aquí reconozco que había compuesto un estándar. Escuchada en el disco, es ella, y no Teddy Harris, quien está al piano. Cuando se queda clavada al piano, es una Aretha completamente diferente. Está más concentrada y suena con más fuerza.

»En aquel momento había entrado en escena el folk y Aretha, que siempre quería estar al día, propuso cantar 'Puff the Magic Dragon', de Peter, Paul and Mary. Yo no lo veía bien y le dije que mejor escogiera otra de ellas, de modo que le puse la versión que hizo Sam Cooke de 'If I Had a Hammer', compuesta por Pete Seeger. Sam la había cantado en su disco *Sam Cooke at the Copa* y, como ella lo adoraba, no hubo más que añadir. Curiosamente, en una de aquellas sesiones en el estudio nos enteramos de la noticia de que una mujer había matado en Los Ángeles a Sam. Aretha se fue corriendo del estudio y tardó una semana en volver. Lo entendí perfectamente».

A finales de enero de 1965, Aretha salió en el programa *Shindig!* para promocionar 'Can't You See Me', el nuevo intento de entrar en el mercado adolescente por parte de aquella mujer que estaba a punto de cumplir 23 años.

«Esa canción la escribió Sinky», me comentó Clyde Otis. «Era un tema sencillo y bailable, y creímos que igual funcionaría. Sin embargo, no funcionaba nada entonces, al menos desde el punto de vista comercial. En la cara B metimos 'Miss Raggedy Ann', una canción sobre una muñeca. A Aretha le parecía tierna porque decía que le recordaba su infancia. No era un tema a su altura, pero me habían encargado que le grabase todas las canciones que pudiera. El último año en aquel estudio fue un disparate. Ted no hablaba conmigo y yo, encantado. Aretha estaba más distante que nunca. Seguramente necesitara ayuda, porque faltó un montón de días y contaba todo tipo de abusos por parte de Ted. Pero como nadie me dijo que me hiciera cargo de ella, me limité a callar y supervisar las grabaciones. Era de locos.

»Yo era amigo de Neal Hefti, el magnífico compositor y arreglista de Count Basie, y autor del tema de una pelí-

cula de Jack Lemmon, *Cómo matar a la propia esposa*.
Aunque aquella no fuera la mejor pieza de Neal, Columbia
quería que la grabara Aretha. Fue otro fiasco. Se puede
resumir la historia en los versos iniciales de aquella canción que ella quería titular 'A Little Bit of Soul'. Habla de
los esfuerzos que hace por componer una canción y la
letra llega a decir lo siguiente: "If I don't get me a hit soon,
I won't be here long" [Si no consigo un éxito con rapidez,
estaré poco por aquí]. Al poco tiempo, Columbia y Aretha
decidieron poner punto final a su relación».

En marzo, un mes después del asesinato de Malcolm
X en el Audubon Ballroom en Nueva York, Aretha apareció en *Shindig!* y cantó 'Can't You See Me'. Entró en la
lista de éxitos de pop en el número 95 y se quedó allí.
Mientras tanto, otros temas no solo llegaron a triunfar
sino que se convirtieron en clásicos que seguirían sonando décadas después, como 'How Sweet It Is', de Marvin
Gaye, 'My Girl', de The Temptations, 'You've Lost that Loving Feeling', de The Righteous Brothers y 'Downtown', de
Petula Clark.

En abril, el presidente Lyndon Johnson ordenó el envío de tropas de infantería a Vietnam.

En mayo salió al mercado un nuevo single de Aretha,
One Step Ahead, que no fue la sensación del momento,
pero llegó al número 20 de las listas de R&B.

«Era nuestra respuesta al fenómeno de Dionne Warwick», decía Clyde. «No era una versión de Bacharach, pero trataba de recrear esa atmósfera refinada y relajada. Es
obvio que Aretha es mucho mejor cantante que Dionne,
pero ésta tenía su personalidad definida, una imagen de
artista muy atractiva, y a Aretha le faltaba encontrar su
identidad».

El 29 de mayo, la revista *Billboard* publicó que Columbia le había encargado a Bob Johnston que se llevara
a Aretha a Nashville «con la esperanza de reeditar el éxito
de Patti Page con 'Hush, Hush, Sweet Charlotte'». Las se-

siones tuvieron lugar finalmente en Nueva York entre mayo y octubre de 1965 y fue lo último que hizo Aretha con Columbia.

«No sé si me dolió que me apartasen como productor de Aretha», decía Clyde Otis. «Claro, no estaba dando palmas, pensaba que podía convertirla en una superestrella. Sabía que era tan grande como Dinah. Estaba por encima de todas las demás y, con todo, hay que reconocer que habíamos llegado a un callejón sin salida. Aparte de cinco o seis canciones sensacionales, no había sido capaz ni de registrar su grandeza ni de crearle una personalidad propia. Es cierto que las ansias nos condicionaron, porque ella y Ted tenían tantas ganas de alcanzar el éxito que ya no sabían lo que hacían e iban dando palos de ciego. En Columbia también estaban impacientes por recuperar los generosos anticipos que le habían pagado. Sin embargo, se ha compuesto mucha música en ese mismo clima de estrés. En nuestro caso, no nos sonrió la suerte.

»Conocía a Bob Johnston desde hacía años. De hecho, había sido su productor en los años 50, cuando quería ser cantante. Le produje una canción, 'Born to Love One Woman', y me lo llevé de Texas a Nueva York. Ya sabía del talento que tenía y le deseé que le fuera bien con Aretha, aunque también le advertí que igual no se presentaba la mitad de las veces al estudio. Me quedé corto. Estuvo una larga temporada encerrada en sí misma, y nadie, ni siquiera su marido, sabía cómo dar con ella. Una mujer extraña y brillante, dotada de un talento desorbitado. Y, con todo el tiempo que pasamos juntos, jamás la llegué a comprender, o incluso conocer. La veía como una mujer que albergaba un secreto doloroso, que no quiso compartir conmigo».

La primera sesión de Bob Johnston con Aretha fue el 25 de mayo y dio como resultado cuatro canciones, entre las que estaba un intento frustrado de convertir, con un exceso de cuerdas y metales, el tema de Oscar Hammerstein

'Why I Was Born' en un lamento de góspel. La segunda sesión, al coincidir con el verano, se aplazó a octubre.

«Me pidieron que localizara a Aretha», recordaba Otis, «porque decían que había desaparecido. Sin embargo, yo no tenía más información al respecto que en la CBS, así que poco pude hacer. Mi esperanza era que el disco "en directo" que había producido, *Yeah!!!*, que salía a la venta ese verano, diera algo de dinero. Al fracasar, me quedó claro que no volvería a trabajar con ella».

En un universo distinto pero cercano, Bob Dylan, compañero de sello de Aretha, entró los días 15 y 16 de junio en el mismo estudio de Columbia en el número 799 de la Séptima avenida y grabó la primera sesión de la que sería una de sus grandes obras, *Highway 61 Revisited*. El productor era Tom Wilson. Al mes siguiente, Dylan puso patas arriba la escena folk al electrificar su música en el festival de Newport. Y unos días más tarde, volvió al estudio con un productor nuevo, Bob Johnston, el mismo que había trabajado con Aretha. Fue Johnston quien supervisó la grabación de, entre otras, 'Desolation Row'.

Al cabo de dos meses, Johnston regresaba con Aretha, quien, tras una prolongada estancia en Detroit, apareció finalmente por el estudio para grabar sus últimas tres canciones para Columbia. Parecía de justicia que dos de ellas, 'Swanee' y 'You Made Me Love You', representaran una vuelta al estilo comercial que había adoptado cuatro años antes con 'Rock-A-Bye Your Baby with a Dixie Melody'.

«Aquello me dejó de piedra», decía John Hammond. «Bob Johnston es un gran productor. Ahí está lo que hizo con Dylan, o el gran trabajo que realizó con Simon & Garfunkel, Johnny Cash y Leonard Cohen. No fue culpa de Bob porque, en aquel momento, todo lo que rodeaba a Aretha no era más que confusión, y eso acababa con cualquier proyecto».

Aquel verano de 1965, entre las dos sesiones con Johnston, Aretha volvió a Detroit para celebrar con sus hermanos el 19 aniversario de su padre como pastor en New Bethel.

«Creo que Ted no vino», decía Carolyn. «Recuerdo que prefería que no viniera para no aguantar la tensión que había siempre entre él y mi padre. Queríamos a Aretha con nosotros, de nuevo con su familia. Yo acababa de cumplir los 21 y quería también vivir mi momento. Al igual que Erma, había sacado un disco de R&B y me proponía seguir mi carrera de compositora y cantante. Una de las cosas bonitas de cantar con mi padre era que, por lo menos durante una noche, dejábamos aparcados los pequeños celos. Erma siempre me había animado con mi carrera, y Aretha también me apoyaría después. Pero en aquel momento en que todavía no había triunfado, creo que por dentro le preocupaba que diéramos la campanada antes que ella. A mí eso me traía sin cuidado. Erma y yo éramos buenas, muy buenas, pero Aretha era excepcional».

«En algunos aspectos», me comentaba Erma, «se nos podría comparar con los Jackson. Jermaine cantaba bien, Jackie cantaba bien, y lo mismo Marlon. Todos los hermanos tenían un talento enorme. Pero entonces llega Michael, que es el talento de los que salen uno por generación. Estaba a otro nivel, el de los genios. Así es como veíamos a Aretha. Era un talento portentoso, de otro mundo. Por otro lado, Carolyn y yo sabíamos que tampoco era para dejarnos de lado. Poseíamos un impulso similar al de Aretha que también tenía su valor, incluso económico. En aquel entonces, había grabado una veintena de canciones con Epic, ningún éxito, pero todas ellas muy sólidas. Me daba la sensación de que Aretha recelaba de mi presencia en la industria. Ojalá nos hubiéramos sentado a hablarlo, era algo que deseábamos Carolyn y yo, pero Aretha no es una persona que exprese verbalmente sus sentimientos. Se lo guardaba todo hasta que llegaba la hora de cantar y entonces, soltaba todas las emociones. Eso estaba genial para su carrera, pero no para sus relaciones familiares. A excepción de las maravillosas ocasiones en que el centro de atención era nuestro padre, nos sentíamos un poco menospreciadas. Esta tensión, que iba unida a nuestro cariño como hermanas, nunca ha desaparecido».

Tras la celebración del aniversario de su padre, Aretha volvió a su retiro. Erma recuerda que fue a visitarla una o dos veces al apartamento donde vivía con Ted. Carolyn recuerda que iba a Detroit cada pocas semanas para ver cómo estaban sus tres hijos. Y Cecil recuerda que era una época de constantes separaciones entre ella y Ted.

«Salía con más mujeres y ella lo sabía», decía Cecil. «Lo sabía todo el mundo. A eso había que añadirle que Columbia no la hubiese orientado bien en su carrera. La frustración era total y pensó en serio dejar a Ted, irse de Columbia y empezar de cero».

Aretha se pasó el resto de 1965 y todo 1966 sin grabar ningún disco.

«Sé que muchos productores intentaron ayudarla para que regresara a un estudio de grabación», me contó Hammond, «pero dejó de atender las llamadas. Me pasó por la cabeza retomar nuestro plan inicial, aparcado durante cinco años, para grabar un disco de blues. Otros le propusieron hacer un disco de góspel al estilo de Mahalia con orquestaciones modernas de himnos sagrados. No obstante, cerró la puerta por completo. Di por sentado que estaba esperando que se acabara el contrato y buscando otros sellos».

Algunos años después, Aretha recordaría su experiencia en Columbia con una mejor perspectiva. Al fin y al cabo, fue allí donde se presentó al mundo como una artista de primer orden, donde había demostrado que era capaz de cantar jazz, pop, blues y rhythm and blues con una insólita fuerza emocional. Su técnica vocal era impecable. Había grabado una cuantas obras maestras, desde 'Today I Sing the Blues' a 'That Lucky Old Sun', 'Just for A Thrill',

'Skylark', 'This Bitter Earth', 'Take a Look' o 'Impossible'. Pese a las ausencias y cancelaciones, resultaba evidente que, año tras año, podía encadenar una carrera constante de actuaciones brillantes. Había grabado ocho discos en cinco años. Había salido en la televisión mostrándose como una artista elegante y atractiva, como una cantante que se desenvolvía en varios géneros con maestría.

Sin embargo, nadie quedó satisfecho, ni ella, ni su marido, ni los directivos de Columbia. Todos querían más, querían éxitos, ya que Aretha no se había trasladado del góspel al pop en busca del reconocimiento de la crítica, sino de los grandes sueños de Estados Unidos, la gloria y el dinero.

«Cayó en una depresión», concluía Erma. «Recuerdo un día que estaba en su apartamento de Nueva York mirando por la ventana el cielo gris y la nieve. Le pregunté en qué pensaba y me contestó que no estaba pensando, que estaba soñando. "¿Soñando con qué?" "Con que todo me vaya mejor"».

Y al final le fue todo mejor, muchísimo mejor, si bien antes las cosas empeoraron, y mucho.

TERCERA PARTE

ATLANTIC

12
FALTA DE AMOR

En 1966, Jerry Wexler era, a sus 49 años de edad, un hombre hambriento. Tenía hambre de más éxito en un campo en el que ya se había puesto a prueba. Ese campo, el rhythm and blues más auténtico y tradicional, era su auténtica pasión.

«Nací con hambre», me comentaba. «Ese apetito nunca desapareció. De hecho, es una fuerza insistente que tienen todos los grandes hombres de la industria discográfica, y a esa categoría aspiraba yo».

Wexler era puro nervio: simpático, carismático, obstinado y con una confianza que rayaba en la arrogancia. Era, junto con Ahmet y Nesuhi Ertegun, propietario de Atlantic Records. Hijos del embajador turco en Estados Unidos, los hermanos Ertegun eran unos aristócratas renegados de educación elitista que, como Wexler, se habían empapado de música negra desde la infancia. Su fanatismo por el funk había estado presente en la compañía desde 1949, cuando su primer éxito, 'Drinking Wine, Spo-Dee-O-Dee', de Sticks McGhee, les otorgó una reputación de sello valiente que hurgaba en los territorios inexplorados por las discográficas comerciales. La gran Columbia y la empresa familiar Atlantic representaban los extremos opuestos de la industria musical.

«Cuando llegué a la compañía en los años 50», recordaba Wexler, «Ahmet ya había fichado a Ray Charles. Antes que él, Ruth Brown encadenaba un éxito tras otro. En realidad, no despunté en el estudio hasta los años 60, cuando di en el clavo con Solomon Burke y Wilson Pickett. Mientras la Motown se especializaba en el soul reconfortante (y precioso, por cierto), a mí me atraía más el soul gritón. Me gustaba así, crudo. Tuve la suerte de abrazar desde bien temprano lo que se iba a convertir en la edad dorada del soul. Además, en aquellos años, la invasión británica estaba en su apogeo, pero eso le fascinaba más a Ahmet, que era internacionalista innato. Él fichó a Cream, King Crimson y los Bee Gees, pero yo me centré en el eje Menfis-Muscle Shoals, donde había un ejército de músicos blancos de blues que componían arreglos geniales, prácticamente en el estudio, sobre la marcha. Su metodología espontánea fue todo un descubrimiento para mí.

»Lo tradicional era, por supuesto, escribir los arreglos bastante antes de entrar en el estudio. En resumen, música escrita para que la leyeran los músicos. Pero a los chicos del sur les gustaba improvisar, y vaya si improvisaban. Aquellos visionarios como Chips Moman, Tommy Cogbill, Roger Hawkins, Spooner Oldham, Jimmy Johnson y David Hood podrían parecer pueblerinos, pero eran unos auténticos genios, que lo clavaban todo sin apenas prepararse ni planificar nada. Todo fluía sin más.

»Aparte de hacer una música magnífica, vendían discos como rosquillas. Pickett reventaba las listas. Conseguí un buen acuerdo de distribución con Jim Stewart en Stax, donde Sam & Dave y Otis Redding, fueron acompañados por una de las secciones rítmicas más feroces de todos los tiempos (Booker T. Jones, Al Jackson, Steve Cropper y Duck Dunn). El mundo del soul estaba en plena efervescencia. Así que, mientras Ahmet había empezado a buscar por toda Europa talentos del rock, yo me recorría Menfis y Muscle Shoals donde, en un periodo ya relativamente avanzado de mi vida, estaba estudiando un doctorado en gestión de las sesiones de grabación».

«Veíamos a Wexler como nuestro salvador», decía Jimmy Johnson, el guitarrista que tocaría en muchos discos de Aretha. «Decía que le encantaba nuestra sencillez sureña, pero a nosotros nos encantaba él. Tenía el acento de Nueva York más cerrado que había oído jamás y más energía que un galgo corriendo detrás de un conejo. Conseguía embaucarte, iba a por todas y, además, tenía todo lo que nosotros deseábamos: contactos, dotes para la promoción y una gran habilidad para que pusieran las canciones en la radio. Y poseía un gran oído musical. Quería un sonido auténtico. Tenía un montón de anécdotas con Ray Charles, Professor Longhair, Clyde McPhatter y con cualquier músico que se nos venga a la cabeza».

«Mi historia con Aretha empezó a finales de 1966, cuando yo estaba en Muscle Shoals grabando con Wilson Pickett», me contó Wexler. «Llegó al estudio Percy Sledge, otro de los cantantes de soul, y empezó a meterse con Pickett diciéndole que sonaba como Otis o James Brown. Wilson se llevaba fatal con James (se pelearon una vez por una mujer), de modo que Pickett, con un mosqueo de narices, fue literalmente a por Sledge. Me puse entre ambos, ya que los dos eran cantantes que nos daban mucho dinero y tenía que velar por la empresa. Pickett me apartó y estaba a punto de pegarse con Percy, que había sido boxeador, cuando, de repente, sonó el teléfono. "¡Parad de una puta vez!", exclamé. Los dos se calmaron un poco y descolgué el auricular. "Jerry", me dijo una voz de mujer. "Soy Louise Bishop. Puedes contar con Aretha".

»Llevaba tiempo esperando esa noticia. Louise Bishop hacía programas de radio de música góspel en Filadelfia y el góspel era el mejor medio para llegar hasta Aretha. Hacía más de un año que me había enterado de que no estaba contenta en Columbia y le dije a Louise y a más gente que quería hablar con ella. No obstante, con quien contacté no fue con Aretha sino con Ted White. John Hammond y Clyde Otis me habían hablado de él, de cómo quería controlarlo todo, hasta las sesiones de grabación. No obstante, algunos amigos de Detroit también me habían dicho que White era representante de algunos compositores buenos y que tenía buen gusto musical. Desde que empezamos a hablar, me di cuenta de que era un tipo listo.

«Sr. Wexler», me dijo.

«Por favor, de tú».

«Vale, tú también».

«Ted, me han dicho que tu artista está libre».

«A mí me han dicho que te interesa ficharla, Jerry».

«Sí, me interesa mucho, muchísimo».

«Pues tenemos que reunirnos».

«Cuanto antes».

«Pon fecha y lugar».

«El lunes en Nueva York, en mi despacho a mediodía».

«Allí estaremos».

»Y allí se presentaron puntuales. Me gustó que vinieran sin abogado ni agente. Aretha vino a aquella primera reunión vestida con un discreto vestido marrón. Me miró pocas veces a los ojos y estuvo casi todo el rato callada. En ningún momento me tuteó, se dirigió a mí con un "Sr. Wexler" y, aunque no era mi estilo, tuve que devolverle el saludo con un "Srta. Franklin". No pude sonsacarle qué música quería grabar, solo decía: "Quiero triunfar". Cuando le pedí detalles sobre su experiencia en Columbia, solo me dijo lo siguiente: "Estuvo bien, grabé algunos temas nuevos, pero ahora quiero canciones de éxito".

"Y dinero", añadió Ted.

"Le puedo dar un adelanto de 25.000 dólares por el primer disco', le dije. 'En cuanto firmemos, tendrá el dinero". Me esperaba un regateo, que Ted pediría el doble pero, curiosamente, aceptaron.

"Nos parece bien", contestó. "No obstante, aparte del anticipo, lo más importante es que Atlantic convierta a Aretha en una superestrella. Tiene que vender tanto como Otis y Sam & Dave".

"Opino lo mismo, Ted. Por eso quiero que se ponga en manos de Jim Stewart, de Stax. Nos encargamos de su distribución y promoción y ellos son uno de nuestros socios de producción. Se llevará de perlas con él".

"Stax ha lanzado muchos discos de éxito", comentó Aretha, sin oponerse a mi sugerencia.

"Y acaban de empezar"».

Me sorprendió que Wexler me contara que al principio prefirió no ser el productor de Aretha. Había seguido su carrera desde los inicios y sabía que era un talento mayúsculo, con lo que no entendía qué motivo tenía para cedérsela a Jim Stewart.

«La calidad de la voz de Aretha era indiscutible», me contestó. «Y quería que estuviera con nosotros, aunque en aquel momento preferí delegar. Estaba en una fase en que quería más tiempo para mí y vivir en invierno en Florida. Como la empresa iba bien, incluso me planteé venderla. Al principio, Ahmet y Nesuhi descartaron la idea, pero, como no paro cuando se me mete algo en la cabeza, también se lo acabaron pensando. Los años 60 no habían empezado muy bien para nosotros, sobre todo cuando Ray Charles nos dejó para irse a ABC-Paramount. Ahora estábamos en racha, pero a saber si duraría. No quería más riesgos, de modo que en aquel momento, cuando llegó Aretha, lo de producir discos no estaba en mis prioridades, pensaba más en encontrar un comprador para la compañía. Además, la maquinaria de Stax había lanzado al estrellato a un cantante de rhythm and blues como Otis Redding, así que podrían hacer lo mismo con Aretha. Me sorprendió que Jim Stewart me dijera que no.

"¿Seguro que no quieres trabajar con Aretha Franklin?", le pregunté.

"Es muy buena", me respondió. "Pero no la veo grabando en este entorno".

»No estaba de acuerdo, pero Jim también tenía su criterio. No la fichó, así que me la quedé yo y tuve que invertir mi tiempo y dinero. Visto ahora, habría sido un tremendo error que Stewart se la quedara. Mi ateísmo me impide darle las gracias a Dios por aquella carambola, pero sí se las doy a los ángeles de la guarda del R&B que protegieron a Aretha y a mí, su humilde servidor».

Las noticias de las negociaciones de Aretha con Wexler llegaron a Columbia.

«Recibimos un informe que nos confirmaba que Aretha tenía ya casi un acuerdo cerrado con Atlantic», recordaba John Hammond. «No me hizo gracia, pero poco podía hacer. Llevaba años fuera de mi tutela y, aunque me gustaban mucho las últimas canciones que había grabado con Clyde Otis, también pensaba que, con toda la cantidad de recursos que tenían, en Columbia no la habían sabido llevar. Ted White y Aretha no ayudaron siempre, tenían ideas contrarias a las de los productores de la compañía. Por eso salían discos confusos, que los responsables de marketing no sabían muy bien cómo promocionar. Fue una lástima porque, en teoría, un sello grande como Columbia debería haber hecho de Aretha una estrella internacional. Por otro lado, esperaba que Atlantic le diera un enfoque que definiera su personalidad. Atlantic era una discográfica pequeña especializada en R&B, donde los mismos propietarios (Jerry, Ahmet y Nesuhi) son a la vez productores de sus artistas. Conocían su trabajo y le ponían muchas ganas. Wexler era muy bueno en temas de promoción. Cuando tenía un producto que le gustaba, removía cielo y tierra para que lo escuchara la gente que lo tenía que escuchar y lo pusieran en la radio».

La noticia aparecía confirmada en *Billboard* el 3 de diciembre de 1966. Exhibía una foto con el siguiente pie: «Jerry Wexler, vicepresidente de Atlantic Records, firma con la cantante de blues Aretha Franklin un contrato exclusivo, bajo la atenta mirada del mánager, Ted White. El primer lanzamiento está previsto para enero».

«Cuando les anuncié a Ted y Aretha que me haría cargo yo de la producción en lugar de Jim Stewart», decía Wexler, «no se opusieron, e incluso parecían más contentos. Les gustaba que fuera uno de los jefes de Atlantic quien estuviera en el estudio con ellos. A continuación, el debate giró en torno al estudio. Ellos querían grabar en Nueva York y yo defendí largo y tendido la elección de ir a Muscle Shoals. Les recordé que Percy Sledge había grabado su enorme éxito 'When a Man Loves a Woman' en Fame, el estudio que yo quería usar, y que allí en Fame también se habían registrado otros éxitos de Pickett. Ted decía que tenía sus reparos con respecto al Sur y que había oído que Rick Hall, el dueño de Fame, era muy dominante. Me reí y le dije que el dominante era yo, y que yo estaría al frente de las sesiones. Rick apenas metería baza porque no era el productor. Ted replicaba que Aretha estaba acostumbrada a grabar en Nueva York, que allí se sentía más a gusto, y le dije que en Muscle Shoals estaría mejor todavía porque íbamos a grabar de un modo completamente diferente. No íbamos a contar con arreglos preparados como en Columbia, porque no habría nada escrito. "Eso está bien", decía Ted, "porque no sabe leer una partitura". Le conté mi teoría de los genios sin formación, de los músicos que tocaban sin indicaciones escritas porque lo tenían todo en la cabeza. Se lo saben todo de memoria, todos los pasajes musicales y cantados, y no necesitan anotarlos, tocan solo de oído. "Aretha es igual", respondió Ted. "Lo tiene todo en la cabeza antes de empezar, llevamos años diciéndoselo a los productores". "A mí no me tienes que convencer", sentencié. "Me lo sé de sobra".

»Entonces, Ted me dijo que tenía algunas canciones para venderme, escritas por compositores de su editorial que se adaptaban perfectamente al estilo de Aretha. Me pareció perfecto. La primera era 'I Never Loved a Man (The Way I Love You)', escrita por Ronnie Shannon, uno de los compañeros de Ted en Detroit. Me encantó. "Bien", dijo Ted, "Aretha ya está dándole vueltas a cómo cantar". "Genial", le contesté. "Los músicos de Muscle

Shoals se adaptan sin problema. Lo que les define es la versatilidad".

»Tenía también una grabación de un tema que había escrito Aretha, llamado 'Dr. Feelgood', con solo su voz y el piano. Lo escuché sonriendo y moviendo la mano como si estuviera en una iglesia. Le dije que era fantástico, estaba en la tradición de Dinah y Bessie Smith, de una mujer que exige que la satisfagan sexualmente. "No se lo digas así a Aretha", me avisó Ted. "No quiere verse como compositora de canciones eróticas". Le recomendé dos versiones: 'Drown in My Own Tears', de Henry Glover y grabada por Ray Charles, y 'A Change Is Gonna Come', de Sam Cooke. "Le gustan las dos", me dijo Ted. "Vamos coordinados. Tiene otra versión que ha tocado en directo, 'Respect', de Otis Redding". "Pero que la cambie", contesté. "Tranquilo, Ted", añadió White. "No tiene nada que ver con la original"».

«Hay que atribuirle a Jerry Wexler, como buen productor que es, gran parte del mérito del éxito de Aretha», opinaba Ruth Bowen, «pero también conviene aclarar que ella sola estaba desarrollando su sonido y estilo propios antes de conocer a Wexler. Yo ya la había visto en directo cantando su versión de 'Respect', que pasaría a ser el tema más emblemático de su carrera. Lo cantaba antes de fichar por Atlantic. Jerry la juntó con los músicos adecuados, pero ella estaba más que preparada, tenía lo fundamental».

Así como la parte profesional de Aretha iba viento en popa, su vida personal se dirigía directa al naufragio.

«Si Ted no hubiera contribuido a cerrar el acuerdo con Atlantic», señalaba Erma, «no creo que el matrimonio hubiese durado más. La relación estaba en la últimas. El cambio de sello discográfico solo aplazó lo inevitable. Fue el comienzo de una etapa extraña pero bonita en la vida de Aretha, durante la cual ella se refugió más en su familia. Estaba elaborando su sonido por su cuenta y sabía que solo podríamos aportarle mejoras Carolyn y yo.

Me da igual lo que diga la gente, porque cuando hay un grupo de hermanos que cantan, y sobre todo, que cantan en la iglesia, la armonía es insuperable, como pasa, por ejemplo, con The Clark Sisters o The Winans. Aretha era consciente de eso, y cuando pensó en recurrir al estilo coral eclesiástico para realzar su estilo vocal, contó con nosotras. La recibimos con los brazos abiertos. Dejamos atrás las rencillas del pasado, y algunas eran serias, para seguir siendo hermanas a los ojos de Dios. Es lo que nos había enseñado nuestro padre».

«Para Aretha no fue fácil dejar Columbia para irse a Atlantic», decía Carolyn, «porque Columbia era el sello con más prestigio. Creo que sentía que perdía estatus con el cambio. Pero también conocía el mercado y se dio cuenta de que Columbia no estaba a la última. Lo curioso es que cuando renunció a la idea de dar el salto a la música comercial con arreglos de jazz al estilo de Ella, Sarah o Dinah, fue cuando le llegó el éxito. Eso se debe a que ya había desarrollado su estilo».

Al final, Wexler se salió con la suya en la elección del estudio, y Ted y Aretha aceptaron que Muscle Shoals era el lugar mágico. Quedaron en reunirse allí a finales de enero de 1967. Las esperanzas, sueños y expectativas estaban por las nubes.

«Estaba convencido de que nada iba a salir mal», decía Wexler.

Y salió todo mal.

«Antes de ir a Muscle Shoals, Aretha se puso a trabajar las canciones en casa con el Fender Rhodes», explicaba Wexler. «Trabajaba los coros con sus hermanas. Lo que habíamos previsto era que, al llegar al estudio, le diera a la sección rítmica de Muscle Shoals las indicaciones generales y que ellos se pusieran a seguirla. Pensé que era importante contar también con músicos negros, con lo que llamé a The Menfis Horns y a Bowlegs Miller. Me gustaba el repertorio preparado por Ted y Aretha: 'A Change

Is Gonna Come' y 'Good Times', de Sam Cooke, 'Respect', de Otis Redding, y los tres temas de Aretha, 'Dr. Feelgood', 'Don't Let Me Lose this Dream' y 'Baby, Baby, Baby', escrita con Carolyn».

A Wexler le gustaba también King Curtis, que, junto con Junior Walker, de Motown, era el rey del saxo tenor del R&B. Aparte de su virtuosismo musical, King era además un prolífico compositor y arreglista. Pronto pasaría a ser el director musical de Aretha. Para el primer disco, Wexler le dio a Aretha uno de los mejores temas de King, 'Soul Serenade', un tema coescrito con Luther Dixon, de quien Aretha había interpretado en Columbia 'Blue Holiday'.

«El primer día fue bien», recordaba Wexler. «Contamos con Chips Moman y Jimmy Johnson a la guitarra, Roger Hawkins a la batería y Tommy Cogbill al bajo. Spooner Oldham nos dejó a todos pasmados, incluida Aretha, con sus primeros acordes en el piano eléctrico, esos riffs emotivos y llenos de tristeza que ya forman parte de la canción. Aretha estaba con el piano acústico, y como había llegado con el ritmo en el cuerpo, fue coser y cantar».

«Era una mujer muy tímida e introvertida», recordaba Roger Hawkins. «Trataba a todo el mundo de usted y nosotros la llamábamos 'Srta. Franklin'. No perdía el tiempo en chácharas, solo hablaba de trabajo. La verdad es que me ponía un poco nervioso, porque los cantantes con los que habíamos grabado se contagiaban en seguida de nuestro buen rollo. Pero Aretha era diferente, se quedaba a lo suyo. Sin embargo, en cuanto se sentaba al piano y empezaban a sonar sus acordes y salía el sonido de su boca, todo pasaba a un segundo plano. En mi vida he escuchado mucha canción soul, pero aquello era otra cosa».

«Aretha la cantó con intensidad, como si fuera una santa», decía Dan Penn, que estuvo en la sesión en la que escribió junto a Chips Moman sobre la marcha 'Do Right Woman, Do Right Man', un tema que acabaría incluido en el disco.

171

«Al principio nos preocupaba que tuviese reparos a interpretarla con una sección rítmica compuesta por músicos blancos», decía Jimmy Johnson. «No obstante, nos pusimos a tocar y aquello fue una fiesta. No es que le gustara cómo tocábamos, es que le encantaba. Qué más daría el color de la piel si procedíamos todos del mismo sitio. La tía cantó, cantó y cantó sin parar. Estábamos la mar de felices, parecíamos unos chiquillos corriendo al estudio para oír la grabación. Nos dimos cuenta de que estábamos asistiendo al nacimiento de una superestrella. Fue una experiencia tremendamente gozosa».

Hasta que el gozo dio paso al drama.

«Yo quería hacerlo todo en directo», decía Wexler. «Que se grabara sin más, con los músicos tocando junto a Aretha. Rick Hall estaba presente porque era su estudio. El ambiente no era el mejor porque Hall nos había robado a Clarence Carter, un artista de R&B que había conseguido canciones de éxito como 'Slip Away' y 'Patches'. No obstante, hice como si nada para no trasladar la tensión al trabajo con Aretha. Tras la alegría de la primera sesión grabando 'I Never Loved a Woman', nos tomamos unas copas esa misma noche. Yo me fui un poco antes y, por lo visto, cuando no estaba, empezaron los problemas entre Ted y Rick Hall».

«Reconozco que yo había bebido un poco», me contó Hall, «pero al igual que Ted, Aretha, y los que estábamos allí. Hubo un momento en que uno de los músicos blancos, que también iba fino, se puso a discutir con Ted. No sé quién sacó el tema racial, si Ted o el trompetista. Ni idea, pero el caso es que salió. Ted se largó hecho una furia y se llevó a Aretha. Con lo tranquila que había ido la grabación... Sabía que a Wexler, que era mi cliente, aquello no le sentaría bien, de modo que fui a buscarlos a su motel para calmar las cosas. Eso fue lo peor, porque Ted no quería saber nada y yo no paraba de darle explicaciones de todo tipo, lo que hizo que Ted comenzara a decirme a voz en grito que no tenía que haber llevado a su mujer a Alabama a tocar con un grupo de paletos. "¿Nos estás llamando paletos?", le pregunté. "¿Nos estás llamando negros de mierda?". "Jamás os diría eso". "Pero lo pensabas". "Lo que pensaba es que te fueras a tomar por culo". Me soltó un puñetazo, se lo devolví, nos liamos a golpes y allí terminé metido a tortazo limpio con Ted White».

«Yo solo quería evitar que el tema de la raza provocara una discusión», comentaba Wexler, «y va y eso fue lo que sacó a flote la sesión de grabación. Se pusieron a pelear por eso, y se armó una buena en el motel, con gritos y portazos. A las seis de la mañana estaba en la habitación de Ted y Aretha tratando de arreglar el follón que me había creado Rick, pero Ted pasaba de mí. "Tú nos decías que Muscle Shoals era un remanso de paz", me reprochó. "Pues para mí es una mierda. Esos palurdos blanquitos son unos auténticos hijos de puta. No voy a permitir que mi esposa viva la misma situación. Nos volvemos a casa". "¿Y cómo hacemos el disco?", le pregunté. "Esta semana era para grabar las canciones y la siguiente, para los añadidos. Solo hemos terminado una canción, 'I Never Loved a Man', y hemos dejado a medias 'Do Right, Man, That's All I Got'. "Mira, Wexler", me contestó, "a ver si te enteras del problemón que tienes porque no creo que esta mujer vuelva a grabar jamás con Atlantic". Y me sacó de la habitación».

Aretha recordaba aquel episodio de manera muy diferente. Decía que no se acordaba muy bien y que no estaba en la habitación cuando Hall y White llegaron a las manos, porque se fue en cuanto se acaloró la discusión. Al rememorar aquella noche, afirmaba en su libro que hizo la maleta y se fue al aeropuerto sola, sin Ted, y que allí, casualmente, se encontraron, tomaron el mismo avión y comentaron lo que había sucedido.

«Me dio muchísima rabia», señalaba Wexler, «porque fue de las mejores sesiones de grabación que he vivido en todos mis años en la industria. Teníamos un pelotazo en la mano y se echó a perder. El marido y mánager de la cantante decía que se rompía el contrato, le había pegado al dueño del estudio y se había ido con su mujer de Muscle Shoals un día después de llegar. No sabía qué hacer.

»Al regresar a Nueva York, Ahmet me dijo que me veía fatal, al borde de un ataque de nervios. Le contesté que de lo que nos habíamos quedado al borde era de haber conseguido uno de los mayores éxitos de la historia de Atlantic y que, de repente, se había ido todo a la porra. Tenía que arreglarlo. Llamé a Ted, pero no di con él. Me enteré de que Aretha estaba en Detroit sin Ted y me dieron su número de teléfono. Contestó Carolyn, diciéndome que era pronto para hablar porque su hermana quería estar un tiempo a solas».

«Tras lo de Muscle Shoals», comentaba Carolyn, «no había vuelta atrás para Aretha y Ted. Para ella, todo lo había provocado su marido porque se había pasado casi todo el rato bebiendo y con ganas de bulla. Me dijo que no quería saber nada más de él».

«Casi me vuelvo loco», recordaba Wexler. «Le pedí a todo el mundo que la llamara, locutores de radio, predicadores, un poco más y se lo digo al FBI y a la Policía Montada del Canadá. Mientras, acabé de montar 'I Never Loved A Man', pero solo tenía la mitad de la otra, 'Do Right Woman, Do Right Man', la que habían escrito Dan y Chips en el estudio, porque no se había grabado la voz. Allí estaba yo, sin mi artista ni su mánager, y sin saber si iban a dejar la compañía antes siquiera de haber empezado a trabajar.

»Al final hablé con Ted White por teléfono. Seguía con un cabreo de la hostia. Quería sacar algo en claro, pero él no se bajaba del burro con que la culpa era de Rick Hall, de Muscle Shoals y de mi empeño en grabar allí. Le pedí disculpas por lo de Hall por enésima vez, pero nada. Le dije que había que pasar página, que íbamos a triunfar con el disco, pero que Aretha tenía que volver al estudio. Su respuesta me sorprendió: "Ya no sé ni si soy su mánager. Va a la suya, no le hace caso a nadie".

»No sabía cómo seguir con la artista desaparecida y el mánager en tela de juicio, así que hice lo de siempre, tirar hacia delante. Tenía una canción y el proyecto muy claro en la cabeza, por lo que mandé imprimir unas cuantas copias de acetato de 'I Never Loved a Man' y se lo envié a algunos de los locutores de radio más relevantes, gente de confianza, que me dirían claramente si aquello podría triunfar o no era más que una obsesión mía. A las pocas horas me llegó la respuesta: les había encantado, tanto a ellos como a los oyentes, y la gente llamaba sin parar para decirlo. La canción sonó de inmediato en la radio. Ahora faltaba saber cómo iba a ir en ventas.

»Un single de 45 se compone de dos caras, y yo solo tenía preparada una, necesitaba otra canción. Nuestros distribuidores, que habían escuchado el tema por la radio, empezaron a exigir el disco físico. Con mi fama de ejecutivo enérgico, no entendían por qué cojones no lo sacaba. Les di largas, no podía confesarles que no contaba con la artista. Cada minuto que pasaba y sonaba el disco en la radio sin estar en las tiendas, era puro lucro cesante. En realidad, lo que más me motivaba era pensar que si conseguía meter a Aretha Franklin en lo más alto de las listas de pop, subiría considerablemente el valor de Atlantic y se cumpliría mi sueño de vender la empresa cuanto antes.

»Transcurrieron diez días que fueron de los más difíciles de mi vida y entonces sonó el teléfono.

"Sr. Wexler, soy la Srta. Franklin. Estoy lista ya para volver al estudio. No obstante, prefiero no ir a Muscle Shoals sino a Nueva York. Sé que también tiene estudios de grabación de allí".

"Sí, pero, ¿qué hacemos con el grupo?"

"Que se desplacen desde Muscle Shoals, nos entendi-

mos bien. En cuanto a los coros, llevaré a mis hermanas".
"Perfecto"».

«Recuerdo el día que llegamos a Nueva York con Aretha», decía Carolyn. «Me sentía como si fuéramos a una misión. Nos resultaba evidente que el mundo estaba a punto de descubrir lo que nosotras ya sabíamos, que nuestra hermana era la cantante más demoledora e incontestable del mundo entero. Cuando se sentía como pez en el agua, era inalcanzable. Y bueno, nosotras éramos su agua. Llegamos a Nueva York como una familia unida, consciente de lo mal que lo estaba pasando por los problemas con Ted. Nos necesitaba más que nunca, tanto dentro como fuera del estudio».

«Aretha a veces parece la Dama de la Enigmática Melancolía», escribió Wexler en *Rhythm and Blues*, su libro de memorias: «Tiene unos ojos increíbles, unos ojos luminosos que ocultan un dolor indescriptible. Sufría depresiones muy fuertes. Ignoro qué le producía tanta angustia, solo sé que la angustia está tan presente en su vida como la gloria en su aura musical».

Según Wexler, cuando volvió de aquel retiro y se presentó en los estudios Atlantic de Manhattan, situados en Broadway, 1841; iba acompañada de sus hermanas y sin Ted. No expresó ningún tipo de disculpa o explicación respecto a su ausencia.

«Llegó con ganas de marcha», decía Tommy Dowd, el técnico de Atlantic que estaba en la mesa de control. «Se fue directa al piano y, sin decir ni mu, lo tocó por encima de la pista 'Do Right'. Con sus dos hermanas hizo los coros y salió un sonido celestial. Solo quedaba la voz principal. Le salió a la primera. Menos mal que había apretado el botón de "rec" porque fue impresionante, una interpretación calmada, como si dijera: 'Escucha, tío, esta canción es mía. Me lo voy a tomar con tranquilidad porque te la voy a incrustar en el alma'. Cuando acabó, nos dejó a todos con la boca abierta».

«El proceso de grabar a Aretha cantando», recordaba Wexler, «era el mismo que con Ray Charles. Yo no hacía ningún comentario, no le hacía falta que le dijera nada, ni yo ni nadie. Controlaba perfectamente todo lo referido a la voz y, pese a tener sólo 24 años, poseía un aplomo, confianza y seguridad más propios de alguien con 60 años de carrera. Tenía una voz joven y vital, pero que procedía, también, de una sabiduría secreta y ancestral».

«Prosiguió en Nueva York con el método que había puesto en marcha en Muscle Shoals», explica Dowd. «Tocaba las partes instrumentales con el grupo con algunas pizcas vocales para que los músicos entendieran cómo iba a expresar la historia de la canción. Le quitábamos esa voz y nos quedábamos con una pista que hubiera quedado bien, se metía en el estudio y grababa la voz. Ése era el momento crucial. Estaba allí sola al otro lado del cristal, y yo en la mesa de control, con Wexler de pie a mi lado y los músicos juntos viéndola. Tras un par de tomas, le salió la versión definitiva de 'Do Right'. Nos quedamos mudos, impresionados. Asistíamos a la expresión de una grandeza única e inmortal».

'Do Right Woman, Do Right Man' quedó finalizada el 8 de febrero y, dos días después, salió como cara B de 'I Never Loved a Man (The Way I Love You)'. El éxito fue inmediato. 'I Never Loved' llegó a lo más alto de las listas de R&B y luego fue un éxito del pop, compitiendo mano a mano con 'Penny Lane', de los Beatles, 'Love Is Here and Now You're Gone', de las Supremes, 'Ruby Tuesday', de los Rolling Stones, y 'Happy Together', de The Turtles. Atlantic logró en dos semanas lo que no había conseguido Columbia en cinco años, esto es, convertir a Aretha Franklin en una superestrella. 'I Never Loved a Man (The Way I Loved You)' fue el primer gran éxito de su carrera.

Cecil creía que aquello arreglaría sus problemas con Ted. «Al fin y al cabo», decía Wexler, «la había escrito un compañero de Ted y era él quien se la había dado a Aretha. Era la canción que le proporcionó el ansiado éxito. Aretha siempre fue consciente de ello y llegó a pensar que, pese a todo, necesitaba a Ted a su lado para alcanzar sus metas. El primer sencillo, 'I Never Loved a Man' y 'Do Right', no fue nada comparado con el siguiente, compuesto por 'Respect' y 'Dr. Feelgood'. Ése ya la catapultó a la fama. Todo el mundo se volvió loco, todos la querían y necesitó ayuda».

«Atlantic era muy diferente a Motown», opinaba Wexler, «donde la discográfica también asumía las labores de mánager y promotor. A nosotros nos interesaba que nuestros artistas tuvieran sus propios mánager de fuera, sus asesores de fuera y sus promotores de fuera. Aretha no era una persona demasiado confiada, y con razón. Quería contar con su gente que la asesorara. Vi que su relación con White era un tanto áspera de un tiempo a esta parte, y yo podría haber tratado de convencerla para que lo dejase, para que se fuera con un mánager más próximo a Atlantic, pero sabía que sería un error. Hay que separar la iglesia del estado. El productor/directivo es un animal. El mánager/promotor es otro distinto. Además, su mánager/agente era también su marido».

Según los hermanos de Aretha, White no era solo un mánager avispado sino también una persona que sabía valorar a la Aretha compositora.

«De Ted se puede decir infinidad de cosas», señalaba Cecil, «pero fue él quien hizo que Aretha se pusiera a escribir canciones. En parte se debió a que tenía una editorial bastante boyante y quería generar un buen catálogo para recibir copyrights, pero también se dio cuenta de que sus dotes de compositora estaban a la par que las de cantante».

En 1990 hablé del primer disco de Aretha en Atlantic con Luther Vandross. Lo primero que me destacó no fue su forma de cantar, sino la de escribir. «No digo que no sea una cantante increíble», explicaba Luther. «Canta de forma sensacional, pero lo que más me llamó la atención es que encima era la autora o coautora de las cuatro mejores canciones del disco: 'Don't Let Me Lose This Dream', 'Baby, Baby, Baby', 'Dr. Feelgood' y 'Save Me'. Mira que adoro a Diana Ross y a Dionne Warwick, pero eso ellas no lo tienen. Son unas cantantes maravillosas, pero apenas compusieron.

»Cuando fui productor de Aretha en los años 80, lo primero que le dije es que me encantaba 'Don't Let Me Lose this Dream'. Tenía un toque en plan bossa nova suave que era celestial. Le pregunté de dónde le había salido la canción y me contestó que había escuchado a Astrud Gilberto, la que cantó con Stan Getz, y quería escribir algo que transmitiese esa alma latina. Y luego pasa a 'Dr. Feelgood', que no era más que un blues de doce compases, pero... ¡menuda letra! ¡Y cómo tocaba ahí el piano! Era como lo que escuchaba la madre de mi madre, aquellas damas de antes, como Bessie Smith o Ma Rainey. Creo que es uno de los mejores blues de la historia. Lo mismo se podría aplicar a 'Baby, Baby, Baby', compuesta con su hermana Carolyn, otro talento de primer orden. Se trata de una variante de blues con un verso que me habría encantado escribir a mí: 'I'm bewildered, I'm lonely and I'm loveless' [Siento confusión, soledad y desamor]».

Aretha se refirió en su libro a la composición de 'Save Me' con King Curtis. Destacaba su caballerosidad, ya que, aunque aseguraba que la aportación musical de su hermana Carolyn y ella había sido menor, King las puso en los créditos como colaboradoras. De King también cantó la desgarradora 'Soul Serenade', otro testimonio del papel fundamental que tuvo el gran saxofonista para que Aretha llegase a ser Aretha.

El plato fuerte del primer álbum de Aretha es, cómo no, su versión de 'Respect', de Otis Redding. Wexler me contó que él mismo se la puso una vez a Otis. «Mostró una sonrisa de par en par», recordaba, «y me dijo: "Esta chica me ha quitado la canción, ya no es mía. Desde ahora, es toda suya". Y luego me pidió que se la pusiera otra vez, y luego otra. No se le borró la sonrisa de la cara.

»Si se escuchan ambas versiones, lo primero que salta a la vista es que la de Aretha es más dramática. Ese ritmo sincopado de pausa y tartamudeo lo inventó ella. Le dio las instrucciones oportunas a la sección rítmica que le había llevado desde Alabama, formada por Jimmy Johnson, Tommy Cogbill y Roger Hawkins. Estuvo un par de años dándole vueltas a la canción y probándola en directo. Había dado con el ritmo nuevo, pero la creación de los coros y los juegos de palabras ingeniosos se hicieron directamente en el estudio. Eran unos coros que aportaban algo más que un aditamento sonoro, le daban a la canción un fuerte aroma sexual. Cuando la cantante pedía respeto, la petición se convertía en una exigencia. Con el intenso debate feminista y de derechos civiles que estaba surgiendo en los años 60, el respeto, sobre todo con la fuerza que le imprimía Aretha, adquirió un nuevo matiz. 'Respect' surgió como una canción de soul y pasó a ser un himno nacional. Definió la cultura del país en aquel momento histórico».

«El verso "sock-it-to-me" le dio forma a la canción*», decía Carolyn. «Es una expresión que había oído en la calle y pensé que quedaría bien en esa canción, en la que el coro dialoga con la voz principal. Evidentemente, Otis la escribió desde el punto de vista de un hombre, pero cuando Erma y Aretha se pusieron con ella, tuvimos que cambiar la perspectiva. La veíamos más terrenal, sobre una mujer que no tiene problema alguno en exponer sus necesidades. Al final, generó muchas lecturas políticas, hasta sexuales y raciales. A mí me parecen todas correctas porque hay que respetar a todo el mundo en todos los ámbitos».

---

* (*N. del E.*) «Dame lo mejor de ti», si bien tiene una connotación sexual, dado que «sock» remite a «suck» [chupar].

El «sock-it-to-me» se haría famoso con el tiempo al aparecer como broma recurrente en *Laugh In*, la sitcom que triunfó al año siguiente y en la que llegó a salir Richard Nixon haciendo un cameo pronunciando esa frase.

Se incorporaron florituras vocales, como el deletreo del título, «R.E.S.P.E.C.T.», y su manera de yuxtaponerlo a las exigencias, «find out what it means to me» [entérate de lo que es para mí] y «take care of TCB» [ponte a ello]. Este último verso remitía a otra de las canciones escritas por Aretha, 'Dr. Feelgood', en la que decía que «taking care of business is really this man's game» [este hombre se encarga de que todo me vaya bien]. Al final de la canción, hacía referencia también a su pasado reciente al decir: «I get tired, keep on trying, running out of fools and I ain't lying» [me canso de intentarlo, te estás pasando de la raya y lo digo en serio]. *Running Out of Fools* era su single de R&B más exitoso de la etapa en Columbia. Esta mención a uno de sus éxitos anteriores era una manera de homenajear la tradición musical del soul, consistente en la referencia a otras canciones. En resumen, consiguió personalizar la canción hasta el punto de que el propio compositor reconoció que era «toda suya».

«Para mí, 'Respect' también se refería a sus constantes peleas con Ted», añadía Cecil. «Sí, puede que respetara lo buena que era como artista, pero no como ser humano. Era un tío muy violento y cada vez fue a más. Es como si Aretha le cantara 'Respect' a él, pero sin provocar ningún efecto. Siguió pegándole en público, sin importarle en absoluto».

En abril, la revista *Jet* publicó el primer reportaje sobre Aretha aparecido en un medio de tirada nacional y recogían unas declaraciones de White sobre el éxito de su mujer: «Nos llaman de todo el país ofreciéndole actuaciones... en Europa les encanta. Hemos tenido que aplazar una gira prevista en Europa de mayo a otoño para que encaje con el calendario de conciertos». Llega también a decir que espera que su esposa pase de ganar 100.000 dólares en 1966 a los 250.000 en 1967.

'Respect' entró en las listas de pop el 29 de abril, un día después de que Mohamed Ali perdiese el título por negarse a ir al ejército. El disco alcanzaría el número uno en las listas de R&B y pop, y sería la canción que definiría y cambiaría para siempre la carrera de Aretha. El locutor Pervis Spann (conocido como The Blues Man) la coronó como Reina del Soul unos meses más tarde, al principio de su concierto en el Regal Theater de Chicago. Aretha se tomó la ceremonia muy en serio, fijándose en la belleza de la «corona llena de joyas» que se pondría en la cabeza para no quitársela, metafóricamente, a lo largo las siguientes cinco décadas.

La corona había pertenecido a Bessie, a Dinah, y ahora era de Aretha.

Se cumplía el sueño, el cuento de hadas de una niña a quien su padre le había prometido la luna. No obstante, el sueño también era que todos vivían felices y comían perdices. Aretha se había aferrado a ese sueño de pequeña y no lo había soltado pese a los vaivenes del destino. Unos vaivenes que a veces parecían una pesadilla. En 1967, el año de su éxito sideral, atravesaba por un intenso desequilibrio emocional. Su marido y mánager era la persona que controlaba una carrera que, en pocos meses, había despegado como un cohete. Pese a ello, su matrimonio se había convertido oficialmente en un infierno.

13
«ESCUCHA LO QUE DICE EL BLUES»

«El blues es retorcidamente jodido», decía Carmen McRae, «y no puede cantarlo cualquiera. No es una cuestión de virtuosismo, hay que vivirlo. Si tuviera que elegir un disco, me quedaría con 'Lady in Satin', de Billie Holiday, grabado poco antes de morir. Ahí tiene una voz muy áspera, pero expresa una melancolía muy profunda. En el caso de Aretha, su mejor disco es el primero que grabó en Atlantic, con una voz muy potente pero también con esa melancolía expresada al máximo».

«Estados Unidos estaba inmerso en la melancolía», opinaba Jerry Wexler, «y el blues de Aretha lo reflejaba perfectamente. El clima antigubernamental estaba en plena efervescencia, con el movimiento por los derechos civiles y el principio de toda la mierda de Vietnam. Pero esta melancolía del blues era diferente porque tenía carácter, un carácter negro. A principios de los años 60, la Motown reflejaba los deseos de la clase media menos combativa. La música de la Motown era increíble, aunque también, por lo menos en sus comienzos, tranquila y apacible. Aretha era todo lo contrario. Su voz poseía la conciencia de una nueva clase que englobaba no solo a los negros cansados de conformarse con lo que había, sino también a los jóvenes blancos cuyo descontento con el sistema venía de lejos. El germen de la revolución soul lo habían cultivado artistas como Ray Charles, Solomon Burke y Sam & Dave, pero no alcanzó su apogeo hasta la entronización de Aretha. Su 'Respect' salió en 1967 y el 'Say It Loud (I'm Black and I'm Proud)', de James Brown sí, era grandioso, pero es ya de 1968».

«Es curioso», me decía Ray Charles, «pero la primera canción de Aretha que me llegó dentro no fue 'Respect' ni ninguno de sus primeros éxitos, sino 'A Change Is Gonna Come', de Sam Cooke. Recuerdo que, cuando la escuché, pensé que explicaba a la perfección quién era y cómo quería cambiar las cosas. Me di cuenta de que Aretha era la única gran artista de soul».

Al mismo tiempo, no descuidó a su familia y encontró tiempo en su abarrotada agenda para asistir a la boda de su hermano Cecil con Earline. La ceremonia se llevó a cabo el 30 de abril en iglesia baptista New Bethel, la presidió C.L. Franklin y asistieron dos mil personas.

«Aretha se portó de lujo», me comentó Earline. «Incluso me ayudó con el diseño del vestido de novia. Me dejó muy claro desde el principio que me consideraba un miembro más de la familia y me apoyó en todo, al menos durante los primeros dos o tres años. No obstante, nuestra relación se fue enfriando a medida que se le complicaba la vida personal. Cada vez fue buscando más el consuelo y la cercanía de Cecil, y viéndome a mí como una persona molesta. Nos fuimos distanciando».

En la primavera de 1967, Aretha llevaba un ritmo frenético, se le multiplicaban las ofertas para actuar y cuadruplicó su caché.

«Ted solo quería ganar más y más», decía Cecil. «Decía que había estado dando el callo en los malos tiempos y que ahora no iba a consentir que se le diera la espalda. Así que, recurriendo a Ruth Bowen, decía que sí a todos los conciertos. Además, él y Aretha empezaron a beber más que nunca. El alcohol les sentaba muy mal, sacaba lo peor de los dos».

«Había trabajado con Erma y Carolyn antes de que Aretha me pidiera ser su promotora de manera oficial», me decía Ruth Bowen. «Era perfecto, porque había asistido al nacimiento de una estrella y estaba dispuesta a ayudarlos a los dos, a ella y a Ted. Él me caía bien. Sabía que había sido chulo, pero tenía clase y se centró en la carrera de su mujer. Era listo, trabajador y hablaba con fluidez. Tanto él como Aretha creían que yo era la persona adecuada para hacerles ganar más dinero, porque podría conseguir actuaciones en los mejores sitios. Atrás quedarían los tiempos de cantar en el Village Vanguard y el Village Gate.

»Una de las primeras actuaciones importantes que le preparé fue en una sala que Gene Chandler acababa de abrir en Chicago. Fui antes a comprobar que no habría ningún problema. Pues lo hubo. Apareció Aretha en el escenario toda imponente, pero cuando se sentó al piano, el taburete se rompió. Se cayó de espaldas. No obstante, como gran profesional que es, soltó un chiste, se levantó y tocó de pie hasta que le pusieron un taburete más sólido. Quería matar a Gene: ¡mi primer concierto para mi clienta nueva y no le pone ni un asiento decente! Pensé que allí se acabaría mi relación profesional con ella, pero he de decir que lo entendió. Dio un concierto muy emotivo y luego me agradeció haberle gestionado una actuación tan bien pagada.

»Lo que no vi al principio es que, aparte de fumar de lo lindo, le daba mucho a la botella. Tenía por costumbre ponerse fina antes de actuar, algo que no le hacía ningún bien. Aretha no necesita ningún tipo de ayuda para cantar, todos saben que posee un talento natural. No obstante, recurría al alcohol para mitigar el sufrimiento de un matrimonio terrible, era una muleta en la que apoyarse. Ésa era la palabra que usé, "muleta", cuando se lo comenté. Siempre le hablé con claridad desde el principio. También le dije que no le sentaría bien fumar tanto, encadenaba tres paquetes diarios. Decía que el alcohol y el tabaco le calmaban los nervios. Le respondí que se dejara de chorradas, que el alcohol no te calma, te hace perder cualidades. Se lo dije bien clarito. Ni me escuchaba y manda narices cuando acababa de conseguirle un aumento de caché: pasó de 750 dólares por concierto a los 5.000, y pronto doblaría esta cifra.

»El siguiente contratiempo sucedió en Columbus (Georgia), un día que yo no estaba presente. Se cayó del escenario y se rompió el brazo. Me dijo que fue porque le cegaron las luces del escenario. A lo mejor fue por eso, pero su ayudante me dijo que iba achispada. En cualquier caso, pensé: ojalá haya aprendido la lección. Por desgracia, siguió erre que erre».

Jet publicó, en su número del 18 de mayo de 1967, una fotografía de Aretha en el hospital Ford de Detroit con el brazo escayolado. En la noticia se recogía que había pasado por el quirófano.

Volvió a los estudios de Atlantic el 20 de junio.

«Aquel primer disco nos puso en racha», recordaba Wexler. «No paraba de repetirme a mí mismo que había que seguir grabando y produciendo éxitos. Iba viento en popa y todo indicaba que seguiría igual. Además, yo estaba al tanto de todo. Sabía que sería estúpido, e incluso irresponsable, no aprovechar una racha así. Y me sentía motivado. Un inversor de Wall Street me dijo que estudiaría por cuánto podría vender la compañía. Ahmet y Nesuhi no sabían qué precio poner, con lo que me dieron vía libre para preguntarle a un experto. Siempre me había gustado grabar un disco tras otro, pero, en aquel momento, iba a toda pastilla. Contaba, por otro lado, con el apoyo de Ted White, que quería publicar más discos cuanto antes.

»La noticia de la lesión nos puso en alerta, pero Ted me aseguró que no tardaría en volver al estudio. Faltó a algunos compromisos pero, bueno, era normal en ella y no dije nada. No se trataba de la primera artista emocionalmente inestable con la que había trabajado, y tampoco sería la última. Mi trabajo también consistía en que se sintiera cómoda y en cuanto regresara, la espera habría valido mucho la pena.

»El caso es que la razón de sus ausencias no se debían a la rotura del brazo. No me lo dijo directamente, Aretha no suele decir las cosas a la cara, pero al final me llegó por Ted. Estaba enfadada conmigo porque le había firmado un contrato a su hermana Erma. Pensaba que era una operación contra ella. Nada más lejos de la realidad».

Erma me dio su versión. «Yo entonces vivía en Nueva York y ya no cantaba con Lloyd Price. Llevaba cinco años cobrando lo mismo y llegó un momento en que me cansé. Me había gustado grabar para Epic, pero, aunque eran buenas canciones, ninguna llegó a las listas. Encontré trabajo en IBM y estaba contenta. No es que hubiera dejado mi carrera de cantante porque sería siempre mi pasión, pero preferí ser práctica y trabajar en otra cosa. Además, estaba a gusto ayudando a Aretha en aquellas primeras sesiones. Entonces llegó 'Respect' y ahí empezó el lío. Aretha le dio fama a nuestro apellido y me llamaron algunos productores. La oferta más interesante vino de Bert Berns, que había sido socio de Jerry Wexler y Ahmet Ertegun. Me dijo que había creado su propio sello, Shout, y que era el autor de 'Twist and Shout', un éxito de los Isley Brothers y los Beatles. Tenía una canción a punto que iba a triunfar más aún. Había compuesto con un señor llamado Jerry Ragovoy un tema llamado 'Piece of My Heart' y me decía si quería escucharlo. Lo escuché y me gustó, pero creía que el calipso no era de mi estilo. En la sesión de grabación, me permitió convertirlo en un tema de soul. Todos creían que había quedado genial, yo también. Bert estaba encantado y me ofreció de inmediato un contrato por un disco entero. No tardó en sonar en la radio y entró en el top ten del R&B. No sé cómo se lo tomó Aretha».

«Le rogué a Ted que le contara a Aretha mi relación con Bert Berns», afirmaba Wexler. «Me había peleado con él, aunque le seguía teniendo respeto. Al fin y al cabo, él era quien había traído desde Inglaterra a Jimmy Page para que tocara en nuestras sesiones de grabación. Bert, Ahmet, Nesuhi y yo habíamos creado un sello juntos, Bang!, en el que Bert produjo el primer disco de Van Morrison, pero era un imán para los problemas. Se camelaba a los mafiosos. Quería controlar todos los aspectos de la empresa hasta que al final nos cansamos y rompimos con él. Nos demandó por romper el contrato y, de repente, nos convertimos en enemigos. Para mí que fichó a Erma no solo porque fuera una cantante excelente, que lo era, sino para devolvérmela: si yo conseguía un éxito con Aretha, él me dejaría en evidencia sacando un éxito más grande con Erma. La rivalidad soterrada entre las hermanas le añadió más tensión al asunto».

Para Aretha, la historia se repetía. Como creía que John Hammond había ido a sus espaldas para fichar a Erma en Columbia, ahora era Wexler quien hacía lo mismo mediante Bert Berns.

«No sé si es que habló con Ted White», añadía Wexler, «pero al final regresó. Noté cierta distancia por su parte: tras el primer disco nos empezó a tutear, y ahora volvía a llamarme "Sr. Wexler", con lo que yo tuve que dirigirme a ella como "Srta. Franklin". Además, seguía doblando el codo con dificultad. Sin embargo, al sentarse al piano, se las apañó para cantar de nuevo como los ángeles. Recuerdo que pensé: "hay que ver, cuando llega Aretha, desaparecen los problemas sin importancia". Y entonces me dije que el título que le pondríamos a su segundo disco sería *Aretha Arrives*».

Aretha recurrió a los coros de sus hermanas Erma y Carolyn en cuatro de las canciones. Es más, están en el gran éxito del disco, 'Baby, I Love You', de Ronnie Shannon, autor de 'I Never Loved a Man'.

«Pero hubo un momento en que cambió de opinión», decía Carolyn. «No veía bien que Erma estuviera con Bert Berns y yo por mi cuenta, así que aceptó la idea de contar con los coros de The Sweet Inspirations».

Cissy Houston, que estaba al frente al grupo, había cantado dos de las canciones de *I Never Loved a Man*. Al igual que Aretha, se había formado en los coros de iglesia. Las otras cantantes, Estelle Brown, Sylvia Shemwell y Myrna Smith, también andaban versadas en la creación de armonías al estilo del góspel. Wexler las calificaba como «uno de los pilares de la Iglesia de Atlantic de las Almas Sesenteras». Tras revelarse como un reemplazo adecuado, pasarían a ser una presencia casi constante en el sonido de Aretha en el estudio de grabación.

Se incorporaron también algunos de los músicos más prominentes de Muscle Shoals, como Sponner Oldham, Tommy Cogbill y Roger Hawkins. Wexler también se llevó de Atlanta a Joe South, el gran compositor y guitarrista.

«Cuando vi a Aretha en el estudio de Nueva York», me contaba South, «me fascinó. Había escuchado su primer disco y me parecía una diosa. Había compuesto 'Hush', un tema muy exitoso de Deep Purple, pero aún no había escrito 'Games People Play' y me veía un poco pequeño en aquel entorno. Siempre me ha encantado la música soul, pero es que entonces estaba en su apogeo y, además, yo era blanco y estaba a punto de tocar con la figura más genial de la música negra desde Ray Charles. Wexler me dijo: "No importa el color de la piel, a Aretha le da igual. Ya ha visto el ritmo que despliegan los músicos de Muscle Shoals y seguro que le encantas". Tenía razón, Aretha me dio el visto bueno. Recuerdo un día en que estaba mirándola cantar 'Going Down Slow', aquel blues antiguo que había hecho todo el mundo, desde Guitar Slim hasta B.B. King. Lo expresaba con un llanto que me puso la piel de gallina. Me hizo un gesto para tocar un par de frases, lo di todo y me devolvió una sonrisa. ¡Joder, a mí! Jamás olvidaré aquel gesto. Era la señal que quería ver, que formaba parte de su mundo. ¡Aretha Franklin me había sonreído!»

Wexler invitó a las sesiones de grabación al crítico Nat Hentoff, que preparó un texto para la contraportada del disco en que ponía lo siguiente: «Pese a no haber recuperado la movilidad del codo, aportó el acompañamiento de base al piano en algunos temas lentos. Para los más rápidos, no podía tocar solo con la mano derecha pero usó la izquierda como si nada en 'You Are My Sunshine', imprimiéndole un ritmo que expresa a la perfección su gran espíritu».

Treinta años después, hablé con Hentoff sobre aquellas sesiones y conservaba un recuerdo vívido: «Hay que pensar en el contexto de la época. Eran finales de los años 60 y el free jazz dominaba la escena neoyorquina. En mi caso, tenía ganas de escuchar algo más accesible, más enraizado en mi música preferida, y Aretha era la encarnación de lo que yo buscaba. Como buen crítico de jazz, tenía un montón de prejuicios con el pop, pero Aretha los echó todos abajo. Su música tenía un intenso toque pop y, de hecho, se convirtió en una de las grandes artistas pop de la época, pero no renunció nunca un ápice a su autenticidad como artista criada en la tradición más profunda y creativa del blues, el góspel y el jazz».

En la misma sesión, grabó una versión de 'It Was You', un tema de James Brown de finales de la década anterior. «Aretha quería que fuera el single de lanzamiento», decía Wexler. «Le quedó precioso, pero no era lo que pegaba en ese momento, así que lo descartamos junto con otro tema más fuerte, 'So Soon', de Van McCoy. Hoy me parece alucinante que no se publicara entonces, pero es que había mucho material muy bueno, y Aretha grababa a un ritmo y con una furia que tuvimos que elegir. Estuvimos un tiempo sacando dos discos de Aretha al año, pero había material para más. Comercialmente, nos iba de maravilla».

«Atlantic pulveriza sus registros de ventas de discos», recogía *Billboard*. «Atlantic y Atco registran en el primer trimestre de este año un crecimiento del 100% con respecto al mismo periodo del ejercicio anterior».

La revista *Time* también publicó un artículo sobre la racha ascendente de Atlantic. Según Wexler, era el mejor momento para vender la compañía y convenció a los hermanos Ertegun para aceptar una oferta de Warner Bros -Seven Arts por 17,5 millones de dólares.

«Venía de una familia pobre de Washington Heights», comentaba Wexler «y de repente, soy millonario, el primero que se hacía rico en mi barrio. Me sentía en la gloria, pero fui tonto. Creía que, gracias a Aretha, Atlantic Records había llegado a su tope. Vamos, me equivoqué de cabo a rabo. A medida que fue pasando el tiempo, quedamos como los tontorrones de la industria. De haber esperado unos años, habríamos vendido el sello por diez veces más. En aquel momento, la venta me pareció un triunfo y luego, un desastre».

El otro desastre se produjo el último día de grabación de *Aretha Arrives*, el domingo 23 de julio, cuando estallaron los disturbios de la calle 12 de Detroit.

«Nunca he pasado tanto miedo en la vida», recordaba Earline. «Cecil se había ido a Nueva York porque Aretha estaba muy mal con Ted. Carolyn y Erma también se encontraban fuera de Detroit. Estaba sola en casa y cuando vi los incendios y saqueos, llamé a Cecil y me dijo que fuera a casa del reverendo. Sí, sería el sitio más seguro. Cuando llegué, el teléfono echaba humo, con Erma, Carolyn y Aretha llamando para ver si su padre estaba bien. Lo era todo para ellas. El reverendo estaba tranquilo, como siempre, no le afectaba nada. Creo que se sentía como protegido por Dios. Yo quería que me pasara un poco de aquella protección porque aquello parecía el fin del mundo».

«Me sorprendió y no me sorprendió a la vez», decía Cecil. «Todo empezó por una redada policial, pero había mucho más de fondo. La policía llevaba décadas cometiendo innumerables abusos y había mucha agitación en la calle y mi padre trabajaba para enmendar las políticas que ignoraban nuestros derechos fundamentales. El ambiente estaba caldeado. La policía hizo una redada en un club y ahí empezó el follón. Evidentemente, lo primero que me vino a la cabeza fueron mi padre y Earline. Cuando me dijeron que estaban bien, me ocupé de Aretha, que se encontraba fatal por las peleas con Ted. Se había emborrachado la noche anterior y no procesaba las noticias. Se puso a decir que había que contratar a detectives privados para que fueran a Detroit a rescatar a nuestro padre. Le dije que no se preocupara, que era una de las personas más respetadas de Detroit. Hablé con algunos diáconos de New Bethel y me confirmaron que no había problema, que la casa estaba protegida. Pero no había manera de tranquilizar a Aretha, creía que a nuestro padre le iba a pasar algo. No se le iba la idea de la cabeza».

La preocupación de Aretha por su padre se debía a otras razones. En 1966 le habían acusado de evadir impuestos en cuatro ejercicios fiscales. Le acusaban de no haber declarado 75.000 dólares entre 1959 y 1962. Padre e hija sostenían que le había denunciado algún parroquiano enfadado por algo. C.L. Franklin le envió una carta al presidente Lyndon B. Johnson diciéndole que no sabía que había que declarar también las donaciones en efectivo. No recibió respuesta. Prefirió no recurrir, pagó una multa de 2.500 dólares y se quedó en el punto de mira de las autoridades.

«Nos dijo a todos», señalaba Cecil, «que estaba convencido de que Hacienda había ido a por él por su defensa de los derechos civiles y su trabajo con Martin Luther King.

»Al acabar los disturbios, volvimos a Detroit y parecía que había habido una guerra. Hubo más de cuarenta muertos, cerca de dos mil heridos y unos siete mil detenidos. Decían que era uno de los disturbios más graves de la historia del país. El gobernador Romney había llamado a la Guardia Nacional y el presidente movilizó al ejército. Una locura. Aretha le pidió a nuestro padre que se mudara, que se buscara alguna parroquia en California porque allí era muy querido, o que, por lo menos, se trasladara a vivir a una urbanización fuera de la ciudad. Pero se quedó donde estaba porque, según decía, era necesario, más que nunca, señalar las causas de los disturbios: la desigualdad económica, la presencia generalizada del racismo en las instituciones municipales, la penosa situación de los colegios de la ciudad y la destrucción masiva de los barrios por culpa de los planes urbanísticos. Otros religiosos sí se fueron, pero nuestro padre se negó, sentía que lo que había pasado le obligaba a implicarse con la comunidad. No pensaba cancelar su agenda política. Recuerdo que le preguntaron una vez si no tenía miedo de quedarse. La pregunta le permitió citar la Biblia cuando dice: "El amor perfecto expulsa todos los temores". No había muchas cosas que le dieran miedo».

Para finales de verano, *Baby, I Love You* recibió el Disco de Oro, con lo que se convirtió en el tercer single en vender un millón de copias. Aretha actuaba en aquel momento en la fiesta anual de la Conferencia Sur de Liderazgo Cristiano en Atlanta ante Martin Luther King, que le había ofrecido participar en un programa de seis conciertos benéficos que se celebrarían en octubre, y en los que actuarían también artistas como Joan Baez, Sammy Davis Jr., Harry Belafonte o Sidney Poitier. Aretha aceptó y desde Atlanta voló a California, donde, según su promotora Ruth Bowen, ofreció una serie de conciertos en San Diego, Long Beach y Oakland por los que se embolsó un total de 100.000 dólares.

«Me tenía un poco preocupada con el tema de la bebida», confesaba Ruth. «El problema se agravaba, debido a factores como el éxito repentino y los nervios que había pasado con los disturbios. Le comenté el asunto a Ted White, pero él bebía más aún. Se separaron una temporada, pero luego regresó porque temía que, sin la ayuda de él, se terminase su carrera. Hablé largo y tendido con Cecil para decirle que tendría que hacerse cargo de su hermana porque estaba claro que acabaría abandonando definitivamente a su marido. Cecil me respondió que se encargaría su padre, a lo que le repliqué que eso era una ridiculez porque un ministro famoso como él no tiene tiempo ni conocimientos para llevar la carrera de una superestrella como Aretha. Cecil me señaló que él tampoco sabía mucho del sector y yo le aseguré que se lo enseñaría todo para que no fuese perdido».

No obstante, Aretha no daba detalles de sus problemas conyugales.

«Era vox populi», decía su cuñada Earline, «todos sabíamos que Ted White era un hombre violento. Pero Aretha... bueno, siempre se aferraba a su sueño de cuento de hadas y quería que todo el mundo pensase que tenía un matrimonio idílico. No le gusta nada reconocer que se equivocó al elegir a aquel hombre de compañero y mánager. Es más, prolongó el error el tiempo que pudo. Eso es lo que explica su relación con White. Tardó, por lo menos, dos años más de la cuenta en cortar del todo con él. Debería haber enviado mucho antes a la porra a aquel cabrón, pero, como le iba tan bien entonces, y ganaba tanto dinero, le daba miedo que se hundiera el barco, hasta que se dio cuenta de cuenta de que, si no lo dejaba, se iría ella a pique».

14
NATURAL

Tenía una vida frenética. Aretha llegaba a mitad de la veintena atrapada por un marido y mánager que, junto con el productor Jerry Wexler, había diseñado una carrera que iba como un rayo. Wexler quería que grabase muchas canciones y Ted White, que aceptase todos los conciertos que le ofrecían en sitios importantes. Aretha, que siempre había sido una mujer ambiciosa, dijo a todo que sí, pero acabó pasándole factura.

«Había veces en que me llamaba de noche a casa», decía Wexler, «y con su vocecilla inaudible de niña, me decía que creía que no podía más. Pero nunca hablaba claro, decía cosas vagas: no mencionaba a su marido ni me aclaraba lo que le pasaba. Por supuesto, era mejor no preguntar. Decía que estaba cansada de tener tantos frentes abiertos. La entendía perfectamente, era una mujer que llevaba la procesión por dentro, se lo guardaba todo. Yo le decía que se tomara el tiempo que necesitara, que teníamos un montón de canciones grabadas para ir sacando nuevos discos. "No, Jerry", me decía. "No puedo parar de grabar. Tengo nuevas canciones escritas y Carolyn también me ha compuesto algunas. Vamos al estudio y las grabamos". "¿Seguro?", le contestaba. "Totalmente", sentenciaba. Le reservaba los días en el estudio y normalmente no aparecía durante uno o dos días. Entonces llamaban Carolyn o Erma y me decían que su hermana estaba indispuesta. Era una historia porque habíamos convocado ese día a músicos como Joe South o Bobby Womack. Cambiaba las fechas y cruzaba los dedos para que no me volviera a fallar. Lo cierto es que el trabajo que llevó a cabo en 1967, en su primer año en Atlantic, pasará a los anales de la música como uno de los momentos más intensos en la historia del rhythm and blues».

El álbum titulado *Lady Soul*, grabado en 1967 y publicado a principios de 1968, destaca por cuatro éxitos rotundos: 'Chain of Fools', 'Natural Woman', 'Since You've Been Gone' y 'Ain't No Way'.

Antes de acometer las grabaciones finales en diciembre, Aretha salió en una de las carrozas principales del desfile del día de Acción de Gracias de los grandes almacenes Macy's.

Una semana más tarde, la revista *Jet* publicó una fotografía de Aretha «atendiendo a un fan por teléfono» mientras la cuidaba una enfermera en el hospital Daly de Detroit. Debido a una «lesión en un ojo sufrida por una caída», tuvo que cancelar varias sesiones de grabación.

«Cuando volvió, parecía que le habían dado una paliza», comentaba Wexler. «Pero no le pregunté nada. Le di un abrazo inmenso y le dije que nos alegrábamos mucho de verla. Cuando aparecía, aunque fuera con dos horas o dos semanas de retraso, pasábamos página de inmediato. Sabíamos que llegaba para cantar, y cantar de verdad.

»Aparte del mal momento personal por el que atravesaba, se había producido otra circunstancia que nos afectó a todos. Unos pocos días antes de su vuelta al estudio, Otis Redding había fallecido en un accidente de avioneta en Wisconsin, junto con varios miembros del grupo The Bar-Kays. Aquello fue el 10 de diciembre de 1967, mientras regresaba con mi mujer de un encuentro de la industria musical donde me habían dado el premio de Ejecutivo Musical del Año por tercera vez consecutiva. Tenía el ego por las nubes, pero esa tragedia me devolvió a la tierra.

Me quedé hecho polvo. Otis tenía solo 26 años. Me encargaron pronunciar el panegírico en su funeral, que se llevó a cabo en Macon. Aretha acababa de reincorporarse al trabajo y le pedí que me acompañara. Me dijo que no tenía fuerzas para ir. Así pues, cerramos el estudio durante un día para asistir a Georgia. Fue un funeral impresionante. Joe Simon cantó 'Jesus Keep Me Near the Cross' y Johnny Taylor, 'I'll Be Standing By'. Todo el mundo se puso a llorar, James Brown, Wilson Pickett, Isaac Hayes, Joe Tex, Arthur Conley, Solomon Burke, Don Covay, la realeza del soul al completo. Dije estas palabras: "Con 'Respect', Otis le había dado un himno de esperanza a la gente. Otis se ganó eso, el respeto. Lo cantó así, "Respect when I come home" [respeto cuando me voy a casa]. Y Otis se ha ido a casa". Ojalá hubiera estado Aretha para cantar una canción.

»Volví al estudio al día siguiente. Aretha quería saber con detalle cómo había ido, y se lo relaté con pelos y señales. Le caían las lágrimas mientras le describía el funeral. No era una persona que necesitara estímulos especiales para cantar con toda la pasión, le salía tal cual. Sin embargo, si algunas de las canciones de *Lady Soul* suenan con mayor sentimiento, creo que se debe a que tenía a Otis en la cabeza».

«Para mí, en *Lady Soul* están las mejores interpretaciones de Aretha», opinaba Carolyn. «Lo considero su mejor disco, y no porque cantara mi tema 'Ain't No Way'. Me gusta especialmente por las dos canciones que escribió ella, 'Since You Been Gone' y "Good to Me As I Am to You'. Erma y yo cantamos en ambas. Aretha decía que yo era la compositora de la familia, pero ella era tan buena cantando como componiendo. La única diferencia es que lo dio todo como cantante y no se dedicó tanto a la composición».

Las dos canciones fundamentales de *Lady Soul* no eran obra de Aretha. 'Chain of Fools' era de Don Covay y 'Natural Woman', de Carole King y Gerry Goffin (Wexler aportó el título y King y Goffin se lo agradecieron incluyéndolo en los créditos como coautor).

Arif Mardin, el secuaz turco estadounidense de los hermanos Ertegun que llegó a ser arreglista y uno de los principales productores de Atlantic, trabajó con Wexler y con Tom Dowd en los primeros discos de Aretha.

«Me encargaron los arreglos de 'Chain of Fools', pero no hice gran cosa», me contaba Arif. «Aretha llegó al estudio con todos los arreglos pensados. Giraban en torno a las armonías vocales de Carolyn y Erma. Para añadir más sustancia, se contó con The Sweet Inspirations. La idea global de la canción es completamente de Aretha».

«Incorporamos algunos elementos a la idea de Aretha», decía Wexler. «Joe South introdujo una guitarra a lo Pop Staples bajándole el tono y aumentando el trémolo. Creó así una introducción que disparaba los fuegos artificiales. Cuando la acabamos, me gustó tanto que le puse a todo el mundo la versión premasterizada, incluida a la gran compositora Ellie Greenwich. "¿No te parecen unos coros increíbles?", le pregunté. "Sí", me dijo, "pero les falta una voz". "Para nada", le dije. "¿Quieres verlo?". Por supuesto. Cantó encima de la canción, y de allí me la llevé directa al estudio, con lo que las voces quedaron todavía más exuberantes».

«Aretha no escribió 'Chain'», decía Carolyn, «pero como si la hubiera escrito. La canción hablaba de ella. Cuando estábamos en el estudio trabajando en los coros, sabía que ella cantaba pensando en su historia con Ted. Ahí está la letra que habla de los años que estuvo con él pensando que sería el hombre de su vida para acabar dándose cuenta de no era más que el eslabón de una cadena. Después canta que su padre le dice que vuelva a casa. Y pasó así. Y luego que el médico le dice que se tome las cosas con calma. Y también pasó así. Se pillaba unas borracheras que pensábamos que le iba a dar una crisis nerviosa. Pero la parte que más me conmovió fue cuando dice que una mañana la cadena se romperá pero que, hasta entonces, aguantará todo lo que pueda. Ahí estaba el resumen de todo. Aretha sabía que Ted la había maltratado desde el principio, pero aguantó la relación hasta llegar a un punto sin retorno. No puedo escuchar la canción sin pensar en el punto de inflexión de su relación larga y lamentable con Ted».

Si 'Chain of Fools' definía la relación de Aretha con un maltratador, 'Natural Woman' resaltaba su lado más fuerte, su carácter áspero que, según Wexler, era esencial para su supervivencia emocional. King y Goffin situaron a la mujer natural en un contexto romántico. Es un hombre el que le da «toda la paz del mundo». No obstante, Aretha llevó la canción al terreno religioso. En varias entrevistas dijo que veía la canción como una plegaria de alabanza a Dios. Cuando tenía el alma desahuciada, no encontraba consuelo en un hombre sino en Dios.

«La canción no tenía estructura de salmo», explicaba Arif Mardin, «con lo que empleamos unos arreglos más tradicionales. Spooner Oldham tocó con el piano acústico la conmovedora introducción. Sin embargo, fue Aretha quien le mostró exactamente lo que tenía que tocar. Le gustaba muchísimo la canción, quería concentrarse solo en la voz. Le había escrito unos arreglos de cuerda y metal para resaltar, y había llamado a Ralph Burns para dirigir a los músicos. Tras un par de tomas, teníamos la definitiva. Ralph me miraba totalmente alucinado. Era uno de los arreglistas más importantes de la música contemporánea, que había trabajado en temas como 'Early Autumn', de Woody Herman y Stan Getz, o "Georgia on My Mind", de Ray Charles. Trabajó con todos. "Esta mujer viene de otro planeta", me dijo. "Es una extraterrestre"».

A las sesiones también asistió gente como Eric Clapton, invitado por su mentor, Ahmet Ertegun. Clapton estaba en los estudios de Atlantic grabando *Disraeli Gears*, el disco de Cream en el que estaba 'Sunshine of Your Love'. Casualmente, en este disco Clapton trabajaba con Tom Dowd, el técnico de Aretha.

«Eric apareció por allí cuando Aretha estaba grabando la voz de 'Good to Me As I Am to You'», recordaba Wexler. «Era una balada de blues feroz, una de esas canciones con un fuerte sesgo autobiográfico, ya que era Aretha parecía estar enviándole un mensaje teñido de hartazgo a su marido y, por extensión, a todos los hombres: me tratas bien o te vas. Cuando entregamos los papeles para el copyright, vi que Ted White figuraba como coautor, si bien Aretha me dijo que era por temas legales. Me aseguró que escribió la canción sola. El caso es que nos tenía a todos embobados, cantando la canción de fábula cuando Ahmet pensó en meter una guitarra y le pidió a Eric que probara a ver. Yo estaba de acuerdo. No obstante, a Eric, con todo lo grande que es, le imponía la idea de tocar la guitarra ante la poderosa Aretha. No le salió bien pero, eso sí, volvió al día siguiente, cuando Aretha no estaba en el estudio, y tocó a la perfección. Metió unos riffs maravillosos y en los lugares adecuados. Eric no era el primer músico intimidado por la Reina, y llegarían más a los que les sucedería lo mismo.

»Aunque Felix Cavaliere y Eddie Brigati estaban encantados con la versión de Aretha de su 'Groovin'', creo que no lo tenían tan claro cuando vieron que tenía más éxito que la original. Ahmet y yo habíamos fichado a The Rascals a través de su mánager Sid Bernstein, el hombre que llevó a los Beatles a Estados Unidos. Recuerdo que Sid me preguntó si era necesario que Aretha la interpretara tan bien porque ahora había fans que creían que el tema de The Rascals, el original, no era más que una versión».

«Me gustaban mucho todas las canciones de *Lady Soul*», decía Erma, «pero me quedaría con 'People Get Ready'. Todos los de mi familia teníamos en muy alta estima a Curtis Mayfield, compositor e intérprete de esa canción. Le llamábamos el Gigante Simpático y nos parecía un Duke Ellington moderno. Poseía un talento natural. Aretha veía un toque divino en su música y al final del tema la escuchamos lanzando una oración. Es ella quien habla, y no Curtis, cuando dice "I thank you because I'm living" [te doy las gracias por estar viva], para, a continuación decir "I thank you today because I need a new beginning" [te doy las gracias hoy porque necesito comenzar de nuevo]. Es una descripción exacta de aquel momento de su vida. Nuestro padre nos enseñó a dar siempre las gracias, y ahí ella agradece las cosas buenas que le estaban pasando, pero también era consciente de que no podía seguir así mucho tiempo. Necesitaba comenzar de nuevo».

Pese a saberlo, Aretha acabó aquel 1967, el año más importante de su carrera, con Ted White a su lado.

«Tenía miedo de dejarlo», decía Carolyn. «Era un miedo que la paralizaba».

«Su carrera iba a toda velocidad», explicaba Wexler. «Era demasiado acometer de frente todos los retos personales y profesionales. No se veía capaz y es normal, hay poca gente que pueda con todo a la vez. Así que dejó aparcado el tema personal y se centró en lo profesional, y, en ese terreno, estaba yendo a niveles estratosféricos. Con *Lady Soul*, se podría afirmar que llegó a ser la artista más querida del país.

»Además, dedicó una parte importante de su vida a la defensa de los derechos civiles. Se metió en la lucha política en el momento en que estaba en plena efervescencia. Podría haberse ausentado perfectamente de muchos actos políticos o haber sacado provecho, pero para nada. Cuando la llamaba Martin Luther King, allí acudía ella, a Chicago, Atlanta o donde fuera. Lo apoyaba sin dudar».

«A finales de 1967», recordaba Ruth Bowen, «pensaba que a Aretha le iba a dar algo. No lo digo con maldad sino porque, en su lugar, muchas personas se vienen abajo. Seguía metida en un matrimonio asqueroso que no quería terminar por temor a arruinar también su carrera, también por la mala prensa que podría generar la noticia. Su padre y Martin Luther King también le metían presión con un montón de actuaciones, y la compañía discográfica quería más y más canciones. Yo tenía en mi despacho una montaña de solicitudes que aumentaba cada hora. La reclamaban desde Europa, Latinoamérica, y todos los programas importantes de televisión, desde el de Carol Burnett hasta el de Andy Williams o *Hollywood Palace*. Quería salir en todos y en ninguno: en todos porque era una artista con una ambición inagotable, y en ninguno porque necesitaba desconectar y cargar las pilas. Se lo dije un montón de veces y siempre me decía que iba a descansar una temporada pero luego, nada, seguía al pie del cañón. Es normal, los artistas trabajan para conseguir la gloria, y eso era lo que tenía más que nunca a finales de 1967. En 1968, esa gloria se multiplicaría por diez, al igual que la desolación en las relaciones amorosas que había sentido desde cría».

Pese al mal de amores, hizo su primera aparición en horario de máxima audiencia de la televisión nacional en *Kraft Music Hall*. El programa se emitió el 27 de diciembre. Otros invitados al programa fueron Liza Minnelli, de 21 años de edad, y Woody Allen, de 32.

Y el día de Navidad de aquel año salió también en el programa de Mike Douglas y, sentada al piano, cantó a dúo con Frankie Valli una versión de 'That's Life', de Frank Sinatra. Valli, el soberbio cantante de los Four Seasons y discípulo del gran Jimmy Scott, casi se cae de la silla. La potencia de Aretha lo dejó sin habla.

El 28 de diciembre, en la edición de *Jet* de resumen del año, en la columna de Charles Higgins «People Are Talking About», se publicó lo siguiente:

«Aretha Franklin le cuenta a sus amigos que ya no necesita casa porque se acaba de comprar una preciosidad de cuatro habitaciones, valorada en unos 60.000 dó-

lares y situada en el exclusivo Northwest Side de Detroit...
su marido, Ted White, le ha comprado un maravilloso
miniabrigo de visón. Así que esto es lo que pide: "Me gustaría que Papá Noel me trajera un poco más de amor"».

«El mundo entero le profesaba un amor enorme a mi
hermana», concluía Erma, «pero ese amor cuando llegas
a casa, el que necesitas para seguir adelante, continuaba
ausente. Tenía más éxito como cantante que nunca, pero
eso no le había privado de la tristeza por completo».

15
AQUEL AÑO CLAVE

En 1968, año de la ofensiva del Tet en Vietnam, de las revueltas en las calles de Estados Unidos, del asesinato de Martin Luther King, de los disturbios raciales y de la violencia en la Convención Demócrata de Chicago, Aretha Franklin se convirtió, a los 26 años, en la artista musical más relevante del país. Con todo, según coincidían sus hermanos, su mánager, su productor y su promotora, cada vez se sentía más desgraciada.

«Aretha estaba en una encrucijada», decía Carolyn. «No sabía cómo sobrevivirse a sí misma. Hizo una versión de una canción de Ronnie Shannon, que había escrito también 'I Never Loved a Man', en la que decía: "I just can't see myself leaving you" [no me veo dejándote]. Además, grabó otra canción, escrita por ella, llamada 'Think'. El título era de Ted, pero no había aportado nada más. Simplemente, seguía con ella cuando la escribió a solas. En la canción le dice que piense lo que le está haciendo y pide a gritos más libertad. Cantó 'Think' con más energía que nunca».

«Estoy convencido de que 'Think' se refería a ella en lo personal», decía Wexler. «Pero también tenía un alcance cultural, los jóvenes diciéndole a la clase dirigente que pensaran en lo que estaban haciendo; los negros diciéndoles a los blancos que pensaran lo que estaban haciendo. La canción se dirigía a todo el mundo y, como 'Respect', se convirtió en una vía por la que Aretha se erigió en portavoz de su generación».

'Think' formaba parte del disco *Aretha Now*, el cuarto con Atlantic, que salió en la primavera de 1968

El invierno anterior, acompañada por las cantantes de Sweet Inspirations en minifalda, interpretó 'Chain of Fools' en el programa de Jonathan Winters.

Billboard publicó que en Inglewood (California), el 23 de enero «Aretha Franklin dio el primer concierto que ha acogido el Forum, la instalación deportiva que costado 16 millones de dólares». El artículo añadía que, curiosamente, abrió la actuación con 'There's No Business Like Show Business', un rescate de su repertorio en Columbia.

«No teníamos nada que ver con sus conciertos», decía Wexler. «Eso era su terreno exclusivo. Tenía días mejores que otros, pero, cuando el concierto le salía bien, la velada era memorable. En mi opinión, no todo le salía perfecto porque le fallaban algunos aspectos, y no me refiero solo a sus vestidos, en ocasiones estrafalarios, sino también a algunas de las canciones que incluía. Recuerdo que una vez le dije, con toda la delicadeza posible, que igual en aquellos turbulentos años 60, los temas del estilo de Judy Garland y Al Jolson no tenían ya tanto sentido. Me miró como si estuviera loco. No me lo dijo, pero se notaba que pensaba: "Tú encárgate de los discos, que los conciertos son cosa mía"».

Siguieron llegando los reconocimientos.

El alcalde de Detroit, James Cavanagh, asistió el 16 de febrero a su concierto en el Cobo Hall para declarar que institucionalizaba el «Día de Aretha Franklin». Asistió en persona Martin Luther King, que mencionó su apoyo a su organización.

Aretha no se esperaba la aparición de King. Fue la última vez que lo vio con vida.

Esa misma noche, tres revistas de la industria musical, *Record World*, *Billboard* y *Cash Box* la nombraron «cantante femenina del año».

«Creo que ahí es cuando se le subió a la cabeza lo de ser reina», decía Erma. «Pero es normal, le llegaban premios y reconocimientos de todas partes, de entidades del mundo entero. Tanto homenaje te acaba afectando».

«Los premios la hacían cantar aún más fuerte», decía Cecil, que también estaba en aquel concierto. «Llegó como artista a otra dimensión. Jamás en la vida he visto, ni en la iglesia ni en ningún concierto, a la gente gritando tanto como esa noche en el Cobo. Cuando cantó "Respect", resucitaron hasta los muertos para unirse en una fiesta por todo lo alto.

»Nuestro padre estaba, obviamente, muy orgulloso. Tras el concierto, se reunió con Martin Luther King, que le hablaba de que en Menfis dos empleados de la basura murieron aplastados porque el camión estaba en mal estado. Los trabajadores del sector operaban en unas condiciones laborales penosas y el sindicato llamó a la huelga. Martin Luther King le dijo a mi padre que lo necesitaba para librar la siguiente batalla importante en la reivindicación de los derechos civiles. Mi padre le dijo que contara con él y, de hecho, fue en marzo a Menfis para apoyarle».

El reverendo Franklin estaba en Detroit el 4 de abril, el día en el que Martin Luther King fue asesinado en el balcón del motel Lorraine.

«Me llamó mi padre para darme la noticia», me comentó Cecil. «No sé quién se lo comunicó a él, pero lo primero que hizo fue llamar a Aretha, aunque no la había localizado. Aretha estaba de lleno en la peor etapa de su relación con Ted. Por si fuera poco, seguían llegándole ofertas profesionales desmesuradas. Tenía pensado hacer una inmensa gira por Europa. A mi padre le preocupaba cómo le sentaría la noticia. Tras llamarla varias veces, me pidió que viera si podía dar con ella. Cuando hablé con ella, ya se había enterado y estaba conmocionada. Era la cantante favorita de Martin Luther King y sé que él habría querido que ella cantara en su funeral. Le dije: "Aretha, esto es mucho para ti. Si no puedes, no te preocupes". "No, Cecil", me contestó. "Si me lo piden, cantaré. Tengo que hacerlo". Y cantó, por supuesto».

Aretha fue al funeral en Atlanta en un vuelo chárter. Cuando le pregunté por el funeral, no lo recordaba muy bien, no se acordaba siquiera de la canción de Mahalia Jackson que había interpretado. Lo único que recordaba era que Gladys Knight & The Pips le pidieron ir en su vuelo porque no encontraron billete en un vuelo regular. Se acordaba de que fueron con ella y que no le dieron las gracias. Se le quedó tan grabado ese gesto que lo incluyó en su autobiografía.

«Todos tenemos nuestra manera de gestionar el dolor», decía Cecil. «Lo que hace Aretha en esos casos, es centrarse en detalles nimios que le resultaban ofensivos. Es su forma de sobrellevar un dolor intenso. Tras el funeral, y con todo el lío que llevaba entonces, pensé que igual cancelaría una sesión de grabación que le había organizado Wexler en Nueva York con una gran orquesta de jazz y la gira posterior por Europa. A lo mejor era demasiado, pero no, siguió adelante con Ted y con el séquito de músicos, mánagers y gente de la gira.»

Antes de empezar las sesiones de estudio y la gira, firmó un nuevo contrato con Atlantic. Wexler lo convirtió en un acontecimiento mediático de primer orden. *Billboard* publicó lo siguiente: «Aretha Franklin y Atlantic Records han cerrado un contrato nuevo, pese a que todavía les quedaban varios años de vinculación profesional. En el almuerzo celebrado en el hotel St. Regis para celebrar el acuerdo y el principio de la gira europea, Jerry Wexler, vicepresidente ejecutivo de Atlantic, señaló que Franklin estará en óptimas condiciones contractuales, de las mejores otorgadas jamás a una artista musical, pero que sería "de mal gusto" revelar las condiciones económicas. Franklin fichó por Atlantic en octubre de 1966 y lanzó su primer sencillo en febrero del año siguiente. Desde entonces, cinco de sus singles han superado el millón de copias vendidas, y uno de sus discos ha generado ventas por encima del millón de dólares. El pasado año recibió todos los premios de la industria discográfica».

Wexler prosiguió con su campaña a bombo y platillo por los medios. Dijo en *Jet* que el contrato era «el más importante firmado por un artista en la historia de la industria musical». El artículo de la revista proseguía matizando que «no obstante, se ha negado a revelar la cifra del contrato, aunque superaba el millón de dólares».

Durante dos días de abril, Aretha estuvo en los estudios de Atlantic en Nueva York para empezar lo que Wexler denominaba «su primer disco de jazz de verdad». La idea era sencilla, emular el famoso disco *Genius of Ray Charles*, grabado en Atlantic en 1959 y en el que Charles actuaba con una big band como las de Count Basie, y con miembros de la orquesta de Basie.

«Había que evitar el encasillamiento», explicaba Wexler. «Aretha era una artista tan buena en jazz como en góspel, blues o R&B, y quería que se enterara todo el mundo. Habíamos grabado un montón de canciones buscando siempre el single de éxito. Esta vez sería distinto: quería que estuviera al frente de una gran orquesta».

«Tuve el honor de escribir los arreglos», decía Arif Mardin, «y tomé como referencia a Ernie Wilkins, para mí, el mejor orquestador de Basie. Tenía a Tommy Dowd de coproductor con Jerry».

«Jerry me dio manga ancha para encargarme de la logística», me contó Dowd. «Nos salió un buen trabajo. Ambos le dimos varias ideas a Aretha, pero al final elegía ella las canciones. Metió temas de Smokey Robinson, Percy Mayfield y Sam Cooke. Tenía un gusto exquisito. Me llamó la atención que lo primero que quisiera grabar fuera 'Today I Sing the Blues', porque era una canción de su primer disco en Columbia. "No me salió bien entonces", me dijo. "No le hice justicia a ese tema". Bueno, cuando se encargó Arif de los arreglos, quedó reparada la injusticia».

David Fathead Newman, el magnífico saxofonista que había estado desde el principio en la banda de Ray Charles, tocó en *Genius of Ray Charles* y en esas sesiones de jazz con Aretha.

«Pensaba que el disco de Ray era una de esas experiencias que solo se viven una vez, pero con Aretha logré una experiencia de las que se viven dos veces», explicaba. «Como Ray, llegaba y lo dominaba todo. Ya sé que Wexler y Tommy figuran como productores, pero quien estaba al mando de todo era Aretha. Sabía dónde quería meter cada nota. Si la tercera trompeta estaba desafinada, lo detectaba al instante. Si la sección rítmica no la seguía, echaba un cable. Emanaba toda la energía, ya fuera sentada el piano o de pie frente al micro. No necesitaba más de una o dos tomas. Nos obligaba a tocar al máximo. Joe Newman, Ernie Royal y Snookie Young, músicos de Basie que habían tocado en el disco de Ray, habían estado con un montón de gente, como Jimmy Rushing, Joe Williams o Arthur Prysock. Sin embargo, se sentían pequeños en presencia de Aretha, igual que decían que Miles y Dizzy se sentían minúsculos ante Charlie Parker. Recuerdo que, al terminar 'Today I Sing the Blues', Joe Newman movía la cabeza y me decía en voz baja: "Tío, esta colega es increíble, si me diera un ataque aquí mismo, me moriría feliz"».

'Today I Sing the Blues' se grabó el 17 de abril.

«Queríamos registrar, por lo menos, dos o tres canciones cada día», comentaba Wexler. «Así nos ahorrábamos dinero. No obstante, después de este primer tema, Aretha se fue. No dio ninguna explicación, se largó sin más».

Regresó al día siguiente para grabar la majestuosa 'The Tracks of My Tears', de Smokey Robinson, que había sido un gran éxito de Smokey y sus Miracles en 1965.

«No parecía la mejor elección para una orquesta de jazz», decía Arif, «puesto que se trata de una canción de rhythm and blues, pero Aretha insistió en que encajaba perfectamente. Me dio unas indicaciones para armonizar los metales y construir el estribillo. Aunque no sabía leer una partitura, era una gran arreglista. Tenía todos los sonidos en la cabeza y me limité a aplicar lo que me había dicho».

El plan era concluir el disco antes de la gira europea, pero no pudo ser porque, sin más explicación, Aretha canceló el resto de sesiones previstas para abril.

«No las teníamos todas con lo de que se fuera a Europa», decía Carolyn, «pero sí, se presentó en el aeropuerto. Yo estaba feliz de ir con ella como corista. Llegamos a París a principios de mayo, y Aretha recobró la alegría al instante. París estaba preciosa, esa ciudad era lo más. Siempre ha estado muy presente en mi hermana, francófila desde pequeña. A lo largo de su vida, en varias ocasiones se ha puesto a estudiar francés, le encanta la cocina y la moda del país. Actuar en el Olympia era su sueño. El público de París la veneraba. Atlantic grabó un disco en directo. El único problema era el grupo, que no lo había reunido Wexler sino Ted. A aquel grupo le faltaba la intensidad de los músicos que había tenido en el estudio. Aquello supuso un conflicto más entre Aretha y Ted, ya que le reprochó haber contratado a músicos poco adecuados que desmerecían sus canciones. La pelea fue a peor, aunque el público llenaba cada vez más las salas donde actuaba».

En Londres, Aretha salió por ahí con Ahmet Ertegun subida en su Rolls Royce, con chófer incluido.

«A Aretha le caía muy bien Jerry Wexler porque era muy fan de ella, aparte de un excelente productor y un tipo sin pretensiones que sabía sacar discos de éxito», opinaba Carolyn. «Pero creo que sentía una conexión especial con Ahmet porque era muy sibarita. Pertenecía a la realeza europea. Nos llevó a sus exclusivos clubs privados y a las tiendas más caras de Carnaby Street, donde solo entrabas con cita previa. Estaba a la última en todo. Iba vestido de manera impoluta y como si tuviera audiencia con la reina de Inglaterra. Nos llevó a una zapatería donde le hacían los zapatos a medida y nos dijo que tenía más de sesenta pares. Yo no conocía a ninguna mujer que tuviera tantos. La mujer del zapatero le diseñaba bufandas de cachemira y Ahmet nos compró seis a cada una con diferentes tonos pastel. Fue un día maravilloso. Esa noche vino al concierto en el Finsbury Park Astoria, donde apareció Lou Rawls para cantar un tema a dúo con Aretha».

El concierto que se filmó en Suecia, al que asistieron el príncipe Carlos Gustavo y la princesa Cristina, se abrió con 'There's No Business like Show Business', seguida de 'Come Back to Me'. El público parece extrañado porque esperaba un concierto de soul, no un musical de Broadway. Sin embargo, al cantar el 'Satisfaction' de los Rolling Stones, la gente se viene arriba. Solo es su segundo año en Atlantic y Aretha ya tiene repertorio de sobra como para ir cambiándolo en cada concierto y darle al público lo que quiere. Se sienta al piano e invoca el espíritu del 'Dr. Feelgood' con una fuerza sobrenatural.

En el concierto celebrado después en el conocido como «El Legendario Concertgebouw» de Ámsterdam, Ted permitió la grabación en el camerino de una breve entrevista antes del espectáculo. Aretha parece ahí agobiada, tremendamente tímida y con dificultad para expresarse. Contesta las preguntas con una o dos palabras y una vocecilla de niña. Cuando el periodista le pide que explique el fulgurante ascenso de su carrera, simplemente dice: «Atlantic Records». Un Ted White muy arreglado contempla desde el fondo la entrevista. Al salir de camino al escenario, el promotor se abre paso entre la multitud. Los fans quieren tocarla, le muestran carátulas de sus discos, gritan histéricos. Algunos intentan subir al escenario. La seguridad no da abasto. Aretha se muestra asustada. Ted está en el escenario con ella, dispuesto a contener al público a empujones. Luego, al sentarse al piano para ejecutar una interpretación espectacular de 'Good to Me As I Am to You', los fans la rodean, sentados a muy escasa distancia. La escena resulta desconcertante y solo cuando abre la boca para cantar es cuando controla por completo la situación.

Wexler lo comentaba con matices. «Entonces no estaba al máximo», decía sobre el disco en directo *Live in Paris*, editado a partir del concierto en el Olympia. «No está muy coordinada con la banda. Cada uno va por su lado, se pierden y se esfuerzan por dar con el ritmo. Claro que ella estaba muy contenta por actuar por primera vez en Europa, y que debió de alucinar al ver el alcance internacional de su éxito, pero cuando la música no sale perfecta, Aretha no está perfecta. Como le pasaba a Ray Charles, es capaz de escuchar cada nota que toca cada uno de los músicos. Y cuando un músico se equivoca, y pasó mucho, le suena como una tiza que chirría en una pizarra. Le duele. Regresó a casa fastidiada. Ahí estaba la artista más importante de nuestra era actuando en Europa con una banda más propia de una cantante de blues de tercera en garitos de mala muerte en el culo del mundo (Luisiana). Era para mosquearse».

Aretha pensaba de otra manera. Con una banda buena o mala, había conquistado Londres, Fráncfort, Estocolmo, Róterdam, Ámsterdam y París.

Cuando volvió a casa a finales de mayo, su último lanzamiento, 'Think', escalaba a lo más alto de las listas de éxito. La crítica celebraba *Lady Soul* como su mejor disco.

Hizo un hueco en la agenda para acompañar a su padre en la primera Conferencia Sur de Liderazgo Cristiano desde la muerte de Martin Luther King, donde actuó en su memoria.

Esas semanas también accedió a someterse al *Test a Ciegas* con el crítico de jazz Leonard Feather para la revista *DownBeat* y en el que el entrevistado tiene que reconocer los discos que le ponen. Aretha acierta el nombre de Sam & Dave, Peggy Lee, Nancy Wilson y Esther Phillips, pero no identifica a Marlena Shaw y, curiosamente, confunde a Barbra Streisand con Diahann Carroll.

Su próxima aparición en la prensa sería la más importante de su carrera.

«Cuando nos enteramos que la revista *Time* la había elegido para su portada», señalaba Cecil, «nos pareció el mejor reconocimiento posible. En esa portada habían salido presidentes, primeros ministros y premios Nobel. Aretha recordaba que Barbra Streisand también había sido portada de *Time*, la misma Barbra que había empezado en Columbia por la misma época que ella. Como efecto publicitario, era la joya más valiosa de su corona. También constituyó un tremendo bochorno del que tardó años en recuperarse. De hecho, no sé si alguna vez lo superó».

El reportaje que salió publicado el 28 de junio citaba declaraciones que ella consideraba inexactas o sacadas de contexto. Por ejemplo, según *Times*, una vez había dicho que «puede que tenga 26 años, pero soy una señora mayor disfrazada: tengo 65 años que parecen 26».

Tampoco le agradó la imagen que se ofrecía de su padre, en su opinión, poco respetuosa. El artículo mencionaba que «su Cadillac, los alfileres de diamantes y los zapatos de piel de cocodrilo de 60 dólares certifican el éxito de su labor pastoral». También se hacía referencia a sus problemas con Hacienda. Se describía al reverendo de 51 años como un «adulador de aspecto imponente que nunca permite que sus apelaciones espirituales frenen sus ansias de diversión».

Le enojó la insinuación de que su madre los había abandonado a ella y a sus hermanos y que Ted White fuera «un liante de barrio» que la había «maltratado en público en el hotel Regency Hyatt de Atlanta».

Sin embargo, lo que peor le sentó fue el retrato general que se hacía de ella. *Time* la presentaba como una mujer «que duerme hasta la tarde, se levanta y se queda embobada viendo la televisión, fumando Kools sin parar y picoteando comida de forma compulsiva».

Se citan unas palabras de Cecil: «Aretha lleva los últimos años sin ser Aretha. Se pueden ver destellos de ella, pero luego vuelve a recluirse en su mundo».

Antes del reportaje de *Time*, Aretha ansiaba salir en todos los medios: a mayor presencia en la prensa, mayores ventas de discos. Pero de repente descubrió que los reportajes en profundidad podían mostrar aspectos poco favorecedores y la pilló a contrapié. Estaba acostumbrada a piezas breves en *Billboard*, *Downbeat*, *Ebony* y *Jet*. Se creía que *Time*, ya que la sacaban en portada, se limitaría a besarle los pies.

«El golpe fue fuerte», afirmaba Ruth Bowen. «Supuso un punto de inflexión para ella. No volvería a fiarse de la prensa. Tardó en volver a conceder una entrevista. Se le agravó uno de sus temores, el de que salieran a la luz sus secretos. Lo comenté muchas veces con ella. Yo le decía que todo el mundo tiene problemas y que muchas mujeres pasan por relaciones difíciles, caen en el alcohol y que no pasa nada, no hay que avergonzarse, que así es la vida. Pero Aretha, bendita sea, no quería que la vieran como una mujer normal. Es muy celosa de su imagen y cuando *Time* echó esa imagen por tierra, se puso como loca. Decía que iba a ponerles una demanda. "¿A santo de qué?", le pregunté. "No ha habido injurias ni calumnias, únicamente se trata de un artículo que refleja cómo te ve el periodista y lo que hace es valorarte como artista". A ella la convencí, pero a Ted, no. Demandó a *Time*, si bien de muy poco sirvió. Lo irónico es que Ted estaba enfadado porque lo describían como un marido que pegaba a su mujer cuando todos los que teníamos información de primera manos sabíamos que era rigurosamente cierto».

«No había manera de consolarla», decía Erma. «Estaba segura de que el artículo de *Time* acabaría con su carrera. El tema es que nada le arruinaría la carrera mientras siguiera encadenando éxitos. El reportaje salió publicado en primavera, casi al mismo tiempo que su nuevo hit, 'Think'. Aquel verano la invitaron a un montón de programas de televisión. Salió en el programa de Johnny Carson, lo que demostraba que lo de *Time* no había sido para tanto. De hecho, sucedió lo contrario, aumentó el interés del público por escuchar sus discos y verla en directo. Aumentó el caché, aunque se quedó con el orgullo herido y no paraba de hablar de las mentiras de la revista *Time*. Quería que la gente creyera que tenía un matrimonio perfecto».

El artículo de Ed Ochs en el *Billboard* del 13 de julio confirma lo que sostiene Erma. Le dijo al periodista que, aparte de firmar un nuevo contrato con Atlantic, había renovado también a su marido como mánager personal, afirmando que «hasta hoy no hemos tenido ningún problema serio».

Tras salir en Johnny Carson, tocó en el nuevo Madison Square Garden de la Octava avenida ante 21.000 asistentes. Wexler estuvo en ese concierto.

«Acababa de volver de un encuentro de la industria musical en Miami, adonde había acudido en nombre de Aretha para recibir un premio», recordaba Wexler. «Al llegar, el viaje placentero se convirtió en una pesadilla. Unos elementos gansteriles se habían apoderado del movimiento del "black power" en la industria. Durante el banquete oficial, King Curtis me dijo: "Vámonos de aquí. Te han metido en la lista negra". King me sacó del sitio escoltado. Después pusieron un muñeco ahorcado que simulaba ser yo. Phil Walden, el mánager blanco de Otis, recibió amenazas de muerte. A Marshall Sehorn, el publicista blanco, le golpearon con la culata de una pistola. El ambiente daba pánico.

»Cuando llegué a la seguridad relativa de Nueva York, no sabía cómo darle las gracias a King Curtis. Me propuse convencer a Aretha para ficharlo como director musical de sus conciertos, no solo por haber demostrado ser un fiel aliado mío, sino porque era el mejor para ese puesto. King era un músico consumado, un tenor cojonudo al que se le daban de perlas tanto el jazz como el R&B. El obstáculo era Ted White, que ya tenía a su hombre encargado de eso. Puenteé a Ted y acorralé a Aretha: "King Curtis lo hará mejor que nadie", le dije. "Lo sabes tan bien como yo. King te dará en directo el ritmo que necesitas".

»Pese a que nunca reconoció que yo tenía razón cuando decía que su grupo era de tercera división, al final aceptó pasarle la batuta a King. De inmediato, sus conciertos, empezando por el del Madison Square Garden, empezaron a sonar tan afinados como los discos. El cambio también me dio la señal de que Ted estaba perdiendo su influencia. Hacía tiempo que los indicios eran claros. Sabía que no tardaría en deshacerse de él».

«Aretha no aireaba sus relaciones íntimas», decía Erma. «Ni siquiera nos hablaba de eso a nosotras, o quizá a sus hermanas menos aún, ya que alguna vez habíamos peleado por los hombres. No obstante, tras el artículo de *Time*, empezó a llamarme más y quería pasar más tiempo conmigo. Yo había firmado un contrato nuevo con Brunswick Records. Aretha me ayudó mucho, porque, aparte de que su fama me sirvió de trampolín, se implicó personalmente. Me recomendó que hiciese una versión de 'You Don't Have the Right to Cry', de Carole King y Gerry Goffin. Pensó que si ella había triunfado con su 'Natural Woman', yo podría hacer lo mismo con esa canción. También me ayudó a poner la voz y los coros en los momentos justos. Evidentemente, me llevé una decepción cuando no la pusieron mucho en la radio pero, por otro lado, estaba contenta por la ayuda de mi hermana. Y cuando se alejaba de Ted, se acercaba a la familia. Sabíamos que soportaba una enorme presión y saltaba a la vista que estaba ganando peso. Aretha come mucho cuando está mal, se pasa con la comida. También se emborrachaba más que nunca».

El 22 de agosto, *Jet* publicó la preocupación por los problemas de peso de Aretha. «En un concierto reciente en Chicago, muchos se quedaron sorprendidos al ver lo que había engordado desde la última vez».

En la misma revista se contaba también lo que había sucedido en el Red Rock Amphitheater de Denver. Tras las actuaciones de algunos grupos locales, Aretha salió al escenario y, según el portavoz de la policía de Denver, «le indicó al público que reclamara el dinero de la entrada porque no había firmado el contrato con el productor del concierto y no iba a cantar». Los fans enloquecieron, destrozaron algunas instalaciones del recinto y hubo tres detenidos.

«Aquel verano fue un infierno», decía Ruth. «Yo le gestionaba la contratación de conciertos con el visto bueno de Ted, pero éste desapareció y Aretha intentó hacerse cargo en persona. Fue un desastre, no se le dan bien esas cosas. Tampoco es raro, los artistas no son buenos en temas de gestión. Pero es que además se fía de poca gente y llegó un momento en que no se fiaba de nadie. Llamaba a Cecil, pero él no estaba al corriente de los planes concretos que se habían hecho antes, con lo que el lío estaba montado. Me despidió varias veces ese verano, aduciendo que otros promotores le ofrecían más dinero. En realidad, en su cabeza se había imaginado un caché más alto y, en más de una ocasión, se negó a cerrar algún concierto por no llegar a sus cifras imaginarias».

Cuando cantaba en el estudio, con todo, seguía dando muy buenos resultados. A finales de agosto, tenía dos canciones en las listas de éxitos, grabadas ambas en abril. 'The House that Jack Built' [la casa que construyó Jack], una canción infantil convertida en lamento soul, parece una metáfora del derruido matrimonio de Aretha. —la casa que construyó Ted se viene abajo—. La segunda, aún más potente e igualmente única, es una versión de 'I Say a Little Prayer', de Burt Bacharach y Hal David, un temazo que ya había llegado al número 4 el pasado mes de diciembre.

«Le comenté a Aretha que sería mejor no grabarla», decía Wexler. «Por dos razones. La primera es que no parecía muy inteligente hacer una versión de una canción que había triunfado únicamente tres meses antes. Lo ideal es dejar pasar de ocho meses a un año, es lo habitual. Aparte de eso, la melodía de Bacharach, que era preciosa, encajaba muy bien en una voz ligera como la de Dionne Warwick, que carece de los recovecos oscuros de las emociones que definen la voz de Aretha. Y la letra de Hal David era muy de niña, y carecía de la seriedad necesaria para Aretha.

»Normalmente, seguía los consejos que le daba en el estudio de grabación, pero esta vez no me hizo caso. Le habían escrito unos arreglos vocales para 'The Sweet Inspirations' que le añadían mucha potencia. Cissy Houston, prima de Dionne, me dijo que Aretha había dado en el clavo al darle un enfoque nuevo a la canción y encontrarle un nuevo ritmo. Cissy le daba la razón de Aretha, al igual que Tommy Dowd y Arif, de modo que tragué. La sección rítmica de Muscle Shoals (Spooner Oldham, Jimmy Johnson, Roger Hawkins, además del maestro del funk Jerry Jemmott) se pusieron de su parte. Me limité a escuchar lo que iba a salir de ahí. Me encantó. Consiguió que temblaran hasta las paredes, pero pensé que no sería un éxito. Pues me equivoqué por completo, estuvo tres meses en las listas. Había hecho lo mismo que con el 'Respect' de Otis, se había apropiado de la canción de los cojones. La había reelaborado, con el sonido reestructurado, y había convertido un tema inocente en una canción seria e inquietante».

«Con todo lo que me gusta la versión original de Dionne», me confesó Burt Bacharach, «no cabe duda de que es mejor la de Aretha. Le dio a la canción mayor profundidad. La suya es la versión definitiva».

Fuera del mundo musical, siguió con su intensa agenda de actos sociales. El 26 de agosto, Aretha abrió la Convención Nacional del Partido Demócrata en Chicago con una interpretación del himno.

«Me dio mucha grima», decía Wexler. «La orquesta no estaba afinada y Aretha hizo lo que pudo, pero no fue su mejor interpretación».

«A Ted ya lo había mandado a freír espárragos», decía Cecil, «y me pidió que la acompañara a aquella convención. En casa somos demócratas de toda la vida, así que para Aretha era normal asistir. Ella sigue la política, pero no tanto como nuestro padre o como yo mismo. Teníamos la misma opinión que Martin Luther King, compartíamos la oposición a la política de Johnson en Vietnam e intuíamos que su sucesor Humphrey no pensaba cambiar. Nosotros preferíamos a Robert Kennedy, y si no lo hubieran matado en junio, lo habríamos apoyado en la convención.

»Aquello fue un caos. Había manifestantes por todas partes, parecía un campamento militar. El ambiente no contribuía a darle tranquilidad a Aretha, que también tenía lo suyo. Ted no se había ido por las buenas porque llevaba siete u ocho años viviendo de ella y no iba a ponerlo fácil. La familia (nuestro padre, Erma, Carolyn, mi esposa Earline y yo) le hicimos de muro de protector, no consentiríamos que se le acercara Ted. Llamamos a nuestros abogados y pedimos una orden de alejamiento. Había dado el paso, había decidido por fin apartar a aquel hombre de su vida y nosotros la defendíamos a muerte. Quedaba por ver si sería capaz de seguir adelante sin él pero, por lo pronto, Ted ya no estaba. Le dio más a la botella pero bueno, hay que resolver los problemas paso a paso. Nos fuimos a dar una gira breve por Latinoamérica y de repente me convertí en su mánager».

«Fue un alivio ver que Cecil sustituía a Ted», decía Ruth Bowen. «Llevaba tiempo abogando por un cambio similar porque, aparte de los malos tratos, Aretha no confiaba de verdad en la gestión de Ted, jamás se fio de nadie que no fuera de su familia. Yo estuve muy cerca de ella y hubo veces en que me acusó de esconderle o hacerle perder dinero. Por otra parte, Cecil era un tipo brillante y aprendió en seguida los resortes del nuevo trabajo. Trabajamos codo con codo para encarrilar la carrera de Aretha, para que volviera al estudio y a las giras, y para que dejara el alcohol. Nos costó lo suyo».

En *Billboard* apareció la siguiente noticia: «El hermano de Aretha Franklin, el reverendo Cecil Franklin, pasa a ocupar las labores de mánager en lugar de Ted White, marido de la cantante. El cambio se debe a la ruptura de Aretha con su marido, que había empezado a gestionar su carrera musical desde antes de casarse con ella hace cinco años. Sin embargo, White afirma que todavía tiene contrato vigente con la Srta. Franklin. El reverendo Franklin, que acompañó a su hermana por su exitosa gira por Sudamérica, trabaja de asistente para su padre en la iglesia baptista New Bethel de Detroit».

«De camino a Caracas, se produjo un hecho que le escondí a la prensa», decía Ruth. «Al subir al avión, Aretha empezó a vomitar por el alcohol que se había tomado. Entonces le marqué un límite de dos copas al día, a lo que se opuso. "Mamá Oca", me soltó, dirigiéndose a mí con su mote, "no soy tu hija y beberé lo que me dé la gana". Al final del vuelo llevaba tal borrachera que se encerró en el baño para que no la vieran. Al cabo de un rato largo, la azafata fue a verla y empezó a golpear la puerta, diciéndole que volviese a sentarse para el aterrizaje. Aretha no respondió y el piloto decidió aterrizar. No fue un aterrizaje suave, y me imaginé que Aretha se habría llevado más de un golpe en el baño. Al abrir la puerta, salió con unos ojos que me revelaron dos cosas: que lo había pasado mal en el aterrizaje y que estaba borracha como una cuba. Vi por la ventanilla que había una nube de periodistas en la pista. Como no iba a dejar que la entrevistaran en ese estado, con la ayuda del piloto, llamamos a una limusina para que nos recogiera nada más bajar por la salida trasera. La metí en el coche y salimos de allí. Un minuto después, estaba durmiendo la mona. La prensa sudamericana se sintió ofendida y se publicaron un montón de barbaridades. Sin embargo, visto lo visto, era mucho mejor eso que haber contado que la Reina había llegado en completo estado de embriaguez».

Al regresar de Latinoamérica, Aretha volvió a los estudios de Atlantic en Manhattan para terminar el disco de jazz. A lo largo de cuatro días, a finales de septiembre, grabó diez canciones.

«Tengo en el recuerdo muchas sesiones de grabación memorables con Aretha», resumía Wexler, «pero aquella semana fue espectacular. Para empezar, Ted ya no estaba, gracias a Dios. Su ausencia le dio mayor libertad de movimientos. Ya en abril, cuando grabó los dos primeros temas del disco, le había encantado aquel grupo, sobre todo en comparación con la banda cutre que le había metido Ted para la gira europea, y cuando volvió al estudio, todo fue sobre ruedas».

El álbum salió en enero de 1969 y se llamó *Soul '69*. Wexler lamentaba después la elección del título.

«Yo quería titularlo *Aretha's Jazz*», explicaba, «pero, en nuestra compañía, era Nesuhi Ertegun quien llevaba el jazz. Nesuhi y Ahmet pensaron que poner jazz en el título le quitaría ventas, ya que, en aquel momento, el mercado de Aretha era el pop. Yo quería poner lo de jazz porque el disco era eso, había que dejarlo claro. Los Ertegun se impusieron y nunca me ha gustado el título. Lo gracioso es que *Soul '69* es el mejor disco de jazz de Aretha».

«Es mi disco favorito de Aretha», opinaba Carmen McRae. «Ahí, haciendo frente a la sororidad de las cantantes de jazz, supimos que Aretha era de las nuestras. Recuerdo escuchar el disco en casa de Sarah Vaughan. Sarah es como yo, una persona muy crítica con la obra de otras chicas que pueden llegar lejos. Excepto en aquel caso. No paraba de alabar el estilo de Aretha al cantar 'Crazy He Calls Me'. Era su tema favorito y también pasó a ser el que prefería yo. Empieza tranquilo, con Aretha y un trío. Se toma su tiempo, cantándola de forma ortodoxa, hasta que cambia la letra para cantar "I say I'll go through fire, yes, and *I* will *kill* fire" [me enfrentaré incluso al fuego si hace falta y yo misma mataré al fuego]. La palabra "kill" la pone ella y te transporta a otro sitio. Tienes además el órgano de Joe Zawinul, a Kenny Burrell dándole un toque suave con la guitarra, y a Fathead susurrándole al oído. Para comprender la dimensión de su grandeza, está a la altura de Ella, Billie o Sarah. No canta, vuela».

«Cuando me comentó que iba a versionar 'Gentle on My Mind', tenía mis dudas», decía Wexler. «Era una especie de country de Glen Campbell y no le veía traducción posible a una orquesta de jazz. Pero entre ella y Arif le dieron forma. Le puso un ritmo tremendo. Aparece Aretha con la introducción al piano, dirigiéndose a los coros, entreverando el ritmo con el bongó y conduciendo a sus tropas a la victoria. Quedó tan bien que lo lanzamos como single».

Aretha cada vez salía más en la televisión. A principios de noviembre, fue la estrella invitada al programa de variedades *The Hollywood Palace*.

El presentador fue Sammy Davis Jr., con un atuendo africano recubierto de medallones de oro. Aretha aparece fornida con una bata amarilla sin mangas. El diálogo que mantienen resulta incómodo, con Sammy, el artista de la vieja escuela, con unas ganas locas de parecer guay, preguntándole a Aretha por el sentido del soul, mientras cantan a dúo de manera descoordinada 'Think', 'Respect' y 'What I'd Say'.

Eso fue la misma semana en que Nixon salió elegido presidente.

El año no concluyó bien. Tras una mala caída en Hawái, Aretha fue ingresada en un hospital de Detroit para atenderle por una lesión grave en la pierna. Según *Jet*, a la semana siguiente fue a juicio por «conducción temeraria y conducir el Cadillac Eldorado con el carnet caducado. Ella niega los cargos, también el hecho de que un policía hallara una botella de alcohol bajo el asiento delantero».

«A la hora de negar la realidad, no se cortaba», decía Ruth Bowen. «No quería que le dijeran que tenía un problema con la bebida. Daba igual el número de caídas, de multas y de los malos conciertos por culpa del alcohol. Se sentía protegida por su talento: incluso borracha, cantaba mejor que el 99% de cantantes. La mayoría no se daba cuenta. Por ejemplo, en octubre dio dos conciertos en el Philharmonic Hall de Nueva York con el público de pie y gritando. En uno de esos conciertos, su padre salió al escenario a entregarle un disco de oro por *Lady Soul* y otro por el single *Say a Little Prayer*. Todo de color de rosa. Tenía el mundo a sus pies y nadie diría lo de la bebida. Pero un alcohólico de verdad, y Aretha lo era, siempre va a peor y Aretha Franklin, con toda su grandeza, no evitaría que le pasara factura».

A finales de 1968, estaba exhausta. Había disfrutado de un triunfo intenso, además de sufrir reveses igual de intensos. Bebía sin freno. Su popularidad no conocía límites y eso le exigía cada vez más.

«No creía que pudiera aguantar el ritmo», decía Ruth Bowen. «Pero, por otro lado, no le quedaba otra. Era una artista y los artistas se deben a su público».

16
LLENA DE CAPRICHOS

Dennis Edwards, el poderoso tenor proveniente del góspel y cantante principal de los Temptations, me contó un encuentro que tuvo con Aretha a finales de los años 60. La charla tuvo lugar en 1985, tras un concierto suyo en Los Ángeles. Había dejado a los Temptations para emprender su carrera en solitario. Su tema «Don't Look Any Further», un dúo con Siedah Garrett, se convirtió en un tremendo éxito de R&B.

«Conocí a Aretha en Detroit, cuando tenía la casa en Sorrento Drive», decía. «Ted White ya no estaba con ella. No sé si se habían divorciado de manera oficial, pero ya no estaban juntos. Fui a su casa con el grupo para mostrarle unas canciones y ver si cantaba con nosotros. En aquel entonces, éramos muy guapos. David Ruffin se había ido del grupo y Norman Whitfield había compuesto unas canciones con sonido psicodélico y cantadas por mí: 'Cloud Nine', 'Runaway Child' y 'I Can't Get Next to You'.

»Hay que pensar que los Franklin y los Temptations nos conocíamos desde siempre. Conocía a Cecil, a Carolyn y había salido con Erma. Conocía a —y sentía respeto por— su padre y lo había visto en la iglesia con sus sermones. Éramos familia. Para mí, Aretha era miembro de la extensa familia de la Motown, y yo formo parte de la extensa familia del góspel. No obstante, aquel día me di cuenta de que tenía en mí un interés que iba más allá de la música. Yo no era hombre de una mujer, pero también había oído que ella no era el colmo de la fidelidad. La noté con ganas de jugar y me pareció bien. El problema era que yo me seguía viendo con Erma. Era una mujer increíble, divertida e inteligente, además de una cantante explosiva. No me parecía bien eso de estar con dos hermanas a la vez, puedes acabar muerto, y como Aretha era mucho más agresiva, le seguía la corriente».

«Aretha era muy posesiva con los hombres», me dijo Erma. «Tampoco es que yo pensara irme a vivir con él a un chalet con una valla de madera blanca. Sabía que no tenía precisamente fama de fiel, pero salíamos juntos, nos lo pasábamos bien, y no me gustó que Aretha no respetase eso. Apareció y se lo llevó».

Aretha tenía su opinión sobre aquello. Según ella, no había ningún compromiso en la relación de Erma con Dennis. El caso es que se pelearon. Un día que estaban cenando en casa de su padre, los reproches iban que volaban. Y también voló un vaso. Aretha recordaba que Erma le tiró un vaso a la cabeza.

«Estaba furiosa», decía Erma, «pero el vaso lo tiré contra la pared, no a ella. Ni siquiera le pasó cerca».

«Estaba allí esa noche», decía Carolyn. «Mi padre paró la discusión y les dijo que se fueran de la mesa. Se fueron a las habitaciones del piso de arriba, y quizás se pegarían un poco y se tirarían del pelo. No era nada raro en mis hermanas, a veces se atizaban, pero al día siguiente, como si nada. En el caso de Dennis Edwards, un tipo que trata así a las chicas, se lo llevó ella, pero apenas disfrutó del premio. Se creía que iba a mandar sobre él, pero Dennis se lo dejó claro bien pronto».

Aretha habló de aquello en sus memorias. Mencionaba el apartamento de Dennis el Lafayette, 1300, en el centro de Detroit, donde se presentaba sin avisar. Si Dennis no estaba, o si abría la puerta una de sus novias, Aretha entraba de todos modos y le esperaba. En una ocasión, cansada de esperar, montó una fiesta en el piso e invitó a unos amigos suyos. Dennis llegó después y no le hizo ninguna gracia.

«Aretha era muy caprichosa», me decía Dennis. «No era una novia fácil de llevar. Tenía sus cosas y exigía mucho. Era una estrella mucho más importante que yo. Joder, que era la Reina del Soul, y creo que a veces veía a sus novios como sus sirvientes. La quiero y le tengo cariño. Pero a mí no me va eso de ir detrás de una mujer. Se lo dije y reaccionó de una manera muy extraña. Se fue directa a un pequeño piano que tenía allí, se sentó y empezó a toquetearlo. No acabó ese día la canción pero, al cabo de un año más o menos, cuando escuché 'Day Dreaming', uno de sus mayores éxitos, caía en la cuenta. Trataba sobre mí».

Cuando Aretha regresó a los estudios de Atlantic en enero de 1969, su éxito del momento era 'See Saw', que estaba cerca de convertirse en disco de oro. En aquellas sesiones no grabó 'Day Dreaming', sino dos años después.

«Me dijo que había estado componiendo», recordaba Wexler, «y eso, por supuesto, era una buena noticia. Siempre la animaba a que viniera al estudio con canciones originales. No obstante, me comentó que no las tenía terminadas. Sabía que era mejor no presionarla. Con sus canciones se tomaba su tiempo. En aquella sesión hubo un poco de mal rollo porque yo estaba con el lanzamiento de un disco que había hecho con Dusty Springfield, titulado *Dusty in Menfis*. No le gustaba que trabajase con otras cantantes femeninas. Le comenté que Dusty era fan de ella y que no pretendía arrebatarle el trono. Aretha soltó la sonrisita pasiva que la caracteriza y que indica contrariedad. Para colmo, la canción más destacada del disco de Dusty era 'Son of a Preacher Man', un tema que se había escrito para ella y que yo le había dicho el año anterior que la grabara. Aretha se había negado porque la veía poco respetuosa hacia su padre y su parroquia. Ese argumento no tenía pies ni cabeza, pero no me hizo caso. Se mantuvo firme. Y ahora que triunfaba con la voz de Dusty, se notaba que estaba fastidiada.

»No era problema, grabamos cuatro canciones en una semana. La mejor era 'The Weight', el éxito de The Band de su disco *Music from Big Pink*, lanzado el año anterior. Aretha la escuchó y dijo que no entendía la letra. Le respondí que yo tampoco, pero que tenía un ritmo pegadizo y que le saldría clavada. También creía que teníamos que conquistar el mercado de los jóvenes hippies, a quienes les gustaba Jefferson Airplane pero también la música soul, de manera que no perdíamos nada por intentarlo».

Wexler tenía razón. En el primer trimestre de 1969, la versión de Aretha de 'The Weight' llegó al top 20 del pop y al número 3 en lo más vendido en R&B. Aun siguiendo la estela del funk renovado de Sly & The Family Stone, Aretha le imprimía su sello.

También fue a principios de 1969 cuando conoció a Ken Cunningham, un hombre elegante con quien pronto se iría a vivir.

«Jerry Wexler se había mudado a Miami y le decía a Aretha que fuera a grabar allí», decía Cecil. «Nos reservó una suite en el hotel Fontainebleau. Nos llevó en su barco para que lo pasáramos bien. Mi hermana aún estaba tocada por la ruptura con Ted. Estaba con los abogados metida de lleno con el tema del divorcio, que no estaba siendo fácil. No le apetecía el plan del barco de Wexler. Yo sí que fui. Wexler me trató de lujo. Cuando volví, Aretha me habló emocionada de un chico al que había conocido. Tenía una compañía llamada New Breeders, dedicada a la fabricación de ropa de estilo africano y zapatos, y estaba buscando inversores. Me lo describió como un hombre guapo que iba con dashiki y pelo afro. En aquel entonces, todo el mundo empezaba a ir así. Me preguntó mi hermana si quería conocerle y escuchar su propuesta de inversión, y le dije que por supuesto».

No se sabe muy bien si Aretha puso dinero en la compañía, pero de lo que no cabe duda es que sí invirtió sentimentalmente en Cunningham. Cuando se fue de Miami para volver a Nueva York, su nuevo compañero se embarcó con el equipo de la gira.

«Aretha ni apareció por las sesiones de grabación que le había gestionado en Miami», decía Wexler. «Fue una faena. Los estudios Criteria son míticos. Allí era donde James Brown había grabado 'I Got You (I Feel Good)'. Había convocado a los mejores músicos del sur para grabar algunas canciones con ella, pero no había manera de localizarla. Después me enteré por Cecil de que se le había cruzado el amor en el camino del hotel al estudio. Frente a eso, no había nada que hacer. Con todo lo que había soportado, se merecía algo así. Ese mismo invierno conocí a Ken Cunningham y me pareció un buen tío. Era un firme defensor del movimiento negro en aquella época en que el movimiento negro estaba acercándose a la cultura africana».

Cuando conoció a Aretha, Cunningham estaba casado y tenía una hermana pequeña. Aretha le contó a sus hermanos que el matrimonio estaba finiquitado y que Ken, al que llamaba Wolf, ya había decidido divorciarse.

«Ken es buena persona», decía Brenda Corbett, que empezó a cantar de corista para su prima Aretha en los discos y conciertos. «Fue muy bueno para Aretha, hizo que dejara de beber. A principios de los años 70, Aretha dejó el alcohol y no volvería a recaer jamás. Menos mal. Además, era un hombre muy versado en arte y literatura y le gustaban muchos tipos de música. Llegó a su vida en el momento justo. Aretha necesitaba un hombre que la enderezara».

«Cuando visité a Aretha en Nueva York», decía Earline, la mujer de Cecil, «vivía en un apartamento con Ken en la Séptima avenida. Nada más llegar, me dijo que tenía de vecino a Ed McMahon, el que trabajaba con Johnny

Carson. Era un piso muy grande con unas vistas fantásticas. Sus hijos Clarence y Eddie habían vuelto a Detroit con Abu, y Teddy vivía con amigos de su padre. Así pues, Ken y Aretha tenían todo el tiempo para ellos».

«Se lo había ganado», decía Carolyn. «Llevaba mucho tiempo sin conocer la felicidad en el hogar. Wolf llevaba una vida sana, tanto de cuerpo como de mente. Le planteó a Aretha lo de la bebida de un modo muy sencillo: si quería estar con él, tenía que dejarla de raíz. Le hizo caso. Ken se convirtió en la mejor adicción de su vida».

«A todo el mundo le caía bien Ken Cunningham», aseguraba Ruth Bowen, «y a mí también. Le sirvió de apoyo a Aretha en muchas cosas. Todos comentaban que parecía una mujer distinta. Sin embargo, aunque esto es así, también hay que saber que los genios como Aretha poseen una personalidad que no es fácil cambiar, o que resulta directamente imposible. Con mujeres como Dinah Washington o Aretha Franklin, sí aparecen personas que les dejan huella, pero normalmente es gente que va y viene».

«Cuando llegó Ken», decía Erma, «quedamos todos encantados con él. Y Aretha mejoró el carácter. No obstante, intuí que habría problemas con Cecil, porque se había consolidado como mánager de Aretha y seguramente Ken tendría sus propias ideas en ese terreno. Si se confirmaba mi sospecha, habría conflicto seguro».

Los conflictos políticos también se cernían sobre la familia Franklin.

El 29 de marzo, hubo una pelea que acabó con un muerto en New Bethel. Se produjo un enfrentamiento entre la policía de Detroit y varios miembros de la República de Nueva África (RNA), un grupo activista del movimiento negro.

«Mi padre le alquilaba la iglesia a muchas organizaciones», decía Cecil. «La condición era que fueran afines a las posturas del "black power". No obstante, muchos discrepaban de la posición contraria a la violencia defendida por mi padre. Ahí estaba, por ejemplo, la República de Nueva África. Aquel día hicieron una reunión en que la que se presentaron armados con rifles. Mi padre no estaba presente y no tenía ni idea de aquello. Un coche de policía pasó por allí y vio en la puerta de la iglesia a gente de la RNA con armas. Dispararon al coche patrulla. Un policía murió y el otro pidió refuerzos. Al cabo de 15 o 20 minutos, irrumpieron en la iglesia cincuenta policías (le dejaron hecha un desastre), detuvieron a cerca de 150 personas y confiscaron un importante arsenal de rifles y pistolas. La noticia causó un gran impacto en Detroit. Criticaron a mi padre por darles apoyos a los radicales, pero jamás pidió perdón por apoyar el movimiento negro. Ofreció una rueda de prensa al día siguiente. Mencionó al policía fallecido y le expresó su pésame a la familia. Aunque no retiró su apoyo a los objetivos de la RNA, sí censuró sus métodos. Ralph Abernathy fue a visitar a mi padre un día después para apoyarle. Mi padre aseguró que continuaría prestándoles la iglesia al RNA, siempre que aseguraran que no llevarían armas».

«El tiroteo de New Bethel», como bautizó la prensa el suceso, dejó tocada la reputación del reverendo Franklin como líder de los derechos civiles. Su iglesia se había convertido en un campo de batalla. Un mes después, regresando de un viaje a Dallas, adonde había acudido para organizar un evento musical llamado "The Soul Bowl" con Aretha, le perdieron las maletas. Cuando la compañía, American Airlines, las encontró, la policía las registró y hallaron dentro una pequeña cantidad de marihuana. Lo llevaron a juicio. Franklin alegó que le habían puesto la droga allí dentro. Al final, se retiraron los cargos al cabo de un mes, pero, debido a la mala publicidad ocasionada, tuvo que cancelar "The Soul Bowl". Franklin demandó a la compañía, pero entonces el gobierno de Michigan empezó a buscarle las cosquillas con temas de impuestos.

«Fue una campaña de acoso y derribo llevada a cabo por el gobierno, tanto estatal como federal, y todo por sus postulados políticos», opinaba Cecil. «Se defendió de los cargos, pagó la multa a Hacienda y restituyó su reputación, pero, tras aquellos meses tan particulares en 1969, no volvió a ser el mismo».

Por otra parte, Aretha seguía con sus reticencias a aceptar la carrera de su hermana Carolyn. En *Jet* se dio a conocer, el 3 de abril de 1969, que Carolyn había firmado un contrato de 10.000 dólares con RCA, lo que no le sentó bien a Aretha.

«Estaba mosqueada porque pensó que me limitaría a viajar con ella y trabajar de corista», me contó Carolyn. «Me decía que contaba conmigo y yo le contesté que yo también tenía que mirar por mí. Pensé que había llegado el momento de dar el salto. Tenía 25 años y me daba la sensación de haber vivido cinco o seis vidas: la época con mi madre, con mi padre, otra cuando mi padre me echó de casa y me llevó a vivir con los vecinos (que llegarían a ser mis padres adoptivos), luego cuando me hice mayor y me puse a trabajar en correos, y la etapa musical que había empezado a los 19 años y en la que, a través de Erma, había conocido a Lloyd Price, que me fichó para el sello Double L. Para tener identidad propia, me puse de nombre Candy Carroll. Grabé algunos singles sin mucho éxito, pero seguí adelante, porque estaba convencida de mis dotes de cantante y compositora. Cuando Aretha convirtió en éxito mi canción 'Ain't No Way', del disco *Lady Soul*, me animó a que me centrara en la escritura de canciones. No obstante, seguí cantando, no creía que una faceta descartara a la otra».

Es obvio que el éxito de Aretha fue importante para que Erma fichara por Shout. Su tema 'Piece of My Heart' triunfó en el R&B, pero cuando Janis Joplin la versionó, y la convirtió en un exitazo pop con un millón de copias vendidas, Erma no se detuvo. Cambió de sello y se fue a

231

Brunswick Records. Aretha era la más decidida de las hermanas Franklin: si había ayudado a Erma, también me ayudaría a mí. Y tanto que me ayudó. No creo que hubiera fichado por RCA de haber seguido siendo 'Carol Carroll'. Eso sí, tras abrirme la puerta, iba a dejarme la piel».

El resultado fue bueno. Su primer disco, *Baby Dynamite*, está a la altura de las mejores cantantes, con buenos arreglos, y las canciones (sobre todo la evocadora 'I Don't Want to Lose You' y la ingeniosa 'Boxer', dos temas de su autoría) son muy pegadizas. El sonido es muy soul y R&B, del estilo de Sly Stone-Stax/Volt-Muscle Shoals de finales de los años 60.

«Canté en aquel disco», decía su prima Brenda Corbett. «Me sentía como en las sesiones de grabación con Aretha, donde las cosas salían de manera libre y espontánea. Sabíamos que Carolyn, igual que Erma, cantaba de maravilla, y lo demostró con creces. Nos encantó ese disco».

«Pensé en que lo escuchara Aretha para que me escribiera un texto para la portada», decía Carolyn. «Le di una primera versión, pero pasaron las semanas y no me decía nada. Así pues, la llamé y le pregunté directamente qué pasaba. "Lo he escuchado", me dijo, "pero no sé qué escribir". "Pon que te gusta", le contesté. "Pon lo que quieras, Aretha, pero escribe algo. Mi compañía quiere contar con el texto".

»Al final, se lo dije a mi padre. Me dijo que también se lo había pedido a Aretha, que hiciera un texto. No le hizo caso y fue mi padre al final quien lo escribió. Y le quedó muy bien, por cierto».

«Desde un punto de vista musical», señalaba el texto del reverendo Franklin, «en lo que se refiere a formación musical, Carolyn supera a sus hermanas (Erma y Aretha), ya que ha estudiado teoría musical y armonía en la Universidad del Sur de California. Es conocido también, entre la gente del sector y de la industria musical, su sobresaliente talento como compositora».

Para poner paz entre las hermanas, el texto concluye de forma diplomática: «Dado que Carolyn se ha embarcado en su carrera de solista, usaré las palabras de su hermana Aretha, a quien le pidió que escribiera unas líneas. Aretha escribió lo siguiente: "¡Esta es mi hermana Carolyn y va a por todas!". Cuando le dijeron que el texto era muy corto, respondió: "No tengo nada más que añadir"».

El disco fue bien recibido por la crítica, pero pasó sin pena ni gloria. Al cabo de unas semanas, grabó un nuevo sencillo, "Gotta Find Me a Lover (24 Hours a Day)", pero no le fue mejor. Mientras tanto, Aretha con su 'I Can't See Myself Leaving You', llegó al puesto 3 en la lista de éxitos del R&B y estuvo en esa posición durante tres semanas.

El 14 de abril, Aretha Franklin actuó en la ceremonia de los Óscar de Hollywood. Era la ceremonia número 41, la presentó Frank Sinatra y cantó 'Funny Girl', bajo la mirada atenta de Barbra Streisand, su antigua compañera en Columbia, sentada en primera fila. Streisand, que estaba nominada como actriz por aquella película, *Funny Girl*, compartió el premio con Katharine Hepburn por su papel en *El león en invierno*.

«Igual queda mal que lo diga, pero eso fue cosa mía», me dijo Ruth Bowen. «El productor no veía a Aretha capaz de interpretar una canción como 'Funny Girl'. "Venga, va", le solté. "Aretha podría cantar el himno francés mejor que Edith Piaf. Cuando acabe la canción, la Streisand no volverá a interpretarla jamás". Al día siguiente de los Óscar, se disculpó por haber dudado de lo que le había dicho. Aquella actuación situó a Aretha en el centro de la industria cultural estadounidense, y permanece allí desde entonces».

De la ceremonia, Aretha recordaba en sus memorias la introducción de Frank Sinatra, el vestido de Arnold Scaasi que llevaba Diahann Carroll en la fiesta oficial que se ofrece al terminar la gala, y el que llevaba ella con un tocado extravagante con un cuerno dorado. Por cierto, que para ilustrar la contracubierta de su autobiografía, eligió una foto en color de aquella ceremonia.

Sus ambiciones empresariales fueron creciendo a la par que su fama. Por ejemplo, *Jet* publicó en mayo que Aretha estaba pensando en sacar su propia revista, que se llamaría *Respect*, y su propio sello, *Respect Records*.

«Pero esos proyectos se quedaron en nada», decía Ruth Bowen. «Es muy sencillo, Aretha no tiene sentido empresarial. No es una persona organizada y carece de capacidad de gestión. Ha fracasado en todo lo que ha intentado fuera de la música. Le dije siempre que se dedicara a lo suyo, la música, y que los asuntos de negocios nos los dejara a nosotros».

El 26 de mayo, Aretha volvió a grabar música. Se metió en los estudios Atlantic de Nueva York con la sección rítmica de los Muscle Shoals: Barry Beckett a los teclados, Jimmy Johnson a la guitarra, David Hood al bajo y Roger Hawkins a la batería. Eddie Hinton, al que Wexler llamaba «el Otis Redding blanco», y el gran Duane Allman se incorporaron con las guitarras en la versión ardiente de 'When the Battle Is Over', el tema de Jessie Hill y Dr. John. También versionó 'Honest and I Do', de Jimmy Reed y 'Oh No Not My Baby', de Carole King y Gerry Goffin.

En aquellas sesiones, Arif Mardin y Tommy Dowd oficiaron ya de coproductores de pleno derecho junto a Wexler.

«Ellos estaban en Nueva York», explicaba Wexler, «y yo, en Miami. Evidentemente, fui a todas las sesiones en que se grabaron las voces, pero me sentía más liberado. No tenía tantas ganas de controlarlo todo y quería darles más responsabilidad en las decisiones de estudio a Tommy y Arif. Ya no había que consultármelo todo para dar con el sonido adecuado».

«Aretha debería haber figurado como la cuarta productora», decía Cecil. «Es más, como productora principal. Era quien dirigía de verdad las sesiones. Se lo comenté a Wexler, pero no aceptó, arguyendo que ya aparecía en los créditos como artista, que no necesitaba llevarse más mérito. Además, según decía, la gente no se fija en el nombre del productor. Bueno, quizás, pero habría sido lo justo y, para mí, le estaban ocultando a la gente el trabajo que hacía. Aretha opinaba lo mismo, pero, como estaba ganando tanto dinero con Atlantic, no quería remover nada. Decía que Wexler era, aparte de un gran productor, un excelente profesional del marketing. Le encantaban todas las canciones que hacía ella, era su fan número uno. Creía que si insistía en aparecer como productora, se rompería el encanto. Yo no estaba de acuerdo porque Wexler y los hermanos Ertegun estaban ganando una fortuna con mi hermana. No iban a dejarla escapar. Tendrían que habérselo reconocido, reflejar el trabajo que hacía como productora. Habría sido lo justo».

La situación seguiría igual durante unos cuantos años. Aretha lo aceptó, si bien la procesión iba por dentro.

«Mi hermana tiene una personalidad con aspectos agresivos latentes», decía Erma. «Se le queda por dentro el enfado y puede estar ahí semanas, meses o incluso años. Entonces se produce algo que lo destapa y lo saca todo de golpe».

Más o menos, cuando estaba trabajando en la grabación de 'Honest I Do', es cuando se enteró de que se había quedado embarazada de Cunningham.

«Se puso muy contenta al saber que iba a tener un hijo con Ken», decía Ruth. «Sin embargo, decía que no iba a casarse, que con un matrimonio ya había tenido suficiente. Estaba bien con él, sin necesidad de ataduras legales. Eso sí, tuve que cancelar por el embarazo un contrato de una semana en Las Vegas. Era un paso adelante en su carrera, tanto por el lugar como por lo que iba a ganar. Las Vegas era la siguiente etapa para Aretha, saltaba a la vista. Sin embargo, ella es como es y lo canceló a última hora. Me dijo que sentía náuseas por las mañanas debido al embarazo. Le recordé que las actuaciones eran de noche, no matinales. La cancelación provocó un follón legal».

Jet, en la columna «De qué habla la gente», publicó la siguiente pieza: «La cantante de soul Aretha Franklin y su paradero desde que cayó enferma en Las Vegas y no pudo actuar en el prestigioso Caesar's Palace. Se informó entonces de que se había trasladado de inmediato a Detroit para ponerse en manos de su médico. Sin embargo, al llamar a su casa días después, supimos que Franklin no estaba allí y que llevaba semanas sin aparecer».

«A Aretha siempre le pillaban las mentirijillas», decía Ruth, «y me tocaba a mí ir arreglando las cosas».

El 24 de julio de 1969, *Jet* seguía con la noticia:

«El misterio quedó resuelto cuando su amiga y promotora Ruth Bowen aclaró que Aretha había estado en el hospital Ford de Detroit por una infección de garganta, añadiendo que la cantante lamentaba haber tenido que cancelar dos compromisos, en Tampa (Florida) y Nueva Orleans, que le habrían reportado unas ganancias de 100.000 dólares. Eso sí, se han buscado nuevas fechas para esos conciertos y la actuación en el Caesar's Palace».

Ese mismo verano, Carolyn recordaba la postura de su hermana sobre los disturbios de Stonewall en Greenwich Village, que iniciaron el movimiento a favor de los derechos del colectivo gay.

«Mis amigos y yo lo veíamos como un momento histórico», señalaba Carolyn. «Tras el debate público sobre los derechos civiles y de las mujeres, se tratarían por primera vez los derechos de los gais. Lo hablé un día con Aretha y me dijo que no era lo mismo, que el tema le provocaba rechazo. "¿También te genero yo rechazo?", le pregunté, a lo que me contestó: "No, tú eres mi hermana y te quiero. Hablemos de otra cosa"».

El *New York Times* publicó el 26 de julio que «Aretha Franklin, la cantante soul, ha recibido una multa de 50 dólares por alteración del orden público por parte de las autoridades de Highland Park. El suceso se produjo tras un accidente el pasado martes por la noche cuando, según la policía, Franklin se enfrentó a dos agentes».

«No llevaba bien el embarazo», decía Ruth Bowen. «Tenía muchos más cambios de humor. Un día era la mujer más divertida del mundo y se ponía a imitar a Jimmy Durante o Judy Garland (tenía mucho sentido del humor y hacía muy buenas imitaciones), pero, al siguiente, era para mandarla por ahí. Cuando salió la noticia de la "alteración del orden público", empezó a decir que había que despedir a su publicista, fuera quien fuera. Después llamó a uno de sus contactos en *Jet* para darle la vuelta a la noticia. *Jet* colaboraba a veces, pero no siempre».

El 7 de agosto, *Jet* sacó la noticia. «Aretha Franklin se muestra como una reina muy nerviosa, y alegando no encontrarse bien por la muerte del reverendo A.D. Williams King y el fallecimiento prematuro de Judy Garland, no acudió a la citación ante el tribunal de Highland Park (Michigan) y recibió una sanción de 50 dólares. Al día siguiente, compareció callada y pagó una multa de 50 dólares por alteración del orden público. Según la policía, la cantante, de 27 años de edad, chocó el Cadillac que conducía contra un coche estacionado en un aparcamiento, se mostró "agresiva" con la policía y se negó a colaborar. Según hemos sabido, cuando se fijó la fianza en 50 dólares, soltó un billete de 100 y se fue porque no tenía cambio».

Mientras tanto, seguía vendiendo discos sin parar. En agosto, su emotiva versión de 'Share Your Love with Me', un tema de Al "TNT" Braggs interpretado por Bobby Bland, consiguió un éxito todavía mayor al del original. Llegó al número 13 del pop.

Al cabo de una semana, 'It's True I'm Gonna Miss You' entró en la lista de R&B, que pasó entonces a llamarse lista de soul, pero no llegó más arriba del puesto 23.

En septiembre, Aretha canceló todas sus comparecencias públicas y conciertos previstos para lo que quedaba de año.

«El proceso del divorcio con Ted le estaba pasando factura», decía Cecil. «Ted exigía mucho dinero porque se atribuía parte del éxito de Aretha. Evidentemente, ella no aceptaba esas exigencias».

«Aretha no me anunció que iba a cancelar», me comentaba Ruth Bowen. «Me enteré, como todo el mundo, por los medios. Me sentó fatal. Yo había gestionado su agenda, tenía que haberlo sabido la primera. No la localicé, pero le canté las cuarenta a Cecil. Luego me arrepentí porque él, al igual que los demás, únicamente tenía que obedecer los caprichos de la reina».

En *From these Roots*, Aretha escribió que, aunque estaba con Ken Cunningham, a veces se veía con Dennis Edwards. Reconocía que seguía enganchada al cantante de los Temptations y que, pese a vivir con Cunningham, tenía sus escarceos con Edwards. Cuando quería cerrar el tema, decía que a Cunningham no le importaba su amistad con otros hombres.

«Llegó en octubre a Miami con un humor de perros», decía Wexler. «Le dio por grabar 'Son of a Preacher Man' porque decía ahora que había querido cantarla en su momento, pero que yo se la había dado directamente a Dusty Springfield. Aunque le respondí que se la había dado a ella antes, ni caso. Bueno, la cantó de cine. Todo lo que cantó en aquellas sesiones en los estudios Criteria fue acojonante. Eran unos estudios buenísimos y habían venido los músicos de Muscle Shoals y las Sweet Inspirations para tocar con ella. Fue la primera vez que versionó a los Beatles, con 'Eleanor Rigby' y 'Let It Be'.

»McCartney y Lennon habían escrito 'Let It Be' para Aretha. No obstante, cuando le puse la maqueta unos meses antes, no sabía si grabarla por su educación baptista, ya que creía que lo de 'Mother Mary' de la letra quedaría un pelín católico. Prefirió no grabarla. Paul y John sabían que iba a ser un éxito, se cansaron de esperarla y la grabaron primero. La versión de Aretha es magnífica, pero la de los Beatles ya había salido y fue la que pasó a la historia. Podría haber sido otro de los grandes temas de su carrera, pero, como le sucedió con "Preacher Man", fue un error garrafal».

«A Aretha no se le daba bien interpretar lo que significaban las letras de las canciones», opinaba Ruth Bowen, «Por ejemplo, me llamó un día para decirme que acababa de irse de una entrevista porque el periodista le había preguntado qué opinaba su padre de que cantara canciones con carga sexual. "Mis canciones no son así", le respondió. "Yo hago canciones de soul". Él le puso el caso de 'Dr. Feelgood'. "No", le dijo ella. "Esa canción trata de amor, no de sexo". El periodista le citó más canciones, como el "sock-it-to-me" de 'Respect'. Entonces se levantó y se fue. Decía que no iba a consentir que la entrevistara un tío que veía sexo en todos los versos. Evidentemente, no le di mi opinión porque no era un tema mío. Me parecía ridículo que una persona que no tenía reparos en expresar sus necesidades sexuales, se mostrara tan mojigata».

«También le entraron dudas a la hora de grabar 'Dark End of the Street', la inolvidable canción de Dan Penn y Chips Moman», añadía Wexler, «porque iba de un adulterio. James Carr la popularizó como R&B en 1967, pero yo creía que Aretha podía llevar el lamento del blues a otro nivel. Le dimos muchas vueltas a la letra hasta que Aretha aceptó finalmente que la pareja únicamente estaba hablando sobre qué hacer al final del callejón oscuro. Todavía no habían hecho nada. Menos mal que la grabó porque, aunque no salió como single, su versión es la definitiva.

»Con 'This Girl's in Love with You', de Bacharach y David, el número uno de Herb Alpert, no tuvo ninguna duda. La idea era volver a lo que había hecho con 'I Say a Little Prayer', darle un enfoque funky. Estaba tan segura de esa canción que me insistió en que fuese también el título del disco. Sin embargo, el gran éxito que salió de aquella sesión fue un tema escrito por ella, 'Call Me', un tema que evocaba el trabajo de Carolyn. Era una canción dulce y sentida, además de repleta de nostalgia. Grabó otra maravilla de Carolyn, 'Pullin'', con un punto muy atractivo. Otra de las canciones de su autoría que grabó en la misma sesión fue 'Try Matty's', un blues dedicado a su restaurante favorito. Cuando la terminamos de grabar, nos fuimos allí corriendo a comer una parrillada.

»Cuando estaba de buen humor, traía muchas veces al estudio cubos con carne de barbacoa. Le gustaba prepararla para los músicos. También le gustaba ir a buenas tiendas de comida. Recuerdo que una vez estaba alojada en la suite presidencial del Fontainebleau, se enteró por un locutor amigo mío, Fat Daddy, que en el otro extremo de la ciudad, había una carnicería donde vendían unas manitas de cerdo exquisitas. Se fue allí al instante, se llevó una bolsa entera y regresó al hotel. Al entrar en recepción, se le cayeron algunas manitas de la bolsa, y dejaron manchada toda la lujosa alfombra del hotel. Aretha ni se inmutó, estaba en su papel de reina. No prestó atención, ni se agachó ni hizo ademán de recogerlas. Siguió toda erguida hacia el ascensor y se subió a la habitación.

»A finales de semana, teníamos canciones grabadas de sobra. Nos guardamos 'Pullin'' y 'Try Matty's', que no aparecieron al final en *The Girl's in Love with You*, publicado en enero 1970. Esas dos las incluimos posteriormente en *Spirit in the Dark*, que salió en el verano de 1970. Aquel año parecía que iba a ser el más importante de su carrera».

Mientras estaba grabando en los estudios Criteria de Miami, Motown publicó el primer sencillo de los Jackson 5, *I Want You Back*. El quinteto, influido por Sly Stone, pronto se convertiría en el mayor fenómeno del soul desde Aretha.

En el terreno musical, los últimos compases de 1969 fueron para 'Sugar Sugar', de los Archies, 'Sweet Caroline', de Neil Diamond, 'A Boy Named Sue', de Johnny Cash y 'Honky Tonk Women', de los Rolling Stones.

Retrocediendo algunos meses en el tiempo, el hombre llegó a Luna. Ese verano, los asesinatos de Manson conmovieron todo Hollywood y, en agosto, los hippies se congregaron pacíficamente en Washington. En diciembre, no obstante, se rompió la paz en Altamont*. En la capital, el presidente Nixon, que había establecido la reconciliación como su principal prioridad, gobernaba un país claramente y, en ocasiones, violentamente dividido.

Y así llegó enero de 1970, con Aretha Franklin que, embarazada de siete meses, se vería envuelta en un drama familiar. Pese a intentarlo, esta vez no lo pudo ocultar a la prensa.

---

* (*N. del E.*) El 6 de diciembre de 1969, en el Altamont Speedway de California, durante un concierto de los Rolling Stones, murió un miembro del público tras exhibir una pistola en una pelea con los Ángeles del Infierno, encargados de la seguridad del evento. Ese suceso, y los asesinatos del grupo de Charles Manson, marcan el final de la era hippie de los años 60.

17
ESPÍRITU

Revista *Jet*, 15 de enero de 1970:

«El hermano de Sam Cooke, Charles, herido de bala en Detroit. La policía de Detroit investiga el suceso que ha acabado esta mañana con un herido de bala, Charles Cooke, hermano del cantante asesinado Sam Cooke, de 42 años de edad. La policía asegura que Cooke, que se encontraba en casa de la Reina del Soul Aretha Franklin, recibió el disparo en la ingle tras una trifulca con Theodore (Ted) White, exmarido de Franklin, de 38 años de edad».

En declaraciones a *Jet*, White señaló: «tengo derecho a entrar en mi casa», explicando que la había comprado él, pero que solo había ido dos veces en los dos años transcurridos desde la separación de Aretha. White le pidió a Cooke hablar en privado con Aretha, pero este se negó a irse a otra estancia. «Se ve que Cooke cree que tiene que proteger a Aretha, como si yo fuera un matón o algo así», añadió White, que reconoció que sacó a Cooke a empujones. Volvió a entrar y White le disparó. Cooke fue trasladado de inmediato al hospital New Grace, donde se le sometió a una intervención de urgencia que le salvó la vida. Los agentes de la comisaría del distrito 12 de Detroit interrogaron a Aretha y, tras declarar, fue puesta en libertad».

«Aretha se puso hecha una furia cuando vio la noticia publicada en *Jet*», decía Ruth Bowen. «Lo veía ofensivo porque *Jet* es uno de los medios de la comunidad negra que siempre ha seguido con mucho interés las noticias sobre Aretha. Es nuestra reina. Lo único que hizo *Jet* fue dar una noticia sobre ella, era un mero relato de hechos y eso ella no lo podía controlar. Decía que la noticia parecía contar cosas de gente marginal. Le respondí: "Bueno, es que es gente marginal. Fuiste tú quien se casó con él". No quería oírlo. "Estoy embarazada", decía. "No se puede tratar así a una embarazada". "Qué tendrá que ver el embarazo con esto, Aretha. Sigues en guerra con Ted y, mientras dure, los medios contarán las batallas"».

«Mi segundo disco para RCA, *Chain Reaction* [reacción en cadena], acababa de salir a la calle cuando sucedió el escándalo de Ted irrumpiendo en la casa», recordaba Carolyn. «Era mi mejor trabajo y quería que los medios se hicieran eco de ello. Cuando lo escuchó Aretha, le encantó, decía que sería la obra que me daría a conocer. Un periodista me comentó que lo reseñaría si podía entrevistar a Aretha al respecto de su opinión sobre sus hermanas, también sobre Erma, que había sacado buenas canciones. Aretha se negó porque decía que no se fiaba de la prensa, que le preguntarían algo sobre aquel follón con Ted. Le dije que no contestara a esas preguntas, que hablara solo de música. Me contestó que las cosas no son así y que me fijara en el título de mi disco: "Es una reacción en cadena", sentenció. "Han encadenado mi vida personal a mi vida profesional, así que se acabó, no quiero saber nada de la prensa"».

La siguiente noticia que se publicó de Aretha era buena: en marzo tuvo a su cuarto hijo, Kecalf (pronunciado Kalf), una combinación del nombre de su padre (Ken E. Cunningham) y el de su madre (Aretha Louise Franklin).

«Aretha siempre iba a Detroit a dar a luz», decía Erma. «Dejó el ático de Nueva York y todo el glamour por la cercanía del patriarca, su abuela y toda la familia. Sin embargo, creo que solo estuvo unas semanas. Es una persona que quiere a sus hijos con locura (igual que yo quiero a los míos) pero formábamos parte de una generación de cantantes jóvenes que sacrificaron pasar tiempo con sus hijos para centrarse en sus carreras. Lo hacíamos de manera consciente, con el apoyo de nuestro padre, de Abu y de muchos familiares. Pero también con un gran sentimiento de culpa. Éramos madres que antepusimos nuestro trabajo de artista. No sé si Aretha lo reconocerá con estas palabras, pero era tal y como digo. Por ello arrastramos mucho sufrimiento en silencio».

Un mes y una semana después del parto, Aretha estaba en Miami para terminar *Spirit in the Dark*, que se publicaría a finales de verano.

«Estaba radiante», decía Wexler. «Había dejado el alcohol y se la veía en plena forma. Llegó al estudio con un puñado de canciones nuevas que decía haber escrito durante el embarazo. Yo estaba exultante, eran todas muy buenas, pero había una que era una pasada: 'Spirit in the Dark'. Era un tema de R&B con toques religiosos y con unas letras ambiguas que se dirigían a un público muy amplio. ¿Y cuál es el espíritu al que alude la canción? ¿Es Dios o, aparte de Dios, se refiere a un orgasmo? Es Aretha cantando un tema religioso en medio de un club nocturno lleno de humo. Es de todo para todos. En la grabación fue fundamental el papel de Dixie Flyers. Era mi grupo de Miami en el que estaban Jim Dickinson en los teclados, Charlie Freeman en la guitarra, Tommy McClure en el bajo y Sammy Creason en la batería.

»Aretha también quería grabar temas de B.B. King, como 'The Thrill Is Gone', el primer éxito pop de King, o su imperecedero 'Why I Sing the Blues'. Hay que escuchar su desgarrador piano funk en 'The Thrill Is Gone' para entender que le pidiera grabar un álbum instrumental, igual que le pedí que hiciera otro solo de góspel. En los descansos me habló de la relación de su padre con B.B. King. "Mi padre es su predicador y B.B. King es el bluesman de mi padre", me dijo. "Me encanta la relación que tienen"».

«Revisando los archivos», decía Cecil, «Aretha también grabó una versión de 'My Way', la canción que Paul Anka le escribió a Sinatra. Estoy seguro de que si Anka la ha escuchado alguna vez, habrá pensado que inconscientemente la compuso para ella. La llevó hacia un soul más alegre. Al grabarla, nos quedamos maravillados, creíamos que iba a ser su nuevo 'Respect' porque tenía el mismo aire de himno. Por eso no entendimos que Wexler ni la sacara como sencillo ni la metiera en el disco. No obstante, se incluían ya tantos hits de Aretha que era absurdo lamentarse».

Wexler no recordaba la versión de 'My Way' cuando se la mencioné en 1992. Se le refrescó la memoria en 2007, cuando la escuchamos juntos para un recopilatorio que estábamos produciendo, *Aretha Franklin: Rare and Unreleased Recordings from the Golden Age of Soul*. La definió como «un hallazgo de enorme valor. Conserva su fuerza, te hace olvidar a Paul Anka y Frank Sinatra, es la canción de Aretha, Aretha y Aretha. La convierte en obra suya, en la única versión posible. Es una declaración majestuosa llena de verdad incuestionable. Una obra maestra».

Spirit in the Dark fue el primer sencillo del disco. En mayo fue uno de los temas más exitosos del R&B, y estuvo dos meses y una semana en la tercera posición. La otra cara, *The Thrill Is Gone*, fue el segundo single y estuvo en las listas durante dos meses. El tercero, la reelaboración de *Don't Play That Song*, de Ahmet Ertegun, una versión del éxito que grabó Ben E. King en 1962, llegó al número 1 en el R&B y al 11 en el pop.

En casa, la situación estaba más calmada.

«Íbamos casi todos los fines de semana a visitar a Aretha a Nueva York», decía Earline. «Se había amueblado el apartamento y le había quedado una casa genial. Ken también la había metido en vereda, estaba perdiendo peso y ya no bebía nada. Iba con un estilo afro y se pasaba menos tiempo enredando con el maquillaje. Su pareja le había sacado por fin el toque de "mujer natural" que le venía muy bien a Aretha. Tenía mucho mejor aspecto».

«Todas las canciones de ella triunfaban a lo grande», decía Carolyn, «y las mías apenas entraban en las listas de éxitos. En serio, creo que eso le sentaba bien. En cuanto entendió que no era rival para ella, empezó a llamarme. Creo que se sentía un poco culpable por no haberme escrito las notas de tapa para el disco. Yo había empezado a trabajar con Jimmy Radcliffe, el compositor y productor, en un musical de Broadway inspirado en música góspel. Eso fue antes de que llegaran musicales como *Don't Bother Me, I Can't Cope*, de Micki Grant, o *Your Arms Too Short to Box with God*, de Professor Alex Bradford. Jimmy y yo estábamos a la vanguardia. A Aretha le atrajo la idea. Barbra Streisand había triunfado en Broadway y mi hermana se veía fuerte para intentarlo. Jimmy y yo escribimos el personaje principal pensando en ella. Incluso invirtió dinero en el proyecto. Pero, por lo que fuera, perdió interés en el asunto. Aretha cambia de idea con facilidad y le cuesta acabar lo que empieza, aunque no lo haga a malas».

«A Aretha se le acercaba mucha gente con ideas para invertir», me confirmaba Cecil. «Es una persona generosa y fácil de engatusar, máxime con los familiares. Siempre se ha mostrado dispuesta a ayudar a su familia. El caso es que yo me enteré del proyecto de Carolyn y Jimmy Radcliffe cuando lo leí en *Billboard*. Entonces Aretha estaba en otras cosas, ya había conocido a Donny Hathaway».

Hathaway, el cantante de soul más influyente desde Sam Cooke, había trabajado como productor para Curtom Records, el sello que tenía Curtis Mayfield en Chicago. Tras oírle en un encuentro musical, King Curtis le recomendó a Jerry Wexler que lo contratara. Wexler no se lo pensó mucho. Describía la voz de Hathaway como «suavemente aterciopelada, de trazas amplias y muy grave. Es un blues difuminado con voz de góspel, pop y jazz, muy poderoso y convincente. Es la tercera pata de la Santísima Trinidad del Soul de Atlantic. Tras Ray Charles y Aretha, llegaba Donny».

El primer disco de Hathaway, producido por él mismo, se tituló *Everything Is Everything* y contenía el tema 'The Ghetto', que causó sensación entre la crítica y los fans de R&B.

«A Aretha le encantó esa canción cuando se la puse», recordaba Wexler. «Me dijo en seguida que quería trabajar las canciones de ese tío porque procedía del mismo lugar que ella».

«Su reacción fue distinta cuando escuchó nuestras grabaciones con Roberta Flack», decía Joel Dorn, otro de los productores destacados de Atlantic. «Aunque no tienen casi nada que ver entre sí, Aretha veía a Roberta como una amenaza. Se levantó y se fue sin acabar de escuchar el disco. Después le dijo a Ahmet que no entendía que Atlantic estuviese intentando lanzar a la fama a otra cantante de soul. Ahmet la tranquilizó con toda su diplomacia, pero nunca estuvo a gusto compartiendo compañía discográfica con Roberta. Además, estaba encantada con Donny hasta que éste empezó a grabar duetos con Roberta».

King Curtis, que llevaba poco más de un año como director musical de Aretha, le pidió que tocara con Donny Hathaway en el primer disco en solitario de Sam Moore, un álbum sensacional que se quedó en un cajón hasta su publicación en 2002. Lo producía Curtis y, además de tocar el saxo tenor y meter las voces de las Sweet Inspirations, añadió teclados de Donny y Aretha en varios temas.

«No daba crédito», decía Cecil. «Me parecía increíble que Aretha grabase tocando con otros músicos y sin cantar, pero fue un caso especial. Sam discutía a todas horas con su compañero Dave Prater. En los conciertos desprendían energía a raudales, pero fuera del escenario no se aguantaban. Curtis quería lanzar a Sam al estrellato y le montó el grupo. Cuando estaba buscando el toque final, pensó en Donny y Aretha. Aretha se llevaba muy bien con Curtis y sentía respeto por Sam. Wexler le había hablado de Donny y a ella le picó la curiosidad de ponerse a grabar con él. Se entendieron a la perfección. No sé por qué al final metieron el disco en un cajón, quizás fuera por los problemas serios con las drogas que tenía entonces Sam. Tuviera o no problemas, el disco era una barbaridad».

«Aretha llevaba casi un año sin actuar en directo», decía Ruth. «Había tenido a Kecalf, había vuelto al estudio a grabar 'Spirit in the Dark' y pensé que estaba preparada para dar un concierto grande en Las Vegas. No conseguí que la contrataran en el Caesar's, debido a su cancelación anterior, pero sí en el hotel International. Se llevaría a cabo en junio. No estaba en buena forma, me dio la sensación de que había vuelto a beber. Su voz no era la de siempre y parecía un tanto inestable. Le pregunté a Cecil si podía ayudarla en algo y me respondió que la dejáramos a su aire y se recuperaría. Mejoró, aunque poco. Cuando me enteré de lo que pasó unas semanas después en San Luis, no me sorprendió».

«Aretha cae enferma en San Luis; trasladada a Nueva York para atención médica», titulaba *Jet* el 16 de julio de 1970. «Según nos informó el promotor musical y locutor de Chicago Pervis Spann, se habían agotado las localidades de tres de los cuatro espectáculos que iba a encabezar la Reina del Soul Aretha Franklin en el Auditorium Theatre. Aretha canceló sus compromisos, para enfado de miles de seguidores. Spann añadió que había devuelto "unos 50.000 dólares a los asistentes. He perdido mucho dinero y tengo que decir que estaba con Aretha, fuimos a Detroit y le monté el concierto que tenía que dar en el Kiel Auditorium de San Luis. Había 6.000 personas y, tras cantar la primera canción ('Respect'), se vino abajo. No pudo seguir. Ahora está en tratamiento médico en Nueva

York. Quiero aclarar que no fue por ninguna sustancia, simplemente se puso enferma. Tuvo una crisis nerviosa por problemas personales graves". También transmitió las disculpas de la artista a "todos sus fans de Chicago y San Luis y promete compensarlo en el futuro" una vez recuperada».

«Las desapariciones repentinas de Aretha se daban con bastante frecuencia», decía Wexler. «Llamaban Ruth Bowen o su hermano Cecil para decir que se tomaba un tiempo de desconexión. No usaban la expresión "crisis nerviosa", pero se sobrentendía».

«Me llamaba a mí», decía Erma, «y también a Carolyn. Hablaba de dejarlo todo. Comentaba que las cosas habían ido muy deprisa, que se le exigía demasiado, que la gente no paraba de arrastrarla de un sitio para otro. A veces íbamos y estábamos con ella. Cecil también, por supuesto. "Por favor, no le digas a papá que estoy mal", me decía. "No hace falta". Pero estaba al tanto, más que nadie. Sabía que, por muy bien que le fuera grabando discos y cantando sin parar y cosechando triunfos, por dentro no estaba bien. Tenía unos temores enormes que no quería ni siquiera mencionar. No obstante, cuando esos temores se hacían insoportables, se desmoronaba. Cecil la llevaba a hospitales de Connecticut alejados de la prensa. Él lo llamaba "cansancio nervioso". Descansaba, reponía fuerzas y vuelta a empezar. Así fue durante años».

Le pregunté a Carolyn cuáles eran esos temores en concreto y me contestó que «en mi opinión, tenía miedo de no estar a la altura. No te lo creerás, pero pensaba que igual no era ni guapa ni buena cantante ni buena madre. No sé si eso tenía nombre, para mí era una inseguridad muy profunda. Si hubiera ido a terapia, un psicoanalista le habría detectado el origen de la inseguridad, pero pasó, prefería ahuyentar la ansiedad bebiendo o yéndose por ahí una temporada, gestionárselo ella y volver después al escenario a ceñirse la corona de diva indestructible».

De hecho, ese verano volvió a los escenarios actuando en el festival de jazz de Antibes, en la Costa Azul. En el cartel figuraban también Archie Shepp, Grant Green, Erroll Garner, Lionel Hampton, Clara Ward y Stan Getz.

«Me dijeron que veía a Clara Ward igual que yo a Lester Young», me dijo Getz. «Clara era la original, el patrón en el que fijarse. Era una artista increíble, una cantante de góspel mayúscula que sabía muy bien cómo llevar un espectáculo. Pero Aretha fue más intensa, expresó un gemido muy penetrante. Me llegó, me resultó conmovedora. Y me dio miedo. Transmitía más emociones de las que podía expresar un ser humano. Recuerdo que fui a saludarla y hablar un poco con ella. Su hermano era experto en jazz y me conocía. Aretha también sabía de mi trabajo. Me dijo algo así como que le gustaban mis discos y después miró a otra parte. No mantenía la mirada. Tampoco era de conversaciones largas, estaba incómoda hablando conmigo, un extraño que quería darle ánimos en su carrera».

A mediados de agosto, ya en Estados Unidos, acudió a los estudios Atlantic para volver a la carga.

«Grabó solo versiones», decía Wexler. «Lo que me llamó la atención fue cuáles triunfaron. Grabó 'Border Song (Holy Moses)', de Elton John y Bernie Taupin, con enorme entrega, y le salió muy bien, pero apenas consiguió nada, ni como R&B ni como pop. Fue curioso porque no habíamos cambiado la estrategia comercial de Aretha, era la de siempre, la que se ha llevado durante décadas con los artistas negros: triunfan como tema de R&B y luego esperas que sea un éxito en el mundo del pop, el del público blanco. El problema es que el público negro no conectó con una letra poco clara. Los hippies sí se metían en las historias ambiguas con imágenes inconexas, pero los fans de Aretha, no. A esos fans, por ejemplo, lo que les gustó fue 'Bridge over Troubled Water', de Paul Simon, que puede leerse como un góspel puro. Era un himno glorioso, una canción que habla de amor y redención, el mensaje que más le gustaba a Aretha y a su público. Llegó al número uno del R&B y después pasó al top ten del pop».

Tras estas sesiones, Aretha viajó a California para cumplir con unos compromisos profesionales. Habría que mencionar las señales de su miedo a volar, una fobia que se consolidaría a lo largo de la siguiente década.

En septiembre de 1970, la revista *Jet* publicó el siguiente titular: «La Reina del Soul Aretha Franklin y el viaje cruzando el país en tren con su buen amigo Ken Cunningham». En el artículo se mencionaba la gira europea, en la que «llegaron a niveles de locura las ganas de la gente por verla». Se comentaba, además, que viajaría desde Nueva York a Hollywood en tren, debido a su miedo a volar, para salir en un programa de televisión. «Los viajes más largos tienen su punto romántico», señaló Aretha.

En octubre grabó el programa de variedades *This Is Tom Jones!* y quedó de maravilla. Aretha se muestra en forma, enérgica y feliz. Al principio aparece con un turbante de plata reluciente y, con sutil y feroz desenvoltura, ejecuta 'Say a Little Prayer'. A continuación, actúa junto a Tom, que demuestra encontrarse en el punto álgido de su carrera. La segunda intervención de Aretha nos la muestra con un tocado africano negro y dorado. Toca una versión deliciosa del 'It's Not Unusual' de Tom, que constituye una prueba de su maestría para llevar lo superficial a territorios profundos. Después se pone a cantar con Tom, acompañados de un grupo de bailarinas, 'See Saw' y 'Spirit in the Dark' a todo trapo. El tercer número nos la presenta sentada al piano, sin nada que le cubra en esta ocasión el perfecto peinado de estilo africano, interpretando 'The Party's Over»', con enorme gusto y elegancia. Tom parece tener algún problema para cambiar del soul al jazz, pero Aretha le marca la pauta.

«Fue un programa estupendo», opinaba Ruth Bowen. «La felicité pero no dejé que se quedara en California. Quería salir por ahí e ir a la playa. Aretha es, en el fondo, una vaga. Evidentemente, no iba a cancelar el concierto en Nueva York que tenía previsto. Se habían agotado las entradas para verla en el Philharmonic Hall y había cancelado ya un montón de actuaciones en Nueva York. Era un lujo que no nos podíamos permitir. Fue aplazando el viaje de vuelta, apurando al máximo, hasta el punto de que ya no había tiempo de regresar en tren. Les dije a Cecil, Erma y Carolyn que vinieran a Los Ángeles y se la llevaran en avión a Nueva York. Y así es como Erma y Carolyn acabarían cantando en aquel concierto con ella».

«Abrió el concierto Erma», recordaba Carolyn. «Tras cantar 'Little Piece of My Heart', seguí yo con 'Chain Reaction'. Teníamos quince o veinte minutos cada una, lo que estaba muy bien. Era el agradecimiento que nos mostraba Aretha por haber estado con ella aquellos meses difíciles. Nos ofrecía así la oportunidad de dar a conocer nuestro trabajo al gran público. Había traído también bailarinas y percusionistas de la escuela de Olatunji. En la segunda parte había una orquesta, una formación de jazz de dieciocho músicos, con las Sweet Inspirations. Fue uno de sus mejores conciertos. Con la autoridad que desplegó en el escenario, parecía mentira que unas semanas antes hubiera estado con una crisis de ansiedad. Saltaba a la vista que su mejor remedio era cantar, es la manera que tiene de exorcizar sus demonios, hallar la estabilidad y conectar con el poder divino».

En noviembre, Aretha y Wexler grabaron dos canciones en los estudios Atlantic de Nueva York. La primera, 'Oh Me Oh My (I'm a Fool for You Baby)', se publicaría al año siguiente como cara B del sencillo *Rock Steady*. La segunda, 'Young, Gifted and Black', le daría título a su disco de 1972.

«Wexler me llamó para tocar el órgano», me dijo Billy Preston. «Fue un honor. Conocía a Aretha de toda la vida. Los dos habíamos empezado en la iglesia, éramos discípulos de James Cleveland y teníamos el mismo bagaje musical. Me encanta Aretha. Recuerdo que sentí lo mismo que cuando toqué por primera vez con Ray Charles. Desprendía un montón de energía, era electrizante. Recuerdo que Aretha debatía con Wexler sobre si cantar 'Young, Gifted and Black'. Wexler intentaba decirle de forma diplomática que quizás lo mejor sería descartarla, dado que el tema no solo lo había escrito Nina Simone, sino que su versión parecía inmejorable. Wexler le contó que Ray Charles había descartado en su momento 'The Christmas Song (Chestnuts Roasting on an Open Fire)', porque no podría superar a Nat King Cole. Yo asistía callado a la conversación, mi única función allí era tocar. Pero Aretha me pidió de repente que opinara, así que dije que creía que ella la clavaría, que eclipsaría la versión de Nina. Me hizo caso y la grabó».

Concluida la sesión, Aretha se fue en avión a Las Vegas. Según la revista *Jet*, Sammy Davis Jr. le había prometido al hotel International que si Aretha no se presentaba, él ocuparía su puesto.

«Sammy era cliente mío y buen amigo», decía Ruth Bowen. «Se ofreció en garantía como favor hacia mí. Él también había tenido altibajos emocionales, con lo que era especialmente comprensivo con los artistas más inestables. Por otro lado, ante la cantidad de conciertos que había cancelado, no había otra manera de cerrar un acuerdo con el International para que Aretha actuara durante quince días allí».

En respuesta a los rumores de su crisis de ansiedad, Aretha declaró a *Jet*: «Estuve muy fastidiada». El artículo proseguía con más detalles: «A día de hoy, parece completamente recuperada. Afirma que superó los "bajones" gracias a un médico de Detroit y a un "vidente" que, según ella, "me dejaron nueva". Si sale el tema en alguna conversación, sentencia: "Ya va todo bien. Todo genial". Y añade: "Quiero probar como actriz, pero no en musicales sino en papeles dramáticos"».

Un mes después, en el número del 3 de diciembre de *Jet* aparecería otra noticia de Aretha, pero esta vez de política.

«En aquella época, practicaba un activismo militante, igual que muchos de nosotros», recordaba Cecil. «Nos habíamos criado en un entorno muy político y nuestro padre era una persona que no tenía miedo a expresar su opinión. Y aunque a la industria no le hiciera mucha gracia, ella no pensaba, por supuesto, disimular sus ideas».

El titular de *Jet* era claro: «Aretha afirma que pagará la fianza de Ángela si se lo permiten... La Reina del Soul Aretha Franklin está dispuesta a asumir la fianza de Ángela Davis, "sea de 100.000 o de 250.000 dólares", si lo autoriza el tribunal». El artículo recogía que Ángela Davis, de 26 años de edad, exprofesora de filosofía en UCLA, se encuentra detenida sin fianza en Nueva York, pendiente de traslado a San Rafael (California), donde se enfrenta a los cargos de secuestro y conspiración en relación con un intento de fuga del juzgado que acabó con la vida de cuatro personas. «Mi padre me dice que no sé lo que hago», declaró Aretha en *Jet*. «Respeto su opinión, cómo no, pero soy firme en mis convicciones. Ángela Davis tiene que quedar en libertad. Los negros serán libres... Sé que cuando uno no tiene paz, tiene que alterarla. La cárcel es el infierno. Si hay justicia de verdad, la veré en libertad, no porque comulgue con el comunismo sino porque es una mujer negra que busca la libertad para los negros. Tengo dinero, lo he ganado gracias al pueblo negro, que me ha dado estabilidad económica, y quiero usarlo para ayudar a nuestro pueblo».

Dos semanas más tarde, *Jet* anunciaba, «Franklin y su familia van a crear una organización benéfica que se financiará con los fondos de "un mínimo de cinco conciertos al año". Aretha señaló que quiere que el dinero se destine principalmente a las madres que viven de subsidios sociales».

«Siempre apoyé a mi hermana a la hora de expresar sus ideas políticas», decía Cecil. «Creo que le venía bien. Cuando se metía en alguna causa, ganaba confianza, se mostraba fuerte. El activismo político le quitaba de la cabeza sus problemas personales. Dejaba de pensar tanto en sí misma. En los momentos en que se encontraba peor de ánimo, le pasaba noticias de política para que volviera a pisar tierra. A veces se ha dicho que la canción 'Spirit in the Dark' trataba de sexo o de Dios, pero había también algo en ella de espíritu político que, a principios de los años 70, se expandía por el país. Aretha era parte de ese espíritu, contribuyó a su difusión y, en muchos sentidos, le dio voz».

18
EL BUEN REVERENDO

A finales de enero, Aretha se encontraba en Nueva York. Grabó en los estudios Atlantic 'First Snow in Kokomo', sin duda su composición más abstracta. Es su única canción carente de ritmo. Aretha me explicó que Kokomo (Indiana) era la ciudad de la madre de Ken Cunningham, con quien estaba muy unido. Ambos, Aretha y Ken, habían ido allí de visita familiar y Aretha reflexionaba sobre esos días. Describía a Cunningham y sus amigos artistas de la compañía New Breeder saliendo por ahí y tocando música juntos. Allí había llegado una pareja que esperaba un hijo. La paz era absoluta. Pasaron unos días felices en los que Aretha desconectó de sus obligaciones profesionales. Nada de giras, grabaciones ni exigencias.

«Había momentos en su relación con Ken que le aportaban mucha tranquilidad», decía Carolyn. «Se podría decir que era, en muchos aspectos, una relación de efectos balsámicos. En la canción 'Kokomo' se entiende la vida a la que aspiraba Aretha de vez en cuando, una vida tranquila en familia. Cuando me la cantó en el estudio, me entró tristeza porque pensé que su talento y ambición no le permitirían conseguir jamás tal aspiración y, por otro lado, me pareció preciosa porque me mostraba el lado más relajado de mi hermana. Allí estaba Aretha contemplando la vida, sin erigirse en protagonista. Erma y yo cantamos los coros con mucho sentimiento. La canción nos mostraba la dimensión poética de Aretha de una manera tan sencilla como conmovedora. Eso sí, era como una fantasía».

«Esa canción me tocó especialmente porque coincidió con el final de mi propia fantasía», decía Erma. «La mía era convertirme en una gran estrella. De hecho, me había labrado una carrera y podría considerarme una estrellita. En 1971 fue como si me despertara del sueño. Me encantaba cantar, los discos que había hecho y todo lo relacionado con la industria musical, pero no podía seguir dedicándome a eso, no me daba para vivir. Así pues, me fui de Nueva York para volver a Detroit y centrarme en mis hijos. Quería un trabajo normal, un contrato normal con un sueldo estable. Me puse a trabajar en un centro de atención a la infancia diseñando programas educativos y colaborando en tareas de gestión. Me compré una casa en la zona noroeste de Detroit y tuve la alegría de que se viniera a vivir conmigo mi hija Sabrina, entonces adolescente. Disfruté de la felicidad cotidiana de la vida familiar. Para mí, ése era el tema de 'First Snow in Kokomo'».

«Al estar soltera y sin hijos, mi situación era diferente a la de Erma», decía Carolyn. «Mi intención era seguir con la música, como cantante y compositora. Todavía tenía contrato con RCA y, para mi próximo disco, quería no solo componer la mayoría de las canciones sino también producirlo. No me gustaba nada que en Atlantic no pusiesen a Aretha como productora, pese a que lo era de facto. Eso no me pasaría a mí».

«Aretha llegó en una época, los años 60, en que mandaban los productores», decía Ruth Bowen. «Eran los que supervisaban a los artistas. Wexler lo llevaba, por ejemplo, con firmeza. No iba a delegar en un artista las labores de producción. Ahí está, también, la Motown. Los artistas eran piezas intercambiables. Esa situación se mantuvo inalterable hasta que llegó Marvin Gaye y se rebeló contra el sistema al producir él mismo su disco *What's Going On*. Pero eso no fue hasta 1971».

«En la época en que grabó 'Spirit in the Dark', empecé a insistirle a Aretha para que presionase en lo de constar como productora», decía Cecil. «Todo el mundo sabía que ella era la responsable absoluta de esos discos, por mucho que en las carátulas aparezcan de productores los nombres de Jerry Wexler, Tommy Dowd y Arif Mardin. No niego que Jerry fuera el jefe, Tommy, un técnico estupendo y Arif, un tremendo arreglista. Con todo, el sonido del disco, su idea global, era cosa de Aretha: tenía todos los arreglos, tanto instrumentales como vocales, en la cabeza, indicaba las armonías, el ritmo, la atmósfera musical que caracteriza sus discos. Pero no quería resultar problemática. Le iba muy bien así, ganaba mucho dinero, encadenaba un éxito tras otro y pensaba que era mejor no tocar nada, que ya tenía muchos problemas como para ir metiéndose en líos con su discográfica».

«En el mundo del espectáculo, se vive de manera diferente, a un ritmo vertiginoso que no contribuye a la felicidad personal», comentaba Ruth Bowen. «A muchos artistas les cuesta tener los pies en la tierra con tanto piropo por parte de todo el mundo, y con tanto dinero como se mueve. Aretha no es una excepción. A pesar de estar muy enamorada de Ken Cunningham, no había cortado completamente con Dennis Edwards. Eso complicaba las cosas sobremanera, aunque el trabajo era lo que más atención le requería. Nunca ha descuidado un ápice su carrera, era un amor mutuo, el de ella y su carrera musical. Incluso diría que fue la relación más importante de su vida».

El 16 de febrero, entró en los estudios Criteria de Miami. Wexler la había convencido de ir a Florida a grabar. Llegó con tres canciones nuevas y con sus hermanas y su prima Brenda.

«Aretha había escrito tiempo atrás el borrador de 'Day Dreaming'», recordaba Carolyn. «Cuando la escuché por primera vez, me pareció una barbaridad. Iba sobre Dennis Edwards y un viaje famoso que hizo con él en limusina desde Saratoga Springs a Nueva York con derroche de champán y las ventanillas tapadas con cortinas. Es una canción que expresa un amor de los pies a la cabeza, con un ritmo suave y sedoso que transmite buen rollo. Aretha nos llevó a Erma, a Brenda y a mí a Miami para cantar aquel tema con ella. Estábamos muy, muy contentas, era una canción que se notaba de lejos que iba a ser un exitazo».

«Aquel día fue estupendo», decía Erma. «En la misma sesión, Aretha grabó 'Rock Steady', otro tema suyo. Jerry Wexler tuvo el buen ojo de llevar a Donny Hathaway. Era un tío la mar de tímido, pero vaya tela, en cuanto empezó a tocar el órgano, nos quedamos a cuadros. Definió la canción y Aretha se entregó con la voz. Sabíamos que se convertiría en un clásico nada más salir».

«La tercera canción que compuso para esa sesión era 'All the King's Horses'», recordaba Cecil. «Mientras 'Day Dreaming' mostraba el lado bueno de la relación de Aretha con Dennis Edwards, 'King's Horses' era el lado opuesto. Como decía en la canción, ni todo el oro del mundo podía volver a unir a ambos. Yo había intentado hacerle ver que Dennis no es que fuera el estandarte de la monogamia, pero tenía que darse cuenta ella misma. En cualquier caso, de aquella relación sacó un par de buenas canciones. Para 'All the King's Horses', tocó la celesta, un instrumento que le proporcionó a la canción un sonido melancólico».

Cuando se publicaron en 1972, 'Rock Steady' y 'Day Dreaming' llegaron al top ten del R&B y el pop, y 'All the King's Horses', al número 7 de la lista de éxitos de R&B.

Al mes siguiente, Aretha se encontraba en California. Wexler la había convencido de que grabara un disco en directo a partir de tres conciertos en el Fillmore West de Bill Graham, en San Francisco, uno de los templos principales de la cultura hippie de finales de los años 60 y principios de los 70. Había que sortear, no obstante, diversos obstáculos. El primero era el dinero.

«Aretha cobraba entonces entre 40.000 y 50.000 dólares por concierto», señalaba Ruth Bowen. «Lo que le podía pagar Graham ni se acercaba a esa cantidad, el club no tenía mucho aforo. Ni Aretha ni yo queríamos firmar».

«Ahí me metí y yo y dije que Atlantic asumiría la diferencia», me afirmaba Wexler. «Cubriríamos la inversión. Para mí, era un proyecto fundamental».

El segundo problema sería la propia Aretha, que no las tenía todas consigo respecto al público de la escena alternativa.

«Creía que no encajaba», decía Wexler. «Decía que los hippies seguían a grupos como Jefferson Airplane o Grateful Dead, que no entenderían ni recibirían bien su música, ya que ella procedía del góspel y el R&B. Los hippies le eran totalmente ajenos. Pero a mí me gustaba la sala, Bill Graham era amigo mío, y me lo tomaba como una oportunidad para abrirse a nuevos públicos. A los hippies les gustaba el blues. Allí habían tocado B.B. King y Buddy Guy, y seguro que Aretha estaría sensacional».

«He dado un millón de conciertos», decía Billy Preston, su organista durante aquellos espectáculos. «He tocado en un millón de iglesias, en un millón de tugurios, en un millón de pubs y en un millón de salas de conciertos, pero nunca he vivido nada similar a aquellas actuaciones con Aretha en el Fillmore. No es que los hippies disfrutaran, es que alucinaron. Fue impresionante, fliparon en colores. Se suele considerar que los mejores discos en directo son el *B.B. King Live at the Regal*, el *Ray Charles Live in Atlanta* o James Brown con su *Live at the Apollo*. Y sí, son buenísimos, pero, hostia, estuve en el Fillmore con Aretha y la vi, y puedo decir con orgullo que aporté algo. Esos conciertos son legendarios».

«Hay que reconocer también la labor de King Curtis», añadía Wexler. «En aquel momento, estaba en su mejor etapa. King fue para el R&B lo mismo que Basie para el jazz. Tenía un grupo perfectamente asentado y coordinado, con los Menfis Horns, el órgano de Billy, la guitarra de Cornell Dupree, el bajo de Jerry Jemmott, la batería de Bernard Pretty Purdie y las congas de Pancho Morales. Le comenté a Aretha que metiera en su repertorio dos temas más, 'Love the One You're with', el éxito de Stephen Stills, y '"Make It with You', de Bread. En ambos casos, los versionó de forma impresionante».

«El momentazo del concierto», decía Billy Preston, «fue cuando bajó del escenario para ir a por Ray Charles, que estaba sentado al fondo de la sala. Conozco a Ray muy bien, y sé que no le gusta nada ir a conciertos, no le va. Pero no podía decirle que no a la Reina. Aquello fue en el último concierto, un domingo».

«Voy muy pocas veces de concierto», me comentaba Ray. «Pero coincidió que estaba esa noche en San Francisco y me llamó mi amiga Ruth Bowen para decir que tocaba Aretha y que fuera a verlas. Hay muchas cantantes femeninas que me encantan, como Gladys Knight o Mavis Staples, pero Aretha se lleva la palma. Y encima mi madre se llama Aretha. Bueno, el tema es que soy amigo de las dos, de Ruth y de Aretha, y pensé que iría un rato, me sentaría al fondo y luego me iría y ya está. Y cuando llego allí, va y me encuentro a mi gran amigo Jerry Wexler, que me dice que van a grabar el concierto para sacarlo como disco y me pide si saldría a cantar una canción. Le comenté que no porque, además, no conocía muy bien sus canciones y había ido allí como público, pese a que Jerry me insistía en que tocábamos los mismos temas. Al final, se va Jerry y empieza el concierto. Bueno, hablando en plata, la tía da un concierto espectacular, totalmente acojonante. Hace una versión de 'Dr. Feelgood' que le da mil patadas a la del disco. Y lo lleva al terreno de la iglesia. Me lo estoy pasando en grande y entonces viene a mi mesa diciendo en voz alta: "¡Mirad a quién acabo de descubrir! ¡He descubierto a Ray Charles!". Esa era una frase que usaba Flip Wilson en su programa de televisión cuando

Colón llega a América y le dice a todo el mundo que ha descubierto a Ray Charles. Acto seguido, me toma de la mano y me lleva al escenario. Como para decir algo, era Aretha Franklin. Me lleva junto al piano eléctrico y me pone a cantar 'Spirit in the Dark'. No la había cantado jamás, no me sabía la letra, pero Aretha me transmitió el espíritu y me metí de lleno. Después me pone a tocar un largo solo al piano eléctrico. Un par de meses después, me llama Wexler para decirme que quería meter en el disco mi dúo con Aretha. Le dije que no por el desastre que había hecho con la letra. Pero después me llamó Aretha y finalmente pensé: "Bah, a tomar por culo". Visto ahora, estuve en todo un acontecimiento histórico. Aretha y yo hicimos juntos algunos anuncios para Coca-Cola que salieron muy bien, pero, en lo que se refiere a discos de verdad, ése fue el único. Al final me llama "El buen reverendo Ray", una etiqueta que se me ha quedado».

«Recuerdo que hubo debate sobre cómo acabar el concierto», decía Cecil. «Aretha quería que fuera con 'Reach Out and Touch (Somebody's Hand)', la canción de Ashford y Simpson que había popularizado Diana Ross. Wexler creía que quedaría cursi en un concierto lleno de hippies, pero Aretha decía que era perfecta para una gente que predicaba el amor y la hermandad. Además, en el disco se nota que la adapta al góspel».

«Estábamos todos con lágrimas en los ojos», recuerda Brenda Corbett, la prima de Aretha que formaba parte del trío vocal Sweethearts of Soul. «Era uno de esos momentos en que piensas que al final se impondrán la paz y el amor sobre los problemas del mundo. Del centenar de conciertos que habré dado con Aretha, éste quizá fue el más intenso».

«En mi opinión, podía constituir un punto y aparte», decía Wexler. «El público del Fillmore no solo le ofreció a Aretha una respuesta afectiva sino también desde el conocimiento musical. Disfrutaron con cada nota que tocaron King Curtis, Billy Preston y Ray Charles, con cada matiz de la voz de Aretha. Perfectamente podrían haberla sacado del escenario a hombros como si estuvieran ensalzando a su nueva reina».

No obstante, antes de abandonar el recinto, un periodista le preguntó a Wexler sobre la adicción de Aretha a la bebida. «Eso me tocó los cojones», recordaba Wexler. «Acababa de dar el concierto de su vida, estaba en su esplendor artístico, y entonces viene un chupatintas gilipollas con que si iba borracha. Hay que joderse. Esa noche estábamos todos a tope, incluso yo, como para no estarlo. Qué más daría si Aretha iba contentilla. Cantó de la hostia y ya está».

Wexler se consideraba el gran protector de Aretha, pero un artículo de *Jet* lo presentó como una persona que controlaba su vida fuera de la música. En la noticia se decía que «los jefazos de Atlantic Records se han movido con discreción para poner fin al proyecto anunciado por la Reina del Soul Aretha Franklin de celebrar un concierto benéfico en Los Ángeles por la activista negra Angela Davis. Así pues, no habrá tal concierto».

«Mentira podrida», sentenciaba Wexler. «Aretha y yo teníamos las mismas ideas políticas. Somos muy de izquierdas, votantes del partido Demócrata. Cada uno hemos luchado por causas distintas, pero jamás de los jamases Ahmet o yo le pedimos que moderase su ideología».

Aretha salió en defensa de Wexler, según se reflejó en un reportaje de *Jet* del 27 de mayo: «Aretha niega presiones para no cantar en apoyo a Angela Davis. La Reina del Soul Aretha Franklin trasladó a *Jet* su malestar por la noticia al respecto de las injerencias de los directivos de Atlantic Records (su sello discográfico) en la organización de un concierto por Angela Davis». Aretha aseveró que «ni Atlantic ni nadie le dicta lo que puede hacer y atribuyó la cancelación del concierto en UCLA a una falta de acuerdo con las fechas».

«Aretha iba a la suya y programaba conciertos benéficos sin consultarme», decía Ruth Bowen. «Nos llevaba locos a Cecil y a mí, comprometiéndose con conciertos benéficos al tuntún. Lo hacía con buena intención, es una persona generosa y muy altruista, pero no se paraba a pensar en temas de logística. En teoría, nos había dejado a su hermano y a mí la organización de su carrera, pero todos los meses me llamaba alguien de una organización política o social diciéndome que Aretha le había dicho que iba a apoyar su causa cantando gratis. Y siempre Aretha había elegido una fecha que ya tenía cerrada para un concierto. Y ahí llegaba el lío, tenía que romper el acuerdo sin quedar mal. A veces la gente se enfadaba, hay promotores y responsables de ONGs que me odiarán de por vida».

Ese verano actuó en un concierto benéfico en la universidad Fisk, de Nashville, con Stevie Wonder, que acababa de cumplir los 21 años y había sacado su primer disco, producido por él, *Where I'm Coming From*. Aretha le dijo que le había encantado la canción que le había compuesto a los Spinners, 'It's a Shame', y le preguntó si le escribiría una a ella. Le contestó que ya la tenía. Aretha tardaría dos años en grabar esa canción que Stevie Wonder ya había grabado anteriormente, 'Until You Come Back to Me (That's What I'm Gonna Do)'.

Tocó en mayo en el Apollo y, según *Billboard*, ofreció una actuación memorable, pese a ciertas cursilerías. El crítico Ian Dove señaló lo siguiente: «El cartel decía que estaba en casa. Aretha en el Apollo. La mujer natural en su entorno natural. Artista, público y música se fusionaron. Los asistentes aportaron profundidad cuando cantó 'Dr. Feelgood' como los fieles devotos del góspel que eran.

»Aretha llevaba la banda de King Curtis y su propio coro, y con eso bastaba, no era necesario meter decorados, cortinas que subían y bajaban y bailarinas. La voz y el dominio férreos de Aretha fueron suficientes. Estaba en casa, en su casa».

«Se creía que sabía también de escenografía, números de bailes y todo eso», decía Ruth Bowen. «Yo le decía que no, que buscase a algún experto, pero no me hacía caso, con lo que le pasé la pelota a Cecil».

«Al final dejé de discutir con ella», comentaba Cecil. «No valía la pena. La gente iba a verla cantar y le daba igual si atiborraba el escenario de cosas. Igual que los vestidos sobrecargados que empezó a llevar a principios de los años 70. Había gente que los veía extravagantes y poco refinados, pero se la traía al fresco. Al fin y al cabo, lo que llenaba los conciertos no era su gusto en el vestir sino su gusto musical. No eran los juegos de luces, los gorros o plumajes que llevara: lo que le emocionaba a la gente, lo que hacía que le pidiera más y más era su voz, única y exclusivamente su voz».

Y seguían llegando propuestas de Europa para escuchar su voz en directo. Volvió de gira por el viejo continente en junio. Su concierto en Montreux, Suiza, fue un auténtico acontecimiento.

«Era Aretha en plena gloria», me comentó Claude Nobbs, fundador y director del festival de jazz de Montreux. «Fue muy complicado cerrar la fecha, lo cancelaría como unas cuatro veces. Pero no me rendí, se lo pedía de rodillas una y otra vez. Entonces me pedía algo nuevo, como un camerino más grande o una suite más de hotel, y yo tragaba siempre. Le envíe flores, dulces y chocolates. Me respondió que los chocolates acabaron por convencerla. ¡Dijo que sí! Me daba miedo que viniera con la espantosa orquesta de su anterior gira europea, pero me entró la emoción cuando me enteré de que ahora llevaba a King Curtis y los Kingpins. Con Cornell Dupree de guitarrista. La recibimos como a una reina y se quedó tan encantada que me preguntó si tenía alguna petición. "Sí, por favor, Aretha, toca el piano, tócalo todo lo que puedas. Te he traído el mejor piano de cola Steinway. Tócalo, no te levantes de él, por favor, ¡tócalo toda la noche! Me gusta

265

cómo cantas, reina Aretha, pero creo que eres la pianista más emotiva del panorama actual. Me encanta oírte cantar, pero también quiero verte tocar". Se rio y asintió, lo tocaría. Y vaya si lo tocó. Filmé el concierto y tiene un estilo especialmente fuerte. Está espléndida, interpretó 'Dr. Feelgood' y 'Spirit in the Dark' de forma magistral. Era la sexta edición del festival. Habíamos llevado ya a todo el mundo, desde Bill Evans a Duke Elllington o Carlos Santana. No obstante, Aretha fue la mejor».

Sin embargo, en Italia hubo problemas. Lo publicó *Jet* el 15 de julio: «La Reina del Soul arremete por el trato de la policía italiana». Enfadada por algo que le pasó en el aeropuerto de Roma, anunció que organizaría un congreso con hombres negros para reflejar, según sus palabras, «la manera en que se trata por todo el mundo a las mujeres negras, y a las personas negras en general».

«Llevaré a Muhammad Ali, al reverendo Jesse Jackson, a Huey Newton, a Cong. Vamos a organizar un congreso con Charles Diggs para presentar un programa de propuestas», explicaba Aretha, que denunciaba que los agentes de policía de Roma la habían «manoseado». Tras el altercado, la policía tuvo retenidos a Aretha y a dos de sus hijos (Clarence y Eddie) para interrogarlos durante cuatro horas. «Solo se me ocurre que hicieran eso», añadió, «porque había tenido que cancelar mi último concierto en Roma, pero había actuado durante nueve noches y estaba cansada».

Hubo después otro contratiempo con respecto a Sudáfrica. Ruth Bowen se empleó a fondo para proteger a su cliente. El 29 de julio, *Jet* anunció que Aretha había cancelado su viaje al país. Bowen daba su versión a la revista: decía que solo era un aplazamiento y que la cantante volvería más adelante a pesar de las críticas de la sección de Chicago del American Committee on Africa, que le había reprochado a Aretha que fuera a cantar a Soweto. Con todo, Bowen aseguraba que la cancelación nada tenía que ver con estas críticas. «Tenemos programados antes otros conciertos en Estados Unidos», afirmó. «No nos dedicamos a la política. He hablado con el presidente de la asociación, que por cierto, es blanco, y le he pedido que me explique por qué una artista negra no puede actuar ante el público negro. Únicamente cantará ante los negros. El público quiere y ella también. No estoy de acuerdo con los artistas negros que van allí y actúan ante los negros y luego ante los blancos, me opondría, pero no les vamos a negar a nuestros hermanos de allí el derecho a vernos».

«No se llegó a ir nunca», decía Cecil. «Era un follón por el tema político. Nos dieron desde todas partes, desde la izquierda y desde la derecha. Me parecía absurdo porque la izquierda no podía tener ninguna queja de Aretha, ya que la familia siempre había pregonado la paz y se había opuesto a todo tipo de intolerancia o discriminación racial. Aretha jamás habría tenido ningún tipo de relación con ningún gobierno racista de ningún país. Nuestro objetivo en África era señalar la corrupción moral del apart-heid, no respaldarlo. La derecha no podía decir que habíamos aceptado actuar en un concierto solo ante blancos porque era mentira. Al final, los extremistas de ambos lados lo enfangaron todo y Sudáfrica se quedó sin ver a una de nuestras reinas».

El 13 de agosto de 1971, llegó la tragedia con el asesinato en Nueva York, en plena calle, de King Curtis, el director musical de Aretha.

«Cuando me llamaron, me quedé sin palabras», me comentaba Wexler. «Mudo, paralizado, sin saber qué hacer. No sabía qué pensar, cómo digerirlo, porque fue repentino, inesperado. King estaba yendo a su casa, al apartamento que tenía en la calle 68 Oeste. Se encontraba en su mejor momento, era un tío sano, inquieto, un gran músico, un buen tipo. Se topó en las escaleras de la puerta de su edificio con un par de yonquis que estaban pinchándose y haciendo el imbécil. King les pidió que se apartaran y lo mandaron a la mierda. King iba a entrar, pero se le abalanzó uno de ellos y le dio un navajazo. Le atravesó al corazón. Adiós muy buenas».

«Nos dejó hechos polvo», decía Cecil. «King Curtis había sido el mejor director orquestal que había tenido Aretha. Era rápido, la seguía muy bien. Era, además, un músico muy enérgico, en el estudio y en el escenario. Le iba marcando el ritmo con los dedos, lo que les viene muy bien a los grandes cantantes.

»Siempre recordaré ese funeral. Mi padre acudió en avión desde Detroit para oficiar la ceremonia. Habló Jesse Jackson. Estaba todo el mundo, desde Brook Benton a los Isley Brothers, pasando por Stevie Wonder o Dizzy Gillespie. El grupo de Curtis, los Kingpins, tocó 'Soul Serenade'. Todo se pusieron a llorar cuando Aretha cantó '"Never Grow Old'.

»La conmoción era mayor por las circunstancias de la muerte, un asesinato a sangre fría. A Aretha le pasaba lo que a mucha gente, tenía miedo de morir así, asesinada de repente, y aquella muerte disparó al alza sus temores».

El sustituto de King fue Bernard Purdie, el excelente batería que había estado años trabajando con Aretha en discos y conciertos.

«Lo pasamos mal, era un gran director», decía Purdie. «Aretha no quería ni que se le mencionara, como si no pudiera aguantar la tristeza. Si salía en una conversación el tema de King, se encerraba en sí misma y no hablaba con nadie. Es lógico, le afectó mucho. Lo mejor era hablar de otras cosas cuando ella estaba delante».

En el verano de 1971, salió al mercado su versión de 'Spanish Harlem', escrita por Jerry Leiber y Phil Spector. Llegó a lo más alto y sería uno de sus mayores éxitos, desbancando en ventas la versión original de Ben E. King, grabada diez años antes. Por otro lado, Atlantic lanzó otro hit, 'You've Got a Friend', de Carole King, versionado por Donny Hathaway y Roberta Flack, una canción que Aretha cantaría cinco meses después en un contexto completamente diferente.

Una de las cosas que más recuerda de aquel verano es 'Bring the Boys Home', de Freda Payne, una canción de protesta contra Vietnam. Aretha le dijo a Wexler que le encantaba, que la habría cantado si se la hubieran llevado a ella (Los compositores y productores de Motown Holland-Dozier-Holland habían llevado a juicio a Berry Gordy, se habían ido de Motown, habían creado un nuevo sello, Invictus, y habían fichado a Payne).

Pero también hubo momentos para la diversión en aquellos calurosos meses en Nueva York. *Jet* publicó que Aretha había asistido a un concierto en el Roman Pub del hotel Hilton de Emme Kemp, la cantante y pianista de jazz, góspel y cabaret, una artista a la que admiraba desde hacía tiempo. Aretha se quedó una o dos canciones y le regaló a Emme una botella de champán con una nota en la que ponía: «Tras un día largo de compras y de acabar con los pies doloridos, pasé por aquí a descansar un rato y ha sido maravilloso. Muchas gracias por levantarme el ánimo. Tu hermana del soul, Aretha».

De vuelta a las actuaciones, cantó en octubre en el Madison Square Garden. Don Heckman escribió una reseña en el *New York Times* en la que afirmaba que «Aretha Franklin irradia por todo el recinto unas sensaciones en el público que hacen vibrar todos los músculos del cuerpo de manera que cobran vida propia».

El invierno recibió a Aretha con otro éxito que llegó a lo más alto, la canción 'Rock Steady'. Volvió en noviembre al Madison Square Garden como cabeza de cartel de un concierto de homenaje a su padre. Entre los asistentes se encontraban Coretta Scott King, Jesse Jackson, Ralph Abernathy y Stevie Wonder.

Aretha había evitado de forma obsesiva conceder ninguna entrevista en profundidad desde el reportaje de portada de *Time*, en 1968, en el que se habían detallado los aspectos más oscuros de su vida y su tormentosa relación con Ted White. No obstante, a principios de 1970 había empezado a recular y así es como fue al programa de David Frost, donde, tras una entrevista poco fluida, apareció brevemente con su padre antes de sentarse al piano para cantar 'Precious Lord'.

«Aquello fue cosa mía», decía Ruth Bowen, «y casi se volvió en mi contra. Frost quería contar con Aretha, pero ella era reacia. Acordamos hacer un previo de la entrevista en mi despacho. Si Aretha no acababa contenta, no iría al programa. Pero fue bien, Aretha estuvo muy amable y con ganas de contar cosas. Las preguntas eran respetuosas y las respuestas no se iban por las ramas. No se tocaron temas demasiados personales, aunque se ofreció un tono cercano que le dio confianza a Aretha. Además, le iba muy bien con Ken y no tuvo problema alguno en hablar del momento dulce de su vida sentimental. Aceptó ir al programa. Sin embargo, allí emergió una Aretha distinta, la chiquilla cohibida, más tímida que nunca, la que prefería esconderse antes que expresarse en una entrevista televisiva. Se sentó con gesto serio y, ante las preguntas de Frost no respondió más que con monosílabos, sin explayarse en ningún asunto. A mitad de la grabación, pidió parar un segundo, se levantó, fue al camerino y volvió al plató fumando un cigarrillo. Frost estaba atónito. Al final se abrió un poco, pero sin pasarse. Cuando Aretha decide cerrarse en banda, no hay manera».

«Yo seguía trabajando con niños», me decía Erma, «y al colaborar con psicólogos, aprendí un montón sobre salud mental, lo que me permitió entender la personalidad inestable de Aretha. Sabía de sus depresiones frecuentes, y que recurría al alcohol y a los antidepresivos. En las épocas en que bebía menos, o cuando después dejó por completo la bebida a mediados de los años 70, caía en la depresión de forma inesperada. Pero, eso sí, hasta que aparecía la depresión llevaba una labor frenética, hiperactiva, a todo ritmo; hacía planes para conquistar el mundo. Decía que quería abrir un restaurante, o una tienda de ropa en Harlem con Ken que llamarían Do It To Me. O que iba a despedir a Ruth Bowen y llevar su propia agencia de contratación. Sin embargo, nunca materializaba ninguno de estos grandilocuentes proyectos».

La revista *Ebony* llevó en su portada de diciembre un reportaje titulado «Aretha: A Close-Up Look at Sister Superstar», en el que hace mención a lo de llevar su propia discográfica y agencia, hasta el punto de asegurar que ya había contratado a su discípulo Billy Always, un cantante de góspel de 16 años de edad, que era nieto de Mahalia Jackson e hijo de una de las exnovias de su padre. Con todo, aquello no pasó de eso, de meros pronunciamientos.

El reportaje, firmado por Charles L. Sanders, y de siete páginas de extensión, sigue el día a día de la cantante desde su vida en Nueva York a sus giras. Nos habla de su afición por la cultura africana y nos presenta a una Aretha Franklin afable, simpática, sensata y abstemia. Afirma que ya no bebe. Y vemos que un día en Greensboro visita a un fan suyo de 17 años, Luther Williams, pese a estar resfriada. No ha abandonado por completo su desconfianza hacia los periodistas: «Considera que las entrevistas son como los callos en las manos: siempre duelen. Nunca ha dejado de ser una persona muy reservada y tremendamente tímida». Más adelante, en el artículo se afirma que sus problemas con Ted White «no eran más que los habituales que sufren muchas mujeres». Aretha se muestra ahora con más confianza, más segura de sí misma, ya que antes intentaba aparecer rodeada de más glamour, y que, gracias a lo que denomina la Revolución Negra, cambió de estilo. «Supongo que me sentí bajo el influjo de la Revolución, pero aclaro que mi evolución ha sido muy personal, hacia mi interior».

A lo largo de la entrevista, Aretha anticipa un proyecto que pronto llevará a cabo: volver a grabar en una iglesia, un retorno a sus orígenes que constituiría un hito en su carrera.

19
AMAZING

«Si hoy analizamos con detalle los grandes discos de Aretha Franklin de finales de los años 60 y principios de los 70», decía Jerry Wexler, «no son discos de verdad, sino compilaciones de canciones. Carecían de estructura organizativa. Juntábamos los temas y los lanzábamos. Lo más próximo al concepto de álbum fue *Soul '69*, el disco que era en realidad de big band. Pero años después del hallazgo que supuso *Hot Buttered Soul*, de Isaac Hayes, un LP que consistía en versiones largas de cuatro canciones, y en un momento en que Marvin Gaye desarrollaba una historia completa en *What's Goin' On*, ni Aretha ni yo habíamos pensado en ninguna historia. Por ejemplo, se pueden intercambiar las canciones de *Spirit in the Dark* con las de *Young, Gifted and Black*, cambiarlas de sitio y orden sin problema. Se repetía la fórmula: Aretha con versiones superlativas junto con temas originales y muy buenos compuestos por ella o por su hermana Carolyn. Sí, aquello estaba genial pero pensaba que teníamos que darle una vuelta.

»Siempre me ha gustado mucho el góspel y, en una de esas sesiones de principios de los años 70, le di a Aretha 'Heavenly Father', de Edna McGriff (que había triunfado veinte años antes con 'Note Droppin' Papa' en el sello Jubilee) para que la versionara. Al igual que a Aretha, a Edna se le daba bien todo tipo de estilos, litúrgicos o no. La versión de Aretha fue arrolladora, pero me dijo que no la veía para un disco de pop, así que quedó inédita hasta que la recuperé en 2007 para el recopilatorio *Rare and Unreleased Recordings*. Sin discutirle la decisión, le comenté la idea de grabar un disco entero de góspel. No lo vio claro al principio porque pensaba que sus fans lo rechazarían. Le contesté que todo lo contrario, que sumaría más fans. Al final accedió y empezó a dar títulos de canciones. Le dije que me parecía bien pero que, en lugar de grabar en Nueva York en estudio, yo quería que fuera en una iglesia en directo. Dudó de nuevo, creía que tendría menos control, aunque se lo pensó mejor y acabó gustándole mi idea».

Aretha ofrecía un relato distinto sobre el origen del proyecto. En más de una entrevista señaló que la idea de grabar un disco de góspel, y de hacerlo en directo en una iglesia, salió de ella, no de Wexler. Además, añadía que el disco se grabó por su insistencia. Nunca había llevado bien ciertos reproches de que había dejado de lado la iglesia, a los que ella contestaba que no era cierto, que formaba parte de su esencia. El disco pretendía ser la confirmación de ese principio. Algunos dijeron que grabó el disco presionada por su padre, extremo que desmintió ella misma. Negó haber tenido presiones: había cantado blues, rhythm and blues, temas de Broadway y folk y jazz, y ahora quería volver a la música con la que había crecido, la que le había despertado la vocación de artista. Según decía, no se puede estar siempre dirigiéndoles las canciones a los hombres, y que, de vez en cuando, hay que cantarle a Dios.

Aretha también subrayaba que, para no traicionar la tradición que seguía, no quería grabar un disco de góspel sin más. La música tenía que ser el núcleo de un concepto más amplio, de un auténtico servicio religioso. Me recordó que, cuando viajaba con su padre recorriendo el país en los años 50, no daban conciertos. Lo que hacía el reverendo C.L. Franklin era oficiar servicios en los que la música constituía una parte fundamental. Aretha quería hacer un disco con ese patrón y, en gran medida, así sería el disco que llevaría por título *Amazing Grace*.

Tal y como lo cuenta Aretha en sus memorias, era su proyecto. De hecho, fue la primera vez que aparece acreditada como coproductora del disco, junto con Wexler y Arif Mardin. Fue ella quien eligió para la grabación la iglesia misionera baptista New Temple de Los Ángeles, y que el coro lo dirigiera el reverendo James Cleveland, el antiguo director de coro de su padre en la iglesia New Bethel de Detroit y oportunamente proclamado Rey del Góspel.

«Cuando me llamó Aretha, me puse muy contento», me comentaba Cleveland. «Era una oportunidad de oro para llevar la música góspel a un público amplio. Creo que no me llamó únicamente por la amistad con su familia sino por la reputación que tenía como responsable de armonizar coros de forma nueva y dinámica. Era conocida la precisión de mi grupo, el Southern California Community Choir. Parecían un cuerpo militar de élite: a la hora de cantar, no fallaban jamás el tiro. Alexander Hamilton, mi teniente y asistente de dirección, era impecable: nadie desafinaba nunca. Todos, desde las sopranos a los bajos, cantaban su parte con mucha técnica y capacidad expresiva. Aretha sabía que eran de los suyos, fervientes feligreses con ganas de trasladar la gloria de Dios en cada nota».

Wexler se encargó de adaptar la contribución de Cleveland. «Tenía que adaptar para la iglesia la diabólica sección rítmica», decía él mismo. «Aretha escogió bien, le gustaba lo que hacía James Cleveland y fue una excelente elección. Pero yo quería contar con mis chicos, con la batería de Bernard Purdie, el bajo de Chuck Rainey, la guitarra de Cornell Dupree y las congas de Pancho Morales, para tener el ritmo adecuado. En primer lugar, había pensado en Richard Tee para los teclados, pero James me puso por las nubes a Ken Lupper, discípulo suyo. En cuanto lo escuché con el Hammond B3, se acabó el debate. Ken tenía una técnica impresionante».

Aretha reclamaba también como suya la apuesta por la sección rítmica de las sesiones de Atlantic en Nueva York. Purdie había pasado a ser su director musical y Rainey, su bajista favorito. Sentía inclinación por la guitarra funky de Cornell Dupree y opinaba que Pancho Morales le añadiría la salsa final. No veía contradicción alguna en usar músicos paganos en un servicio religioso y calificaba de absurda la noción de «adaptar la diabólica sección rítmica». Quería a los mejores músicos, el mejor coro y las mejores canciones.

Para tomar fuerzas de cara al acontecimiento (dos servicios en dos noches seguidas, el jueves 13 y el viernes 14 de enero de 1972), Aretha y Ken Cunningham se fueron a Barbados con un séquito que incluía a su hermano Cecil y a Bernard Purdie y Chuck Rainey. Cunningham hizo la foto de la portada del disco en Lord's Castle, que se había convertido en un hotel de lujo, con Aretha posando con un vestido africano.

En el revelador libro de Aaron Cohen sobre la elaboración del disco, titulado igualmente *Amazing Grace*, Rainey recordaba aquel periodo: «Estuve tres años con Aretha y, si tuviera que contar el número de palabras que pronunció aparte de cantar, no serían más de doscientas. Apenas hablaba. Cuando decía algo, era concisa y directa. Mahalia Jackson era igual. Se quedaba sentada en la silla con las piernas juntas, de brazos cruzados. Así era ella. Nunca vi que interactuara mucho con la gente. Hablaba más con las mujeres de los músicos que con ellos».

«Vale, no es que fuera muy habladora», decía James Cleveland. «Lo que pasa es que se expresa con la música. Nosotros teníamos nuestro código, nos comunicábamos asintiendo con la cabeza. Nos entendíamos a la primera. Ensayamos en el templo donde yo había trabajado, la iglesia baptista Cornerstone Institutional. A mí me habría gustado grabar allí, pero Wexler pensaba a lo grande: aparte del equipo de grabación, quería filmar el concierto. Así pues, se trasladó el operativo a una iglesia más espaciosa en el barrio de Watts».

«A través de Warner Brothers, dueños de Atlantic, contacté con Sydney Pollack para que filmase las dos actuaciones», recordaba Jerry. «Eso fue después de que dirigiese *Danzad, danzad, malditos*, y justo antes de hacer *Tal como éramos*. A Sydney le encantó la propuesta y se preparó un equipo de varias cámaras».

«Wexler se centró en los preparativos de la película, en el tema del director y las estrellas invitadas, mientras que Aretha y yo nos dedicamos a la música y los arreglos», resumía Cleveland. «A ver, conocía a King Curtis y me encantaba su sección rítmica, Purdie y Rainey y todos ellos eran fabulosos. Arif Mardin echó una mano con los arreglos y Wexler era un gran gestor, pero el grueso de los arreglos corrió a cargo de nosotros dos.

»Aretha trajo canciones nuevas. Marvin Gaye acababa de lanzar *What's Going On* y me preguntó si me parecía adecuado cantar en la iglesia un tema de ese disco, 'Wholy Holy'. Bueno, estoy hecho de la misma pasta musical que el padre de Aretha, me considero una persona abierta. Todo es música de Dios y no pasa nada. Marvin era, ante todo pastor, y sus canciones eran bienvenidas en mi iglesia. El otro gran disco de la época en aquel momento era *Tapestry*, de Carole King. Carole tenía una sensibilidad exquisita, le había compuesto a Aretha 'Natural Woman'. Me pareció genial incorporar su tema 'You've Got a Friend', si bien modificamos un poco la letra para especificar que el amigo de la canción era Jesucristo. Quería meter algo de Rodgers y Hammerstein: recuerdo que lloré cuando cantaban 'You'll Never Walk Alone' en el musical *Carousel*. Sí, era de Broadway, pero bueno, no es incompatible con el góspel. En Broadway también se pueden expresar oraciones, y lo mismo los Beatles. Por eso metimos 'My Sweet Lord', de George Harrison.

»Evidentemente, la base del espectáculo tenía que ser góspel ortodoxo, lo que se empezaba a denominar góspel tradicional, el que está lleno de esencia, con el que nos criamos Aretha y yo. No sé quién de los dos lo propuso, pero sabíamos que teníamos que interpretar temas clásicos como 'What a Friend We Have in Jesus' y 'Climbing Higher Mountains'.

»Aretha era fan de The Caravans, y yo tenía a ese grupo como maestros en mi manera de tocar el piano, con lo que necesitábamos que su espíritu estuviera presente en el servicio religioso. Albertina Walker, la reina de la formación, contrató a Inez Andrews, y ambas interpretaron su versión de 'Mary, Don't You Weep'. Martin Luther King siempre pedía que se cantara 'Take My Hand, Precious Lord', el famoso himno de Thomas A. Dorsey, y pensamos en incluirlo. Se le ocurrió a Alexander Hamilton, mi ayudante de confianza, que la combináramos con 'You've Got a Friend', y a mí, que Aretha cantara 'Never Grow Old', un tema que había cantado de niña y que yo le había escuchado cuando trabajaba en la iglesia de su padre en Detroit. Si se compara la versión que grabó de joven con la que hizo en New Temple, ahí se ve la mejor muestra de lo que significa la floración de la genialidad. Era una niña prodigio, pero, a los veintinueve años de edad, se había convertido en una mujer que confirmaba lo que prometía desde tan joven.

»Clara Ward es alguien especial en la vida de Aretha. Todo artista se fija en un modelo, y el de Aretha es Clara. Clara tiene estilo, clase, y un carácter musical particular. Para mí, Aretha es mejor que Clara porque posee un mayor registro y un repertorio más variado. Aretha ha llegado más lejos, ha conquistado todos los territorios musicales, aunque ello no le resta un ápice a la importancia que ha tenido Clara para el crecimiento de Aretha. Es por ello que incluyó 'Old Landmark', una canción asociada con Clara, al igual que 'How I Got Over', uno de sus grandes éxitos.

Estaba claro que Clara iba a asistir, junto con su madre, Gertrude, a uno de los espectáculos. Cuando se lo mencioné, Aretha se quedó aturullada y dijo: "Por supuesto que vendrá, pero se me ha pasado por completo invitar a mi padre". "Bueno, llámale ya mismo y dile que tome el primer avión". Dicho y hecho: su padre se sentó en primera fila, acompañado de Clara Ward.

»Aretha también insistió en que cantara con ella 'Precious Memories'. Conocía la versión de Rosetta Thorpe, pero ella quería darle un aire diferente, en plan vamos-caminando-despacio-por-el-camino-embarrado-a-la-misa-del-domingo, que encajaba a la perfección. Le dio un barniz con el que sonaba como una canción nueva, sin perder su aroma clásico. Ya a los veintinueve años de edad, Aretha parecía una dama clásica del soul, lo dominaba desde hacía tiempo y, sin duda alguna, era una auténtica predicadora. La vi más suelta en los ensayos, que es lo que recuerdo con más cariño de aquello».

«Los ensayos fueron lo más», le confesó Bernard Purdie a Aaron Cohen. «En los ensayos en la iglesia, Aretha actuaba como un predicador, como un ministro pastoral. La grabación ni se le aproxima a lo que se vivió en los ensayos. Nos dejó a todos con la boca abierta, nos llevaba a otro mundo... James Cleveland dijo que nunca había visto nada igual, a alguien dando mejores sermones que él. Todos lo miraban con los ojos abiertos porque era increíble que dijera tal cosa».

Había cierta preocupación por si los equipos de grabación interferían en el desarrollo de los conciertos. Alexander Hamilton pensaba que quizás los cámaras constituyeran un estorbo.

«Lo que menos te apetece es que los focos y el director de la película te distraigan en tu trabajo», le dijo Hamilton a Aaron Cohen. «[Sydney Pollack] tenía una cámara puesta en la pila bautismal para filmar detrás del coro. ¡Pero eso era un error! ¡Todos los asistentes al oficio se iban a cabrear! ¡Cualquiera que subiera allí con una cámara se iba a bautizar de verdad!»

«Le insistí a todo el mundo que estábamos en una iglesia», decía Cleveland. «No era un concierto de rock and roll. La gente cree que una iglesia baptista negra es solo gente histérica moviendo las manos y saltando por los pasillos. Claro que se celebra la gracia de Dios con alegría, pero la ceremonia es, ante todo, un acto sagrado. No es un teatro ni un sitio para estar de cachondeo. Nos tomamos muy en serio nuestra adoración a Cristo, y la música, que brota de ese amor a Dios, también conlleva esa seriedad».

Antes de empezar, Cleveland se dirigió a los asistentes diciéndoles que era un servicio religioso serio, que se habían reunido, por encima de todo, para alabar al Señor.

Aretha abrió la primera noche con 'Wholy Holy', de Marvin Gaye. Doce años después de aquel momento en la iglesia de Watts, escuché el tema con Marvin una noche lluviosa en Ostend (Bélgica). Marvin atravesaba entonces uno de sus largos periodos de exilio de Los Ángeles.

Cuando acabó de sonar, Marvin se quedó callado. No quería romper la magia de ese instante, pero quería hacerle muchas preguntas.

·«"¿Cuándo te enteraste de que la iba a cantar?" "Cuando salió el disco2, me contestó.

»"¿Qué pensaste?" "Me quedé de piedra. Igual que ahora que acabamos de escucharla. Y no solo por la perspicacia al ver que su voz se adecuaba perfectamente a mi canción, sino también por la belleza de su interpretación. *What's Going On* no llevaba mucho tiempo publicado y no se hizo sin problemas porque en Motown pensaban que no era comercial, con lo que terminé harto. Le dije a la discográfica que no grabaría nada más si no lo sacaban. Gané el pulso y el público me dio la razón, se vendió bien, aunque me quedé algo tocado. Sabía que era bueno pero solo me di cuenta de que era muy bueno cuando Aretha versionó 'Wholy Holy'. Los dos tenemos una cultura musical similar, de ver y escuchar a nuestros padres predicando y cantando, con lo que era consciente de que es una persona muy selectiva con ese tipo de material. Para mí, el góspel representa la prueba de fuego. Está la anécdota de Duke Ellington, que, en sus últimos años, se había dedicado a componer música religiosa y un día estaba escribiendo una canción y una amiga le dijo de ir a un club a tomar algo, Duke le dijo que no y la mujer le respondió que ya seguiría después con la canción, a lo que le replicó: 'Nena, a la gente le puedes vacilar muchas veces, pero con Dios no se juega'. Ésa es la esencia del góspel, su vínculo divino lo hace insobornable. Aretha es insobornable, igual que su espíritu. Cuando canté ese tema, le metí añadidos de estudio a mi voz, creando una especie de autoarmonía, como si me creara una sombra propia. Tenía cuerdas, saxos y un montón de efectos. Aretha solo contaba con su voz y un coro espléndido y potente. Ella fue quien construyó y cimentó esa canción. La inmortalizó"».

«¿Y qué te parece el disco entero, *Amazing Grace*?», le pregunté.

«Si le preguntas a un experto en soul por mi mejor disco, te contestará que *What's Going On*, y si le preguntas a uno de góspel cuál es el mejor disco, te dirá que *Amazing Grace*. Los fans de Aretha siempre eligen ese. A mí me encantan 'Respect', 'Natural Woman' y 'Chain of Fools', y me morí de la envidia con *Sparkle*. Curtis le compuso y produjo un disco entero a Aretha, ojalá yo pudiera decir lo mismo. Pero ninguna de esas obras llega al nivel de *Amazing Grace*. No creo ser el único que considere ese disco una obra maestra sin parangón. Los músicos que más venero opinan lo mismo. Es su mejor disco, el que más me gusta a mí».

«En mi opinión, *Amazing Grace* es un paréntesis en su vida», decía su hermano Cecil. «Un paréntesis hermoso y purificador que ya podría haber durado más.

Llegó en el momento justo. Cuando fichó por Atlantic, no paró desde el principio: el primer disco fue un éxito, y el segundo y el tercero. Despegó como un cohete. Sin embargo, a la vez estaba atrapada en un matrimonio destructivo, Ted y ella no pegaban ni con cola. No era una relación sana, pero creía necesitarlo y por eso no lo dejaba, y lo mismo él con ella. Cortaban y volvían y cortaban de nuevo. Un disparate. Le dio más a la bebida, se enfrentó a la prensa y, aun así, no se resintió su carrera: siguió grabando éxitos y llenando grandes recintos. Cuando cortó definitivamente con Ted y nos encargó a Ruth y a mí la gestión de su carrera, aumentaron los conciertos y los viajes, y se acentuó su inestabilidad emocional. Entonces llegó Ken, que le vino muy bien porque es buen tío, pero seguía con un vacío existencial, que era la religión. No me refiero a que dejara de asistir a misa los domingos en New Bethel, sino al espíritu religioso. Su alma y corazón anhelaban con ahínco ese espíritu. Porque la religión no es solo dar las gracias a todos los santos que le habían inspirado cada nota desde niña, es también la presencia del amor de Dios. La religión, la iglesia, era su hogar, su familia, el lugar donde podía ser ella misma. Así como Dios es de donde emanan todas las cosas buenas, la iglesia es la fuente de toda la música buena de la vida de Aretha.

»No estoy diciendo que hiciera mal al cantar jazz, pop o R&B, y, evidentemente, ni mi padre ni yo jamás vimos con malos ojos que tocara esos géneros. Con todo, a principios de 1972, ante la naturaleza tormentosa de la vida que había tenido, era el momento de regresar, como dice la canción de los Beatles, al lugar de donde provenía.

»Así pues, *Amazing Grace* suponía una vuelta a casa, gozosa y sincera. Se aprecia en la alegría del coro, en la reacción de los asistentes, y, sobre todo, en la voz de mi hermana. No hay que olvidar la enorme ayuda de James Cleveland, uno de sus principales mentores, una de las personas en las que más se puede confiar, por detrás únicamente de nuestro padre, que vino acompañado de Clara Ward. Cuando llegaron a la segunda actuación el viernes por la noche, todo estaba perfectamente organizado. La persona más importante para Aretha estaba ubicada en el banco frontal y, a su lado, la cantante que había sido su madre musical. Allí regresó Aretha a sus años de formación, a aquellos tiempos en que cantaba para su padre, un hombre terrenal y espiritual al mismo tiempo. Había, eso sí, una diferencia: mi hermana ya no era una niña prodigio, sino una mujer hecha y derecha que, tras conquistar el mundo con su música, regresaba allí para darle gracias a Dios por el don que le había otorgado».

«No le faltaron críticas de ciertos sectores tradicionales de la iglesia», recordaba Carolyn. «La acusaban de que había convertido aquello en un espectáculo de Hollywood, que era una oportunista, que no se podía aceptar que se cantaran canciones de pop como 'You'll Never Walk Alone' o los temas de Carole King y Marvin Gaye. Cuando la prensa señaló que un día había asistido Mick Jagger, esos sectores dijeron que ésa era la prueba de que no era un servicio auténtico. Pero no, yo estuve allí y aquello no tenía nada de efectista ni artificial. No teníamos ni idea de la presencia de Mick Jagger y, de hecho, nos habría dado igual. Lo importante era Aretha con James y el coro electrizante. Fueron dos noches de exploración de las raíces y de renovación de la tradición en la que se había formado».

Constituye una revelación ver el material en bruto de la filmación de Sydney Pollack. Alan Elliott, antiguo productor de Atlantic, me la mostró en 2010. Llevaba años dedicado de manera meticulosa a la preservación, restauración, edición, producción y finalización de la película. Antes de verla, me sabía el disco de memoria, con lo que contemplar las imágenes, presenciar la actuación, fue algo más que un placer estético y emocional. Me dio una perspectiva distinta de la música, me enseñó algo que creía imposible: apreciar todavía más la música*.

Para empezar tenemos la imagen de Aretha, su interpretación resulta delicada y contundente. No hay nada de afectación, todo lo contrario, rezuma humildad. Se entiende esa actitud estando allí su padre y Clara Ward, porque no intenta ser mejor que ellos, sino rendirles homenaje. Aparece muy cómoda, con todo bajo su control, ayudada por la fuerte presencia de James Cleveland.

Cuando le pide a su padre que diga unas palabras, la emoción que muestra el reverendo va a la par con la de la música de su hija.

«Esta música me ha llevado atrás en el tiempo, a los años en que estábamos en el salón de casa y ella tenía seis o siete años», dice. «Te he visto llorando, emocionándote, y yo me quedaba fascinado. Me conmueve lo que hace, y no porque Aretha sea mi hija, sino porque es la cantante total».

Al escuchar a su padre, a Aretha se le ilumina la cara con una amplia sonrisa.

«El reverendo James Cleveland estaba también entonces. Cuando venía a preparar el coro… y se quedaba durante horas con Aretha en el salón de casa cantando de todo. James he ejercido una gran influencia sobre ella. ¡Lo cierto es que Aretha jamás ha dejado de lado la iglesia!»

Acto seguido, Aretha sustituye a James al piano para tocar y cantar 'God Will Take Care of You'. En cierto momento, C.L. Franklin se levanta y se acerca a su hija para secarle con mucha delicadeza el sudor de la frente con el pañuelo. Es un gesto exquisito, conmovedor, el de un padre cuidando de su pequeña.

---

* (*N. del E.*) Finalmente, tras varios conflictos legales entre Elliott y Aretha Franklin, la película se estrenó, tras la muerte de la cantante, en Nueva York en 2018, para ser distribuida en todo el mundo en 2019.

La película está repleta de momentos álgidos. Durante el dúo con James Cleveland en 'Precious Moments', maestro y alumna expresan los «secretos sagrados» con unas voces que ponen la piel de gallina, al igual que sucede con la interpretación de 'Mary, Don't You Weep'". El poco convencional ritmo de 12/8 crea un ambiente feroz que encaja con la narración bíblica de Aretha. Cuando María reprende a Jesús por permitir la muerte de su hermano Lázaro, Aretha expresa el escepticismo con tartamudeo. Se refiere a Jesús como «maestro», seguido de un «mi mi mi mi mi mi mi mi mi mi mi amado Señor». Según me dijo una vez Billy Preston, ese tartamudeo sería el mejor ostinato de la carrera de Aretha. La iglesia se viene abajo, y se trata solo del anuncio del clímax, que llega cuando Jesucristo llama a Lázaro de entre los muertos y lo devuelve a la vida. La cantante de jazz Dianne Reeves le resumía a Aaron Cohen lo que sintió al escuchar por primera vez esa canción de Aretha: «Era como si estuviera allí mismo viendo a Jesucristo llamando a Lázaro. Lo que me atrapó de verdad fue el coro, que suena distante, expresando el aturdimiento que debió de sentir Lázaro. Se escuchan los coros de fondo con sus lamentos. Tal y como canta y cuenta la historia, te sientes presenciando la escena».

«Todo el disco está salpicado de pequeños milagros», opinaba Carmen McRae. «Y te lo digo yo, que siempre he pensado que las canciones religiosas baptistas pecan de pomposidad. En este caso, sin embargo, se acerca a la perfección. Convierte el góspel tradicional en pop, y viceversa».

«Es un momento histórico en el góspel negro», añadiría Billy Preston. «Rebasa todos los límites, con guiños a la tradición con las canciones de Clara Ward y The Caravans, al tiempo que anticipa el góspel moderno. Contribuye a su invención al incorporar a Marvin Gaye, un ritmo de R&B y funky y unos coros perfectos que dotan al sonido de elegancia. Es algo más que la mejor actuación de Aretha, se trata de un disco tremendamente radical».

El álbum, que contó con un intenso proceso de edición y resecuenciación en los estudios Atlantic de Nueva York, fue un éxito a todos los niveles. Los críticos lo catalogaron de su mejor obra, el que la coronaba más que nunca, y la gente lo compró como loca. Desde su lanzamiento, en junio de 1972, lleva superados los dos millones de copias. A día de hoy, permanece como el disco más vendido de Aretha Franklin y de la historia del góspel negro.

«Para mí, excede lo que sería un mero superventas», decía su hermano Cecil. «Es el momento esencial de la historia del pueblo negro. Hay que pensar, que, en aquella época, habíamos perdido a Martin Luther King, a Malcolm X, a Robert Kennedy, que seguíamos inmersos en una guerra inmoral, que teníamos al mentiroso de Nixon en la Casa Blanca, que vivíamos tiempos confusos, llenos de ira y degradación moral. Necesitábamos un estímulo, recuperar nuestra confianza como pueblo, que nos guiara alguien. Así pues, cuando Aretha nos mostró el camino hacia Dios, la única fuerza del bien que permanece inalterable en este mundo de penurias, fue un hecho histórico».

«Soy ateo hasta la médula», concluía Wexler. «No creo en Dios, pero sí en el arte. Y aunque suene exagerado, creo que *Amazing Grace* constituye para la música religiosa lo mismo que la Capilla Sixtina de Miguel Ángel para el arte religioso. Pocas obras hay en la historia tan grandes y profundas».

20
HEY

A la vez que Aretha alababa al Señor en la parroquia de James Cleveland, su canto glorioso aparecía en la televisión nacional. El mismo viernes por la noche en que se grababa *Amazing Grace*, se emitía en horario de máxima audiencia un capítulo de la serie *Room 222*, rodado semanas atrás. Aunque su personaje no hablaba mucho, interpretaba una soberbia versión de 'Guide Me, O Thou Great Jehovah' en una escena ante gente en tratamiento de rehabilitación.

En la serie, un hombre que la ve cantando pregunta si es predicadora.

«No», le responde una mujer. «Pero sí predica».

Ese mismo mes, en la revista *Time* se anunciaba la ruptura de Jesse Jackson de la Operation Breadbasket para iniciar en Chicago la Operation PUSH. En el artículo en cuestión, se describía el distanciamiento de Jackson respecto a la Conferencia Sur de Liderazgo Cristiano tras la muerte de Martin Luther King y su enfrentamiento con Ralph Abernathy. Aretha Franklin aparece citada como una de las «destacadas personalidades negras» que contribuyen con los 250.000 dólares que necesita Jackson para su nueva organización, junto con Ossie Davis, Jim Brown, y el alcalde del distrito de Manhattan Percy Sutton*.

---

* (*N. del E.*) Las actividades de la organización sin ánimo de lucro Operation PUSH (People United to Save Humanity) se centran en la reivindicación de la justicia social y los derechos civiles.

Aretha actuó además en enero y durante una hora en el teatro Apollo, donde recibió una ovación en pie del público asistente al concierto en beneficio por las familias de las víctimas de los sucesos de la cárcel de Attica**.

El 27 de enero murió en Chicago Mahalia Jackson. Más de 50.000 admiradores acudieron a la capilla ardiente en la iglesia baptista Greater Salem. Al funeral, oficiado en el teatro Arie Crown, asistieron más de 6.000 personas. Aretha estuvo allí para rendirle homenaje cantando 'Precious Lord', el tema que había cantado Mahalia en el entierro de Martin Luther King.

«Mahalia encarnaba el final de una época gloriosa que llevó el góspel tradicional al público blanco», decía Billy Preston. «Era la matriarca, la auténtica reina del género, además de muy purista: aparte de cantar 'Come Sunday', un tema religioso que interpretó con Duke Ellington en el disco *Black, Brown and Beige*, siempre huyó del jazz. Clara Ward cantó en Las Vegas, pero Mahalia, no. Se negó a dar conciertos de góspel en los clubs nocturnos. Fue la última de esa tradición. Se ha dicho a veces que, al morir, Aretha ocupó su trono. Para nada, Aretha ya era la Reina del Soul, una categoría que incluía el góspel y mucho más. Mahalia nunca habría aceptado ese título, ya que el "soul" es demasiado terrenal. Eso no significa que Mahalia no cantara con un toque de blues, en su estilo había un montón de matices de jazz, pero las letras eran siempre religiosas. Incluso tras el éxito de *Amazing Grace*, Aretha no siguió los pasos de Mahalia, no se limitó al góspel. Curiosamente, la comunidad negra del góspel, tanto cantantes como fans, insisten en que hay que estar en un

---

** (*N. del E.*) El motín en la cárcel de Attica (Nueva York) tuvo lugar el 9 de septiembre de 1971 cuando los reclusos tomaron la dirección del centro en protesta por los abusos de los funcionarios de la prisión y acabó, cuatro días después, con el asalto de la Guardia Nacional que derivó en 43 muertos.

campo o en otro, no aceptan a los artistas que se van moviendo entre ambos estilos. Ahí están los casos de Little Richard o Al Green, que intentaron en vano triunfar en el góspel proviniendo del R&B. Aretha es la única excepción, se la ha aceptado en todos los palos que ha tocado. Siempre ha tenido abiertas las puertas de la iglesia, allí los santos la reciben sin problema cuando los honra con su presencia».

En febrero, Aretha fue todavía más allá en un programa de humor de televisión al imitar la voz de otras artistas.

«Desde pequeña había tenido la facilidad de imitar a cualquier cantante», recordaba Cecil. «En casa ya hacía la voz de todas, desde Ruth Brown hasta Kay Starr. Le salía de maravilla. Varias veces me había dicho que quería hacerlo en sus conciertos, pero yo le decía que quedaría cutre. Pero a Aretha no le dice nadie lo que tiene que hacer, así que cuando Ruth le dijo que saldría en el programa de Flip Wilson, nos comentó la idea. Se lo dijimos a los productores del programa, y aceptaron encantados. Imitó a Diana Ross, Sarah Vaughan, Dionne Warwick y Della Reese. Las clavó hasta el punto de que, en adelante, pasaría a hacer imitaciones en sus conciertos con el argumento de que resultaba divertido. A muchos fans no les gustaba porque iban a escuchar a Aretha, no a Aretha imitando a Diana Ross, aunque otros resaltaban que lo hacía muy bien. Digamos que las críticas se dividían también al respecto, pero lo que cuenta es que se salió una vez más con la suya, haciendo lo que quería».

En un artículo de *Jet*, se destacaba la influencia que ejercía Ken Cunningham en su vida, con declaraciones de él mismo en que decía que «Aretha ha experimentado el cambio más importante de su vida porque se siente aceptada tanto en la comunidad negra como en la religiosa».

El 24 de marzo dio una fiesta en el hotel Americana de Nueva York para celebrar su trigésimo cumpleaños. Entre los invitados estaban Richard Roundtree, Cannonball Adderley, Miriam Makeba, Nikki Giovanni, Betty Shabazz, y Quincy Jones, a quien había elegido para producir su próximo disco.

«Aretha me consultó si me parecía bien», me decía Jerry Wexler. «Le dije que sí, por supuesto. Yo ya le había producido diez discos en cinco años y era normal que quisiera cambiar. Quincy era una buena opción, había trabajado en el pasado con Atlantic, era uno de los arreglistas del disco *The Genius of Ray Charles*. Tenía el problema de que no cumplía con los plazos establecidos, pero pensé que cambiaría al trabajar con una artista de la dimensión de Aretha. La calidad de su trabajo era incuestionable y me gustaba la idea de que saliera un disco de jazz de ambos. *Soul '69* había sido un éxito y era el momento de hacer otro. Había otro añadido: Quincy vivía en Los Ángeles, mientras que Aretha había grabado en los estudios de Muscle Shoals y Nueva York, con lo que sería un buen reto eso de irse a un estudio de la Costa Oeste».

«En ese momento, Quincy Jones estaba familiarizándose con el soul y el R&B», comentaba Cecil. «Para Aretha y para mí, Quincy era sobre todo un músico de jazz. Queríamos un disco de jazz y él nos dijo que quería contar con algunos de los mejores músicos de jazz, como Phil Woods y Joe Farrell».

«Y entonces empezaron a llegar a los retrasos», recordaba Wexler. «A mí me sacaba de quicio porque estábamos acostumbrados con Aretha a grabar en quince días. Reúnes las canciones, los músicos, las coristas, el estudio y grabas en unas cuantas sesiones. Así es como trabaja mejor Aretha. Es muy resolutiva en el estudio, no va con muchos rodeos ni dándole vueltas a las cosas, y no es lo mejor que el productor lo retrase todo».

«Quincy estaba metido en demasiadas cosas», explicaba Cecil. «Llevaba muchos proyectos, componiendo para películas, para la televisión y produciendo discos a la vez. Lo respeto, pero nunca nos dedicó toda su atención.

No digo que Aretha no pusiera de su parte, ya que canceló más de un par de viajes a la Costa Oeste. Le daba cada vez más miedo volar. Cuando nos reuníamos en Los Ángeles, Quincy nos atendía de maravilla, pero iba cambiando la idea que tenía para el disco: había pasado de un disco ortodoxo de jazz a algo mixto, con algunos temas de jazz, otros de R&B o incluso algo de musical. Aretha decía que quería meter unas canciones nuevas que había escrito y Quincy aceptó. Pero pronto empezaron a descontrolarse las cosas y Wexler se impacientaba, llamándome a diario para preguntarme qué cojones pasaba. Yo intentaba tranquilizarlo diciendo que estábamos trabajando en el disco y él respondía que no quería que lo trabajáramos, sino que lo termináramos».

El resultado de aquellas sesiones que se iniciaron en primavera y se prolongaron hasta el final del verano no fue satisfactorio. El proyecto de Quincy Jones y Aretha Franklin, *Hey Now Hey (The Other Side of the Sky)*, fue su primer disco con Atlantic que no entró en la lista de los 25 álbumes más vendidos. En la autobiografía de Jones, titulada *Q*, no relata su trabajo en el estudio con Aretha y solo menciona el disco de pasada.

El disco no es ni chicha ni limonada, es un batiburrillo de canciones sueltas. La carátula, concebida por Ken Cunninghm, es chapucera y estrafalaria, una especie de bosquejo extraño con una cara angelical de Aretha, una jeringuilla, un torero negro y Quincy durmiendo en las nubes. Aretha confesó en una entrevista que los dibujos le parecían confusos.

Dos de los temas originales de Aretha, el que daba título al disco y 'So Swell When You're Well', estaban por debajo de la media. La versión que hace de 'Somewhere', de Leonard Bernstein y Stephen Sondheim, suena recargada y artificial, y la voz tampoco suena resuelta cuando acomete 'Moody's Mood', el clásico del bebop de James Moody. Aun así, el disco tiene sus aciertos, con cuatro canciones acertadas, de las que una, 'Angel', escrita por su hermana Carolyn, permanece como uno de los temas más emotivos de la carrera de Aretha, aparte de ser el único hit.

La sencilla y sincera introducción que pronuncia en 'Angel' ha pasado a formar parte de la canción, al mismo nivel que la melodía y la letra. Es el único tema que ha seguido interpretando en todos los conciertos, y siempre con el mismo prólogo.

«Me llamaron el otro día», dice Aretha. «Era mi hermana Carolyn, diciéndome que fuera a verla porque quería hablarme de una cosa, y al llegar me comentó: "Mira, antes que soltar una explicación extensa, creo que esta canción expresa mejor lo que quiero decir"».

El verso inicial, «gotta find me an angel, to fly away with me» [quiero dar con un ángel que vuele conmigo], es, según las palabras de su hermana Erma, «una plegaria celestial. Es la canción más hermosa de Carolyn, lo que ya es decir, porque mi hermana ha escrito decenas de canciones preciosas. Sin embargo, con 'Angel' llegó a una cima superior, al nivel de Curtis Mayfield y Marvin Gaye, a ese nivel divino. Nos entró un enorme orgullo. Nuestro padre, Cecil, yo mismo y sobre todo Aretha, todos nos dimos cuenta de que había expresado el potencial que tenía».

El único tema escrito por Aretha que funcionó bien fue 'Sister from Texas'.

«Lo compuso para Esther Phillips», me comentaba Cecil. «Cuando Aretha ganó el Grammy por *Young, Gifted and Black*, se lo dio a Esther, que estaba nominada en la misma categoría, mejor álbum de R&B, por *From a Whisper to a Cry*, un discazo que a Aretha le encantaba. En ese momento de su vida, Esther arrastraba un enfrentamiento, que no había concluido, contra sus demonios interiores. Al igual que Aretha, Esther había triunfado desde muy joven. Aretha le tenía mucho aprecio y quería ayudarla. Fue uno de esos momentos en que mi hermana mostró el amor y generosidad que la caracterizaban».

Su versión de 'That's the Way I Feel about Cha', de Bobby Womack, es digna de análisis. Un año antes, cuando Marvin Gaye trabajó las numerosas capas de voz en *What's Going On*, generó sensación. Cuando Aretha se animó a grabar la canción de Womack (que había aparecido en el álbum *Communication*), no me cabe duda de que su referente era Marvin, ya que mete varias capas de su voz con un efecto que te deja de piedra. Provoca una tremenda emoción escuchar sus tres o cuatro voces a la vez, máxime tratándose de un tema relajado del estilo de Womack.

Hey Now Ney se cierra con una revisión de 'After Hours', un tema instrumental clásico de Avery Parrish compuesto en 1940 para Erskine Hawkins, que Aretha se había aprendido de pequeña. En aquellas fiestas nocturnas en que su padre la levantaba de la cama para que actuase ante sus invitados, 'After Hours' formaba parte del repertorio.

«Es una jam», decía Billy Preston, que tocó la parte original de Avery Parrish. «Yo empezaba reproduciendo el tema, y Quincy le añadió la parte impresionante de la banda, como si fuera de Count Basie. A continuación, le dijo a Aretha que cantara blues, y ella ya ponía el resto, improvisando la letra, pasando de un tono bajo a quejido elevados, cambiando de registro y cantando de una manera que no había escuchado desde Ray Charles. Lo gracioso es eso, que al final, de lo que tenía que ser un disco de jazz, surge Aretha realizando el mejor blues que ha sonado jamás desde que se inventó una noche en un campo de algodón de Misisipi».

A mediados de junio, a punto de finalizar *Hey Now Hey*, Aretha ofreció un espléndido concierto en el teatro Arie de Chicago.

«Para mí fue el mejor concierto que le he visto», opinaba Ruth Bowen. «Me preocupaba que no estaba muy satisfecha con cómo estaba yendo el disco con Quincy.

Les estaba costando mucho tiempo y eso le había agriado el carácter. Quién lo diría viéndola en aquella actuación».

Lynn Van Matre escribió lo siguiente en el *Tribune* de Chicago: «El sábado, en el primero de los dos conciertos que dio, llevaba un vestido de blanco con brillantes que no le sentaba especialmente bien. No obstante, estuvo espléndida, destacando entre la orquesta de doce músicos y las tres coristas ataviadas con túnicas indias. Acaparaba todos los focos, sin discusión alguna».

En el mismo periódico se anunciaba para 1972 un concierto al aire libre ante 3.200 internos de la cárcel del condado de Cook.

«Ken Cunningham siempre ha estado muy concienciado con los pobres y oprimidos», decía Cecil. «Le organizaba a Aretha conciertos benéficos para quienes no tenían la suerte de ir a verla. En eso fue muy buena influencia, coincidíamos en la conciencia política. Recuerdo que aquellos meses Nixon estaba en campaña para la reelección. Mi gran amigo Marvin Gaye sacó un single muy político titulado *You're the Man*. Como todo lo que hacía Marvin, era mordaz e irónico, un golpe al sistema. Aretha y yo escucharíamos más de veinte veces seguidas aquella canción, y entonces me dijo que quería trabajar con Marvin. Al poco tiempo, me encontré a Marvin en Detroit y me dijo que por supuesto, que cuando quisiéramos. Estuvimos años tratando de cuadrar las agendas y al final no pudo ser. Aún lo lamento, ojalá se hubiera dado, habría sido increíble esa colaboración».

Ruth Bowen también recordaba la lista de éxitos de ese año, pero con una perspectiva distinta. «Sammy Davis Jr., una de las personas a las que más quiero (tan cercano a mí como mi madre) dio la campanada. Como estábamos en la era del soul, todos decían que no volvería a triunfar, ya que su estilo era más de Broadway. Sin embargo, como no quería pasar de moda, firmó un contrato con Motown. En la compañía no sabían qué hacer con él. Y llegó la película de Willy Wonka, *Un mundo de fantasía*, en la que salía una canción titulada 'Candy Man'. La grabó entonces Sammy y acabó siendo el único número uno de su carrera. Me dijo que estaba muy contento, pero que prefería triunfar con el tipo de soul que hacía Aretha y yo le respondí que no se quejara y que disfrutara de su éxito».

En agosto *Jet* contó que Aretha había regresado a Nueva York tras terminar el disco con Quincy Jones y que hacía mucho ejercicio en bicicleta en Central Park. Comentaba en la revista que se había puesto a dieta y que bebía mucha agua mezclada con vinagre y miel.

Al mes siguiente, llegó un punto de inflexión con la salida al mercado de 'Wholy Holy', el primer sencillo de *Amazing Grace*. El disco no entró en la lista de éxitos y surgieron dudas al respecto de su viabilidad comercial.

«Tras el descomunal éxito que había tenido en el mundo del pop y el R&B, se creía que sus fans no verían bien un disco de góspel», decía Wexler. «También se decía que, cuando dejas el góspel, como le pasó a Sam Cooke, ya no se vuelve a él. Así pues, el pinchazo de 'Wholy Holy' parecía que le daba la razón a los agoreros de siempre. Pero no, no tenían razón, porque el caso es que el disco no triunfó como una colección de singles. La gente lo vio como un todo, como una experiencia única en su conjunto. Vendió más de un millón de copias en menos de seis meses, algo inaudito para un disco, sea de góspel o de R&B, y encima sin ningún sencillo que ayudase a las ventas. Fue un disco histórico y se debió única y exclusivamente a la calidad que tiene. Cuando sale un disco tan bueno, las ventas van solas, da igual el género musical. Por ejemplo, *Kind of Blue*, de Miles Davis. Nadie se esperaba que un disco de jazz se vendiera por millones, pero ese en concreto es tan alucinante (en la composición de los temas, en su nuevo sonido, en el estilo de Miles, Coltrane y Cannonball) que rompió todas las expectativas. *Amazing Grace* representa para el góspel lo mismo que *Kind of Blues* para el jazz. Creó un paradigma».

Eso fue en el mismo momento, en el verano de 1972, en que Wexler se encontraba supervisando los masters de *Hey Now Hey*.

«Me encantaba 'Ángel'», comentaba Wexler. «A quién no, todos sabíamos que era un temazo. El disco se salva gracias a esa canción de Carolyn ya que, sin 'Ángel', el disco habría pasado sin pena ni gloria, y aun con esa canción ha quedado como un fiasco, detuvo el excelente momento de Aretha. Las carreras musicales siguen una línea, y la de Aretha había sido ascendente desde que había llegado a Atlantic. Quincy Jones pasará a la historia de la música. Tenía una orquesta magnífica, sus arreglos de cámara para Dinah Washington habían sido estupendos, y en el pop había hecho 'It's My Party' para Lesley Gore, por no hablar de su trabajo con Michael Jackson. Sin embargo, a Aretha no le encontró el punto. Quizá también fue cosa de ella, que había vuelto a beber o que le había sacado del territorio del jazz, a saber. Eso sí, aquel disco supuso el punto final de su etapa dorada en Atlantic».

Wexler tenía razón, Aretha no volvería a recuperar la magia de sus primeros discos con el sello. Al igual que sucedió cuando John Hammond y su equipo se quedaron sin ideas para la carrera de la artista, le había tocado el turno a Jerry Wexler.

«Aretha y Ken Cunningham siempre estaban pensando planes a lo grande», señalaba Ruth Bowen. «Él le decía que iba a hacer una película en la que la pondría de protagonista. Si Barbra Streisand había dado el paso, por qué no también ella. Aretha siempre seguía muy de cerca a Barbra Streisand. Al haber comenzado a la vez en Columbia, competía con ella. En realidad, competía con todas las cantantes, pero lo de Barbra era una categoría superior porque era una cantante superlativa. Así pues, cuando salió *Funny Girl* y Barbra ganó un Oscar, Aretha decía que quería lo mismo. Igual que con Diana Ross, hizo el mismo comentario cuando Berry Gordy metió a Diana para interpretar a Billie Holiday en *El ocaso de una estrella*. Yo le decía que la diferencia es que ella no tenía a un Berry Gordy. Aretha sentía que había cantantes que no llegaban a su altura y que, pese a ello, conseguían más cosas. Ella también se lanzaría al cine. No la critico, es bueno tener ese espíritu competitivo en la industria del espectáculo. Le da una motivación extra al artista y a ella le venía bien porque no era la más constante en el trabajo. El problema es que Ken no era una persona realista, no sabía lo que cuesta hacer una película, no tenía la capacidad financiera para producir un proyecto así. No obstante, era su pareja. Con mis clientes siempre he tenido muy claro que hay que contar las cosas como son, pero también he aprendido que eso da igual cuando a tu cliente lo asesora su pareja. Ahí no hay nada que hacer».

Jet publicó el 12 de octubre que Cunningham y Franklin se encontraban buscando localizaciones en España «para una película dirigida por él y con ella de protagonista». Nunca más se supo. Más adelante la misma revista anunciaba también que Aretha «se había dejado la primera mitad del año sin conciertos para ayudar a su queridísimo Ken Cunningham a realizar una película sobre mujeres negras».

Pese a que los proyectos cinematográficos no salieron adelante, no descuidó sus apariciones públicas y participó, junto con Isaac Hayes, Gladys Knight, los Jackson 5 y Donny Hathaway en la exposición cultural PUSH '72, organizada por Jesse Jackson.

Su aspecto físico fue objeto de atención de una noticia en *Jet* en que se mencionaba su dieta a base de «mini comidas». Afirmaba haber perdido once kilos y que se había fijado la meta en sesenta, añadiendo que «tampoco me voy a quedar en los huesos, hay que dejar algo donde agarrar». Junto al artículo había una foto en bikini en Nassau.

En la revista también se comentaba que Cecil estaba buscando un nuevo sello para Aretha. El contrato con Atlantic expiraba el 31 de marzo, con lo que estaba tanteando a ABC-Dunhill, Columbia y Warner Brothers. Su caché era de cinco millones de dólares.

«Tenía mis dudas con la cifra», me confesaba Cecil. «No por la cantidad de éxitos que había encadenado, sino por el hecho de que su único disco de platino había sido *Amazing Grace*. Su carrera era más bien una colección de sencillos que habían conseguido las excelentes ventas de sus álbumes. Y estaba el problema de *Hey Now Hey* que nos hacía un tanto vulnerables. Por el contrario, Ruth y Aretha pensaban que partíamos muy fuertes para negociar».

«Atlantic ofrecía tres millones», señalaba Ruth. «Lo rechacé, merecía el doble. Aretha me apoyaba, pero Cecil se mostraba más conservador y le dije que hablara con otras compañías, lo que inquietó a Ahmet y Wexler porque habían perdido, a principios de los años 60, a Ray Charles, que se había ido a ABC-Paramount y sacó varios exitazos de country. Atlantic perdió ahí mucho dinero y me daba a mí que no iban a cometer el mismo error».

«No me gustó que Cecil se pusiese a negociar con otros», decía Wexler. «Esas cosas no las veo bien. No discuto que Aretha pueda hablar con quien le dé la gana, pero, dicho esto, en Atlantic era donde se había convertido en una estrella, donde había desarrollado todo el talento, y fue con nosotros con quienes le llegó el éxito. No le vino de la nada, se debió a la cultura concreta de Atlantic Records, con lo que merecíamos un trato preferente».

«Aretha prefería seguir en Atlantic», añadía Cecil. «Creía que les debía gratitud y lealtad, pero así funcionan los negocios. En este caso, seguí las órdenes de Ruth para poner a Wexler a la defensiva».

«Quien más me preocupaba era Clive Davis», recordaba Wexler. «Estaba al frente de Columbia, es un tipo muy listo y metió la compañía en la era del rock and roll, cuando se trataba de un sello centrado en la clásica y en el musical de Broadway (habían ganado una fortuna con *My Fair Lady*). Clive asistió al festival de Monterey y vio antes que nadie el futuro en Janis Joplin, vio el dinero que le podía dar el rock. También lo vio en el rhythm and blues a principios de los años 70 y se propuso ampliar el mercado de la música negra. Fichó a Earth, Wind & Fire y cerró un acuerdo de distribución con Kenny Gamble y Leon Huff, de Philadelphia International Records. Clive veía que ese sello (que tenía a los O'Jays y a Harold Melvin & the Blue Notes) estaba en condiciones de ser la nueva Motown. A mí no me cabía duda de que Gamble y Huff trabajarían de maravilla con Aretha, pero no quería quedarme con un palmo de narices».

«Cuando Wexler subió a cuatro millones de dólares», recordaba Cecil, «a mí me pareció bien. Al fin y al cabo, el primer contrato con Aretha fue de 25.000. Sí, ahora era otra cosa, y contaba con montones de éxitos, pero también Atlantic había aceptado pagar un millón más. Así pues, se lo consulté a Ruth Bowen».

«Les dije a Cecil y Aretha que no cedieran», rememoraba Ruth. «Atlantic no era ya un sello independiente, pertenecía a Warner, uno de los grandes. Estábamos en una etapa distinta y no había que bajar de seis millones».

Y al final le dieron los seis millones de dólares.

«Ahmet y yo nos dimos cuenta de que no quedaba otra», concluía Wexler. «Teníamos en la cabeza lo de Ray Charles y no nos podíamos permitirnos el lujo de perder a Aretha. Convencimos a los jefazos de Warner. Se salieron con la suya: corrió el champán y Aretha se compró una casa de lujo en el Upper East Side, en la calle 88 entre la Quinta y Madison, contrató a un interiorista y se mudó al centro de Nueva York».

«La casa era una preciosidad», decía su cuñada Earline. «Aretha estaba muy contenta con su casa e invitaba con frecuencia a la gente, sobre todo a su familia. Era muy generosa, nos decía a mí y a Cecil y sus hermanas que nos podíamos quedar las veces que quisiéramos. Fue una etapa muy buena, parecía que vivía una cierta estabilidad, aunque con ella nunca se sabía. Tenía muchos altibajos emocionales y muy acusados. Tras unos meses de estabilidad, había que estar al tanto».

El 16 de enero de 1973, la estabilidad emocional se truncó con la muerte de Clara Ward. C.L. Franklin estuvo con ella. Padre e hija oficiaron juntos el funeral, celebrado en Filadelfia.

«Fue una pérdida muy importante para la familia», decía Cecil. «Mi padre perdió a quien quizá fue su compañera más próxima y Aretha, a otra figura maternal, a la cantante que más le influyó en su estilo, su música y su forma de vestir».

Al morir, su hermana Willa Ward encontró un cuaderno en el que Clara había dejado escritas sus impresiones sobre algunas figuras clave de su vida. «Mi pequeña Aretha», se leía. «Ni siquiera sabe lo buena que es. Tiene muchas dudas».

En febrero, Aretha se encontraba en California para actuar en un programa especial televisivo de Quincy Jones, un homenaje a Duke Ellington. Estaba contenta porque allí se encontraban convocados Duke Ellington, Count Basie, Ray Charles, Sammy Davis Jr., Tony Bennett, Joe Williams, Billy Eckstine, Sarah Vaughan y Peggy Lee. Era ya una más ante sus maestros. Representaba la generación joven, junto con Chicago y Roberta Flack.

«Ninguna objeción con Sarah y Peggy, pero no entendía que estuviera Roberta Flack», comentaba Ruth Bowen. «No podía con ella, no la consideraba una buena cantante de soul. No soportaba la atención que le prestaban en Atlantic, pese a que yo le decía que era de otro estilo, que no tenía nada que ver. Siguió erre que erre, una y otra vez, así que al final pasé. Que se encargara la compañía de eso».

«Aretha tenía presente que yo era el productor de Roberta», decía Joel Dorn. «Cada vez que me la cruzaba en el estudio, me lanzaba una mirada asesina. Yo la trataba con mucha amabilidad, pero jamás abandonó esa frialdad. Nunca me había pasado, ni que le hubiera matado al perro».

En marzo de 1973 volvió al estudio para grabar el disco *Let Me into Your Life* con el equipo de Wexler y la esperanza de retomar la senda del éxito interrumpida con *Hey Now Hey*. Tal esperanza resultó vana.

La canción que da título al álbum, escrita por Bill Withers, es muy normalita. Hay otras versiones más contundentes, como 'Ain't Nothing Like the Real Thing', de Marvin y Tammi y Ashford & Simpson, 'I'm in Love', de Bobby Womack, 'A Song for You', de Leon Russell (con los

teclados de Richard Tee), junto con una excelente interpretación de 'The Masquerade Is Over'. Sin embargo,
también hay tediosos temas de relleno, como 'Oh Baby' o
'If You Don't Think So', dos canciones menores de Aretha.
El único corte capaz de llegar a lo más alto es 'Until You
Come Back to Me (That's What I Got to Do)', de Stevie
Wonder, Clarence Paul y Morris Broadnax, que alcanzó el
número uno del R&B y tres en la lista pop, situándose como un tema fijo de su repertorio.

En las notas del disco, el experto en música soul David Nathan, señala que, por primera vez, Aretha le dio
acceso a un periodista a las sesiones de grabación. Lorraine Alterman, del *Melody Maker* de Londres, recoge
las declaraciones de Wexler al respecto de la particulari-
dad de la producción del álbum.

«Es la primera vez que venimos al estudio con Aretha
con todos los arreglos ya hechos», comenta. «Hasta ahora, llegábamos con la sección rítmica ahí delante e íbamos probando arreglos».

Visto ahora, salta a la vista el error. El disco carece de
frescura.

En la carátula aparece Aretha más delgada, con un
abrigo de visón, peinada con un estilo afro más suave y
teñida de rojo.

«Con los seis millones de dólares que nos había costado el nuevo contrato», comentaba Wexler, «y va y el
disco no vendió. No bastó con la canción de Stevie. Tras
Hey Now Hey, ya teníamos otro trabajo decepcionante.
Había problemas con la marca Aretha Franklin. Teníamos que darle un nuevo aire. No quiero quitarle ni un
ápice de mérito a sus tareas de producción, pero también
es cierto que, cuando la incorporamos en los créditos
como coproductora, Aretha se volvió más reacia a aceptar las ideas de otros. Tuve muchas discusiones con ella
para que escuchase a Donny Hathaway porque pensaba
que le ponía demasiado soul. Tampoco le gustaba contar

con Deodato en 'Let Me in your Life' porque le ponía poco soul. Empezamos a tener diferencias, dejó de hacerme caso e iba a la suya. Y bueno, no era infalible, se equivocó al contar con Quincy. Su proyecto era un tanto disperso e inconexo».

La dispersión emocional se manifestaba también en su vida personal.

«Al poco tiempo de mudarse a la casa nueva, empezó a tener lo que denominaba pesadillas», recordaba Erma. «Me llamaba todos los días a Detroit contándome unos sueños espantosos que veía premonitorios. Me hablaba con voz temblorosa, algo raro en mi hermana. Me pedía que me fuera a vivir con ella, pero no podía por el trabajo. Carolyn estaba más libre y se fue una temporada a su casa».

«Estaba muy ansiosa», decía Carolyn. «No sé lo que le pasaba, si era por tanto viaje con Ken, por la presión de los conciertos, por la tensión de las negociaciones con Atlantic, a saber. El caso es que cada vez le costaba más levantarse de la cama. Se pasaba horas llorando y al final tuvimos que ingresarla».

Noticia publicada el 12 de abril de 1973 en *Jet*: «Aretha desmiente los rumores sobre su salud mental. Existe cierta preocupación entre los fans de Aretha Franklin por algunas informaciones incorrectas que hablaban de que la artista había sido "hospitalizada por una crisis nerviosa". Con el afán de tranquilizar a sus seguidores, la cantante convocó la primera rueda de prensa de su carrera para dar a conocer que la causa de su ingreso durante tres días en el hospital Monte Sinaí de Nueva York se había debido a un cansancio físico agudo, una información corroborada por su médico personal, el doctor Aaron O. Wells. Apareció delgada, cordial y con aspecto saludable, atribuyendo el cansancio a una intensa agenda con la grabación de tres programas de televisión, incluyendo una participación en el programa de Flip Wilson. Tras grabar en Los Ángeles, voló a Nueva York para presentar una cena benéfica organizada por la promotora artística Ruth Bowen, si bien tuvo que desviarse a Detroit porque su padre, el reverendo C.L. Franklin, se iba a someter a una operación de garganta».

En el mismo número de *Jet* había otra noticia: «Se rumorea que Aretha Franklin aparecerá parcialmente desnuda en la escena de una película que se estrenará próximamente. El film, del que no sabe el título, se rodó el otoño pasado durante las vacaciones en las Bahamas de la Reina del Soul».

«Aretha recurrió a *Jet* para enmendarse y enmendar además su imagen», señalaba Ruth Bowen. «La verdad era que había sufrido una crisis nerviosa, pero quería que el público la viera bien. Le dije que no pasaba nada, que no había motivo para ocultar esas cosas, que a todos nos pasa, pero no me prestaba atención. Le decía que era normal que tuviera esas crisis, que, por Dios, era una cantante de blues, lo más lógico era que atravesase momentos de bajón y tristeza. Ni caso. Mi cometido era que la prensa no se enterara de lo que consideraba "trapos sucios" y desviar la atención con cosas como lo de salir desnuda en una película. La mitad de esos rumores me los inventaba yo, pero lo importante era que estuviera bien y, de paso, yo me quedaba contenta porque me ayudaba a organizar una cena benéfica. Para la fecha convenida ya se había recuperado y volvía a encontrarse en plena forma».

Así pues, al poco tiempo, Aretha, junto con Sammy Davis Jr. y Ray Charles, apadrinó una gala benéfica para Ruth Bowen en el Hilton de Nueva York, con los beneficios destinados para la investigación de la anemia de células falciformes y la fundación Miss Black America.

«Fue una velada magnífica», recordaba Ruth. «Aretha estaba ya como siempre, espléndida y simpática a más no poder. Antes de cantar como los ángeles, habló y me puso por las nubes, como si fuera una hija que no deja de decir maravillas de su madre. El salón estaba lleno, estaban presentes todas las estrellas del firmamento de la industria del espectáculo. Dije que había tenido la suerte de haber trabajado para dos reinas, Dinah y Aretha. No pude contener las lágrimas, se me fue todo el maquillaje».

«La gala benéfica con Ruth salió a la perfección», afirmaba Cecil. «Sin embargo, Aretha volvió después a caer en la depresión. No fue una buena etapa, no sabía cómo sacarla de ahí, era una depresión profunda. Ken también quería ayudarla, pero ella solo se deja ayudar hasta cierto punto, llega un momento en que se cierra en sí misma, te dice que así se siente peor y que hay que dejarla en paz. Ahí sabes que tienes que dejarla, no sé si Ken pillaba el mensaje».

«Por otro lado, Ken estaba invadiendo el territorio de Cecil», añadía Ruth. «La primera pareja seria de Aretha, Ted White, también había sido su mánanger, con lo que entiendo que Ken quisiera ocuparse de eso. Pero era diferente porque la función de Ken la había asumido Cecil por orden de C.L. Franklin, el hombre al que más caso hacía Aretha con diferencia. Cecil no permitía interferencias. Yo le daba algunos consejos, pero sabía cuándo no sobrepasarme. Hay que respetar los límites cuando asesoras a artistas, no puedes llegar a ciertos puntos ante gente que conoce al artista mucho mejor que tú. Creo que Ken no sabía asesorar a Aretha en temas profesionales, y me remito a las ideas de hacer películas o líneas de ropa. Eran proyectos que no llegaron a nada, y a él también lo entiendo, ella tenía sus caprichos y siempre comentaba que quería abrir una cadena de restaurantes en las ciudades más importantes, aunque no fuera nadie. Cecil y yo no podíamos decirle que no era buena para gestionar negocios, pero sabíamos quitarle la idea de la cabeza. Ken, por el contrario, la seguía y la animaba».

Aretha siempre ha hablado bien de Ken. Lo ponía en lo más alto de su larga lista de conquistas. Con todo, la relación no duró más porque le parecía que Ken no le rendía a Cecil el respeto que este merecía.

«Las grietas en su relación con Ken contribuyeron a su depresión», decía Carolyn. «Era su segunda o tercera depresión seria, de esas en las que no era capaz de componer, ensayar, grabar ni actuar».

«Pero mi hermana es especial», comentaba Erma. «La gente cree que las depresiones no se van y, en cierta medida, es verdad, pero ella siempre se ponía en pie. Pasado el tiempo, se recuperaba. Tardaba más o menos, pero su carrera era lo más importante de su vida».

Con la llegada de la primavera, Aretha regresó a la actividad.

«El reverendo Wyatt T. Walker recibió el domingo de Pascua una visita inesperada en la iglesia baptista Canaán de Harlem: Aretha Franklin, la principal cantante de soul», se leía en la revista *Jet*. «Invitada por el reverendo Walker, Aretha se levantó y cantó 'Amazing Grace', para sorpresa de los allí congregados. Según uno de los presentes, los aplausos y vítores por su actuación duraron casi media hora, hasta que se recuperó la calma y pudo proseguir la ceremonia».

Ese mismo mes interpretó la canción 'Rock Steady' en el programa de televisión *Soul Train*.

En julio actuó en el festival de jazz de Newport, con un concierto en el Nassau Coliseum, junto con Donny Hathaway, Duke Ellington y Ray Charles.

'Angel' empezó a escalar posiciones en la lista de éxitos.

«Esa canción volvió a activarla», comentaba Carolyn. «Tenía miedo de que *Hey Now Hey* fuera un fracaso absoluto. Creo que me envío dos o tres veces un ramo de rosas en agradecimiento por una canción que la situó de nuevo en la senda del éxito. Además, se había reconciliado con Ken. No hay nada como un éxito de ventas en la industria musical para que llegue la felicidad y se resuelvan los problemas, aunque sea de forma temporal».

Aretha llegó contenta a las vacaciones. Se alquiló un yate y se fue de crucero a las Bahamas, retomando fuerzas para su gira de 1974. Compartió las vacaciones con Ken Cunningham, Cecil, su mujer Earline, y Norman Dugger, su asistente personal y road manager.

«Tras las continuas visitas al hospital, el crucero le sentó de maravilla», aseveraba Dugger, que estaría al lado de Aretha durante los siguientes treinta y ocho años. «Estaba más tranquila que nunca. Aretha no se encuentra nunca relajada al cien por cien, pero el crucero la verdad es que fue muy bien, y se puso a hablar de escribir un libro de recetas de cocina».

La noticia apareció recogida en *Jet*: «Aretha Franklin ha regresado de un crucero en yate por las Bahamas con el proyecto de un libro de cocina que incluirá recetas como la paella de Ken (por Ken Cunningham), la ensalada de patatas de Norman (por Norman Dugger) y otras delicias como pastel de crema, costillas, helado casero y pan crujiente. La Reina del Soul aclara que probará todos los platos, pero que no piensa engordar. Sigue con su dieta a base de vinagre de manzana y agua con miel, una combinación de tres ingredientes que se toma tres veces al día para mantener las calorías a raya».

El 14 de enero de 1974 se metió en el estudio para empezar a grabación de su siguiente disco, *With Everything I Feel in Me*, que supondría un declive mayor en calidad y ventas.

En la portada está Aretha con un abrigo de visón que le cae por los hombros para mostrar el escote, y exhibiendo una sonrisa provocadora en su rostro superdelgado. Era, parafraseando el título de uno de los numerosos libros de relatos de Somerset Maugham, el cóctel de siempre. El disco contiene dos temas de Carolyn, uno de Aretha y un puñado de versiones, todo ello en una receta de urgencia de góspel, pop y R&B preparada por la cantante y los coproductores.

«Éramos conscientes de que la fórmula no se podía estirar mucho», confesaba Wexler. «Pensamos que al incluir un par de canciones de Bacharach y David, 'Don't Go Breaking My Heart' y 'You'll Never Got to Heaven', conseguiríamos algo de provecho, pero ni por ésas. Al estar más delgada, se sentía llena de energía. Era como si estuviera drogada, pero sin sustancias. Creía que iba a ser su mejor disco y recuerdo que le insistí en que no metiera una balada de James Cleveland, porque se le dará bien el góspel, pero no las baladas. Para mí, era un mero relleno. Aretha la defendió y al final quedó en el disco. El álbum fue un fracaso estrepitoso y, por primera vez en su carrera de Atlantic, no entró ningún single en la lista de los cuarenta más vendidos».

Una vez grabado el disco, hubo que hacer una gira. A principios de marzo actuó en Chicago donde, según recogió *Jet*, «fascinó al público con su nueva figura. Ataviada con un ajustado conjunto de seda blanca con la espalda al descubierto y pantalones cortos, su alteza se sentó al piano y habló de sí misma: "Me he mirado al espejo y me he gustado, me veo muy bien"».

A la semana siguiente tocó en el Apollo. La reseña de John Rockwell en el *New York Times* adelanta el tipo de espectáculo que ofrecerá Aretha durante décadas:

«Aretha Franklin parece que se aproxima al glamour del cabaret de Liza Minnelli, vestida con chaqués relucientes, sombrero de copa y con los bailes insinuantes de los clubs elegantes».

El 25 de marzo de 1974, Aretha celebró su 32 cumpleaños.

«Ken le organizó una fiesta sorpresa en la casa del East Side», recordaba Ruth. «A Ken la cocina se le da tan bien como a Aretha, puede armar un incendio en cualquier momento. Nos reunió en el salón y cuando Aretha bajó por las escaleras con la bata puesta, salimos todos de repente. Menudo susto le dimos. Le encantó».

Tres días después, *Jet* daba una noticia increíble:

«Ken Cunningham, pareja y agente de Aretha Franklin, se dedica también a la escritura de guiones y tiene preparado uno que promete dar que hablar... está buscando productor para materializarlo».

«Eso fue cosa mía», me confesaba Ruth Bowen. «Le vendí a la prensa casi todas las noticias que le venían bien a Aretha. La prensa negra quería constantemente sacar noticias de ella. No es que fuera la parte favorita de mi trabajo, porque casi siempre lo que me inventaba era anuncios para atraer a gente que quisiera financiar sus proyectos con Ken, y sabía que nunca iban a ningún sitio. Sin embargo, prefería no discutir con ella y hacer mi trabajo sin más».

En mayo, *Jet* dio a conocer otra noticia de Aretha que no le gustó demasiado a su hermano Cecil. En ella se aseguraba que «Ken es quien se encarga de orientarla en lo profesional. Fue el productor del espectáculo reciente en el Apollo y que llevará de gira por Japón en verano y por Europa en otoño. Ken también resulta crucial en la estrategia que planifica sus apariciones públicas». «La gente se iba quedando con la idea de que el mánager general era Ken», comentaba Cecil. «Y en realidad era yo».

«Yo le decía a Cecil que nadie podría ponerse entre él y su hermana», me aseguraba Ruth. «Que tuviera paciencia, que al final las cosas caen por su propio peso. Y si mientras ella quiere darle algo de protagonismo a Ken, adelante. No era el momento de generar conflictos, porque se encontraba feliz y eso era lo que contaba. Cecil escuchó mis consejos. Siempre me hizo caso».

En el número de junio de *Ebony*, Ruth se llevó para sí un poco de protagonismo. Apareció un artículo titulado «La primera dama en la contratación de artistas», en el que se describía lo duro que era destacar en una industria dominada por varones blancos. Entonces llevaba ya doce años con su agencia. Su cliente principal seguía siendo Aretha, que declaró que «Ruth, aparte de mi amiga, es mi agente, y es la mejor porque se preocupa tanto de ti como persona como de la artista que le va a proporcionar el diez por ciento. Si alguien te toma el pelo, te lo dice a la cara y con claridad, tanto dentro como fuera del escenario».

El artículo iba acompañado de una foto de Ruth hablando con Aretha en el camerino sobre un concierto programado. Bowen aparece citada además como «representante de la mayor parte de los artistas de la Motown, desde las Supremes a Stevie Wonder». Cuando estos artistas se hacían más importantes, se iban con otros agentes, «casi siempre blancos». Según contaba Ruth, su estrella principal no caía en la tentación. «No la conocen», comentaba. «Aretha es de una lealtad inquebrantable».

El verano de 1974 se produjo la dimisión de Richard Nixon por el escándalo de Watergate, festejada por la familia, como recordaba Cecil.

«Teníamos ganas de que se fuera, todos nosotros, nuestro padre, Ken y Aretha», señala Cecil. «Organizamos una fiesta de despedida el fin de semana siguiente a la dimisión. Fue una de las pocas ocasiones en que Aretha volvió a beber. Bueno, la ocasión lo merecía, más que en Año Nuevo».

La incansable campaña promocional de Aretha en la prensa negra no se detuvo. En octubre, Ruth Bowen convenció de nuevo a *Ebony* de sacar a Aretha en portada.

«Les prometí acceso total y fotos exclusivas», afirmaba. «Les dije que quería que resaltasen que había una nueva Aretha, delgada, esbelta y sexi. Y lo conseguí. Aretha estaba encantada».

El artículo mencionaba sus diseñadores favoritos: Stephen Borrows, de Nueva York, y Boyd Clopton, de Los Ángeles. El quid del artículo estaba en la pérdida de peso. En las fotografías se la veía jugando al billar en su casa, ensayando un golpe de golf en un campo neoyorquino y mostrando un modelo nuevo. Se comenta también un libro sobre dietas que nunca llegó a escribir. Afirmaba que su método era la moderación y que le gustaba probar la comida que engorda tomando una porción mínima con la punta de una cucharilla.

«Al leer el artículo, pensé que hablaba demasiado de comida», señalaba Ruth. «Y que si volvía a engordar, tendría que revisar sus opiniones. Pero Aretha tiene un problema con la comida. Hay veces, como ésa, en que no piensa mucho en comer, pero al final siempre cae. Igual que algunos vuelven continuamente a las drogas, a Aretha le pasaba con la comida. No recuerdo en qué año exacto fue, pero sí que, cuando dejó de beber, fue definitivo. El tema de la comida no es igual, no se puede dejar del todo, con lo que si eres adicto al azúcar, el pan o el pollo frito, es muy fácil recaer».

A finales de enero de 1975, Aretha Franklin apareció en el programa de televisión *The Midnight Special*. Con su pelo afro teñido de rojo y su colgante de color turquesa, se sentó al piano con Ray Charles e interpretaron 'It Takes Two to Tango', una revisión de la canción que Ray había grabado catorce años atrás con Betty Carter.

Siguiendo la tradición de dar una ostentosa fiesta de cumpleaños, celebró los treinta y tres en el hotel Pierre de Nueva York con un concierto de los Spinners.

«Los Spinners le debían parte de su éxito a Aretha», comentaba Ruth Bowen. «Cuando se les acabó el contrato en Motown, a principios de los años 70, fue ella quien se los llevó a Atlantic. En aquella época Philippe Wynne pasó a ser el cantante principal. Aretha, al igual que todos nosotros, detectó al instante que Philippe tenía uno de los estilos de soul más originales desde Sam Cooke. Y fue en Atlantic donde consiguieron sus grandes éxitos, como 'One of a Kind (Love Affair)' o 'Mighty Love'. Aquella noche actuaron gratis. Joder, que hasta habrían pagado, era un honor cantar en su cumpleaños».

A la semana siguiente se fue a la ceremonia de los Oscar en Los Ángeles. La gala estuvo dominada por *El padrino II*. Frank Sinatra la presentó por segunda vez al público de todo el mundo que presenciaba la entrega de premios. Cantó una canción poco memorable de una película poco memorable: 'Wherever Love Takes Me', de *Oro*.

En junio, *Jet* publicó otra historia cocinada por Ruth Bowen:

«La reina del soul seguro que está orgullosa de sus dos hijos mayores, Clarence y Edward, que han sacado matrícula de honor. El año pasado los llevó a un colegio público de Nueva York para que tuvieran contacto con "la gente de verdad"».

«Me encantan sus hijos», comentaba Ruth. «Le conté a la prensa exactamente lo que me había dicho Aretha. Por otro lado, es evidente que, como todos los niños, tenían sus problemas, y que los problemas no desaparecen por completo con los años. Sin embargo, siempre que pasaba algo, Aretha ponía todo el empeño para que la prensa no se hiciera eco de ello. Quería vender que sus hijos eran normales y, bueno, creo que nadie es "normal", máxime los hijos de los famosos. Por otro lado, es lógico que quisiera mantener su privacidad. A día de hoy, nunca he desvelado nada de ellos. Es lo lógico».

En un artículo de *Billboard* publicado el 27 de mayo en el teatro Wetchester Premier de Greenburgh (Nueva York), ofrecía una instantánea de lo que eran sus conciertos a mediados de los años 70:

«No solo parece un ángel, al ir vestida de blanco con unos ligeros adornos, es que Aretha Franklin canta como los ángeles».

Aparte de sus éxitos, interpretó una versión del clásico del pop 'With a Song in My Heart', otra de 'Can't Get Enough of Your Love', de Barry White, y otra de 'Respect Yourself', imitando a la perfección a Mavis Staples. También cantó y tocó al piano 'Bridge over Troubled Water'.

«Parece que siempre acomete las canciones como si fueran dos voces que dialogan», se decía en la reseña. «Entreteje la voz con una línea rítmica sencilla pero potente».

Regresó a Nueva York a principios de septiembre, según recogió la prensa, con el objetivo de «redecorar su casa y preparar las canciones para un programa especial de televisión que resumirá los momentos más importantes de su carrera». El programa nunca se realizó.

Pese a las reseñas entusiastas de los conciertos, seguía sin despegar en la venta de discos.

«En octubre salió al mercado *You* y estábamos bastante preocupados», señalaba Wexler. «Aretha tenía muchas esperanzas puestas en la canción que había compuesto, 'Mr. D.J.'. Yo no lo veía tan claro, pero la grabamos. Nadie se acuerda hoy de esa canción ni de ninguna del disco».

«Me llamaron para hacer los arreglos», me comentó Gene Page. «Aretha tenía buena opinión de mi trabajo con Barry White. Buscaba ese tipo de orquestación. No voy a descubrir cómo cantaba Aretha y, evidentemente, me encantaba trabajar para ella, aunque no creo que las canciones elegidas estuvieran a la altura. Solo rescataría una de Van McCoy, 'Walk Softly', y un tema precioso de su hermana Carolyn, 'As Long As You Are'. No triunfó ninguna y sí, fue una gran experiencia estar con Aretha, pero las sesiones fueron tensas, especialmente entre ella y Jerry Wexler. Ambos querían un nuevo éxito, pero no había manera».

La portada mostraba a Aretha con un conjunto veraniego de dos piezas en color amarillo, luciendo las piernas y un vientre delgado.

«Tenía buena pinta, pero la música no valía mucho», decía Wexler. «Se notaba la crisis porque la gente decía que se le había pasado el momento. No tenía sentido obviar a una estrella de pop cuyo momento había durado casi una década. Además, Aretha no era una mera estrella de pop. No pensábamos rendirnos, no íbamos a parar de buscar nuevas combinaciones musicales.

»El problema era que había cambiado el contexto cultural, la música disco daba sus primeros pasos. Así pues, llamamos a Gene Page porque sus arreglos para Barry White contenían los elementos primigenios de ese sonido. Aretha despreciaba la música disco, pero creo que su canción 'Mr. D.J.' la anticipaba en cierto modo. Aretha está siempre muy atenta a la evolución del mercado, siempre dispuesta a adaptarse. Sin embargo, con *Hey Now Hey*, *Let Me in Your Life*, *With Everything I Feel in Me* y *You*, la lista de fracasos comerciales era demasiado extensa. Necesitábamos ayuda y, la verdad, no sabíamos a quién recurrir».

«No teníamos ningún problema con Jerry Wexler», decía Cecil. «Al contrario, él, Tommy Dowd y Arif Mardin fueron, durante mucho tiempo, el mejor equipo para Aretha. Lo que hicieron juntos permanecerá para siempre. Pero todo llega a su fin y parecía claro que su etapa había concluido. No era nada personal sino una decisión práctica. Ya no llegaban los éxitos, de manera que tuvimos que buscar otro productor».

Tras el lanzamiento de *You*, Aretha decidió que se acabó contar con la producción de Wexler.

A finales de 1975, dio un paso importante: se mudó al sur de California. Llevaba años tanteando con Ken el ambiente de la industria cinematográfica. Creía que les iría bien instalándose en Los Ángeles.

«No era algo que hubiera pensado de la noche a la mañana», comentaba Cecil. «Quería que me mudara también, pero me quedé, no me apetecía irme de Detroit, así que, durante algunos años, Earline y yo íbamos allí a verla cada mes o así».

«Vivía en su casa de Encino, en la avenida Louise, para ayudarles con su hijo Kecalf», recordaba su prima Brenda. «Era una urbanización muy bonita, vivían al lado de la familia Jackson».

Otro de los motivos por los que eligió la casa allí era para que sus hijos se hicieran amigos de los Jackson, lo que no llegó a suceder.

«Pensaba que le vendría muy bien el cambio de una ciudad como Nueva York a la calma de las urbanizaciones del Valle de San Fernando», afirmaba Erma. «Yo opinaba lo mismo porque Nueva York era una ciudad que dejaba a mi hermana hecha polvo. Bueno, se había desmoronado ya un par de veces en Nueva York. Parecía una experta en recuperarse, con lo que no perdía nada por probar en California y vivir más tranquila».

A finales de año, Aretha parecía sentirse a gusto en su nuevo entorno.

En último concierto de 1975, cantó 'Auld Lang Syne' con la orquesta de Guy Lombardo, un tema que desde siempre se consideraba aburrido para un amplio público. Su versión encaja con lo que decía de ella James Cleveland: «Sería capaz de emocionar a la gente cantando las páginas amarillas».

Su estilo quedaba fuera de duda. La pregunta era si podría volver a las listas de éxitos, o si la fortuna no le volvería a sonreír en el terreno profesional. En cuanto a lo personal, estaba por ver si mantenía el equilibro emocional, su relación sentimental y una casa en la que vivían también sus cuatro hijos.

En definitiva, si podría con todo a la vez.

22
VUELVE LA CHISPA

«Mi trabajo», resumía Ruth Bowen, «era vender que Aretha había encontrado la estabilidad familiar en California y que estaba dispuesta a hacer películas».

Y cumplió bien con tal cometido. El 26 de febrero de 1976, la revista *Jet* citaba a Aretha, explicando que su traslado a California se debía a que allí estaba el centro de la industria del entretenimiento, y anunciaba que iba a protagonizar un especial televisivo y una película. Hablaba además de uno de sus hijos: «Clarence quiere grabar un disco. Compone tan bien como canta y toca, y estamos buscándole discográfica». En el artículo se comentaba su debilidad por el golf, la pesca en alta mar y el tenis, y se acompañaba de una fotografía con Ken en una pista de tenis.

Continuaba la incertidumbre en torno a la carrera de Aretha. Al final llegaría de nuevo el éxito, si bien habría que situar la génesis de ese nuevo disco antes de su traslado a California. Según Carolyn Franklin, se creó el disco para ella, y fue Curtis Mayfield, que conocía desde hacía años a la familia.

«Siempre apreciamos a Curtis, tanto cuando estaba con los Impressions como cuando se lanzó en solitario», me comentaba Carolyn. «Aparte de ser un cantante fabuloso, se le daba de maravilla la escritura de canciones. Ahí está una larga lista con temas con mucha energía positiva

como 'People Get Ready', 'Keep On Pushing' o 'Gypsy Woman'. Y luego sacó *Super Fly*, una de las mejores bandas
sonoras de todos los tiempos. Y un día me lo encuentro en
Chicago y me dice que está trabajando en otra banda sonora para una película sobre tres hermanas que empiezan
cantando en una iglesia y luego se pasan al R&B. Evidentemente, pensé en Aretha, Erma y yo. Me llamó la atención, Curtis me tocó algunas canciones y ahí ya me quedé
sin palabras. Me contó también que estaba produciendo
un disco en su estudio y que las dos actrices, Irene Cara y
Lonette McKee, quedarían bien cantando en la película,
pero quería contar con mejores cantantes de R&B para el
disco. Me dijo si me interesaba participar.

»¡Claro! Habían pasado ya dos años desde mi último
disco para RCA, *I'd Rather Be Lonely*, y tenía ganas de
meterme en otro proyecto. Me las había apañado, no sin
ayuda, para escribir y arreglar mis propias canciones, y
conocía ya todos los secretos de la producción, pero no
me importaba centrarme en trabajar para Curtis. Las
canciones que tenía eran maravillosas y encima te contaban una historia completa con la que me identificaba, ya
que hablaba de los sueños, aspiraciones y sinsabores de
un grupo de hermanas que quieren dedicarse a la música.
Era perfecto, hasta el punto de parecer un sueño. Pero
bueno, no todo sería luego tan sencillo».

«Surgieron bastantes dificultades», recordaba Ruth
Bowen. «Cecil y yo nos reunimos con Ahmet Ertegun. Wexler era el propietario del sello, pero el jefazo era Ahmet.
Queríamos decirle que, aunque valorábamos lo que había
hecho Wexler, queríamos probar con otro productor, además de pedirle alguna sugerencia. Nos mencionó una lista
de productores en la que estaba Curtis Mayfield. Bien, ya
había trabajado con él, lo conocía y quería como a un
hermano. Sabía que él y Aretha estarían encantados de
trabajar juntos, pero ignoraba que ya había hablado con
Carolyn».

«Tampoco estábamos al tanto del proyecto de la película», añadía Cecil. «Al salir el nombre de Curtis, se nos iluminó la cara, sobre todo a Aretha. La llamé, pensando que le iba a dar un noticón, pero me soltó que ya se había comprometido con Carolyn. Cuando le pregunté para qué proyecto, solo mencionó el título, *Sparkle*. Ahí supe que empezaban los problemas».

«Tampoco había motivo para complicarse la vida», opinaba Erma. «Aretha tendría que haberse buscado otra cosa y haber dejado que Carolyn cantase los temas de *Sparkle* y después haber hecho otro disco con Curtis. Sin embargo, a Aretha le llegaron las canciones y le gustaron tanto que se empeñó en cantarlas».

«Aquello lo vi con cierta distancia», comentaba Wexler. «Me habían apartado y la verdad es que tampoco me sorprendió porque entonces había muchos productores mejores que yo, y un artista tiene todo el derecho del mundo a escoger el productor que le dé la gana. Me gustaba mucho el trabajo de Mayfield y él, como cualquier persona sensata, admiraba a Aretha. Por eso le envió las canciones, también quería que su música triunfase a lo grande y, aunque se lo hubiera dicho a Carolyn, en cuanto Aretha aceptó, no había más que hablar. No era tonto».

«Hubo tensión entre ellas», reconocía Cecil. «Se dijeron de todo. Carolyn no quería renunciar al proyecto, pero Aretha lo quería para ella y cuando se le mete algo en la cabeza... Me pidió que intercediera, vamos, que le dijese a Carolyn que se apartase. Me negué, quiero a mis dos hermanas por igual, así que le pasé la pelota al único hombre al que las dos harían caso, nuestro padre».

«Nuestro padre no quería meterse en ese tema», decía Erma. «No obstante, tampoco podía esconderse. No era un tema sencillo porque ambas tenían sus razones. Carolyn argumentaba que ella había llegado primero y que necesitaba esas canciones para su carrera más que Aretha. Por su parte, Aretha aportaba la preferencia de Curtis por ella y que, tras la mala racha que llevaba, también necesitaba un empujón. A nadie nos pilló por sorpresa que nuestro padre eligiese a Aretha. Quería a todos sus hijos, nunca nos faltó su amor, pero siempre había sentido un especial cariño por Aretha. Carolyn no se lo tomó bien y tardó en perdonárselo. Decía que no le dejaban triunfar en la música y cuando el disco tuvo el éxito que tuvo, tanto para la crítica, el público y el mundo entero, a Carolyn le sentó especialmente mal».

«Estaba en casa de la familia cuando lo de *Sparkle* llegó a su punto álgido», señalaba Ruth Bowen. «Se encontraban en el sótano, discutiendo el asunto y bebiendo. Siempre han bebido bastante, padre e hijos. Animada por la bebida, Carolyn, a la que su padre ya le había dicho que el proyecto sería mejor para su hermana, le soltó un insulto a Aretha y ésta se lo devolvió doble. Entonces agarró un atizador de chimenea y amenazó a Aretha, que le dijo que, si no sabía defenderse por su cuenta, mejor dejarlo estar. El caso es que ese comentario sonó simpático y se relajaron ambas. Nos reímos, Carolyn entró en razón y no pasó nada. Pero durante un minuto, me llegué a asustar».

«Todavía me cuesta hablar de aquello», me confesó Carolyn. «Me cuesta reconocer que Aretha cantó esas canciones mejor que nadie, pero bueno, lo reconozco y ya está, no se puede negar lo obvio. Claro que podría haber grabado ese disco y habrían salido un par de temas exitosos, pero Aretha le aportó algo más: su genialidad».

Sparkle brilla especialmente en la carrera de Aretha. Atrás quedaba la joven prodigio del jazz y el soul cantando 'Skylark' en sus años en Columbia, o la perfección de sus magníficos discos en Atlantic, o el fuego sagrado de un disco como *Amazing Grace*. No obstante, en *Sparkle* surge con más vehemencia que nunca su estilo para el canto no religioso. Su colaboración con Curtis Mayfield es, de principio a fin, el éxito de dos almas gemelas trabajando juntas.

Los astros aparecen alineados a su favor. Las canciones encajan a la perfección en la sensibilidad narrativa de Aretha. Por primera vez desde que llegó a Atlantic, graba un disco coherente. Con Quincy Jones, y la última etapa de Wexler, sus discos no eran más que un conjunto inconexo de temas propios y versiones. *Sparkle* es un tapiz perfectamente tejido, un álbum conceptual que remite a una historia cinematográfica, pero que transmite también una entidad y sensaciones propias.

Aretha absorbe el mundo de Mayfield con asombrosa facilidad. «I sparkle» [brillo], canta en el primer verso de la primera canción. «Loving the way I do... I feel so good» [al amar así... me siento muy bien]. Trata sobre las buenas sensaciones y tiene un ritmo alegre e irresistible, que se basa en lo que Aretha denomina el «funk suave» de Curtis. Al igual que Marvin Gaye, Mayfield poseía el maravilloso don de mezclar azúcar y picante en sus dosis adecuadas y, como Marvin, era un maestro del ritmo muy sutil. A lo largo de las canciones de *Sparkle*, el ritmo fluye como si nada.

La exuberante orquestación, repleta de cuerdas, flautas y arpas, era el sello distintivo de Isaac Hayes. Su banda sonora para *Las noches rojas de Harlem* (*Shaft*) era una obra maestra. Siguiendo un estilo similar, Marvin y Mayfield habían creado sus obras maestras, como *What's Going On* y *Trouble Man*, del primero, y *Super Fly*, del segundo. *Sparkle* continúa esa tradición, si bien en este caso el personaje principal no es un gánster ni una damisela en constante peligro, sino una mujer joven enamorada de la vida que flota en una nube de sueños, en un mundo de aspiraciones y esperanzas.

«Se decía que, en realidad, Aretha hablaba en ese disco de su amor por Ken Cunningham», señalaba Ruth Bowen. «No lo veo así porque, para mí, no hablaba del amor por un hombre sino por esas canciones. Era consciente de que Curtis había compuesto algunos de sus mejores temas, y ella se encargaba de llevarlas a niveles celestiales. Cuando llegué a los estudios Curtom de Chicago, donde estaban grabando el disco, me quedé muda porque jamás me imaginé que Aretha sería capaz de superar 'Respect'o 'Natural Woman'. Y vaya, aquello estaba a otro nivel. Se lanzaba al vacío sin red. Tras varios años estancada, había encontrado unas alas nuevas, guiada por Curtis Mayfield, uno de los caballeros más delicados de la industria del funk».

«La armonía en el estudio era total», apuntaba Cecil. «Curtis parecería una persona tranquila, pero también es fuerte. Al fin y al cabo, eran sus canciones y sus arreglos y sabía cómo quería que sonasen. Aretha respondía bien cuando la habían dirigido en Columbia y en los primeros años de Atlantic. Con todo, a estas alturas de su carrera, también sabía imponer sus ideas. Cuando grabaron 'Something He Can Feel', el primer sencillo, debatieron sobre cómo cantar por encima del ostinato al final de la canción. Curtis quería que Aretha le pusiera más emoción, pese a que daba por buenas las dos primeras tomas, y se salió con la suya con buenos modos, con lo que la repitieron unas seis veces. Se comprobó quién tenía razón cuando la canción estuvo durante un mes en el número uno».

«Digamos que me cuesta reconocer las cosas», afirmaba Jerry Wexler. «Pero cuando Mayfield nos envió los masters, le di mi más sincera enhorabuena. Había recuperado a Aretha. Se notaba que se entendían. En 'Hooked on Your Love' o 'Look into Your Heart', está Aretha desplegando un montón de matices. Se encuentra en un gran momento, conmigo no habría salido tan bien. Eso solo sale con un cómplice como Curtis».

«Me sentía contenta y triste a la vez», resumía Carolyn. «El mismo año de *Sparkle*, saqué un disco con RCA, *If You Want Me*, que tenía buenas canciones y me había salido bien, pero no conseguí ningún single de éxito. En el mismo momento en que resurgía la carrera de Aretha, me di cuenta de que la mía había llegado a su conclusión. La confirmación me llegó cuando RCA me anunció que prescindía de mí».

«Carolyn se sentía defraudada, y con razón», añadía Cecil. «Se enfrió la relación con Aretha. Sin embargo, sabía que con el tiempo pasarían página porque mis hermanas podían decirse de todo, pero en el fondo se querían».

«Muchos grupos de cantantes empiezan muy unidas y acaban peleadas», comentaba Erma. «Ahí están las Supremes, con Diana Ross, Mary Wilson y Florence Ballard que eran las tres uña y carne, pero que, debido a las circunstancias y a tener personalidades tan diferentes, terminaron a la gresca y sin reconciliarse nunca. Cuando Florence falleció en 1976, mi padre ofició el funeral en New Bethel. Fue uno de los días más tristes que recuerdo. Tanto talento y tanta pasión. En nuestro caso hay que recordar que nos peleamos mucho, pero siempre hicimos las paces. Siempre».

En abril, el mismo mes en que se grabó *Sparkle*, *Jet* publicó la siguiente noticia: «El compañero de Aretha Franklin, Ken Cunningham, quiere convertirse en director de cine. Ha pasado una temporada en San Francisco buscando localizaciones para una película que ha escrito, titulada *Asili-Genesis*». En la noticia se añadía que Aretha llevaba un mes preparándose el papel hasta que el proyecto quedó aparcado por una huelga de técnicos de la Costa Oeste.

Ese verano, en que Estados Unidos celebraba el bicentenario como país, fue cuando salió a la venta *Sparkle*, aplaudido por la crítica, adorado por los fans y con un primer sencillo, *Something He Can Feel*, que estuvo durante cinco meses como tema más vendido de R&B. Se respondía así a la pregunta de si Aretha volvería la categoría de superventas. La otra cuestión, si encontraría la paz en el hogar, no tenía una respuesta tan sencilla.

«Un día me pidió que preparase un artículo de prensa elogioso con Cecil», me decía Ruth. «Al principio no entendí a santo de qué. Cecil siempre había estado en la sombra, no quería reconocimiento, y en la prensa, como casi todos los artistas, Aretha solo quería salir bien ella, con lo que no me encajaba ese repentino interés por Cecil».

«Quizás era porque se había sentido presionada por Ken», recordaba Cecil. «Y quería dar a conocer que solo tenía un mánager. A mí me daba igual, sabía que contaba con la confianza de mi hermana, pero, por lo que fuera, ella quería hacerlo público».

El artículo salió en julio en *Jet* con el titular «El arma secreta de Aretha Franklin: su hermano Cecil» y en él se decía que «no solo lleva su carrera, también es vicepresidente de las cuatro empresas que posee su hermana».

En agosto, se rompió la relación con Ken Cunningham.

«Le pregunté a Aretha si estaba segura», decía Ruth Bowen. «Igual era mejor no airear los temas privados. Me contestó que sus fans tenían que saberlo y que era mejor que la gente supiera que volvía a estar libre».

Jet, 12 de agosto de 1976: «Aretha Franklin, el fin de su historia de amor. Aretha Franklin y Ken Cunningham han puesto fin a una de las relaciones más duraderas de la industria del espectáculo».

En la noticia se explicaba que Ken ya no vivía con ella en la casa de Encino y se señalaba que no había asistido a la grabación de un programa de televisión en el que Aretha le había entregado a su padre un premio Ebony Music Hall of Fame. Allí estaba en el escenario toda la familia, excepto Cunningham.

Curiosamente, en esa misma portada de *Jet* salía Glynn Turman, que pronto sería su siguiente pareja, para anunciar su nueva película, *J.D.'s Revenge*. Entrevistado en su chalet de cuatro hectáreas situado en Malibú, el actor hablaba de su infancia en las calles de Harlem y Greenwich Village, de su trabajo en el teatro Tyrone Guthrie de Minneapolis, de su participación actual en la serie de televisión *Peyton Place*, de su trabajo de voluntario como profesor en el Inner City Cultural Center de Los Ángeles, así como de su pasión por la cría de caballos árabes.

Aretha no recordaba haber leído ese llamativo perfil en la misma revista en que daba a conocer su ruptura con Cunningham. Pasarían cinco meses antes de conocer a Turman.

La prensa siguió anunciando también películas que iba a protagonizar Aretha, como un remake de *Gloria de un día*, el clásico de 1933 en el que Katharine Hepburn interpretaba a una actriz novata, o un biopic sobre Bessie Smith, dirigido por Gordon Parks. Ninguna de las dos pasó de la fase de proyecto.

«Las primeras reuniones fueron muy bien», recordaba Gordon Parks, director de *Las noches rojas de Harlem*. «Aretha estaba con varias profesoras de actuación y tenía ganas de aprender. Las cantantes son actrices naturales. Las letras de las canciones exigen interpretación. Sin embargo, me vino luego con exigencias absurdas para el guion, como una versión más suave de la vida de Bessie para que el público no la comparase con ella. Quería, por ejemplo, que no se mostrase el alcoholismo de Bessie o su bisexualidad, que ha sido documentada de sobra por sus biógrafos. Aretha era perfecta desde el punto de vista musical (por eso la escogí), pero no pude asumir lo que me pedía. Decía que si mostrábamos sus aspectos más mundanos, afectaría a su imagen pública. Le contesté que a Diana Ross no le había pasado nada por interpretar a Billie Holiday en toda su crudeza y que, es más, la habían nominado al Óscar. Pero se mantuvo en sus trece y no hubo más que hablar. No sé quién rompió, si ella o yo, pero el caso es que ninguno estaba dispuesto a ceder».

Con *Sparkle* todavía caliente, Aretha regresó al estudio, esta vez con Lamont Dozier, miembro del equipo de composición y producción Holland-Dozier-Holland, responsables de un montón de éxitos para Motown con las Supremes, los Four Tops, los Isley Brothers, Jr. Walker y Marvin Gaye. A pesar de un enorme talento, el nuevo disco, *Sweet Passion*, era bastante soso.

Un año antes, el erótico tema de Donna Summer 'Love to Love You Baby' situó la música disco en el centro de la cultura pop. En 1976, Diana Ross entró también de lleno con '"Love Hangover', un éxito rotundo. Se subieron al carro otros artistas de soul de los años 60, como Johnnie Taylor. Su ardiente 'Disco Lady', por ejemplo, es una de las grandes canciones de la historia del rhythm and blues.

«Comprendo las reticencias de Aretha hacia la música disco», señalaba Wexler. «No le gustaba, y a mí tampoco. La veía superficial, una moda pasajera, una música sin alma. Veía que los gigantes de su terreno, como Curtis Mayfield o Marvin Gaye, no se rebajarían tanto para llegar a la gente. Lamont Dozier era otro de los gigantes, y me gustaba la idea de que trabajase con ella. El problema es que le exigió que incluyese un mínimo de cuatro canciones escritas por ella, y ninguna era nada del otro mundo. Pero nadie le lleva la contraria a Aretha, y menos un hombre tan tranquilo y amable como Lamont».

«Yo no veía tan mal la música disco», señalaba Cecil. «Para mí era como R&B con mucho bajo y un ritmo característico. Los grandes temas estaban a la altura de cualquier otro género. Si le hubieran ofrecido 'I Will Survive' a Aretha en lugar de a Gloria Gaynor, sería una de las joyas de su repertorio. Y si se hubiera juntado con Giorgio Moroder y Pete Bellotte, los productores de Donna Summer, seguro que habría tenido éxito. Siempre he pensado que Aretha debería haber grabado algún tema con Barbra Streisand porque, en mi opinión, estaba bien eso de unir dos mercados diferentes. Pero ella no quiso y va y aparece Donna Summer cantando con Barbra 'No More Tears (Enough is Enough)'. Número uno inmediato. Y como ése, hubo un montón que Aretha rechazó. Creía que el soul clásico y la música disco no pegaban ni con cola. Con una artista como ella, la música disco se habría convertido también en soul clásico. Eso es lo que hicieron Nile Rodgers y Bernard Edwards con Chic».

'Jump', el único tema de baile de *Sparkle*, fue lo que más se aproximó Aretha a un hit de música disco. Salió como single en septiembre de 1976, con 'Hooked on Your Love' como cara B, si bien no pasó del puesto 17.

«Para mí, 'Jump' no es música disco de verdad», opinaba Carolyn. «Al oír la versión original, el primer bosquejo que me mostró Curtis, era más tradicional, un R&B con ritmo de baile, más próximo a 'Chain of Fools' que a 'YMCA'. Al empezar a grabarlo con Aretha, Curtis le dio un ritmo más normal, pero la canción no llegó a sonar en los clubs en plena fiebre disco».

En noviembre, Aretha, votante demócrata de toda la vida como su padre, cantó en la celebración inaugural de la presidencia de Jimmy Carter en el hotel Sheraton Park de Washington D.C.

Earline Franklin, la cuñada de Aretha, recordaba dos acontecimientos que marcaron el primer mes del nuevo año de 1977.

«Cecil y yo nos alojábamos en el Beverly Comstock», decía. «Allí nos enteramos que en ese mismo hotel, y en la misma época en que estuvimos, Freddie Prinze se había quitado la vida de un disparo. Nos dejó tocados. La noche siguiente estábamos en casa de Aretha en Encino. Estaba muy contenta porque había conocido a Glynn Turman en una fiesta benéfica de Giant Step, la asociación juvenil de Rosie Grier. A Aretha siempre le han gustado mucho los hombres (es la mujer que conozco que con mayor facilidad se enamora y desenamora), por lo que no le hice mucho caso. Pero al otro día volvió a hablar de él. Y al otro también».

En marzo, *Jet* publicó que «la ruptura de Aretha Franklin y Ken Cunningham, su compañero durante años, sigue coleando». Preguntada Aretha sobre su relación, contestó: «Bueno, Ken se encuentra ahora mismo en la terraza de casa leyendo *Raíces*».

Ese mismo mes salió en *Billboard* una foto con el siguiente pie: «Un trío impresionante: Aretha Franklin con Jacqueline Onassis, antigua Primera Dama, y Rosie Grier, tras su actuación en el Dorothy Chandler Pavilion de Los Ángeles. Se celebró un concierto benéfico para Giant Step, una organización no gubernamental dedicada a ayudar a los jóvenes y ancianos de Los Ángeles».

Celebró su 35 cumpleaños con una fiesta en el hotel Beverly Hills, para la que contrató una empresa de catering para servir comida típica del sur del país. Se enfadó con el hotel porque no permitían comida de fuera, con lo que alquiló un bungaló privado del hotel y tras recibir a los invitados en la suntuosa sala de cristal, se los llevó a todos (unos ciento cincuenta) y metió la comida por la puerta trasera.

Sweet Passion, el disco producido por Lamont Dozier, salió en mayo con críticas tibias y escasas ventas.

«Ya no teníamos a Jerry Wexler», me contaba Ahmet Ertegun, «Así pues, seguí aquel disco de cerca. Esperaba que el éxito del disco con Curtis Mayfield tendría un efecto de arrastre con *Sweet Passion*, pero no fue así. Por desgracia, aquél sería el último disco exitoso de Aretha en Atlantic. La vi varias veces cuando viajaba a Los Ángeles, pero estaba más centrada en meterse en el cine que en grabar discos. Le interesaba un poco menos la música. Recuerdo que le comenté de pasada a Natalie Cole y que le vendría bien trabajar con sus productores, Chuck Jackson y Marvin Yancy. Se puso hecha una furia. No tenía ni idea de la historia entre ellos. Me había metido en un jardín. Tardó dos años en devolverme el saludo».

En 1974, dos productores de Chicago, el letrista Chuck Jackson (el hermano de Jesse) y el músico Marvin

Yancy, le presentaron a Aretha unas canciones. En aquel momento, se encontraba grabando *You*.

«No les prestó mucha atención», me contó Yancy a principios de los años 80. «No quiso grabarlas porque decía que no estaban a su altura».

Al cabo de unos meses, grabó las canciones Natalie Cole, que tenía entonces 25 años y estaba al principio de su carrera. Las interpretaciones de Natalie, una cantante soberbia con un increíble rango estilístico, eran muy similares al estilo de Aretha.

«Ha ejercido una gran influencia en todas las cantantes de soul», me comentaba Natalie cuando trabajamos en su autobiografía, *Love Brought Me Back*. «Al principio quería ser una cantante de soul de las auténticas. Me halagaba que me comparasen con Aretha. Nunca me vi a su nivel».

La colaboración de Natalie Cole con Jackson y Yancy consiguió una retahíla de éxitos como 'This Will Be (An Everlasting Love)', 'Inseparable', 'I've Got Love on My Mind' y 'Our Love'. Natalie saltó al estrellato al instante, y Aretha se enfadó muchísimo y más aún cuando Natalie puso fin, en 1976, a la racha de Aretha de ocho años de victorias en los Grammy, al llevarse el premio a mejor cantante femenina de rhythm and blues.

«La primera vez que vi a Aretha fue en un banquete de la industria», recordaba Natalie. «Me lanzó una mirada muy fría y me dio la espalda. Tardé semanas en superarlo. Hay que entenderlo, era la mujer a la que más admiraba. Inició una especie de enemistad falsa que sigo sin entender. Eso sí, la respetaré siempre como artista».

«El ascenso de Natalie coincidió con el declive de Aretha, aunque solo fuera en éxito comercial», comentaba Carolyn. «Para mucha gente, Natalie representaba el futuro y Aretha, el pasado. Eso la sacaba de quicio y pagó la frustración con Natalie».

«Tardé muchos años en aceptar a Natalie», decía Cecil. «No fue hasta los años 90, en que Natalie empezó a cantar las canciones pop de su padre, cuando Aretha se sintió menos amenazada».

«Berry Gordy decía que la competencia es lo que alimenta a los campeones», sentenciaba Ruth Bowen. «Quizás Aretha se mantuvo siempre arriba gracias a su carácter competitivo. Tal y como lo veo yo, ese carácter no reflejaba una voluntad de ganar sino una inseguridad y un miedo muy arraigados. Daba igual de qué cantante se tratara (Mavis Staples, Gladys Knight o Diana Ross), para ella solo buscaban arrebatarle el trono. Yo le decía que se equivocaba, que ellas ya reinaban en su terreno, pero ni caso, iba a la suya. Su problema no se limitaba a las mujeres que cantaban sino a las mujeres en general. Aparte de las mujeres de su entorno más próximo (sus hermanas, su cuñada Earline, su prima Brenda y yo), era incapaz de mantener una relación normal con otra mujer. En un abrir y cerrar de ojos, se enfrentaba a ellas y cortaba la relación antes siquiera de empezar. Incluso en las relaciones duraderas (como la que tiene conmigo), había épocas que durante meses me la tenía como jurada.

»Pese a insistirle en que Natalie era una chica estupenda, que se llevase bien con ella y la dejase en paz, no podía, era una obsesión lo que tenía. Luego me decía que enviase alguna nota de prensa a *Jet* para seguir con la pugna».

El ejemplar de *Jet* del 23 de junio de 1977 llevaba el siguiente titular: «Sin abandonar su trono, Aretha pierde peso y mira al futuro».

Los problemas de peso los atribuía a que era de hueso ancho. Una foto con Ken Cunningham hablaba de reconciliación. Decía que estaba estudiando ofertas para actuar en algunas películas. En lo referente a Natalie, afirmaba que mejor evitar el enfrentamiento: «A veces para un cantante resulta fácil seguir el sonido de otro, a eso se le llama copiar. Me halaga que suene como yo en algunas canciones y, de hecho, le escucho detalles que me recuerdan a cuando empezaba. Creo que Natalie es buena, pero me parece que le falta mucho por aprender».

Un mes más tarde, en la misma revista se comentaba que Aretha se había ido de viaje con Glynn Turman. Ken Cunningham, a modo de respuesta, declaró a *Jet*: «Sería muy triste que tuviera que recurrir a la prensa para conocer cómo va mi relación con Aretha. Siempre que abro un periódico, me encuentro una noticia sobre ella». Se refería a una columna del *New York Daily News* en la que se afirmaba que la relación entre ambos había llegado a su fin. «Quiero a Aretha», añadía Ken, «y sé que volveremos a estar juntos. Es la madre de mi hijo, es parte de mí. Hemos pasado muchas cosas juntos y quiero que sepa que todavía la amo».

«Evidentemente, fue ella quien cortó», señalaba Erma. «Después dijo que fue por el conflicto ente Ken y Cecil, pero para mí que se enamoró de un actor de cine guapo y encantador, Glynn Turman. Y punto».

Con ganas de seguir el culebrón entre Aretha y Natalie Cole, *Jet* puso sus fotografías en portada, junto con otra de Diana Ross, y el siguiente titular: «¿Caben en la cima las tres grandes de la canción?» Preguntada sobre Natalie, Aretha afirmaba: «No creo que tenga la capacidad ni las herramientas para quitarme el sitio, y se lo puedo decir a ella misma sin problema».

Billboard mencionaba en octubre que Aretha iba a actuar en Inglaterra por primera vez desde 1968. El promotor sería Jeffrey Kruger.

«Cerramos el acuerdo», me contó Kruger. «Hablé con Cecil Franklin y Ruth Bowen. Iba a ser un acontecimiento por todo lo alto, con seis conciertos en Londres y algunos más en Irlanda y Escocia. Sería la gran gira británica de Aretha».

El acuerdo se rompió al mes y medio. *Billboard*, 3 de diciembre de 1977:

«Se cancela la gira de Aretha en Gran Bretaña por desavenencias contractuales. Estas desavenencias, que derivarán en repercusiones legales, llevaron a la cancelación de tres conciertos con todas las entradas ya vendidas en el Palladium de Londres a menos de 24 horas del primero, previsto para el lunes. La negociación de la gira había corrido a cargo del promotor Jeffrey Kruger, responsable de Ember Group, y el reverendo Cecil Franklin, mánager de la cantante. Al final se ha producido lo que la prensa del país ha calificado como la primera vez en los cien años de historia del Palladium en que un artista no comparece ante el público».

«Me sentó fatal», recordaba Kruger. «No me lo esperaba y no me dieron ningún motivo justificado. Hubo algunas peticiones de última hora, como limusinas grandes y suites extravagantes de hotel, que no supusieron problema alguno. Pero entonces me pidió que le pagara más para igualar una oferta de otro promotor de París. También quería cancelar un concierto y me pidió un jet para cruzar el charco con toda la troupe. Y esto llegaba después de tener el contrato firmado. ¡Como para no mosquearse! Esos nuevos gastos eran prohibitivos. Y entonces me llega que no le apetecía actuar en Inglaterra en invierno y que si trasladábamos las fechas a la primavera. Claro que no, ya estaba todo a punto. Pedía cosas sin ton ni son, eran meros caprichos. No quería actuar en Londres. Bueno, sin problema, puse el asunto en manos de mis abogados».

«Como me esperaba, las demandas no tardaron en llegar», recordaba Ruth Bowen. «Aquello no le salió barato a Aretha y le dio por echarme a mí las culpas. Me reprochaba que le había cerrado más fechas de las que quería, pero para nada, eso se habló desde el principio. Lo único que cambió fue su opinión porque en aquel momento prefería vivir su historia con Glynn Turman en lugar de actuar en Londres».

A finales de diciembre, se publicó en *Jet* una fotografía de Aretha y Glynn en un avión con rumbo a Francia. Tras ellos estaba sentado Cecil.

En su concierto de París cantó 'La vie en rose'.

«Allí la habían cantado Josephine Baker y Louis Armstrong», comentaba Cecil. «Sin embargo, Aretha consiguió que hasta el crítico más severo olvidara esas versiones. Hubo una persona que me pidió que le dijera a mi hermana que se mudara a Francia, porque allí la querían más que en ninguna parte. Se lo dije. Se sintió muy querida, sabía que era verdad».

La reseña de *Billboard* fue menos complaciente: «Aretha Franklin no convenció al público del Palais des Sports, donde actuó después de diez años. Pese a no tratarse de la mejor sala para un concierto de soul por sus características, los críticos y el público sintieron que la artista prestaba más atención a las cámaras de televisión que a los asistentes que se habían sacado la entrada».

Aunque a lo largo de los años echaría de menos Francia por la gastronomía, la moda y el público entregado, nunca regresó.

PRINCESA DE CUENTO DE HADAS

«Cuando me entraron a robar en casa, estaba viviendo sola en Los Ángeles», decía Carolyn. «Me quedé mal. Aretha me invitó a irme una temporada a su casa. Ya había pasado un tiempo desde lo de *Sparkle* y volvíamos a llevarnos bien.

Su amor con Glynn Turman estaba en su apogeo. Era un tipo genial: guapo, de la farándula, con conciencia social, vamos, un hombre completo. Pero no creía que llegarían muy lejos. Aretha tenía cuatro hijos y Glynn, dos hijos y una hija. Eso suponía unas rutinas familiares muy complicadas. Además, Glynn llevaba una carrera profesional tan ajetreada como la de mi hermana. Tenían ambos una agenda repleta y estaba por ver si se pondrían de acuerdo o intentaría imponerse uno de los dos. A Aretha le interesaban los contactos de Glynn en la industria del cine, así como su reputación de profesor de actuación. Quería aprender, o por lo menos eso decía, porque no creo que fuera a más de una o dos clases. El método de Glynn consistía en que el actor escarbara en sus emociones y las sacara a la superficie. Hacía que los actores se vaciaran por completo. Se trata del mismo estilo de Aretha a la hora de cantar, pero era muy reservada como para expresar ninguno de sus puntos débiles. Prefiere, ante todo, guardarse los sentimientos, tiene un muro infranqueable. En la prensa dio la imagen de que iba a ser con Glynn la pareja del momento en Hollywood, pero no los veía viviendo felices y comiendo perdices».

«Mi hermana tiene un lado muy tierno, se ve a sí misma como la princesa de un cuento de hadas», añadía Erma. «Cuando conoce a un chico guapo y buen partido, en su cabeza lo transforma en un caballero a lomos de un corcel negro que la va a rescatar matando a los dragones y resolviendo todos los problemas. Es la imagen romántica más típica de una niña que de una mujer adulta. En ese sentido, Aretha nunca ha dejado de ser una niña».

En marzo de 1978, Aretha anunció que se iba a casar con Turman.

«Al no casarse con Ted White, se quedó con la sensación de que le faltaba vivir una boda de ensueño», opinaba su prima Brenda. «Iba a enmendar eso con Glynn. No conozco a nadie a quien le guste más dar fiestas que a Aretha (lo ha hecho toda la vida), pero me comentó que esa iba a ser la fiesta de las fiestas. De hecho, iban a ser dos fiestas inmensas. La primera sería la boda, con su padre, en Detroit, en New Bethel, y después vendrían a California para dar otra con sus amigos de Hollywood».

La boda se celebró el 11 de abril.

«Se encargó ella misma de todos los preparativos», decía Erma. «Y eso que un poco más y no se lleva a cabo. Le presentó a Glynn un acuerdo de separación de bienes. Glynn aceptó, pero perdió el documento y se le envió otra copia.

No obstante, una hora antes de la ceremonia, el acuerdo no había llegado. Estaba con mi hermana en el despacho de nuestro padre y ella llevaba un enfado considerable. Habían llegado periodistas y fotógrafos de todo el mundo, los curiosos se agolpaban en la calle y en la iglesia no cabía un alfiler. Pero mi hermana era tajante: decía que si no firmaba, no había boda. Le pregunté a mi padre si sería capaz de anular la boda y él, que por supuesto, que menuda era ella, que cancelaba lo que le daba la gana. Y allí estábamos conteniendo el aliento, hasta que llegaron los papeles justo a tiempo. Gracias a Dios.

»Fue un acontecimiento glorioso. El padrino de Glynn fue Lou Gossett y yo, la dama de honor. Los Four Tops cantaron 'Isn't She Lovely', de Stevie Wonder. Hubo como unas ocho madrinas de honor y ocho padrinos. Aretha llevaba un fabuloso vestido blanquecino de seda y visón con una cola de dos metros. Hizo la entrada por el pasillo al ritmo de una canción de Carolyn, 'I Take this Walk with Thee'. El coro interpretó sus canciones de góspel favoritas y su prima Brenda cantó 'Amazing Grace'. Abu no paró de llorar. La tarta nupcial era una obra de arte, de cuatro niveles y dos metros y medio de altura».

La fiesta continuó en Los Ángeles la semana siguiente. Aretha reservó la sala de baile del Beverly Hilton. Una orquesta de 35 músicos tocó temas prestados personalmente por Barry White. Repitieron los Four Tops cantando en esta ocasión ante los más de mil invitados, junto con el grupo de baile de Lon Fontaine. Según la revista *Jet*, había «centenares de kilos de *filet mignon* de la mejor calidad, fuentes inmensas de marisco y una bandeja con comida india y postres exquisitos… la nota discordante llegó con el robo de cuatro jaulas de palomas que se iban a soltar como símbolo de la felicidad de los recién casados».

Unas semanas después, Aretha le contó a la prensa que había escrito una canción a medias con Glynn, 'If You Feel the Need, I'm Your Speed', y otra para una película que iba a protagonizar.

En mayo, Aretha actuó en el Carnegie Hall de Nueva York. Ofreció tres partes muy breves: la primera se centró en sus grandes éxitos y en versiones como 'You Light Up My Life'; en la segunda, salió vestida de Josephine Baker cantando canciones relacionadas con ella, como 'Brazil' o 'La vie en rose'; y la tercera estaba dedicada al góspel.

Según dijo en los medios de comunicación, había invitado al concierto a productores de cine, que le habían propuesto hacer un biopic sobre Baker. Las canciones de góspel fueron un homenaje a Clara Ward porque, como comentó Aretha, se había atrevido a cantar canciones religiosas en clubs de jazz e incluso en casinos de Las Vegas.

Al mes siguiente, en junio, publicó un anuncio a toda página en *Variety* con letras grandes en que se leía «Carnegie Hall, 126.000 dólares». Cecil Franklin aparecía acreditado de mánager y Howard Brandy, de responsable de prensa. El nombre de Ruth Bowen no constaba en ningún lado.

«Caí en desgracia durante años», decía Ruth. «Fue porque no aceptaba su responsabilidad en la elección de fechas para la gira inglesa. La demanda judicial le costó un pastón y la culpable era yo. Me quedé tranquila, sabía que el tiempo me daría la razón porque Aretha es de esas artistas que gastan más de lo que ganan y tendría que contar conmigo para organizarle conciertos. Como siempre le he conseguido actuaciones muy lucrativas, solo tuve que esperar a que me volviera a llamar».

En julio salió en *Jet* otra noticia sobre Aretha y Glynn: «Parecen una pareja de niños, pero lo cierto es que tienen siete entre los dos. Aretha ha negado, pese a su aumento de peso, estar embarazada». Seguía la noticia con las clases de actuación que daba Glynn a su mujer y los planes para hacer juntos una película.

Por su parte, *Essence* publicó otra noticia glosando el matrimonio y en la que Glynn dejó caer el problema que representaba que ella fuera más famosa que él.

«Me siento orgulloso de ella, sobre todo en esta sociedad que te educa con la idea de que el hombre es el dueño de la casa y el sostén de la familia», afirmaba. «No estoy acostumbrado a que se refieran a mí como marido de alguien. Sin embargo, no me chirría cuando dicen la esposa de alguien... Tras diecisiete años en la industria, llega el matrimonio y de repente paso a ser el marido de Aretha, lo que puede pasar factura».

Aretha le llevaba la contraria: «No creo que sea para tanto».

Glynn insistía: «Pero tú no estás en mi situación».

Ese verano, Aretha actuó en Las Vegas, con imitaciones incluidas: de Gladys Knight en 'Midnight Train to Georgia', Mavis Staples en 'Respect Yourself' y Diana Ross en 'Ain't No Mountain High Enough'.

En Los Ángeles participó en un acto benéfico organizado por su hermano en la iglesia baptista del Buen Pastor.

«Vino nuestro padre», recordaba Cecil. «Iba a ser una velada especial, pero Aretha se había olvidado por completo. Quiso cancelarla, pero no había tiempo, así que no fue una actuación demasiado memorable».

Jean Williams la reseñó en el *Billboard* del 22 de julio. «La gala extraña con Aretha. Aretha Franklin era la invitada de honor, aunque hizo bien poco para merecer tal honor. Cantó con mucha desgana, provocando los murmullos de los asistentes. Hubo quien dijo que parecía estar enfadada con el mundo».

«En aquella época, estaba siempre de mal humor por todo», aseveraba Cecil. «No vendía los discos de antes. *Sweet Passion* había salido mal, con lo que volvimos a Curtis Mayfield, ya que, tras *Sparkle*, pensamos que se podría reeditar el éxito de la colaboración entre ambos. Además, los dos compartían el desprecio por la música disco. Querían combatirla contra viento y marea, pero la marea era demasiado fuerte y las sesiones de grabación no es que salieran muy bien. Aretha se quedó con la sensación de que Curtis le había dado esta vez canciones de segunda y a éste no le gustaba la que ella exigía incluir en el disco, la que había escrito con Glynn».

Este segundo álbum de Aretha con Mayfield, *Almighty Fire*, carece precisamente de fuego. Es una obra rara en la trayectoria de Curtis, ya que no cuenta con esa base enérgica que le caracteriza. En cuanto a Aretha, se encuentra en las antípodas de la pasión que había desplegado en

Sparkle, puesto que aquí su voz suena con desgana. Sin ningún single destacable, el disco apenas despertó interés.

A excepción de *Sparkle*, los siete últimos discos de Aretha habían sido fracasos comerciales. En cuanto a ventas, se adivinaba el peligro de convertirse en una artista intrascendente.

Aquel 1978 fue el año del *Saturday Night Fever* de los Bee Gees.

«Le dije a Aretha que 'Stayin' Alive' y 'How Deep Is Your Love' de los Bee Gees hundían sus raíces tanto en la música disco como en Marvin Gaye», recordaba Cecil. «Para mí era R&B adaptado a un baile moderno. Le dije que, le gustara o no, los ritmos cambian y que había que adaptarse».

El rhythm and blues es una de las músicas más cambiantes, ya que surge de la calle y la calle siempre está en movimiento. Los cambios están a la orden del día, se producen con rapidez. Siempre ha sido una música astuta, atenta a las modas. Pocos artistas de R&B han sabido mantenerse en la vanguardia durante muchos años. En los años 40, estuvo Louis Jordan y en los 50, Chuck Berry, Little Richard, Ike Turner y Ray Charles, cada uno con su estilo propio. Los desenfadados productores de la Motown de los años 60, junto Dave Porter e Isaac Hayes de Stax, eran maestros del ritmo. Curtis dio con el ritmo adecuado para Aretha en *Sparkle*, pero la música disco no se desvaneció con el final de la década y Mayfield, por lo menos en su segundo trabajo con Aretha, no dio con la tecla.

«Al salir de Atlantic, me puse a trabajar de productor por mi cuenta y de cazatalentos para Mo Ostin, de Warner», señalaba Wexler. «Evidentemente, seguía la carrera de Aretha y escuchaba sus discos nuevos. Pese a que tenía muchos consejos que darle, nunca la llamé porque sabía que pasaría de mí. Imagínate la sorpresa cuando me llamó, en plena sequía creativa, para preguntarme qué tipo de disco debería hacer. Le puse el ejemplo de la relación de Ella Fitzgerald con Norman Granz, su mánager y productor, el cerebro que diseñó los discos magistrales que hizo con las canciones de Gershwin, Cole Porter, Jerome Kern, Duke Ellington, etc. Le dije que fuera por ahí, que grabara un disco con temas de Duke Ellington, o de Percy Mayfield, Bobby Womack o Isaac Hayes. Que dejara de ir detrás de las modas y se centrara en temas intemporales. Que mataría por producirle un disco a dúo con Ray Charles. Ray había hecho uno con Betty Carter y podría grabar otro con ella. Me dijo que lo iba a pensar, aunque no creo que le diera muchas vueltas, ya que Ray llevaba tiempo sin sacar nada que diese la campanada, y eso lo situaba fuera de sus planes».

«Si observamos la etapa inicial en Atlantic», comentaba Cecil, «siempre hay temas clásicos y comerciales. Aretha siempre ha ido por ahí, buscando el éxito comercial pero sin renunciar a la calidad. No quiso apreciar la calidad de la música disco, se pasó un par de años criticándola. Recuerdo una tarde que quedamos con Marvin Gaye y que él decía lo mismo, que estaban cargándose el R&B, que no tenía alma. No obstante, Marvin sacó 'Got to Give Up', que fue un éxito. Era un tema típico de Marvin, una canción que hablaba de lo poco que le gustaba bailar. Así es como se adaptaba a la moda. Aretha afirmaba que se resistiría, aunque finalmente sucumbió y grabó un álbum de música disco».

Aretha nunca reconoció haber cedido a la música de discoteca. En nuestras conversaciones, insistía en que fue de las pocas artistas que se rebeló contra la moda. Entonces le saqué una copia de *La Diva*, el disco en el que aparecía como reina de la música disco cantando con uno de los más célebres productores de ese género, a lo que me respondió que no era más que un rhythm and blues moderno.

Su búsqueda de un éxito en el terreno de la música disco empezó con Nile Rodgers y Bernard Edwards, arquitectos de Chic, una de las formaciones más elegantes.

«Nos ofrecieron unas canciones que eran una pasada», me comentaba Cecil. «Para mí, eran un éxito seguro, pero Aretha decía que había que rehacerlas y que, por otro lado, tenía unos temas suyos que quería incorporar. Nile y Bernard la escucharon, pero ellos ya estaban en la cresta de la ola, triunfando con las canciones de Chic, como 'Good Times'. Estaban en una posición de fuerza. Sí, encantados de trabajar con ella, quién no querría ser productor de Aretha Franklin, pero con sus condiciones, no con las de ella. Así pues, las negociaciones pronto llegaron a un callejón sin salida.

«Lo gracioso es que los temas que rechazó ('I'm Coming Out' y 'Upside Down'), se las dieron después a Diana Ross y fueron la bomba. Aretha hizo como que le daba igual porque, según decía, esas canciones no estaban a su altura. Jamás reconoció que aquello fue un error, y por supuesto que lo fue».

Entonces llegó Van McCoy, que aprendió el oficio de productor con Leiber y Stoller, uno de los grandes tándems de compositores y productores de la historia del R&B. De él habían grabado canciones tanto Erma ('Abracadabra') como Aretha en sus inicios en Columbia ('Sweet Bitter Love'). En 1975, McCoy había sacado un álbum, *Disco Nights*, que contaba con 'The Hustle', un hit planetario, uno de los himnos de la música de discoteca. También le había producido a David Ruffin un temazo como 'Walk Away from Love', una obra maestra del soul de los años 70.

«Era una persona que carecía de vanidad», decía Cecil. «Facilitaba mucho el trabajo, quizás demasiado. Aretha decía que sus canciones nuevas, y otra escrita por su hijo Clarence, iban a triunfar por todo lo alto, y llenó el disco con ese tipo de material. Al final, McCoy metió un par de temas suyos, pero, en mi opinión, todo el disco tendría que haber sido de sus canciones, puesto que entonces era lo que pegaba. Nos habría ido mejor. En realidad, poco más pudo hacer él, ya que nadie le llevaba la contraria a la reina, pero ahí están las consecuencias».

«Si de aquel disco no salía nada provechoso, tal vez sería el último de Aretha con Atlantic», comentaba Ahmet Ertegun. «Estaba a punto de vencerle el contrato y yo quería renovárselo. Quería que estuviera a gusto y así es como seguimos sus pautas para la portada del disco. Al ver que otras cantantes, como Gloria Gaynor o Donna Summer, se habían convertido en grandes damas de la música disco, le dio por reivindicarse como la más grande de las divas, y de ahí el título del álbum, *La Diva*, y la carátula en que aparece tumbada como Cleopatra. A mí la imagen me parecía entre graciosa e irónica, pero a Aretha, no. En fin, que nos volcamos con la promoción. Van McCoy era un productor rentable y le veía potencial a algunas de las canciones. Una cosa era lo que yo pensara, de todos modos, y otra lo que pasó. Sacamos el disco en 1979 y pasó sin pena ni gloria. Desde entonces, las relaciones con Aretha se complicaron».

«*La Diva* fue un fracaso y Aretha le echaba la culpa a la compañía discográfica», resumía Cecil.

«A lo largo de mi dilatada trayectoria, jamás he dado con un artista que asumiera su responsabilidad ante un fracaso comercial», añadía Ertegun. «La culpa es siempre del sello».

«Una de las veces que retomé la relación con Aretha fue cuando estaba pensando en irse de Atlantic», recordaba Ruth Bowen. «Siempre volvía a mí para tratar los temas importantes. Se olvidaba del enfado y hablábamos como las amigas de siempre. Estaba convencida de que su mala racha se debía a la falta de promoción por parte de Atlantic, pensaba que no le daban a sus discos la misma publicidad que al principio. No le podía dar mi opinión, que era asumir que estaba sacando canciones peores, porque habríamos vuelto a distanciarnos. Lo que sí le dije, y también era cierto, es que Atlantic había cambiado, había dejado de ser la compañía de los años 60 volcada en el R&B y que, al centrarse tanto en el rock and roll de los blancos, había descuidado el soul. Aretha estaba encantada con esa opinión porque era una forma de darle permiso para que mirara ofertas de otras compañías porque igual daba con alguien que supiera promocionar mejor sus discos. Me pidió que, mientras tanto, redactara algunas notas de prensa sobre su feliz vida conyugal con Glynn Turman. Por mí, perfecto».

En los últimos meses de 1979, salió en *Jet* un reportaje sobre Aretha y su matrimonio: «La nueva vida de Aretha con su nueva familia». Calificaba a Turman de «hombre maravilloso y dulce» y describía una vida familiar perfecta, sin tensiones ni discusiones, todo paz y tranquilidad. Glynn se encontraba en Nueva York actuando en el off-Broadway, y Aretha estaba encantada de ama de casa en Los Ángeles. Aseguraba que estaba bien así, que no volvería a hacer otro tour con un único concierto por ciudad. Siempre con planes nuevos en la cabeza, decía que quería abrir una tienda de ropa elegante en Detroit, con el sitio aún por decidir: en el nuevo Renaissance Center o fuera del centro en Birmingham (Michigan). Se llamaría Los Campos Elíseos de Aretha en Detroit y tendría productos y género solo disponible en esa tienda. Reconocía, en otro orden de cosas, que en el último año había engordado, pasando de los 50 a los 65 kilos de peso, pero que tampoco le preocupaba demasiado, ya que se iba a poner en forma para un concierto en el hotel Harrah's del Lago Tahoe. Añadía, a modo de sentencia, lo siguiente: «Puedo adelgazar cuando me lo proponga o cuando me lo diga Glynn, y no se me ha quejado de momento».

«Aretha daba una versión idílica de su vida en las revistas, como si no estuviera al tanto de las cosas que pasaban por el mundo», comentaba Carolyn. «Todo era maravilloso, su familia, su marido, su carrera, etc. Le encantaba dar esa imagen, pero porque lo sentía así, aspiraba a tener una vida feliz y sencilla. No obstante, yo también vivía allí y las cosas eran un pelín más complejas. De acuerdo, había temporadas en que Aretha no salía de casa, se quedaba cocinando y disfrutando de los pequeños placeres, pero jamás dejó de pensar en cómo retomar su carrera. Y tampoco es cierto eso de que con Glynn todo fuera una balsa de aceite, sobre todo en el terreno profesional. Por mucho que a ella le gustara pensar que anteponía los intereses de su esposo, todo lo contrario, siempre tenía que estar ella por delante».

El 10 de enero de 1979, Donny Hathaway, que sufría una grave enfermedad mental, se suicidó lanzándose desde el decimoquinto piso del hotel Essex House de Nueva York, donde vivía. En aquel momento trabajaba en el segundo disco de duetos con Roberta Flack.

«Me tocó llamar a Aretha para darle la noticia», decía Jerry Wexler. «En fin, yo era quien los había presentado y ella reconoció desde el principio lo gran artista que era, lo consideraba uno de los mejores músicos, compositores y cantantes que había conocido. Aretha sabía muy bien lo que era una depresión y entendía perfectamente a Donny, pero no sabía que estaba tan grave. Nadie lo sabía, en realidad. Cuando le comenté lo que había pasado, se puso a sollozar. Hathaway tenía 33 años».

«El suicidio de Donny dejó a Aretha muy tocada», recordaba Cecil. «Era uno de los pocos artistas de soul que se podían comparar con ella. Se sentía muy próxima a él y lo metía en la misma categoría que Marvin Gaye y Stevie Wonder. Estuvo triste varias semanas. Al cabo de un mes, cuando nos fuimos a Las Vegas para actuar en el Harrah's, le dedicó a Donny la canción 'You Light Up My Life'».

Según la noticia de *Billboard*, en ese mismo concierto hizo una parodia de Judy Garland y Al Jonson cantando 'Swanee'.

En marzo, *Jet* publicó una fotografía de Aretha y Glynn con el presidente Jimmy Carter y su mujer Rosalynn en el homenaje a Marian Anderson en el Lincoln Center.

Por esas fechas, Cecil empezó a tantear otras discográficas.

«Tuvimos algunas reuniones informales», recordaba Ertegun. «Estaba al tanto de la idea de Jerry Wexler de hacer discos clásicos al estilo de Norman Granz y Ella Fitzgerald. A mí ese proyecto no me atraía nada, Aretha quería sacar nuevos éxitos y yo también. No había que resignarse a volver la vista al pasado, ya que Atlantic no había dejado de estar en la vanguardia. Teníamos, por ejemplo, a Chic. Entonces Cecil me comentó la falta de feeling entre Aretha y los productores de Chic. Le dije que no se preocupara porque podía llamar a mi amigo Robert Stigwood para que le trajera como productor a Barry Gibb.

El sello de Stigwood, RSO, había lanzado 'Saturday Night Fever'. Cecil aceptó encantado y se lo diría a Aretha. Un problema menos, es la solución ideal, pensé».

«Aretha me llamó un día para pedirme mi opinión sobre Clive Davis», me decía Cecil. «Para ella, era uno de los tipos más listos de la industria musical. Yo le respondí que Ahmet era mejor y le mencioné el proyecto de trabajar con Barry Gibb. Se quedó pensándolo».

«Estaba convencido de que Aretha se quedaría con nosotros», afirmaba Ahmet. «Fui a California y me invitó a su casa a cenar. Aretha cocina de maravilla y es la anfitriona perfecta. Fue un magnífico reencuentro. Hablamos del pasado y le dije que tenía muchos planes para ella, como lo de Barry Gibb. Me volví a casa contento y confiado de que tenerlo todo bajo control. Unas semanas más tarde, me enteré de que Aretha y Cecil consideraban "inapropiado" el estilo de producción de los Bee Gees. Gibb se fue con Barbra Streisand a componerle y producirle 'Guilty', un descomunal éxito de baile».

«Aretha seguía hablando de Clive», recordaba Cecil. «De que había creado su propio sello, Arista, y que había tenido éxitos con Barry Manilow y Melissa Manchester, que también había revitalizado la carrera de Dionne Warwick con 'I'll Never Love This Way Again', producida por Manilow. Aretha pensaba que Manilow era el productor adecuado. Yo no estaba de acuerdo, me parecía demasiado pop para ella. Da igual, estaba empeñada, quería saber si Clive Davis tenía interés en ficharla. Por supuesto que querría, le dije, cualquier sello querría contar con ella. En realidad, había matices porque Columbia y RCA ya me habían dicho que pedíamos mucho dinero por una artista que llevaba años sin lanzar un éxito al mercado. A Aretha eso no le habría sentado bien, así que me lo callé. Además, tenía yo razón, Clive se moría por tener a Aretha».

En mayo, Aretha cantó para el acto organizado por Operation Push de Jesse Jackson en el estadio Dodger de

Los Ángeles. El fin era recaudar fondos para ayudar a la escolarización de los jóvenes de las zonas más pobres.

Y el 10 de junio, tras terminar un concierto en el hotel Aladdin con una versión de 'Boogie Wonderful', de Earth, Wind & Fire, Aretha recibió una noticia que le cambió la vida para siempre.

Durante un robo en su casa en el bulevar La Salle de Detroit, su padre había resultado herido con un arma de fuego.

CUARTA PARTE

ARISTA

25
LA NIÑA DE SUS OJOS

En seguida entraron todos en pánico.

A los pocos minutos de enterarse de la noticia, Aretha recibió una llamada de Pops Staples, un amigo de la familia de la toda la vida, diciéndole que había oído que el reverendo C.L. Franklin estaba muerto.

«Mavis Staples me llamó para darme el pésame», decía Carolyn. «Me hablaba como si estuviera convencida de que habían matado a mi padre».

«Nos pilló a Aretha, Carolyn, Brenda y a mí en Las Vegas», recordaba Cecil. «Tardamos bastante en saber exactamente su estado. Menudo alivio cuando nos llamó Erma desde el hospital para confirmarnos que estaba vivo».

«No supimos los detalles hasta pasado un tiempo», decía Erma. «En resumen, lo que pasó es que fueron seis ladrones que habían estado examinando el barrio para buscar una casa en la que robar. No sabían quién era nuestro padre, simplemente vieron las vidrieras de colores de las ventanas de la casa y pensaron que ahí vivía gente rica. Uno de ellos trepó al segundo piso, quitó la mosquitera de una ventana y se coló dentro. Mi padre se encontraba viendo la tele en su cuarto, situado también en la segunda planta. Es una persona que tenía muy buen oído y que creía además en la posesión de armas para la autodefensa. Tenía una pistola en la mesita de noche. Cuando el ladrón llegó al dormitorio, estaba esperándolo con la pistola en la mano. El ladrón llevaba una semiautomática. Hubo cuatro disparos, dos de mi padre, que falló, y dos del ladrón, que no falló: las balas le dieron en el costado derecho, en la rodilla y la ingle. No sé cuánto tiempo pasaría hasta que pudieron entrar los vecinos en la casa, media hora o más. De haber llegado antes, igual no habría perdido tanta sangre, pero, por otro lado, si no hubieran ido, se habría muerto.

»Lo encontraron en el suelo inconsciente. Llamaron a emergencias y llegó con rapidez la ambulancia, pero al desangrarse había sufrido paros cardiacos. Uno de los médicos que le atendió en el hospital dijo que no se podía hacer nada, pero otro lo reconoció, sabía quién era C.L. Franklin, y al final consiguieron reanimarlo».

«Tomamos un avión y fuimos pitando al hospital», comentaba Cecil. «Lo primero que nos dijeron los médicos es que el cerebro se había quedado sin oxígeno durante unos treinta minutos y que por eso estaba en coma».

«Fue terrible verlo allí», afirmaba Erma. «El hombre más activo, con más energía del mundo, el más inquieto e inteligente, con el cerebro siempre a tope, sin parar ni un segundo. Y ahí estaba, con solo 64 años, sin reaccionar, en coma. Estaría así durante cinco años, la etapa más difícil para la familia».

«Evidentemente, nos preocupaba nuestro padre ante todo, pero también Aretha», decía Carolyn «Nos quería a todos, pero Aretha siempre fue la niña de sus ojos. Tenían una relación muy especial».

Años después, Carolyn insistió en una entrevista la preocupación por Aretha. Cuando ésta vio la entrevista, dejó de hablar con su hermana durante meses, diciendo que Carolyn no tenía derecho a presentarla como una persona débil.

«Lo importante es que Aretha superó la crisis cuando muchos no daban nada por ella», decía Cecil. «Se las apañó. En lugar de preocuparnos por ella, deberíamos haber estado encima de los rumores asquerosos que empezaron a circular sobre nuestro padre».

Como el reverendo Franklin tenía antecedentes por posesión de marihuana, circuló por ahí que los disparos eran un ajuste de cuentas por tráfico de drogas. También se comentó que el motivo era pasional por su intensa vida sentimental. Todo eso se decía sin prueba alguna y lo que pasó fue únicamente un robo en una casa elegida al azar.

«Aretha me llamó unos días después de regresar a Detroit», decía Ruth Bowen. «Quería anunciar un paréntesis en su carrera para centrarse en cuidar a su padre. Decía que la necesitaba día y noche. Le comenté que era un gesto precioso y noble, pero que... Me interrumpió. Nada de peros, me dijo, estaba decidido y no quería pensar en otra cosa más que en su padre».

«Aretha no dudó desde el principio», decía Cecil. «La prioridad absoluta era nuestro padre, y cuando nos dijeron que el coma iba para largo, era la única que podía sufragar los gastos de atención médica, que no eran baratos, precisamente. Como nunca ha sido una persona ahorradora, tendría que ponerse a trabajar, a grabar discos y salir de gira».

«Los médicos nos dijeron que era un coma leve», añadía Erma. «Eso significa que no necesitaba máquinas para mantenerse con vida. Eso sí, seguiría inconsciente. Era como si estuviera a la vez con y sin nosotros. Era una sensación muy fuerte, nos costó adaptarnos y la verdad es que no sé si nos llegamos a adaptar. Lo único que queríamos era tenerlo en casa, en su habitación, en lugar de un hospital o un centro de rehabilitación. Necesitábamos enfermera las 24 horas. Eso costaba muchísimo dinero».

«En seguida pensé en trasladarme a su casa», decía Carolyn. «Me mudé allí para estar con él. No sabía nada de cuidados médicos, pero sí me iba a encargar de estar pendiente de las enfermeras. Aretha quería instalarse también allí, pero tenía a su marido Glynn en Los Ángeles, junto con los niños y una familia que le había costado mucho crear».

Menos de un mes después de lo de su padre, Van Mc-Coy, el productor de *La Diva*, murió de un infarto a los 39 años.

«Nos dio mucha pena», decía Cecil. «Pese a lo que dijeran los críticos, a Aretha le encantaba ese disco y el trabajo que había hecho Van. Tenía 'Sweet Bitter Love' por una de sus mejores canciones y quería grabar más con él. En esa misma época también mataron de un disparo al tío de Glynn. Todo eso hizo que aquel verano de 1979 fuese el más complicado de la vida de Aretha».

«No duró mucho el paréntesis», señalaba Ruth Bowen. «Me llamó para decirme que, por salud mental, tenía que volver al trabajo. Totalmente de acuerdo. Bueno, también necesitaba dinero. Y mira por dónde, con el tiempo y energía que había invertido con Ken Cunningham y Glynn Turman para producir una película, le llegó eso, una película, pero un pequeño papel, nada de protagonista, ni mucho menos de hacer de productora. No era una más que una aparición breve pero en la que podía cantar una canción entera. Encima era una comedia, cuando ella quería hacer papeles dramáticos. La película era *The Blues Brothers: Granujas a todo ritmo*».

Aretha interpreta a una camarera a quien su marido deja para irse de gira con la banda de John Belushi y Dan Aykroyd. Queda muy lejos de los papeles glamurosos con los que había soñado tantas veces. Sin embargo, su presencia ilumina la pantalla. Vestida de camarera, pone a su marido de vuelta y media y a continuación canta una versión increíble de «Think», su éxito de los finales de los años 60. Le canta las cuarenta a su marido, interpreta la canción como nunca y deja una secuencia memorable, uno de los momentos más destacados del film, que fue un enorme taquillazo.

«No sabía si aceptar el papel», recordaba Cecil. «No le gustaba mucho que su debut en el cine fuera haciendo de sirvienta. Dio el paso porque hacía de una mujer que se enfrentaba a un hombre impresentable. Eso lo borda, se dio cuenta de que le venía como anillo al dedo y no se resistió finalmente porque podía expresarse, era ella en estado puro. También hacían cameos Ray Charles, James Brown y Cab Calloway. Pero el músico a quien todo el mundo recuerda de esa película es a Aretha diciéndonos que hay que pensar bien las cosas en 'Think'».

En agosto volvió a salir de gira y tocó en el Kool Jazz Festival, en el Giants Stadium de Hackensack (Nueva Jersey). *Billboard* alabó la actuación:

«Franklin dio el mejor concierto de los últimos cinco años. Cantó 'Ain't No Way', 'Seesaw' y 'Chain of Fools'. Pese a no tener la presencia física de otras ocasiones, su voz se mostró tan potente como siempre. La irregularidad de sus últimos discos y conciertos habían oscurecido sus dotes de cantante, con lo que fue maravilloso verla en plena forma».

En septiembre, el mismo mes en que se publicaba *La Diva* con penosas críticas y cifras de ventas, Aretha recibió una estrella en el Paseo de la Fama de Hollywood.

«Justo después de ese homenaje, vino a Detroit a ver a nuestro padre», decía Cecil. «Se quedaba siempre en nuestra casa. Estaba muy preocupada por él y quería pasar más tiempo, se sentía un poco culpable de vivir en la otra punta del país. Le dije lo que pensaba, que tenía que vivir su vida, mirar al futuro porque era un periodo esencial en su carrera. No quería hablar de lo mal que había ido *La Diva*, pero había que afrontarlo. Ya se había reunido con Clive Davis en Los Ángeles y le había expresado su firme interés en ficharla. Ella continuaba teniendo dudas. Llevaba doce años en Atlantic y era allí donde se había hecho famosa, y allí era donde estaba Ahmet Ertegun, uno de los hombres más inteligentes de la industria, que seguía apostando por ella. Ahmet estaba entonces centrado en el rock y le había hablado de actuar en estadios grandes con los Rolling Sones y Led Zeppelin. Eran argumentos poderosos, tenía que decidir entre dos de las personas más influyentes de la industria musical. Me preguntó mi opinión y le dije que, aunque era una decisión difícil, pensaba que le vendría mejor un cambio a un sello nuevo. La animé a que se fuera con Clive, si bien ya lo tenía más o menos decidido».

En diciembre salió en el programa *Soul Train* improvisando al piano una versión de 'Ooo Baby Baby' en un dúo muy emotivo con el compositor de la canción, su amigo de la infancia Smokey Robinson. El encuentro musical resulta muy conmovedor.

En 1980, Aretha Franklin fichó por Arista y empezó a planificar con Clive Davis y sus hermanas su nuevo disco.

«Tenía unas canciones nuevas que me parecían perfectas», comentaba Carolyn. «Unas eran para bailar y otras, con mensaje. Hablaban de la necesidad de ser valientes. No eran canciones religiosas sino temas para transmitirle confianza y ánimo a la gente. Tomé como referencia un tema que mi hermana llevaba años cantado, 'You Light Up My Life', máxime pensando en nuestro padre y en que le vendría bien cantar esos temas. Pero no quería volver a las canciones espirituales porque Clive quería hacer un disco de pop. Él escogería las canciones y a los productores. Solo querían canciones alegres, nada de cosas muy profundas, había que volver a las listas de éxito. Bueno, había casos como 'Angel' y 'Ain't No Way', que eran canciones tristes que habían triunfado, pero Aretha me dijo que no, que ya tenía bastante sufrimiento en la vida. Me comentó que quería huir de eso, que iba a trabajar con un equipo nuevo que le diera ideas frescas, y que no contaba conmigo. Cuando empezaron las grabaciones en Los Ángeles, estaba pendiente de que me llamase en cualquier momento para acudir al rescate. Me quedé esperando, no llegó esa llamada, así que no me moví de Detroit, con nuestro padre que no experimentaba ninguna mejoría. Y eso que era un "coma leve". A mí me parecía lo más grave que se pueda imaginar».

«Creo que Aretha sabía que su estado emocional dependía de estar lejos de Detroit», señalaba Erma. «Era una situación demasiado fuerte para ella. En los dos primeros años del coma de su padre, lo visitaba solo de vez en cuando. A todos nos pasaba factura, pero ella era la única metida de lleno en su carrera profesional. Tuvo que trabajar mucho para no desfallecer».

«Carolyn, Erma y yo lo hablamos muchas veces con ella», recordaba Cecil. «Queríamos que estuviera bien, que no se viniera abajo. Dado que yo, aparte de hermano, era el mánager, tenía una responsabilidad añadida. No queríamos que cayese en otra depresión, y no era descartable. Tenía que seguir activa y le vendría de perlas sacar un disco en la nueva compañía. Carolyn también pensaba que le ayudaría a seguir adelante y comentaba que sus mejores canciones, como 'Respect', 'Chain of Fools' o 'Think' habían salido de la vida real, cantaba lo que le pasaba. No obstante, le dije a Carolyn que Aretha no quería ir por ahí, que tenía que olvidarse de la realidad y concentrarse en pensamientos positivos. Con Clive había llegado a la conclusión de que había que hacer un disco ligero. Me parecía bien, un disco de pop daría dinero y era lo que más necesitaba Aretha en ese momento».

En abril, la familia organizó un concierto benéfico en Detroit para contribuir con los gastos médicos del patriarca. Actuaron en el Cobo Hall James Cleveland, Jesse Jackson, The Staple Singers y la propia Aretha, recaudando, según la revista *Jet*, 50.000 dólares.

Por aquel entonces empezó el trabajo en serio con su primer disco en Arista. Escogió, junto con Clive Davis, a dos productores que, curiosamente, no es que fueran savia nueva. Arif Mardin era un músico y arreglista muy célebre que había formado parte del trío de productores que le habían grabado sus mejores obras en Atlantic. Chuck Jackson había participado en el equipo de producción que había llevado a Natalie Cole al estrellato. Había compuesto además las canciones rechazadas por Aretha y que habían triunfado con la voz de Natalie.

«Aretha y Clive querían darle al disco un brillo especial», me comentó Arif. «No querían volver al sonido de Atlantic. Me trajeron cuatro canciones nuevas. La que más me gustaba era 'Come to Me', una gran balada que parecía de una película. Aretha también tenía muy claros los músicos. Leía siempre *Billboard* y estaba al tanto de quiénes estaban en su mejor momento. Una de las mejores bandas entonces era Toto, así que le dije que podríamos contar con tres de sus músicos, el pianista David Paich, el baterista Jeff Porcaro y el guitarrista Steve Lukather. Contraté a David Foster para el sintetizador. Conté también con Louis Johnson, de los Brothers Johnson, otro grupo del momento. Me pareció genial la idea de Aretha de contar con las Sweet Inspirations y con su prima Brenda Corbett. Aparte de la balada, me pidieron que produjera dos versiones, 'Can't Turn You Loose', de Otis Redding, y 'What a Fool Believes', de los Doobie Brothers, además de un tema ligeramente funky, 'Love Me Forever'.

»Fue un honor participar en ese disco, era como un nuevo debut para Aretha. Como sabía lo de su padre, intenté estar muy atento a lo que necesitara en el estudio. No estuvo cerrada para nada, escuchaba con atención las ideas que le dábamos los demás. Nos entendimos a la perfección, no había que hacer uno de los discos clásicos de Aretha Franklin, sino su presentación en el pop, un movimiento que Clive había calculado al milímetro. Tenían que ser unas canciones explosivas para un disco brillante».

«A Aretha le encantaba el toque elegante de Arif, decía que era el último caballero que existía», afirmaba Cecil. «Le gustaba estar con él. Chuck Jackson también era genial. Trajo unas canciones suyas. Una de ellas, 'Together

Again', la había escrito con Aretha y Phil Berry. Pero era 'School Days', coescrita y coproducida con Chuck en la que sacó lo mejor de sí misma. Es una persona nostálgica y esa canción, su respuesta al 'I Wish' de Stevie Wonder, la transportaba a los años 50, una época que recordaba llena de felicidad».

Aretha se mantiene emocionalmente estable al idealizar el pasado para no pensar en el presente. 'School Days' es un paseo plácido, la oda a una época que solo existe en su imaginación. La canción celebra la inocencia de los años 50 de «faldas de aro... enaguas... y chaquetas de ante con flecos». Ninguna mención a los desamores, la infancia sin madre o al padre promiscuo. Nada de embarazos adolescentes.

El resultado es un disco superficial, de poco alcance emocional. Mardin y Jackson son productores eficientes, pero las canciones no eran muy buenas.

«Teníamos la esperanza puesta en la versión de 'Can't Turn You Loose'», decía Arif. «Pensábamos que podría suponer para su carrera en Arista lo mismo que había supuesto la versión del 'Respect' de Otis Redding en su paso por Atlantic. Ganó un Grammy con esa canción pero no llegó ni de lejos al éxito de 'Respect'. Hoy nadie se acuerda de ella».

El *New York Times* publicó el 24 de octubre una reseña del disco, titulado sencillamente *Aretha*: «Seguro que hay alguna forma de que haga música actual sin tener que ponerle envoltorios a su magnífica voz. Habrá manera, pero no la ha encontrado y cabe preguntarse si la está buscando siquiera».

El tema de sus atuendos extravagantes tampoco pasaba inadvertido. Jean Williams se preguntaba en *Billboard* si «necesitará Aretha otro diseñador. Ahí está su reciente aparición en *The Tonight Show* con un conjunto ceñido, más apropiado para una mujer ágil como Diana Ross que para una dama de amplias proporciones como ella».

En sus años esbeltos, Aretha aprovechaba para enseñar carne, algo que no cambió cuando ganó peso. Continuó llevando vestidos que no disimulaban sus curvas, por muy pronunciadas que fueran, adornados con corsés de dudosa clase.

Cuando le cuestionaban el gusto para vestir, respondía rápidamente que estaba tan atenta a las modas como a las listas de éxitos. Examinaba las tendencias y sabía perfectamente lo que le sentaba bien. Esas críticas no eran más que envidias disfrazadas.

«En el tema de la ropa, no lleva bien las críticas», decía Carolyn. «Se las toma muy a pecho. Sí, lleva cosas extravagantes y a veces cutres, pero también creo que lo tiene medido, que es una manera de llamar la atención, de que se fijen y hablen de ella en las revistas. Es una estrategia para seguir en el candelero. Gustará o no lo que lleva, pero es innegable que no deja indiferente a nadie. La regla principal para estar tanto tiempo ahí arriba es sencilla: no hay que provocar indiferencia».

«A principios de los años 80, hubo un repunte de su carrera», recordaba Cecil. «Fue un buen movimiento lo de irse a Arista. A los críticos no les gustó el disco pero el público se enteró de que había vuelto a la carga. Todos los que participaron en ese disco estaban por la labor de triunfar. Clive se había tomado el fichaje de Aretha como una carrera de fondo. El primer sencillo, *United Together*, de Chuck Jackson, estuvo tres meses entre los más vendidos del R&B y llegó al número tres. Cuando se estrenó la película de los Blues Brothers, todo fueron elogios para Aretha, todos hablaban de lo bien que estaba. Después se fue de gira a Londres y Holanda».

«Cuando fichó con Arista, pensé que me llamaría», decía Ruth Bowen. «Siempre recurría a mí para buscarle buenos conciertos y ahora necesitaba dinero por lo de su padre. La nueva compañía se estaba volcando con el disco y tenía varios hoteles de Las Vegas que querían contar con ella. Y va y me entero de que había firmado un contrato con ICM. Me llamó Cecil para decírmelo. ¿Por qué?»

«ICM le ofreció una serie de conciertos en Londres», decía Cecil. «Eso le recordó a Aretha el enfrentamiento con Ruth a cuenta de Jeffrey Kruger, el productor británico. Decidió cortar con ella e irse con ICM. Le gustaba la idea de estar con una agencia internacional de artistas».

«En este negocio, las cosas cambian de un día para otro», añadía Ruth. «Eso lo entiendo. Cuando me enteré de que me había despedido antes de volver a contratarme, me reí, sabía que, tarde o temprano, volvería conmigo».

El mismo mes que fue elegido presidente Ronald Reagan, Aretha cantó ante la Reina Isabel II y la familia real en el London Palladium. Fue el 17 de noviembre de 1980 y la presentó Sammy Davis Jr. Dos días después ofreció una serie de tres conciertos en el Royal Victoria Hall.

«En ese viaje, en el que también cantó ante la reina Beatriz de Holanda, vino Glynn», recordaba Cecil. «Aretha se encontraba bien porque, justo antes del viaje, había vuelto a adelgazar».

Jet publicó que había perdido siete kilos en un mes: «Aretha planea escribir un libro sobre sus dietas. Ha bajado varias tallas para ponerse un conjunto de Jean Louis de tres capas de chifón en blanco y negro con adornos y detalles plateados».

En enero de 1981, *Ebony* dio a conocer la cifra del contrato con Arista: nueve millones de dólares.

«Una exageración», señalaba Ruth Bowen. «Si le pagaban cuatro millones, le decía a la prensa que habían sido ocho. Una vez le conseguí un concierto por 25.000 dólares y dijo que en *Jet* que iba a cobrar 50.000».

«Aretha no hacía mal al preocuparse por pasar de moda», decía Cecil. «Al fin y al cabo, eso es básico en la industria musical, estar o no de moda. Recuerdo lo que se enfadó cuando salió la canción de Steely Dan 'Nineteen'. No paraba de sonar en la radio. A mí me gustaba, me parecía que Steely Dan dominaba el jazz-soul y no le presté atención a la letra. Aretha, sí. Iba del ligue del cantante con una chica de diecinueve años. El tío canta: "Hey, Nineteen, that's 'Retha Franklin... she don't remember the Queen of Soul" [Eh, chica de diecinueve, ésa es Aretha Franklin... no se acuerda de la Reina del Soul]. Después dice que no es el mejor momento para los cantantes de soul. A Aretha no le hacía nada de gracia, quería llevarlo a juicio. Yo le preguntaba a santo de qué y ella me respondía que por difamación, que se metía con ella llamándola pasada de moda. Le dije que se calmara, que ningún abogado se iba a tomar en serio eso y que, además, le daría más publicidad, la gente se fijaría más en la letra. Así se tomaba las cosas, no llevaba bien que le recordaran que no había conseguido ningún gran éxito desde principios de los años 70».

A finales de ese año, volvió a mostrar en sus conciertos la combinación de toques afectados con una voz prodigiosa.

Robert Palmer, en la reseña del concierto en el City Center publicada el 27 de febrero en el *New York Times*, señalaba su «infalible instinto para elegir el material más inapropiado y sabotear el ritmo de sus conciertos con momentos efectistas y banales. Eso sí, concluyó con una interpretación tan emotiva de 'Amazing Grace' que se le saltaron las lágrimas».

Esa misma semana se celebró en el Radio City Music Hall la ceremonia televisada de los Grammy. Estaba nominada como mejor cantante femenina de R&B por 'Can't Turn You Loose', canción que interpretó en la ceremonia. En caso de ganar, acabaría con una sequía que duraba seis años: entre 1967 y 1975, el año en que Natalie Cole acabó con su racha, ganó diez galardones seguidos.

«Fue una noche alucinante», recordaba Cecil. «Empezó en el Radio City, donde clavó 'Can't Turn You Loose', la cantó mejor que en el disco. Aretha estaba un poco nerviosa porque Diana Ross competía con ella con 'Upside Down'. Quería derrotarla a toda costa, recuperar su reinado en los Grammy, con lo que la decepción no fue menor cuando ganó, de forma inesperada, Stephanie Mills con

'Never Knew Love like This Before'. Con todo, perder contra Stephanie era mucho mejor que contra Diana».

Las quinielas apuntaban a que sería la noche de *Guilty*, de Barbra Streisand y Barry Gibb, si bien el gran triunfador fue Christopher Cross con 'Sailing'.

«De allí nos fuimos en la limusina a un concierto que tenía en el City Center», proseguía Cecil. «Íbamos con el tiempo justo, con lo que Aretha se puso histérica cuando el chófer se metió por una dirección equivocada y acabamos en un atasco. Gritó tan fuerte que no creo que le quedara voz para cantar. Intenté tranquilizarla, pero no había manera. Al final, llegamos sin problema, el concierto salió genial y nos dirigimos a la fiesta que había organizado Clive Davis por el regreso de Aretha. Clive es famoso por sus fiestas... y ésta fue la fiesta del año, con todas las estrellas de la música y el cine queriendo saludar a Aretha. Había una cobertura mediática descomunal.

»Recuerdo que la avisé de que la fiesta era en un club privado muy pijo en la última planta de un rascacielos, pero, nada más llegar, me reprochó no habérselo dicho. Empezaba a tener entonces miedo a las alturas. Le dije que no me separaría de su lado y me agarró con fuerza. Llegamos a la décima y nos fuimos a otro ascensor que nos llevaría al piso cincuenta, donde se celebraba la fiesta.

»Aretha se echó atrás cuando vio que nos quedaban un montón de pisos. No la convencí, se dio la vuelta y se bajó. Exacto, la noche en que la homenajeada rechazó el homenaje. Al día siguiente se disculpó ante Clive, pidiéndole que mejor hiciera la siguiente fiesta en tierra firme, en un sótano, por ejemplo. Bueno, Clive dio otra en su ático de Park Avenue y Aretha tampoco fue».

Tres días después de los Grammy, Aretha salió en *Saturday Night Live* cantando la misma versión de 'Can't Turn You Loose'.

«Después regresamos a California para descansar», decía Cecil. «Aquel viaje a Nueva York la dejó exhausta, quería volver a la tranquilidad de la vida familiar».

«No sé si Glynn le aportaba mucha tranquilidad a su vida», añadía Erma, que fue a visitarla esos días. «A ella le encanta cocinar, pero pasaba tanto tiempo entre fogones que empezó a ganar peso de nuevo. Decía que quería un periodo de desconexión, pero lo cierto es que nunca ha podido desconectar de su carrera. Estaba planificando un nuevo disco, eligiendo canciones y productores. Su primer disco en Arista no le había ido como esperaba y confiaba en que el segundo fuera un éxito.

»Y entonces le volvió la tristeza por lo de nuestro padre. No presentaba ninguna mejoría, seguía en coma. Aretha fue a Detroit a pasar con él algunas semanas, pensando que igual estando allí, la escuchaba y despertaba. Pero nada, siguió igual, por lo menos los médicos no detectaban ningún avance. Por otra parte, me daba la sensación de que su matrimonio no atravesaba su mejor momento, que Glynn estaba centrado más en su carrera y su familia, y Aretha, más pendiente de su carrera y de nosotros».

En mayo, *Ebony* publicó el ranking de hombres negros más fascinantes según distintas mujeres negras, como Lena Horne o Roberta Flack. «Aretha sentenció que para ella solo había uno: su marido, el actor Glynn Turman. Por mucho que le insistimos, la "Reina del Soul" no quiso añadir más nombres. "Ponedlo diez veces", declaró. "Es mi mejor amigo, mi esposo, mi hermano mayor, mi protector y en ocasiones mi niño pequeño. A veces lo miro y doy gracias por la suerte que tengo de que sea mío. Es mi mayor ilusión"».

«Recuerda la frase de Shakespeare», me comentaba Ruth Bowen. «"La dama protesta demasiado". Así es mi hermana Aretha. No para de decir que todo le va sobre ruedas, mejor imposible, que tiene mucho dinero, que es muy feliz, que la vida no le puede sonreír más. Es una persona que cada día se crea su propia realidad y, siendo quien es, una reina, puede llamar y contárselo a la prensa. Y casi siempre lo publican tal cual. Por otro lado, intenta convencerse a sí misma de esa realidad, pero te juro que es pura fantasía. Cuando se mete en una relación, le puede ir bien si se trata de un hombre sin una buena carrera porque ella ya tiene la suya consolidada, con lo que su pareja se queda en segundo plano. Pero Glynn Turman no era así, sino un hombre con carácter y muy buen actor. Por mucho que presentara en *Ebony* una vida plena de felicidad, para mí era cuestión de tiempo, máxime en aquella época en que estaba obsesionado con triunfar en Arista. Nada se interpondría en su camino».

26
EL REGRESO TRIUNFAL

«Cuando Aretha me llamó para que fuera el coproductor de su segundo disco en Arista, acepté encantado», señala Arif Mardin. «No obstante, le pregunté quién sería el otro productor y me respondió al instante que ella misma. Era una persona que ponía toda su atención en el trabajo cuando estaba en el estudio, pero también iba con frecuencia a Detroit a ver a su padre y, como es lógico, eso suponía una distracción. Al final, solo participó en la producción de dos de las canciones que había compuesto, y ninguna era especial, 'Kind of Man' y 'Whole Lot of Me'. También coprodujo y escribió los arreglos rítmicos de 'Truth and Honesty', un divertimento rápido de Burt Bacharach, Carole Bayer Sager y Peter Allen».

«Como muchos artistas que han compuesto temas de éxito, Aretha creía que podía escribir más canciones como 'Dr. Feelgood', 'Think' o 'Spirit in the Dark'», proseguía Arif. «Estaba orgullosa de haberlas compuesto y, aunque intenté disuadirla, las incluyó en el disco. Clive Davis es muy diplomático y prefirió decirle que se buscara colaboradores para grabarlas, con lo que llamó a Sam Dees y George Benson, en la cresta de la ola en aquel momento. George acababa de ganar un Grammy por 'Give Me the Night', escrita por Rod Temperton, que había logrado un gran éxito con Michael Jackson en *Off the Wall*. Sam, George y Aretha escribieron 'Love All the Hurt Away', que daría título al disco y triunfó como tema de R&B. Creía que llegaría también a lista de éxitos del pop, pero se quedó en el número 36.

En general, *Love All the Hurt Away* era un disco muy ambicioso que no cumplió las expectativas. Fue idea de Aretha versionar 'It's My Turn', la canción pop que le habían escrito Michael Masser y Carole Bayer Sager a Diana Ross. Una cosa era versionar una pieza de soul como 'Hold On I'm Coming', de Sam & Dave, o un himno del rock como 'You Can't Always Get What You Want', de Keith Richards y Mick Jagger, pero 'It's My Turn' era del año anterior, me parecía demasiado reciente. Aretha tenía otro punto de vista, creía que esa canción se adaptaba mejor a ella que a Diana. De acuerdo, pero era un éxito de ella. Me dijo que le daba igual, que le tocaba a ella*. La grabó con incontestable convicción, creyendo que iba a situarla en lo más alto, pero los responsables de marketing pensaban como yo, no le veían demasiado recorrido.

«Yo tenía más esperanzas en una canción como 'Living in the Streets', una canción de Rod Temperton con ecos del trabajo con su grupo Heatwave y con sus producciones para Michael Jackson en *Off the Wall* y, más adelante, *Thriller*. Sin embargo, para mí la voz de Aretha no encajaba con los ritmos de baile de Rod. "Living in the Streets" no resultó más que un corte decente de aquel disco.

«Recurrimos a muchos de aquellos músicos, como los de Toto y otros más pop como David Foster, Greg Phillinganes y Louis Johnson, que había trabajado con Quincy y Michael Jackson, así como el bajista Marcus Miller, que había empezado grabando con Luther Vandross. Tiramos la casa por la ventana, pero, aparte del tema principal, no conseguimos ningún hit. Por otro lado, las críticas fueron muy buenas y la calidad del disco le dio un poco de aliento a Aretha para su lento resurgimiento».

* (*N. del E.*) Aretha Franklin responde usando el título de la canción, 'It's My Turn', «es mi turno», «me toca a mí».

«A ella le gustan todos sus discos», aseveraba Cecil. «Pero de aquél lo que más le gustaba era la portada. Contó con George Hurrell, que había fotografiado a las grandes estrellas del pasado, como Bette Davis y Joan Crawford. Quería contar con el toque de blanco y negro de las películas policiacas de Hollywood. Su imagen con el chal de piel blanco, sentada sobre unas maletas, expresaban que había llegado a su destino. Estaba la mar de cómoda instalada en la capital cinematográfica mundial. Sí, Sr. DeMille, ya puede sacarle los primeros planos».

El disco no carece de encanto. La canción del título es una balada pegadiza, y resulta divertido escucharla con George Benson al estilo de Stevie Wonder y Donny Hathaway. También destacaría 'It's My Turn'. Es una pasada escuchar cómo lo da todo cantando lo que ya es de por sí un tema exageradísimo de Masser sobre las excelencias de la autoafirmación. El resto del disco no pasa de ser un intento desesperado por subirse al tren de las últimas tendencias musicales.

En el *New York Times* la acogida fue radicalmente distinta. Stephen Holden recibió así el álbum: «Hay que remontarse nueve años atrás para encontrar en la trayectoria de Aretha Franklin, la cantante de soul más importante de su generación, un trabajo tan poderoso, emotivo y absorbente como *Love All the Hurt Away*».

Casi al mismo tiempo, volvió a salir Aretha en la portada de *Jet*, esta vez con el siguiente titular: «Aretha Franklin nos cuenta que ha dejado de preocuparse por el peso». En el artículo decía que se veía demasiado pequeña con una talla 38. «Me siento mejor con la 42», comentaba. «Me queda bien, me veo más sana… prefiero estar sana y rellenita que esbelta y con hambre». Añadía que a Glynn también le gustaba más así.

«Si se leen las noticias que salían de ella en cualquier momento de su carrera, siempre es lo mismo», afirmaba Ruth Bowen. «Hay cuatro palabras que repite sin cesar:

"No tengo ningún problema". Su manera de pensar era que si repites algo mucho, acaba siendo verdad. Era un modo de esconder la suciedad bajo la alfombra. Y no hay que preocuparse, nadie mirará ahí porque nadie puede entrar en tu casa».

Aquel otoño, Aretha actuó en el hotel Claridge de Atlantic City, en el que incluyó una serie de canciones de las antiguas como 'Up A Lazy River', 'Me and My Shadow', 'Yankee Doodle Dandy' y 'Over the Rainbow'.

Seguían en su repertorio dos décadas después de cantarlas en sus primeros discos para Columbia y en los clubs nocturnos.

«Le decían que quedaría cursi si cantaba cosas como 'Swanee'», señalaba H.P. Barnum, quien fuera su director musical durante muchos años. «Pero a Aretha las críticas siempre le han dado igual. No le van los cambios, le gusta ser una artista del pasado que hace conciertos llamativos para complacer a todo tipo de público. Se ha educado con la idea de que hay que moverse hacia otros públicos para no quedarse atrás, y ello implica buscar canciones comerciales. Además, le encanta Judy Garland y sabe que puede cantar sus canciones mejor que ella. Le gusta esa sensación. Por otro lado, mima especialmente a su público central, el de R&B. Es consciente de que en los conciertos no puede perder comba, y por eso cuenta conmigo, un director tradicional. Sin embargo, en el estudio se busca al productor más moderno. Le pasa como a Ray Charles, que da conciertos en Atlantic City o Las Vegas con los éxitos de siempre. Eso sí, para seguir sonando en la radio, hay que grabar canciones nuevas. Aretha nunca descuidó esa faceta».

«*Love All the Hurt Away* solo tuvo una canción que fue un éxito a medias», comentaba Arif Mardin. «Me pareció normal que no contara conmigo para el tercer disco. Supuse que seguiría buscando productores modernos como Rod Temperton. Además, Rod no podía en esta ocasión, pero Luther Vandross, sí. Fue la mejor elección. Aparte de la compatibilidad artística, digamos que entre ellos no fue un camino de rosas».

Luther se rio cuando le cité esta frase de Arif.

«Bueno, es una historia larga», me contestó. «¿Te apetece escuchar un relato épico?»

«Venga».

«Tenemos que situarnos. En 1981 había ya sacado mi primer álbum, *Never Too Much*, que había sido un éxito. Fue disco de oro y dio mucho dinero. Aunque nací en una zona humilde de Nueva York, ya había ganado pasta, una pequeña fortuna haciendo coros y grabando canciones publicitarias. Patti Austin y yo éramos los cantantes de estudio más solicitados del momento. También estuve en Chic. De hecho, salgo en la canción 'Le Freak' diciendo "yowsa, yowsa, yowsa". Me curtí en la música disco y en más estilos. Fue lo más grabar con David Bowie o Bette Midler, pero quería también probar por mi cuenta. Me llegó la ocasión al entrar en la treintena. Había crecido con las voces de las grandes divas y también me gustaban los grupos femeninos, sobre todo las Shirelles. Sin embargo, tenía debilidad por las solistas. Mi Santísima Trinidad eran Aretha, Diana y Dionne. Nunca me imaginé que acabaría trabajando de productor para las tres. Sabía que se me daba bien lo de producir, así que compuse y produje *Never Too Much*, estaba más centrado en mi carrera que en colaborar con otra gente.

»Por primera vez en la vida, empezaron a entrevistarme medios importantes. Hablaba de mis influencias y siempre mencionaba a Aretha. Declaré en *Rolling Stone* que sería un sueño producirle un disco. Dicho y hecho al instante. En cuanto salió la entrevista, ese mismo día me llamó Clive Davis. Me preguntó si iba en serio lo que había dicho y le contesté que por supuesto, que no me esperaba su llamada, pero que sí, que nadie con un mínimo de sensatez se negaría a producirle un disco a la Reina. Me contestó que adelante, que me lo iba a conseguir, le pregunté que cuándo y me dijo que muy pronto.

»Una semana más tarde, estaba en casa y recibí una llamada de Aretha Franklin. Me puse como un niño con los regalos de Navidad. "¿Aretha?", contesté. "Sí, aquí la Srta. Franklin, ¿es usted el Sr. Vandross?" Ahí ya intuí que no todo iban a ser besos y abrazos. Era una llamada formal y, con la máxima formalidad del mundo, quería saber si tenía canciones disponibles para ella. Le dije que no, pero que le escribiría algunas y sentenció: 'Póngase a ello, Sr. Vandross, y le expondré mi valoración con poca tardanza'.

»Bueno, tenía que someterme a una audición. No pasa nada, eran los procedimientos de la reina. Los temas tenían que estar a la altura para que te recibiera. Le pedí un poco de tiempo y me contestó que me diera prisa. Si quería que me tuviera en cuenta como productor, tenía que trabajar con rapidez. Añadió que le encantaba mi versión de 'A House Is Not a Home' de *Never Too Much*. "Tengo pensado cantarla también", me dijo. "¿Qué opinaría de incluirla en mi disco?" "Creo que sería mejor que cantase temas originales, canciones nuevas y frescas". "En mi obra destaca también la calidad de mis versiones". "Lo que destaca es que canta de todo y siempre de forma maravillosa, Srta. Franklin". "Vaya, muchas gracias, Sr. Vandross".

»Fue una conversación extraña y un poco tensa. Aquella Aretha no era la persona amable y cercana que había escuchado desde niño en la radio. Acabaría con el tiempo conociendo a esa otra Aretha.

»Ya había formado equipo de producción al trabajar en mi primer disco con Marcus Miller y Nat Adderley Jr. Con la guitarra de Doc Powell, el bajo de Marcus y los teclados de Nat tenía la mejor sección rítmica, de gran elegancia y con toques de discoteca ideal para los que quieren bailar. Marcus no tardó en aparecer con un tema nuevo que era una pasada. Escribí la letra, no buscaba nada muy sesudo. Era una canción que te hacía saltar, con lo que la titulé 'Jump to It'. Era muy sencilla, te decía que había que responder al ritmo, al amor, saltar de amor.

»A Aretha le encantó. Quería grabarla cuanto antes, pero yo estaba a tope de trabajo, de gira con mi disco y con conciertos todos los fines de semana. Tenía que volar a Los Ángeles desde donde estuviera, Chicago, Atlanta o Miami. Al mismo tiempo, me había comprometido a producirle un disco a mi compañera de sello Cheryl Lynn, que estaba también Los Ángeles, con lo que estaba en tres cosas a la vez. Iba un poco de cráneo.

»Las sesiones de grabación con Aretha se iniciaron con la misma formalidad, con la salvedad de que dejó de llamarme "Sr. Vandross" para pasar a un "Vandross" a secas. En adelante, para ella sería siempre "Vandross", nunca me llamó por mi nombre. Le dije que podía llamarme Luther y me respondió que a Curtis Mayfield lo llamaba "Mayfield", con lo que seguro que yo tampoco tendría problema alguno. Le contesté que si conseguía un disco la mitad de bueno que *Sparkle*, que podía llamarla hasta para ir a cenar. "Aquí está la cena", me comentó, señalando las cantidades industriales de pollo frito que nos había traído su asistente.

»Tras la cena, me dijo que a ella podía llamarla "Aretha". La comida nos unió porque nos gustaba lo mismo, lo grasiento y el azúcar. Ambos luchábamos contra nuestro apetito voraz. Conectamos muy bien gracias a eso y la comida no faltó en nuestras sesiones en el estudio. La buena comida siempre la humanizaba.

»Hubo algunos desencuentros. No llevaba bien que le criticasen su estilo de canto, y es normal, hablamos de Aretha Franklin. Por otro lado, la parte más importante del disco eran las cuatro canciones que había escrito yo, a solas o con Marcus. También sabíamos que 'Jump to It' iba a pegar fuerte, porque era nuestra y teníamos muy claro el sonido que le íbamos a meter. Era un tema perfecto, me lo podía haber quedado para mi segundo disco, porque era un éxito asegurado. Sin embargo, se la habíamos dado a Aretha y, si confiaba en nuestra labor, todo iría genial.

»En fin, que sí discutíamos a veces. Por ejemplo, yo quería poner una introducción instrumental larga y ella creía que el oyente no aguantaría mucho sin su voz. Yo le aseguraba que todo lo contrario, que se quedaría enganchado con el ritmo, pero ella quería entrar antes. Me negué y me soltó que quién tenía más éxitos en su carrera. La respuesta era clara, yo tenía uno y ella, un montón. Se la devolví: "¿Pero quién tiene el éxito más reciente?" No me contestó, se puso hecha una furia.

»Reculó y la cantó como quería yo. No solo eso, metió la parte recitada, la charla con su amiga Kitty donde dicen que hablan de todo el mundo y de quién le ha dado a quién. Se metía en la historia con una naturalidad que le iba muy bien a la canción. Por otro lado, se adaptó al ritmo perfectamente, mejor que nadie, puntuando con su voz los momentos justos de la canción.

»No es únicamente una gran cantante de góspel, de soul y de jazz sino también de percusión, es decir, que posee la sensibilidad de los percusionistas, se adapta sin problema y de manera muy sutil a los cambios de ritmo. 'Jump to It' era básicamente un tema con distintos ritmos, por lo que había que jugar con las variaciones de la voz, y en eso Aretha va sobrada. Si el tema ya tenía un ritmo fuerte, ella le dio un plus, parecía que el estudio se iba a venir abajo».

'Jump to It' salió a la venta en el verano de 1982 y subió al puesto más alto del R&B. Era su primer número uno en cinco años, desde su trabajo con Curtis Mayfield. A los 40 años, Aretha emergía desde los puestos más bajos para reafirmar su posición en el mercado.

La primera vez que escuché 'Jump to It', me pasó como con casi todos los fans de Aretha, me encantó. Me la puse una y otra vez, tenía un ritmo muy pegadizo. Luther le había encontrado el punto. Décadas después, permanece, para mí, entre sus mejores temas. No es una canción muy profunda pero sí un funky delicioso.

«Aretha quería canciones ligeras», decía Luther. «Quería temas que sonaran en la radio, atrás quedaban los tiempos de 'Respect' y 'Think', aquellos épocas tiempos más políticos. Quería sonar moderna, fresca, y me encantaba que le preocupara más el continente que el contenido. En el terreno personal, no soltaba prenda. En el estudio se sentaba y cantaba de todo, pero no hablaba mucho. Antes de conocerla, tenía una imagen distorsionada de ella. Había crecido con *Ebony* y *Jet*, me leía todos los artículos que publicaban sobre ella. Cada semana salía algo nuevo y te daba la sensación de que tenía una vida perfecta, con una familia y un marido perfectos, con su carrera viento en popa, en fin, sin ningún pero. Sin embargo, luego era una mujer más bien solitaria que no parecía tan feliz. No cabe duda de que estaba lo de su padre, toda la grabación del disco fue con su padre en coma. Además, me daba la sensación de que no le iba bien con su marido, se podía entrever que su relación con Glynn Turman acabaría más pronto que tarde. También estaba peleada con sus hermanas».

«Había perdido ya la cuenta de las veces que Aretha dejó de hablarme», decía Erma. «Aun así, a principios de los años 80, la relación fue especialmente tensa. Me reprochó que no atendía bien a nuestro padre. Discutimos y estuvimos un tiempo sin dirigirnos la palabra. Cuando empezó a grabar con Luther, las cosas mejoraron, creo que pensó que había dado con un buen productor. Contó con Cissy Houston y Darlene Love, pero también nos invitó a nuestra prima Brenda y a mí a cantar en algunas canciones. Me di cuenta de que me pidió hacer coros en 'I Wanna Make It Up to You', que había escrito para ella y Levi Stubbs, de los Four Tops. Teníamos a Levi Stubbs por uno de los mejores cantantes de soul y su dúo es de lo mejor de la carrera de Aretha. También canté en 'It's Your Thing', su versión de los Isley Brothers y recordamos aquella fiesta en su casa en Nueva Jersey. Fue un buen encuentro, ojalá hubiera estado también Carolyn. Nosotras nos arréglamos, pero, no recuerdo por qué, se peleó entonces con Carolyn».

«Luther trazó un sendero modernizador en la carrera de Aretha», opinaba Cecil. «Le dio un sonido contemporáneo, hay que decirlo sin tapujos. El cambio de compañía discográfica había sido para bien, ya que la llegada de Luther se debía a Clive, y Luther dio con la tecla adecuada para el mercado. Diría que fue un renacimiento en toda regla».

El número del 31 de julio de *Billboard* resumía la acogida de la industria hacia aquel disco:

«Finalmente dan sus frutos los intentos de Arista para situar de nuevo a la Reina del Soul como estrella pop, y se debe a esta dinámica colección de ocho canciones que también está causando furor en la escena negra».

Nelson George publicó, en el *Billboard* del 25 de septiembre, que la parte culminante de su aparición en el Budweiser Superfest en el Madison Square Garden fue sus duetos con Smokey Robinson y Luther: «Resultó maravilloso el contraste de su góspel con los aires de crooner de Robinson en 'I Want to Make It Up to You'»... Vandross salió para cantar con Franklin en 'Jump to It' y demostró que también podía triunfar con su canción alegre para bailar».

Tras finalizar la grabación de *Jump to It*, Aretha decía encontrarse mejor que nunca. No respondió a las preguntas sobre el estado de su padre y su crisis matrimonial, limitándose a decir que hay que ver las cosas con optimismo.

El ejemplo perfecto estaba en el *Jet* del 9 de agosto, en que declaró que su padre, aunque llevaba tres años sin hablar, «es la salud personificada y se comunica con los ojos y sonriendo».

«Aretha creía que algún día saldría del coma», opinaba Carolyn. «Que todo volvería a la normalidad. Y eso que los médicos decían que no había nada que hacer. Aretha veía en su cara gestos y sonrisas que nadie más percibía. Era pura fantasía».

Con todo, había más problemas. El 23 de agosto, *Jet* recogió que «la Reina del Soul Aretha Franklin y su pareja, el actor Glynn Turman, no harán declaraciones sobre su posible separación porque consideran que es un asunto privado».

«Nadie es más orgullosa que Aretha a la hora de asumir cualquier fracaso», confirmaba Ruth Bown. «En su mundo, no hay sitio para el fracaso y, si aparece, nunca es culpa suya. Recuerdo hablar con ella justo antes de saberse su ruptura con Glynn. Me dijo que todo era mentira, que era más feliz que nunca».

«Estaba muy triste la pobre», decía Erma. «Y con razón. Su matrimonio parecía la encarnación de la pareja perfecta de Hollywood. Un actor guapo, elegante y exitoso casado con una cantante también guapa, glamurosa y exitosa. Fue especialmente dolorosa esa ruptura tras vivir una boda de cuento de hadas y tras tantos reportajes en revistas sobre su supuesta vida idílica».

«En las reuniones para curar las adicciones, te dicen que hay que afrontar el problema», comentaba Carolyn. «A mucha gente le da por huir en lugar de pensar en lo que les pasa; se cambian de casa, de ciudad o de estado. Aretha hizo las tres cosas, y yo encantada de que volviera a Detroit para estar con nuestro padre y conmigo. Era también su casa, corría con la hipoteca y los gastos. Me venía bien que me ayudara a estar pendiente de los cuidados médicos, si bien era sobre todo una manera de escapar de sus problemas en California».

«Me llamó la atención que volviera a casa, pero tampoco me sorprendió por completo», recordaba Cecil. «Se había volcado mucho en construir algo en California, vivir la vida de Hollywood, pensaba que sería la solución a sus problemas. Quería, como cualquier mujer, una vida sencilla y tranquila. El problema es que Aretha no es una mujer sencilla, es una artista genial y eso lo domina todo, lo ocupa todo en su vida y eclipsa el resto de cosas. Es como si la genialidad tuviera una fuerza descontrolada. No lo digo para justificarla sino para explicar que poseía una sensibilidad y una fragilidad que la gente normal no entiende. Siente demasiado, tiene los sentimientos a flor de piel y también sufre demasiado. No sé si es que le exigía muchas cosas a Glynn o al revés, solo sé que ambos son artistas y gente maravillosa, se mueven en un mundo competitivo y lleno de puñaladas. No es un entorno que facilite las relaciones largas, y tampoco creo que Aretha fuese una persona hecha para ese tipo de relaciones porque su principal pasión era la música, ésa no la abandonaría jamás. También estaba unida, por encima de todo, a nuestro padre. Pensaba que se disiparían muchos de sus temores si estaba en casa a su lado. Al fin y al cabo, era quien más la entendía, quien más la tranquilizaba. Y por eso regresó a casa, en busca de calma y tranquilidad».

27
EL HOGAR

A finales de 1982, se retiró a Detroit, donde acabó instalándose.

Y digo que se retiró porque, según su familia, se encerró en sí misma y se aisló. Se volvió más introspectiva y los temores, en lugar de disiparse, se intensificaron.

«Nada más instalarse, se obsesionó con mejorar las medidas de seguridad», recordaba Carolyn. «Puso barrotes más grandes en las ventanas, cambió las cerraduras, contrató más seguridad; en definitiva, se mostraba más nerviosa. Era normal, yo llevaba cuatro años allí y cuando llevas tanto tiempo con alguien en coma, tienes los nervios a flor de piel. Aretha creía que le vendría bien estar cerca de él y que en algo podría ayudar, pero no había mucho que hacer. Vivíamos en una frustración constante, y eso acentuó los vaivenes emocionales de Aretha».

«Cuando vino a Los Ángeles para grabar nuestro segundo disco juntos, en seguida noté que llevaba un montón de estrés encima», señalaba Luther Vandross. «Sabía que la vuelta al hogar paterno no le estaba resultando sencilla, con lo que intenté facilitarle las cosas, aunque era tarea vana. Saltaba a la mínima, se enfadaba con cualquier cosa que le decía. De nuevo eran mis canciones, mis arreglos y mi equipo, con Marcus Miller y Nat Adderley Jr., los mismos de *Jump to It*. Tenía que estar tranquila porque controlábamos, ya nos había ido bien con el disco anterior. Pero ni por ésas. En cuanto le hacía la mínima sugerencia, se ponía a dar voces, me decía que cantara yo, ya que parecía que sabía hacerlo mejor. Me limitaba a asentir y a dejarlo correr. Había conseguido el disco de oro con mi segundo trabajo, *Forever, For Always, For Love*. Me iba bien con lo mío, de manera que si la Srta. Franklin quería tener su momento de diva y torturar al productor de turno, allá ella. Pasé de todo y entonces se fue a quejarse a Clive de que era muy duro con ella. Era mentira, me había comportado de manera exquisita y profesional. Clive me pidió que me disculpara, que no era para tanto. Le respondí que las disculpas las merecíamos yo y él, que yo estaba por encima de eso. Le hice caso y bajé la cabeza. Aretha volvió al estudio y con la exigencia de grabar una canción de su hijo Clarence, además de pedir que tocara la guitarra Teddy, su otro hijo. Acepté las dos cosas porque me daba igual si así se sentía partícipe de la producción. No importaba porque ya teníamos grabado un tema que iba a triunfar, 'Get It Right', preparado por mí y Marcus Miller. Fue directo al número uno, su segundo éxito en el último año. A partir de ahí, se calmó».

Aretha da otra versión en sus memorias. Dice que ella se había mostrado como siempre y que era Luther quien la trataba fatal, hasta el punto de que deseaba terminar el disco cuanto antes y que, tras la última sesión de grabación, se sacó el primer billete de vuelta a Detroit. En el vuelo hubo muchas turbulencias. Siempre le había dado miedo a volar, aunque lo había controlado. De repente, le volvió el temor extremo. Con todo, ese verano regresó a Los Ángeles para recibir un galardón en un concierto de homenaje celebrado en el Shrine Auditorium y organizado por Brotherhood Crusade, una organización no gubernamental muy activa entre la comunidad negra.

Al cabo de unas semanas, fue a Atlanta para recibir otro homenaje de su amigo Andrew Young y dar dos conciertos. Según contaba, Young no estuvo presente y hubo contratiempos: los conciertos salieron bien pero perdió el vuelo de regreso. Como quería volver cuanto antes, se subió a un avión de hélices. Fue un vuelo espantoso con fuerte tormenta. Al aterrizar en Detroit, Aretha juró no subirse nunca más a un avión, y así fue.

«Estábamos muertos de miedo», decía Cecil. «Cualquiera lo habría pasado fatal con esas bolsas de aire que parecía que nos íbamos a caer de un momento a otro. Sin embargo, cuando te pasa eso, lo mejor es subirte a otro avión cuanto antes. Se lo dije Aretha, era la mejor manera de superar el miedo. Ella se quedó con el recuerdo de ese vuelo, no quería vivir de nuevo una experiencia similar. Le comenté que tenía que superarlo porque perdería mucho dinero, ya que su trabajo consistía también en estar cerca de sus fans de todo el mundo. Me escuchaba, me daba la razón, pero no podía y ahí fue cuando le cambió la vida, se convirtió en esclava de sus temores».

«Una de sus preocupaciones principales pasó a ser el dinero», comentaba Ruth Bowen. «Decía que Arista tardaba mucho en pagarle las regalías y que tenía menos ingresos. Además, la decisión de no volar más supuso la cancelación de varios conciertos. Eso le costó mucho dinero, con lo que decidió organizar lo que denominó su Fiesta de Artista.

»Cuando Aretha organiza una fiesta con fines benéficos, lo hace con buena intención. No obstante, tiene la misma capacidad que en la planificación financiera: es un auténtico desastre».

Jet publicó la noticia el 7 de noviembre: «Aretha Franklin organiza la Segunda Fiesta Anual del Artista para ayudar a su padre enfermo: la familia confía en que saldrá del coma». En la noticia se decía que los gastos médicos ascendían a los 10.000 dólares mensuales. Según la revista, Aretha asumía el 98% de esa cantidad y el resto procedía de donativos de fieles y de una campaña de recaudación de 1979.

«La única de la familia que creía de verdad en la recuperación de su padre era Aretha», decía Ruth. «Se aferraba a esa ilusión cuando todos sabían que era imposible. También creyó que conseguiría dinero con lo que había organizado. Saliera como saliera, le recomendé no hacerla, ya que era un acto que no iba con una artista de su estatura, por mucho dinero que necesitara. Y el caso es que ni siquiera fue bien y acabó costándole más dinero. Entonces demandó a su discográfica, lo que, para mí, era morder la mano que le daba de comer».

En noviembre de 1983, el mismo mes en que Jesse Jackson anunció su candidatura a la presidencia del país, *Jet* publicó el siguiente artículo: «¡R-E-S-P-E-T-O! Eso es lo que le exige la Reina del Soul Aretha Franklin a Arista Records. Ha contratado a un abogado porque, en declaraciones a esta revista, el incumplimiento en los pagos le impide acometer proyectos personales, por lo que pide el fin del contrato».

«No fue un tema de Arista, sino un malentendido por parte de Aretha», reconocía Cecil. «Creía que le faltaba por cobrar un cheque, cuando en realidad, sí lo tenía en su cuenta desde hacía meses. Como es un caballero, Clive Davis no le dio importancia y pasó página».

Y si el dinero era importante, no digamos los temas de amores.

Aretha habló muchas veces de un hombre al que denominaba el amor de su vida. Nunca dio su nombre. En sus memorias, lo llama Sr. Misterioso. Dice que la historia empezó en los años 60 y se prolongó durante veinte años, solapándose con sus relaciones con Dennis Edwards, Ken Cunningham y Glynn Turman. Añadía que nadie conocía su identidad, ni siquiera su familia y que se había reavivado un poco la relación con su regreso a Detroit.

Sonaba un poco a telenovela.

«Le encantan las telenovelas desde siempre», apuntaba Ruth Bowen. «No se perdía *The Young and the Restless*. En un momento dado, comenzó a ver su vida como una telenovela y empezó a escribir un guion lleno de tonterías y hablando de hombres y relaciones que nunca existieron. Me da igual lo que escribiera en su libro sobre el tal Sr. Misterioso, no creo que existiera en realidad. Para mí, era un todo un invento. Le dio por ahí, por inventar historias de amores maravillosos que solo existían en su imaginación».

Les pregunté a Cecil y Erma si sabían algo del Sr. Misterioso y con mucho tacto me dijeron que no.

«A saber», resumía Cecil. «A mi hermana no les contaba toda mi vida y ella a mí tampoco. Pero si de verdad hubiera un hombre que aparecía recurrentemente en su vida a lo largo de los años, creo que me habría enterado».

«Aretha tiene mucha imaginación», añadía Erma. «Es una compositora muy buena y sabe idear historias románticas. Cuando canta, es una actriz tremenda, se mete de lleno en el papel. También es buena actuando».

«Era una manera de evadirse del tema de su padre», comentaba Cecil. «La situación no era cómoda y, a raíz del enfrentamiento con Arista, estuvo meses sin grabar. Las horas pasaban despacio y buscaba algo en lo que distraerse. Era una mujer que deseaba una relación bonita. ¿Y quién no?»

En febrero de 1984, se divorció de Glynn Turman.

«Otro cuento de hadas sin final feliz», sentenciaba Erma. «Aunque no creo que Aretha fuera muy realista respecto del futuro de esa relación, me dio pena, lo pasó mal. Es una persona muy insegura y fue un palo. Además, tenía mucho estrés al estar en casa de nuestro padre. No tendría que haberse ido allí, pero se empeñó, quería seguir lo que le dictaba la conciencia».

«Compartir con ella la misma habitación, la de nuestra infancia, no era sencillo», recordaba Carolyn. «Teníamos las mismas discusiones que de pequeñas. Nos decíamos mutuamente que la otra roncaba. Puso a grabar un casete para demostrar que era yo, pero luego, cuando lo escuchamos, ¡era ella! Nos peleábamos y luego escribíamos canciones juntas, cantábamos juntas y luego a pelear de nuevo. Nuestro padre seguía en coma pero seguro que se reía por dentro. Sus hijas no habían cambiado con el tiempo».

En esos meses falleció, a los 49 años, Jackie Wilson, el gran cantante de soul de Detroit.

«Nos llegó la noticia cuando nuestro padre seguía en coma», recordaba Cecil. «Ambos eran muy amigos. Bueno, él y todos nosotros. Fue una conmoción cuando nos dijeron que le había dado un infarto. Me dijeron que le dio mientras cantaba un verso de 'Lonely Teardrops' que, precisamente, dice "My heart is crying" [llora mi corazón]. A raíz del ataque, al igual que nuestro padre, entró en coma. Murió solo. Aretha quería ir a visitarlo al hospital donde estaba en Nueva Jersey, pero al final no fue. Ya era bastante con nuestro padre en aquel estado. Para colmo, Jackie Wilson, uno de los mejores artistas de su tiempo, murió arruinado. Daba que pensar, era terrorífico darse cuenta de la crueldad de un negocio en el que lo puedes perder todo en un abrir y cerrar de ojos».

Los problemas financieros se intensificaron cuando, en 1984, Hacienda le reclamó a Aretha el pago de 102.000 dólares en impuestos atrasados. El estado de Nueva York alegaba el impago por las grabaciones realizadas en Manhattan entre 1973 y 1977. Aretha decía que no era cosa suya, sino de Atlantic, propietaria de los masters.

«Aumentaron la tensión y los problemas económicos», aseveraba Cecil. «Lo solucionamos, pero costó una fortuna».

Y en abril, en la víspera de su cuadragésimo quinto aniversario, Marvin Gaye fue asesinado en Los Ángeles por su padre.

«Después de Smokey, Marvin era mi mejor amigo», decía Cecil. «Quizás había cantantes mejores en temas de proyección o volumen, pero nadie tenía su sensibilidad artística. A Aretha le encantaba su música porque ambos dominaban los tres campos, góspel, jazz y R&B. Durante años hablamos de que tenían que cantar juntos, y por desgracia no se materializó. También estaban los problemas de Marvin con las drogas, tenía que haberlo visto como un aviso, pero todavía tardaría unos años en superar mis propios problemas».

En mayo, mientras Michael Jackson recibía un homenaje por parte de Ronald Reagan en la Casa Blanca, Aretha firmaba en Detroit un contrato para protagonizar un musical, un proyecto anhelado durante años. Interpretaría a Mahalia Jackson en *Sing, Mahalia!* La idea era estrenarlo en Cleveland, Chicago y Detroit para después llevarlo a Broadway. Según *Jet*, «Aretha Franklin asegura estar muy feliz y honrada por interpretar a Mahalia Jackson, a quien describe como "una mujer absolutamente grandiosa, devota cristiana y con gran sentido del humor"».

«Eso era lo más importante, el humor», opinaba Cecil. «Cuando quiere, Aretha es como Mahalia, una mujer muy divertida. Te cuenta unos chistes muy buenos. En el guion estaba recogido el humor. Desde el punto de vista musical, no había duda, le venía como anillo al dedo, nadie haría de Mahalia mejor que Aretha. Sin embargo, cuando vimos el guion, las semejanzas saltaban más a la vista: se presentaba a Mahalia como una persona muy cercana que dominaba la cocina tanto como la canción. La obra tenía grandes momentos, estaba muy bien».

«Tras la experiencia frustrada en Hollywood, Aretha vio lo de Broadway como un regalo del cielo», decía Erma. «Era un proyecto serio, real, no una vaga promesa como le había pasado en el cine. No había que pasar ningún proceso de selección. Los productores la querían a ella y punto. Justo lo que necesitaba y se lo tomó como un reto, pensando que ahora el mundo se iba a enterar de que también era buena actriz».

Sin embargo, antes de ponerse en la piel de Mahalia, falleció C.L. Franklin, poniendo fin a cinco años en coma. Fue el 27 de julio de 1984.

«Sabía que era inminente», decía Cecil. «Erma y Carolyn también. Aretha creía de verdad que nuestro padre se recuperaría».

«Tras la muerte de su padre», resumía Ruth Bowen, «Aretha no volvería a ser la misma».

28
PADRE NUESTRO

«El día del funeral, lo sentí especialmente por Aretha», decía su cuñada Earline. «Lo sentí por mi marido, por Carolyn, Erma y Brenda, por todo el mundo. El reverendo era el pilar de la familia, la persona más fuerte y enérgica. Había sido una influencia fundamental en todos los aspectos, había ejercido de padre y madre, y siempre había estado ahí para todo. Era su confidente, el principal consejero, a quien consultaban cada problema. No sería perfecto, pero fue un padre maravilloso. En una cultura donde no abundan los padres solteros entregados a sus hijos, fue más que ejemplar.

»Quería mucho a Cecil, le había orientado para que fuera a la universidad, se dedicara a la iglesia, estudiara dirección de empresas y cuidara a su hermana. Lo mismo con Carolyn y Erma, las adoraba y les había procurado una buena educación, no paraba de presumir del talento de sus hijas. Escuchaba orgulloso sus discos. Pero lo de Aretha era algo más. Se trataba de su ojito derecho. Era evidente. Y aunque también era muy bueno (incluso excepcional en sus dotes de predicador), siempre estuvo al lado de Aretha para ayudarla. Por eso en el funeral me preocupé de estar pendiente de Aretha, el dolor que sentía seguro que era inmenso.

»Con todo, Aretha es especial, devora el dolor (y por Dios que ese día estaría peor que nunca) y lo convierte en furia. Así lo gestiona. Hubo un momento en que nos juntamos en la puerta de la iglesia para entrar por el pasillo hasta el féretro, y, por lo que fuera, pensó que yo quería entrar la primera. Nada más lejos de la realidad, pensaba ir detrás de los hermanos. Sin embargo, me dijo de todo, que intentaba ocupar un protagonismo ante la familia. Jamás se me habría pasado por la cabeza.

»Pilló un buen berrinche, empujándome y gritándome hasta que se aproximó el reverendo Jesse Jackson para tranquilizarla. No sé por qué le dio por ahí, pero es que ella es como es. No soy psicóloga, pero si tuviera que analizar su comportamiento, diría que era el típico dramatismo de diva. No sabía portarse de otro modo. No es sencillo sobrellevar el duelo, ni para ella ni para nadie, pero ella lo gestiona expresándolo así, con enfados tremendos sin venir a cuento. De locos».

«Era absurdo, aunque también lógico», añadía Erma. «Nuestro padre siempre se había encargado de resolver los conflictos familiares. Con su ausencia, nadie podría asumir su papel».

«Era una cuestión de control», decía Carolyn. «Aretha eligió y llamó a los predicadores para oficiar el funeral, estaban Jesse y Jasper Williams, había elegido el repertorio de canciones de góspel, incluso había distribuido dónde nos teníamos que sentar la familia e invitados. Quería controlar también el orden de entrada en la iglesia y, cuando vio algo que no le cuadraba, perdió los papeles. Era comprensible. Lo que no estaba planificado era la muerte de nuestro padre. La muerte es incontrolable, de modo que uno se pone a controlar otras cosas, como la distribución de los asientos o la entrada en la iglesia, para sentirse menos vulnerables y tener menos miedo. Sin nuestro padre, Aretha tendría más miedo que nunca ante la mayor nimiedad».

«Recuerdo que hablé con ella después del funeral y que pensé que la pobrecilla ya no sería la misma», rememoraba Ruth Bowen. «Pensé, además, que había dos posibilidades: que se hiciera más fuerte porque se había quedado sin su apoyo fundamental o que, por el contrario, aumentaran sus inseguridades. Ella le quitaba hierro al asunto, decía que estaba bien, que solo quería que la prensa cubriera el funeral de manera respetuosa. Le comenté que contara conmigo, que recurriría a mis contactos para garantizar ese aspecto.

»No habrían pasado ni quince días cuando me llamó para pedirme que le concertara una entrevista con algún periodista de confianza. Quería anunciar que, ahora que había fallecido su padre, iba a retomar su carrera. Le dije que no lo entendía. "Desde que cayó en coma hace cinco años, he tenido que ponerla en suspenso. He sacrificado muchas cosas". Le di la razón en lo de los sacrificios, pero le maticé que tampoco es que se hubiera retirado ni nada parecido. Había salido en la película de los Blues Brothers, se había cambiado de sello discográfico, había seguido grabando discos y estaba a punto de sacar el quinto. No es que se hubiese parado, más bien había subido el ritmo, había revitalizado su carrera con la ayuda de Clive, Luther y más gente. No tenía nada que ver la realidad con lo que quería contar: en lugar de deprimirse y tirar la toalla a raíz de lo de su padre, había seguido trabajando. Eso es lo que tenía que decir.

»"Es que no es verdad y es como un insulto", me contestó. "Volví al trabajo cuando me encargué de organizar los cuidados de mi padre y lo cuidaba a tiempo completo mientras seguía con mi carrera a tiempo parcial". No tenía sentido discutir. Como siempre, reescribía la historia a su antojo, quería mostrar que la hija sufrida y entregada lo había dejado todo por su padre. Tenía derecho a ver las cosas como quisiera, pero otra cosa es que se lo compraran los periodistas. Ni siquiera lo intenté, era demasiado. Al final, Aretha desechó la idea, pero uno o dos años después oí que le contó eso mismo a un periodista, si bien con un giro interesante. Decía que ahora, tras la muerte de su padre, podría centrarse por primera vez en sacar temas de éxito, que no fue hasta entonces cuando pudo tomarse su carrera al cien por cien. Ahí fue cuando Clive la puso en contacto con Narada Michael Walden para triunfar con temas como 'Who's Zoomin' Who' y sobre todo 'Freeway of Love'».

A mediados de los años 80, Narada Michael Walden estaba metido en el mundo del pop de Clive Davis. Había empezado de batería y se ganó cierta reputación como prodigio de la percusión cuando sustituyó a Billy Cobham en la Mahavishnu Orchestra, el famoso grupo de jazz-fusión de John McLaughlin. A finales de los años 70 había fichado por Atlantic y había sacado discos de soul-jazz-pop. Su primer éxito llegó como productor de Stacy Lattisaw, la cantante adolescente de soul.

«Clive fue quien nos presentó a Narada», decía Cecil. «Tenía buen olfato, desde el principio nos dijo que Narada tenía una personalidad alegre que sería ideal para Aretha. Tenía razón. Aretha llevaba tiempo sin grabar debido al litigio con Arista. Y el enfrentamiento con Luther le había hecho desconfiar de los grandes productores, decía que tenían mucho ego. Clive le dijo que le iba a ir genial con Narada, y así fue. Nos convenció a todos. Es un tipo del new age que solo cree en el amor y nada más. Siempre transmite buen rollo y era consciente de que Aretha requería un trato especial. Se trajo, con sus chicos Preston Glass y Jeffrey Cohen, canciones muy buenas».

Narada, bautizado así por su gurú Sri Chinmoy, se dio cuenta de que había que cambiar el rumbo de la carrera de Aretha. Se había pasado ya la época en que quería grabar fuera de Detroit. Ahora se había establecido allí, de modo que había que acudir a ella y no al revés. Tras la muerte de su padre, vivió un año con Cecil y Earline, y después se mudó a una casa grande en Bloomfield Hills, una zona rica y con mucha naturaleza situada a 30 km al norte de la ciudad. A lo largo del tiempo compró y vendió varias casas más cerca del centro, pero allí establecería su puesto de mando. Le pondría la voz a las pistas de música ya grabadas, Narada se encargaría de la música en su estudio al norte de California y después iría a Detroit a grabar la voz en los estudios elegidos por ella, como United Sound.

«Se encerró en su nueva casa», decía Erma. «Se compró una casa grande y se enfrentó a los vecinos cuando puso un montón de barras muy gruesas en todas las ventanas. Le dije que no hacía falta, que aquel era un barrio de clase alta, pero no se le iba de la cabeza el robo en casa de su padre y respondía que así se sentía más segura».

«Narada le vino muy bien», decía Carolyn. «Tenía un carácter desenfadado que sirvió para ver con perspectiva todo lo que habíamos vivido con nuestro padre. Era un tipo muy alegre y optimista. Sus canciones tratan de celebrar la vida con canciones, nada triste ni profundo. Las canciones de Luther, como 'Jump to It' o 'Get It Right', también eran alegres, pero Narada tenía un carácter más libre. Todos veían a Narada como un regalo de Clive, pero, para mí, era un regalo del cielo. Le aportó luz a Aretha y la llevó, con cuarenta años ya cumplidos, por sendas bucólicas».

«Mi relación con Aretha empezó cuando Dionne Warwick, que grababa Clive, me rechazó algunas canciones. Me cae genial Dionne, pero, por lo que fuera, ahí no conectamos», me comentaba Narada. «Clive me dijo que probara con Aretha. Ni me lo pensé. Para mí, su canción con Luther, 'Jump to It', era la cima del nuevo funk. Me propuse explorar ese territorio. Nuestra primera conversación telefónica fue bien, me mostré muy respetuoso, consciente de que su padre había muerto hacía poco. Le dije que sabía que lo había pasado mal, pero que me contara qué le gustaba hacer en su tiempo libre. Me contestó que le gustaba ir a un bar, sentarse en una mesa y fijarse en algún chico guapo. Decía que a lo mejor ella lo miraba primero o al revés y que cuando el tío pensaba que la tenía en el bote, se levantaba y se iba, con lo que se quedaba pensando en quién estaba ligando con quién. Me partía de la risa y apunté lo que me decía. La historia era de ella, así que Preston Glass y yo nos pusimos de coproductores de 'Who's Zoomin' Who'. Como ella no pensaba viajar, me fui a Detroit a producirle ese tema y otro que había compuesto, 'Until You Say You Love Me'.

»En cuanto entró en el estudio B de United Sound, donde grabó todo el disco, me di cuenta de lo mal que lo había pasado. No hay nada peor que perder a uno de los padres. Pero nunca he conocido a nadie tan frágil. Intenté consolarla acariciándole la mano. Quería tratarla con cariño y respecto. Me lo agradeció y se fue sintiendo a gusto en mi compañía. Me propuse grabar una canción de Aretha en estado puro, y estuvo más que a la altura. Calentó la voz cantando unas escalas y luego la clavó. Lo grabó todo del tirón, le salió perfecto en muy poco tiempo. Y lo mismo con la balada 'Until You Say You Love Me'. Me pidió más y yo estaba encantado.

»Me volví a mi estudio de la bahía de San Francisco y, a propuesta de Preston Glass, tomé una canción coescrita con Jeffrey Cohen para mi disco y se la pasé a ella. Era 'Freeway of Love'. Se la envié y me dio el ok en seguida. Al día siguiente, me fui a Detroit, pero el primer día hizo un tiempo horrible. Me llamó y me dijo si había visto la nieve que había, y le comenté que yo así no iba a pillar el coche, a lo que me respondió que no pasaba nada. El segundo día seguía la nieve, me llamó y le dije que tampoco pensaba ir al estudio así. El tercer día, lo mismo. Al cuarto día, el tiempo se arregló y apareció toda esplendorosa vestida de visón. Me deshice en halagos. Con la Reina, uno nunca se pasa en halagos o paciencia. Es un rasgo que tiene de Aries. A malas, no consigues nada con ella. Hay que tratarla con mucho cariño».

Aquel sería el disco más importante de Aretha desde *Respect*.

«Fue un grandísimo éxito, tenía todos los elementos», decía Cecil. «Narada no solo supo encajarlo en el mito de una ciudad como Detroit, la capital del motor, sino que además le dio un toque a lo Springsteen al contar con el saxo tenor de Clarence Clemons, que le aportó mucho. Era la época de la MTV y la canción daba para hacer un vídeo musical. Fue el primer videoclip de éxito de Aretha. Salía con el pelo muy corto, con un punto muy sexi y con ganas de mover el cuerpo. Fue un exitazo pop, un número uno de música de baile y le reportó otro Grammy. Un éxito redondo y sin salir de Detroit».

Le había llegado en el momento justo, ya que volvía a tener problemas económicos al cancelarse, en el último momento, el proyecto de Mahalia Jackson. Se negó a ir a ninguna de las ciudades donde se había planeado hacer la obra, ni en avión ni en coche, porque decía que era muy lejos.

«Cómo no, nos llevaron a juicio», decía Cecil. «Todo el proyecto recaía en Aretha, ya estaba todo firmado y no valía ninguna excusa. Aretha decía que ya desgravaría los gastos de los abogados. Cuando el asesor financiero le dijo que eso no era deducible, lo despidió».

En referencia al triunfo comercial de *Who's Zooming Who?*, Aretha declaró en el *Chicago Tribune*: «Esto no es un regreso para nada. Soy una artista, por encima de todo. Los artistas como yo, Smokey, Tina o Diana estamos ya consolidadas y no nos bajamos nunca del carro. A Jerry Wexler siempre le decía que el éxito no era lo más importante, que muchas veces las cosas se hacen desde un punto de vista artístico».

Wexler se rio al leerlo. «Era justo al revés», señalaba. «Yo era quien le decía eso, no ella a mí. Mira, 'Freeway' era un tema perfecto, con un toque para sonar en la radio, pero no iba más allá de un mero producto de la fábrica de éxitos de Clive Davis. Un tema sencillo para el oído, pero no se puede equiparar con otras canciones suyas como 'Dr. Feelgood' o 'Think'. No hay que quitarles mérito, Aretha y Narada habían sido muy hábiles, no resulta sencillo triunfar y los éxitos no vienen de la nada. Hay que valorar que supieron adaptarse y mantenerse vigentes, no hay muchos que lo consigan. Pero tampoco hace falta llamar arte a todo».

«En mi opinión, también se puede considerar artístico un buen tema de baile», replicaba Luther. «A Aretha le di varios, y Naranda también. Es muy laborioso crear un buen tema, igual que un buen traje de seda o una joya de jade. Para mí no hay discusión, es arte».

«Da igual cómo lo llame cada uno, como si es soul, R&B o rock and roll», intercedía Cecil. «Lo importante es que fue un superventas. Si quieres durar en la industria musical, tienes que vender. Y poco importa lo que diga o haga Aretha, si vive a lo grande en California o recluida en Detroit, es artista ante todo. Y eso no se cambia».

Para no quedarse atrás, Aretha se dio cuenta de que tenía que salir a dar conciertos. Llamó a la revista *Jet* para anunciar el fin de su miedo a volar. Según publicó la revista. «Pasado el duelo por la muerte de su padre, el reverendo C.L. Franklin, la cantante Aretha Franklin ha vuelto al circuito de conciertos con cuatro actuaciones en Detroit. La Reina del Soul se metió al público en el bolsillo, ha superado su miedo a los aviones y en breve saldrá de gira por todo el país».

Para nada, el anuncio nunca se llegó a materializar.

«Le cerré un par de compromisos y tuve que cancelarlos», decía Ruth Bowen. «Ni se acercaba a los aviones. A mí me sacaba de quicio y le dije que esas cancelaciones a última hora le estaban costando mucho dinero, que no podía seguir fastidiando de ese modo. Me llamó insensible, me decía que no la entendía y me despidió. Pocas semanas después, me sustituyó Dick Alen, un agente de primer nivel de William Morris de Los Ángeles».

«Cuando escuché 'Freeway of Love' en la radio, pensé que iba a ser un exitazo», me comentó Alen. «Me puse en contacto con su abogado para saber si quería cantar con un agente nuevo. Fue en el momento adecuado, había terminado con Ruth Bowen y quería trabajar con alguna agencia internacional de prestigio. Ya me había cruzado con ella hacía años. En la década de los 60, había llevado a King Curtis, su director musical. Conocía a Jerry Wexler tan bien como a Clive Davis. Teníamos muchos amigos en común. Le vi mucho potencial para generar ingresos, quería aprovechar el tirón que tendría aquella canción. Conseguirla como cliente fue muy importante».

A lo largo de los próximos veintisiete años, Dick Alen se encargaría de gestionar la mayor parte de los conciertos de Aretha. Lo despidió en varias ocasiones (no era raro en todos los que trabajaban para ella), pero demostró ser todavía más constante en su trabajo con ella que Ruth Bowen, lo que ya es decir.

«Eso se debe a que, a diferencia de mí, Dick nunca tuvo una amistad con ella», explicaba Ruth. «Con él, la relación era laboral. Y está bien, dejándolo claro es más fácil. Pero yo era como una especie de madre o hermana mayor y se mezclaba todo. Incluso en aquellos años en que trabajó con Dick, no dejó de llamarme para seguir contándome su fantasiosa vida sentimental de cuento de hadas o sus problemas económicos. Me contaba que Fulanito el fantástico le había puesto los cuernos o me preguntaba si tenía algún concierto de los buenos que ofrecerle para aliviarle las deudas. Yo le respondía que estaba con Dick Alen y ella contestaba que eso no le impedía trabajar conmigo de vez en cuando y que yo me llevaría un buen pico si le montaba algo rápido. Discutíamos mucho, pero nos teníamos confianza y en el fondo nos queríamos. Es una persona muy noble, buena hija y buena hermana. Tiene sus problemas, pero como le pasa a todo el mundo.

»Dick Alen no la conocía tanto, y la verdad es que tampoco hacía falta. Lo único que tenía que hacer era ganar dinero. Y el trabajo le requería paciencia, y de eso iba sobrado, es una de sus grandes cualidades, basta con ver a otros clientes suyos, como Little Richard o Chuck Berry. Trabajó con ellos también durante bastante tiempo, y un agente que lleve a Aretha, Richard y Chuck ya puede tener temple para no acabar en el manicomio. El tío seguro que ha aguantado un montón, como cualquier agente de la industria del espectáculo».

El año 1984, el posterior a la muerte de C.L. Franklin, fue bueno para Aretha. Tenía agente nuevo, se había solucionado el conflicto con Arista y tenía disco nuevo con nuevo productor.

«Es una mujer con aguante», explicaba Erma. «Tiene épocas malas, bajones, depresiones, desencuentros con su familia, amigos o agentes, pero siempre resurge. Es de admirar. Se toma en serio lo de ser la reina y una vez me dijo que si la reina de Inglaterra iba a llevar la corona de por vida, ella también. Le encanta que la consideren la número uno, no piensa ceder el trono. Es una cualidad, es lo que la anima a estar al pie del cañón».

El disco que la devolvió a la cumbre, *Who's Zoomin' Who?*, es un producto de su tiempo. En general, es un tanto frío y mecánico, siguiendo la obsesión de los años 80 con el sonido cuadriculado de estudio. Tiene rasgos del 'Beat It', de Michael Jackson, o del 'Maniac', de Michael Sembello. En comparación con la música disco, la música de baile predominante de la década anterior, esta era más frenética, tenía menos matices emocionales.

«En los años 80, la música iba a la yugular y los artistas solo querían ganar dinero», sintetizaba Luther Vandross. «Se notaba la influencia del individualismo, del sálvese quien pueda de la época de Ronald Reagan. En los 60, la música mostraba inquietudes políticas; en los 70, hablaba de la liberación en muchos aspectos; pero en los 80, dominaba un materialismo flagrante. No digo que no salieran grandes artistas, ahí están Prince o la mejor etapa de Michael Jackson. *Thriller* fue el gran disco de la década y yo di con mi estilo entonces. No obstante, lo que nos unía a todos era el deseo de vender a toda costa».

«A Aretha le gusta estar a la vanguardia y lo consiguió con Narada», resumía Cecil. «A Clive, el rey de los duetos, se le ocurrió emparejar a Aretha con Annie Lennox. Le gusta decir que dos artistas pueden intercambiarse las energías de cada uno. Los Eurythmics habían despegado con su gran éxito 'Sweet Dreams (Are Made of This)' y Annie era fan de Aretha. El productor sería Dave Stewart, la otra mitad de Eurythmics. Los dos escribieron 'Sisters Are Doin' It for Themselves'. Hubo quien opinó que era muy feminista para Aretha, que ella es muy masculina. Lo que hay que oír, cuando ella fue la primera feminista. Es la jefa absoluta».

Años después, en una entrevista en *Billboard*, Annie Lennox dejaba estas declaraciones sobre ese dueto: «A ver, la verdad es la siguiente. La canción la escribimos para Tina Turner. Aretha no sabía de nuestra existencia, ni le sonábamos. Me daba un poco de miedo cantar con Aretha, temía no estar a la altura. Quería que se sintiera bien con nosotros».

«A continuación, Clive juntó a Aretha con Peter Wolf, cantante de The J. Geils Band», comentaba Cecil. «La idea era llegar al mercado de los blancos. A Aretha eso le daba igual, pero aceptó porque Clive le permitió cantar y producir dos temas elegidos por ella: escribió 'Integrity' y optó por 'Sweet Bitter Love', la misma de Van McCoy que había cantado en Columbia a principios de los años 60».

Es fascinante comparar ambas versiones: la primera tiene una pureza sobrecogedora; la segunda es más audaz, con una voz más atrevida, como si quisiera vaciar la canción por completo, algo que consigue.

«Seguía la carrera de Aretha, como todos los buenos cantantes», comentaba Carmen McRae. «Su estilo era único, el más auténtico y profundo, y siempre nos sorprendía con cada disco. Cuando escuché 'Freeway of Love', no me convenció, pensé que, al ser un éxito, seguiría por esa senda. No era una mala canción, pero era capaz de hacer cosas mucho mejores. Se podría pensar en el caso de Sarah Vaughan, que solo tenía un gran éxito, 'Broken Hearted Melody', de los años 50. Estaba coescrita por Hal David, el mismo responsable de un montón de hits con Burt Bacharach. Tal vez sea la canción más floja de Sarah, y ella misma lo sabía. Me confesó que Hal David le pasó más canciones, pero que ninguna llegó muy lejos, con lo que volvió al jazz. Se pasó el resto de su carrera cantando temas antiguos y algunos nuevos como 'Send in the Clowns'. Fue su mejor etapa porque dejó de pensar en el éxito y solo se fijaba en la calidad de su música. Esperaba que Aretha fuera por ahí también, que se pillara un pianista, como Ella Fitzgerald con Tommy Flanagan, y se centrara en grabar tríos, que se consolidara como una de las mejores cantantes de jazz del siglo, sin renunciar del todo al éxito porque, con un trío de calidad, también podría seguir con las canciones de R&B. El acento estaría en la voz, en su interpretación e improvisaciones con las que se adueñaría de las canciones. Entiendo las tentaciones del mercado, pero hay artistas que tienen que ir más allá, que tienen que grabar las mejores canciones sin atender a las ventas ni cosas así. Cuando escuché 'Freeway', vi que Aretha iba por otro lado, por la parte comercial».

El 3 de agosto, *Billboard* recogió que «"Freeway of Love", de Aretha Franklin, llega al número uno de la listas de música negra y de baile, y al doce en el pop. Es su vigésimo número uno en la lista de música negra, la primera artista que logra este registro en los 36 años de historia de la lista».

A finales de año, *Who's Zooming Who?* alcanzó el millón de copias vendidas. El diciembre, Nelson George escribió en *Billboard* que «el éxito de platino de Aretha

Franklin *Who's Zoomin' Who?* demuestra que, en la era de los mass media, las giras se están convirtiendo en una actividad anacrónica... Franklin ha sacado su disco más comercial de su carrera post-soul».

Nelson continuaba explicando la amplia emisión de tres de sus vídeos musicales, 'Freeway of Love', 'Who's Zoomin' Who' y 'Sisters Are Doing It for Themselves', al tiempo que sus entrevistas en *Entertainment Tonight*, el *CBS Morning News* o la revista *People* la mantenían con una fuerte presencia mediática. También mencionaba el anuncio que había hecho de McDonald's con el gran cantante de soul de Chicago, Jerry Butler.

«El regreso de Aretha se producía por todo lo alto», decía Erma. «De nuevo vivía un gran momento. Además, aparecieron dos importantes mujeres negras que reconocerían la influencia de Aretha. Me refiero a Whitney Houston y Oprah Winfrey».

Winfrey, cuyo programa matinal de entrevistas de media hora había desbancado al de Phil Donahue, y estaba a punto de emitirse en todo el país, contó en *Ebony* que se fue de casa a los trece años y que un día andando por las calles de Milwaukee se encontró a Aretha sentada en una limusina y se inventó una historia lacrimógena que la cantante se tragó y que le reportó unos doscientos dólares. Eso hizo que Aretha se ganara para siempre el cariño de Oprah.

A través de uno de sus cazatalentos, Clive Davis se enteró de la existencia de Whitney, hija de Cissy Houston. Vio el potencial que tenía, la fichó para Arista y supervisó personalmente su disco de debut, *Whitney Houston*, que promocionó sin cesar. Gracias a sus tres temas que llegaron a lo más alto ('Saving All My Love for You', 'The Greatest Love of All' y 'How Will I Know', producida por Narada Michael Walden), el disco vendió 25 millones de ejemplares.

Whitney dijo en *Jet* que uno de sus mejores recuerdos era ir al estudio a ver a su madre trabajando con Aretha, a la que llamaba tía Ree.

«El salto al estrellato de Whitney coincidió con la nueva etapa exitosa de Aretha», comentaba Ruth Bowen. «Las dos se querían mucho, pero Aretha también albergaba cierto recelo, como le había pasado con Natalie Cole. 'Saving All My Love for You' le quitó la primera posición a 'Freeway' de Aretha. Y durante los meses siguientes, toda la atención la acapararía Whitney. La consideraban la nueva diva y algunos llegaron a llamarla la nueva Aretha. Whitney era como una modelo, delgada y guapísima, mientras que Aretha cada año iba acumulando kilos y ya no era regordeta, estaba directamente gorda».

«A mi hermana no le cuesta mucho que le salga la vena competitiva», decía Cecil. «Es lo que sucedió con Whitney. Al igual que no le había gustado cómo se había volcado Atlantic con Roberta Flack, no le parecía bien que Clive invirtiera más en publicidad en Whitney que con ella. Estaba muy contenta de haber ganado el Grammy por 'Freeway' (en la categoría de mejor cantante femenina de R&B), pero no digirió que Whitney lo ganase como mejor actuación pop con 'Saving All My Love for You'. Aretha pensaba, y yo también, que era justo al revés, que 'Freeway' era más pop y la de Whitney, más R&B. Está claro que todos los cantantes de R&B quieren premios en la categoría de pop porque es más importante. Aretha consideraba que *Who's Zoomin' Who?* era su gran disco de pop y creía que habría vendido mucho más si Clive no hubiera estado más dedicado en ese momento a la carrera de Whitney Houston».

29
DIVANIZACIÓN

«No era tarea fácil reinventar a Aretha», decía Jerry Wexler. «No lo digo con falsa modestia, pero creo que yo no habría sido capaz, no tengo el talento de Clive Davis para eso. Solo una persona como él, que entiende tan bien el negocio de la música, podía darle una perspectiva diferente para acceder a un mercado mayor. Clive sabía que no bastaba con buscarle productores, compositores y artistas para duetos: había que convertirla en una diva».

«Yo a eso lo denomino la divanización de Aretha», comentaba Erma. «Y lo creó Clive, él comprendió que el público quiere divas, que los fans quieren ver mujeres que están por encima de lo divino y de lo humano, mujeres vestidas con fabulosas túnicas y acompañadas de galanes. Son mujeres con un carácter más fuerte todavía que su talento, mujeres que consiguen todo lo que se proponen. Nos caen bien porque, pese a sus exigencias desmesuradas y fuera de lugar, se esfuerzan para que lo pasemos bien. Nos gustan porque nada puede con ellas. Así es Aretha.

»Su último disco en Atlantic se había llamado *La Diva*, pero la compañía no vio el filón, era demasiado pronto y, en términos de ventas, dejaba mucho que desear. No obstante, a mediados de los años 80, se había ganado el título de sobra. Además, Clive había contado con artistas como Andy Warhol o Peter Max para las portadas de los discos. Ése era el toque definitivo de la divanización».

«Para mí, el disco que tenía el retrato de Andy Warhol se tenía que llamar *Look to the Rainbow* porque incluía una versión preciosa de ese estándar que conocíamos por Dinah Washington», añadía Carolyn. «Ella estaba de acuerdo, pero cuando vio el diseño de Warhol, dijo que lo iba a titular *Aretha*. Le comenté que su primer disco con Arista ya se titulaba así y me contestó que le daba igual, que aunque ése fuera el sexto, era su nombre y lo iba a usar las veces que quisiera».

El álbum, producido por Narada Michael Walden, y publicado en 1986, contenía un superéxito, 'I Knew You Were Waiting (For Me)', un dueto con George Michael que llegó a lo más alto del pop en 1987. Clive Davis vio en Michael, que acababa de dejar Wham! y había triunfado ya en solitario, un artista clave para que Aretha conquistara el mercado del pop.

«A mí me parecía una canción aburrida y muy normalita», decía Carolyn. «La letra era muy pobre y la producción, sosa. Pero qué más daba lo que opinara. Fue un producto de marketing diseñado por Clive y aprobado por Aretha y salió bien».

«George Michael estaba loco por cantar con la Reina», decía Narada. «Voló a Detroit al día siguiente de que Aretha hubiera grabado su parte. Él hizo la suya el segundo día, y el tercero quedaron para grabar juntos las improvisaciones. Podía con todos. Me di cuenta de que se mostraba competitiva con las mujeres, pero que con los hombres lo llevaba muy bien».

Al ver que sus incursiones en el rock obtenían una excelente acogida, decidió doblar la apuesta.

«Entonces dijo que quería versionar 'Jumpin' Jack Flash' y tener a Keith Richards de productor», recordaba.

En sus memorias, tituladas *Vida*, Richards lo confirma: «Aretha Franklin me llamó porque estaba haciendo una película con Whoopi Goldberg titulada *Jumpin' Jack Flash* y quería que produjera el tema de la banda sonora».

El director del film era Penny Marshall y la canción, cantada por Aretha con coros de Whoopi, aparecería incluida en un lugar destacado. Aretha afirmaba que fue Keith quien la llamó a ella y le pidió que hiciera una versión de su tema.

En cualquier caso, grabó ese auténtico himno del rock con las guitarras de Keith y Ron Wood, el bajo de Randy Jackson (el futuro jurado del programa *American Idol*) y la batería de Steve Jordan.

«Tenemos que agradecerle a Keith que le pidiera a Aretha que, además de cantarla, la tocara al piano», señalaba Jerry Wexler. «Keith entendió lo que yo había aprendido años antes, que cuando Aretha también toca, todo suena más fuerte y orgánico. Se convierte en su propia sección rítmica y desprende un montón de energía».

Después se fueron a Detroit Whoopi, Keith y Ron para grabar el videoclip en el que Aretha exhibía un peinado con toques de color púrpura.

«Le encantaban esas colaboraciones», comentaba Cecil. «Se le ocurrió a ella hacer la siguiente con Larry Graham».

Bajista brillante y elemento fundamental, como miembro de Sly & The Family Stone, en la construcción del nuevo funk de los años 60, Graham contó en la década de los 70 con su banda Graham Central Station y, en los 80 tuvo éxitos como solista, especialmente 'One in a Million'. A Aretha le gustaba su voz de bajo-barítono y pensó que podría hacer un buen dúo.

«No es más que una balada intrascendente», opinaba Carolyn. «Tampoco es que fuera un horror, pero Aretha sabía perfectamente que yo tendría más de seis canciones de ésas mucho mejores. Le pregunté que por qué no cantaba alguna de las mías y me respondió que las tenía que aprobar Clive, y que pensaba que mis temas sonaban muy setenteros. Curiosamente, sí metió una canción suya en el disco, 'He'll Come Along', que pasó sin pena ni gloria. Lo que no se podía negar es que Aretha llevaba quince años sin componer una canción que triunfara. 'Rock Steady' era de 1971. Sin embargo, en todos sus discos incluía una o dos canciones suyas. Supongo que lo hacía para cobrar regalías, pero se resentía su carrera al ignorar el trabajo de otros compositores, como yo, por ejemplo».

'He'll Come Along' era una canción mediocre que, según Erma, hablaba de Willie Wilkerson, el bombero que sería el único novio oficial de Aretha en los próximos veinticinco años. La canción trata de Aretha esperando al hombre adecuado.

«Se podría decir que ese hombre adecuado era Willie», apuntaba Erma. «Es un buen hombre, una persona estupenda que encima sabe cómo llevar a Aretha. Se convirtió en uno de los apoyos más importantes de su vida. Ha tenido que aguantar muchas cosas, pero siempre ha estado ahí. Para mí, es alguien especial».

«Willie no se separó de ella cuando Aretha empezó a contarle a la prensa lo de sus amantes imaginarios como el Sr. Misterioso», comentaba Ruth Bowen. «Meras fantasías. Willie era real. No había en él nada falso o en plan Hollywood. Me cae genial porque ha estado siempre a su lado, incluso pocos años después, cuando las cosas empeoraron bastante. Willie fue quien más la ayudó».

Otra de las canciones de *Aretha*, 'Jimmy Lee', que evocaba el sonido de la Motown, llegó al segundo puesto en la lista de R&B.

«No cabe duda de que el disco fue un éxito. El tema con George Michael sonó muchísimo. El videoclip con Keith y Whoopi se emitió bastante en la MTV y 'Jimmy Lee' la ponían en todas las discotecas. Narada demostró que *Who's Zoomin' Who?* no fue producto de la casualidad», opinaba Cecil. «Había llevado a un nivel superior lo que había iniciado Luther».

«En los años 80, Narada era el chico mimado de Clive», decía Jerry Wexler. «Era un productor increíble. Recuerdo que Cissy, la madre de Whitney, me decía que estaba muy

contenta de trabajar con él y de hacer canciones tan pegadizas como 'I Wanna Dance with Somebody' o 'So Emotio-
nal'. Tienen un ritmo que se te pega en seguida y es
evidente que contribuyó a crear la etapa más rentable de la
carrera de Aretha, por lo menos en lo referente a la grabación de canciones pop. Sin embargo, su voz no destaca en
esas canciones, suena más como un grito que como una
expresión de dolor, me parece muy exagerada en todo. Aretha es, por naturaleza, una cantante barroca, es la esencia
de su herencia del góspel, las florituras extravagantes son
parte esencial de su gramática artística. No obstante, no es
lo mismo tener 45 años que 35 o 25. A esa edad tienes que
elegir bien el repertorio porque ya no se llega igual a las
notas altas y hay que evitarlas, hay que controlarse, por
mucho que de joven pudieras cantarlo todo. Hay que mode-
rarse y replegar velas y cantar de una manera menos agresiva, pintar detalles en lugar de grandes paisajes. Se pierde
potencia pero se reorienta de manera sutil, trabajando los
matices de una canción, descubriendo los recovecos y rin-
cones que te permiten desplegar toda tu inteligencia musical. En definitiva, los cantantes tienen que saber envejecer
y, en mi opinión, Aretha no ha envejecido bien».

«Lo más jodido de este oficio es sobrevivir», decía Ray
Charles, que en los años 80 buscó sin éxito el mismo tipo
de canciones pop que Aretha. «Es admirable la capacidad
de supervivencia de Aretha. Es lo más importante. Me
importa una mierda si dentro de cien años la gente sigue
escuchando mi música o no porque yo ya no estaré aquí.
Lo que quiero es que la pongan hoy en la radio, o mañana,
o la semana que viene, porque así cobro y pago las facturas. Así que cuando alguien me dice que ya estoy mayor
para triunfar con nuevas canciones, o que ya he dejado
mi legado, siempre respondo que no me interesa ser una
pieza de museo, que no me voy a retirar, que voy a seguir
jodiendo y dando por saco porque es a lo que nos dedicamos los artistas. Para eso estamos aquí».

Jon Pareles expresó en el *New York Times* un dictamen menos benevolente que el de Ray: «Aretha aún puede sacar temas de éxito, pero parece un mero producto pop impersonal».

El 12 de abril de 1986, Luther Vandross dio un concierto en el Joe Louis Arena de Detroit. Iba de gira con su cuarto disco en Epic, el exitoso *The Night I Fell in Love*.

«Me dijeron que iba a asistir a Aretha y me alegré, cómo no», me comentó. «Tras la publicación de *Get It Right*, tuvimos nuestros más y nuestros menos y no nos hablábamos, lo que se convertiría en lo normal entre nosotros. Me pidió doce butacas en primera fila y yo, encantado, pero también me pidió salir a cantar en el concierto. Quería que cantáramos juntos 'If This World Were Mine', pero no me convencía. Yo había producido y cantado esa canción en el disco de Cheryl Lynn como homenaje a Marvin y Tammi. Fue un éxito e incluso dijeron que era un clásico comparable al original. Era un tema especial entre Cheryl y yo y seguro que había más canciones que se pudieran cantar con Aretha. Ella insistió y yo también y allí estábamos metidos de repente en otra pelea, pero era mi concierto, me mantuve firme y al final cedió. Me propuso cantar 'Jump to It', que, bueno, no es que sea un dueto sino más bien una canción en la que ella cantaba y yo hacía los coros, pero era mi canción, la había producido yo y, con razón, pensó que me parecería bien. Escogimos ésa y salió al escenario. Al público le encantó. Yo también quedé contento y firmamos la paz, por lo menos, de manera temporal».

Aretha anunció, además, haber superado uno de sus mayores temores, el miedo a volar en avión. Prometió, en los medios de comunicación, un verano plagado de conciertos.

«Íbamos de nuevo justos de ingresos», comentaba Cecil. «Aretha se compró una tercera o cuarta casa en Detroit, no recuerdo cuál, y se quedó tiesa. Se quejaba de que tardaba mucho en cobrar las regalías de sus últimos éxitos de Arista, pero lo hablé con Clive y me dijo que el dinero llegaba sin problemas. El tema es que Aretha cambia mucho de contables y de cuentas bancarias y no quedaba claro dónde iban los ingresos. Vivíamos una especie de caos, con lo que volvimos a hablar con Dick Alen y Ruth Bowen para que nos organizaran conciertos. Había que solucionar el tema del transporte porque no se podía ir en autobús, ya que eso reducía mucho el listado de actuaciones, además de haber renunciado al mercado enorme de Europa, Latinoamérica y Asia. Si quería ganar lo que pedía, tenía que tomar aviones».

«Se apuntó a un programa de superación del miedo a volar que ofrecía una compañía aérea», recordaba su prima Brenda. «Todos la apoyamos. Consistía en ir al aeropuerto, sentarse en el avión y, paso a paso, te van poniendo los sonidos que se producen en un vuelo, explicándotelos con detalle, para que uno se vaya acostumbrando. Tras repetirlo varios días, elegían un día despejado y te llevaban en un vuelo breve. Hasta ahí, todo bien. Aretha cumplió el programa entero, pero el último día, el del vuelo de prueba, se negó, dijo que no estaba preparada y se fue».

Billboard publicó en julio que «Aretha ha cancelado una serie de conciertos en el Radio City Music Hall de Nueva York sin dar explicación alguna... La Reina del Soul solo dará conciertos en destinos próximos a su casa».

«Tampoco se planteó ir en coche los mil kilómetros desde Detroit a Nueva York», añadía Cecil. «Para ella, si había que ir por carretera, el trayecto tenía que durar menos de un día. No quería que el chófer de la limusina o el autocar superara los 80 km/h. y pedía descansar cada pocas horas. Le parecía agotador invertir dos días en llegar a Manhattan. Si ella no acudía a los fans, dimos con un modo de que los fans acudieran a ella. Grabamos un especial de una hora de *Showtime* en Detroit y conseguimos con West One un acuerdo para la emisión simultánea en estéreo».

«Fue otro verano para olvidar», resumía Ruth Bowen. «No recuerdo la cantidad de conciertos contratados que cancelé».

«No llevaba la cuenta de las cancelaciones», señalaba Dick Alen. «Me lo tomaba bien, solo quería que Aretha se sintiera cómoda. Cuando empecé a trabajar con ella, me di cuenta de que era una persona que cambiaba a última hora de idea. Eso no lo iba a modificar yo, ni lo intenté, lo acepté como parte de mi trabajo. No intentaba tampoco entender sus cambios de ánimo, no era su psicólogo sino el que le negociaba las actuaciones».

«Parte de su enfado vital ese verano se debía a Anita Baker», opinaba Ruth. «Al igual que ella, Anita es de Detroit y también traslada al rhythm and blues la sensibilidad del jazz de primer nivel. Basta con recordar su segundo disco, *Rapture*, de 1986, que causó sensación en todo el mundo. Superó a *Aretha* y terminó vendiendo unos ocho millones de copias. Para rizar el rizo, Anita se llevó el Grammy frente a ella, que estaba nominada a la mejor cantante femenina de R&B por 'Jumpin' Jack Flash'. Antes de la llegada de Anita, Aretha era la reina de Detroit, la estrella más famosa de la ciudad. Y entonces apareció Anita, producida por Michael Powell, otra estrella incipiente de Detroit. Estas cosas no le alegraban mucho a la Srta. Alegría, y decía que, si diera tantos conciertos como Anita, seguro que vendería el mismo número de discos. Le preguntaba entonces por qué no los daba y me daba largas, me decía que sí, que esperara un poco, pero nada. No podía con una gira por varias ciudades, y mucho menos alrededor del país, lo que suponía más de una docena de conciertos. Aretha salía a actuar solo cuando lo necesitaba, es decir, cuando se quedaba sin dinero, lo que pasaba con frecuencia».

En enero de 1987, se llevó a cabo, en el salón principal del Waldorf-Astoria de Nueva York, la segunda ceremonia anual de ingreso en el Salón de la Fama del Rock and Roll. Junto con productores como Ahmet Ertegun y Jerry Wexler y artistas como B.B. King, Jackie Wilson, Marvin Gaye y Smokey Robinson, Aretha fue la primera mujer seleccionada.

«Fue un honor enorme para ella», decía Cecil. «Pensó que elegirían a mujeres que habían empezado en la industria antes que ella, como Ruth Bowen o Etta James, pero tal vez estaban consideradas más de R&B que de rock and roll. Siempre habíamos visto el rock como la versión blanca del R&B, como Georgia Gibbs cantando a LaVern Baker o Pat Boone a Fats Domino. Pero no hay que despreciar a los primeros y, dada la reciente irrupción de Aretha en el rock, había que celebrarlo. Además, se le añadía el hecho de que le entregaría el reconocimiento Keith Richards, que había trabajado con nosotros en 'Jumpin' Jack Flash'. A última hora, el tiempo empeoró y a Aretha le dio miedo ir en coche. Acudí en su lugar. Me lo pasé genial de fiesta con mi gran amigo Smokey. Cuando le dieron su premio, todos empezaron a cantar su 'Ooh Baby Baby'. Fue un momento precioso».

«Lo de no aparecer en la ceremonia en la que, por primera vez, reconocen a una mujer en el Salón de la Fama digamos que no es una buena estrategia en términos de relaciones públicas», concluía Ruth Bowen. «Era su amiga, se lo dije con toda sinceridad y que, dado que también premiaban a Jerry Wexler y Ahmet Ertegun, quedaría perfecto que apareciera posando con dos personas que habían sido tan importantes en su carrera. Me respondió que esa parte de su carrera era cosa del pasado, que ahora había progresado como artista».

Aretha dedicó la primera mitad de 1987 a un proyecto que le apasionaba, la continuación de *Amazing Grace*, el disco de góspel más vendido de todos los tiempos y que sus fans más incondicionales, incluido yo, considerábamos el mejor de su carrera.

«Quería homenajear su pasado góspel y, sobre todo a nuestro padre», comentaba Cecil. «Por eso se empeñó en que los conciertos fueran servicios religiosos, como en *Amazing Grace*. Mientras que aquella vez se había hecho en Los Ángeles con James Cleveland, en esta ocasión quería que se grabase en Detroit, en la iglesia New Bethel. Jerry Wexler se había encargado de la supervisión general de *Amazing Grace*, pero esta vez quería llevarlo todo ella misma. Clive le había permitido producir algunas canciones, pero nunca un disco entero. Entonces dijo que había llegado el momento de encargarse ella, sin supervisores ni coproductores».

Los directivos de Arista dieron el visto bueno. Aretha tituló el disco *One Lord, One Faith, One Baptism* y en el texto del álbum escribió: «...quiero agradecerle a Clive Davis la oportunidad y confianza de dejar a mi entero juicio este titánico proyecto...»

«Lo más bonito del disco», señalaba su prima Brenda, que trabajó de coordinadora asistente de producción, «es que se juntaron Aretha, sus dos hermanas y su hermano

Cecil en la iglesia de su padre. Fue la última vez y estuvo muy bien que quedara grabado».

«Con el equipo que reunió, tendría que haber salido un disco mucho mejor», opinaba James Cleveland, una de las personas clave de *Amazing Grace*. «Desde el principio se adivinaba un proyecto difícil porque Aretha cargó con todo, con la supervisión de cada detalle. Le dije que contara con un productor y me ofrecí yo mismo, que bastaba con que fuera la cantante principal, que no había motivo para encargarse de la gestión y organización del proyecto porque no es su punto fuerte. Le sentó fatal, no me volvió a llamar y nada más se supo de invitarme a ir a Detroit. Jamás me ha explicado el motivo».

El disco contenía tres conciertos/servicios celebrados en New Bethel los días 27, 28 y 30 de julio. Aretha los juntó en un disco doble, el mismo formato de *Amazing Grace*.

«Delegó en mí mucho trabajo, y me pareció bien», comentaba Brenda. «Como coordinadora de producción, supervisé los ensayos, me encargué del coro y tenía que conseguir que no surgieran imprevistos».

«Aretha delegó poco, llevó demasiadas cosas», afirmaba Cecil. «Eligió los temas, los músicos y a los predicadores y, hasta última hora nadie sabía lo que iba a cantar cada uno y el orden en que iban a actuar».

«Con el poder que tenía, podía contar con quien quisiera», decía Erma. «Invitó a lo más granado del góspel, como Mavis Staples, Thomas Whitfield, Joe Ligon de los Mighty Clouds of Joy y los reverendos Jesse Jackson, Donald Parsons y Jaspar Williams. Yo estaba muy contenta de participar».

Fue un proyecto ambicioso desde el principio. Aparte de producir un disco de góspel histórico, Aretha se planteó como objetivo superar en calidad y ventas a *Amazing Grace*. Si ese disco supone un hito en la historia del góspel, se debe, entre otras cosas, al elenco de participantes. Wexler era un productor enérgico y resolutivo que consiguió que el disco tuviera una sección rítmica muy funky. Además, al elegir a James Cleveland, Aretha contó con el director coral idóneo y, sobre todo, la Aretha de 1972 estaba a años luz de la de 1987.

La Aretha de 29 años de *Amazing Grace* era una artista que encarnaba una humildad genuina y un deseo de deslumbrar a las dos grandes figuras del góspel, a las dos personas a las que más admiraba y que estaban sentadas en primera fila: su padre y la amante de éste, Clara Ward. Quince años después, no quedaba rastro de esa humildad. Quería demostrarle al mundo entero que no necesitaba a ningún Hammond, Wexler, Clive Davis, Luther Vandross o Narada Michael Walden, que, en el territorio del góspel, sabía más que nadie. A fin de cuentas, se había criado en esa música, era su auténtica pasión, su maestra y guía, era la música góspel la que la había convertido en una estrella.

«El disco contiene algunos momentos únicos», decía el reverendo Cleveland. «Me saltaban las lágrimas con los dos temas que cantaba de Clara Ward con sus hermanas y su primer Brenda, 'Jesus Hears Every Prayer' y 'Surely God Is Able'. En esas canciones explora el interior de su infancia. También era especial cuando cantaba con Joe Ligon 'I've Been in the Storm Too Long'. Pero es un disco, en general, demasiado disperso, con un poco de sermones, un poco de canciones, sin un sentido unitario. *Amazing Grace* era una historia completa con principio, núcleo y fin. En esta ocasión, a Aretha le faltó una historia que le diera sentido al disco».

«Aretha fue generosa dándole a todos su espacio para expresarse», señalaba Cecil. «A mí me invitó para dar un pequeño sermón, igual que a Jesse Jackson. Pero quedó demasiado largo y hubo que cortarlo. También hubo problemas con las mezclas».

«Después de Aretha, la gran estrella era Mavis Staples», comentaba Erma. «Ambas familias nos conocemos desde hace muchos años, con lo que era justo que Aretha invitara a Mavis a cantar juntas. Aretha recordó que, de niñas, viajábamos juntas con nuestros padres por el circuito del góspel y que nos conocimos en una carretera embarrada de Misisipi. Era un recuerdo precioso. No obstante, en la sala de mezclas Aretha pensó que la voz de Mavis se comía la suya y se sintió amenazada. Le dije que en absoluto, que ambas quedaban muy bien y que las dos voces se complementaban a la perfección. Aretha no lo veía así y le bajó tanto la voz a Mavis que apenas se la oye en el disco. Fue un error y originó un enfrentamiento serio».

John Rockwell comentó en el *New York Times* que era «uno de los discos más esperado del año, lo que provoca que la decepción sea todavía mayor... Da la sensación de que Aretha Franklin quiere contentar a todas las celebridades que participan y, constreñida quizá por la magnitud del proyecto, se vio resentido el entusiasmo que caracterizaba su mejor disco de góspel». Rockwell se quejaba también de un exceso de lo que llamaba «discursivitis», es decir, que se hablaba mucho entre las canciones, que las canciones se interrumpían demasiado y que la producción parecía inconexa.

En las notas del disco, Aretha metía su propia reseña, calificándolo de «obra fundamental de la historia del góspel».

El público no lo vio igual. Apenas triunfó en ventas y, en comparación con *Amazing Grace*, tuvo poca repercusión comercial.

«*Amazing Grace* es el gran disco de góspel de Aretha», afirmaba el reverendo Cleveland. «Entonces ya había grabado canciones de góspel y, tras este disco con Arista, seguiría grabando más, pero, según mi opinión y la de casi todos los fans del góspel, nada se le acerca a las actuaciones divinas de 1972. Para reeditar aquel éxito, tendría que haber contado con un productor que lo combinara todo bien, porque no asume que no es una gran productora».

Por otro lado, coincidiendo con la publicación de *One Lord, One Faith, One Baptism*, sus hermanos Carolyn y Cecil cayeron enfermos.

«A Carolyn le diagnosticaron cáncer de mama», decía Erma. «El primer diagnóstico infundió cierto optimismo, pero una segunda opinión indicó que era muy agresivo. Se le recomendó radioterapia. Carolyn había ido a varias universidades pero nunca había obtenido ningún título y, cuando enfermó, iba al Marygrove College. Estaba a punto de terminar y no quería tirar la toalla por el cáncer, iba a graduarse.»

«Lo dejamos todo para centrarnos en nuestra hermana, y Aretha más que nadie. Se portó de maravilla, instaló a Carolyn en su casa y contrató a una enfermera para que estuviera todo el día con ella. Hubo un momento en que parecía que remitía el cáncer por el tratamiento, pero pronto se desvanecieron las esperanzas. A principios de 1988, empeoró notablemente. Con todo, siguió estudiando, haciendo los trabajos y aprobando los exámenes.

Contrajo muchas infecciones e ingresó varias veces en el hospital. El diagnóstico era cada vez peor. Tuvimos un respiro cuando obtuvo el título. Aretha le organizó una fiesta de graduación, un buen banquete. Carolyn ya no podía andar, pero se puso en la cama la toga y el birrete y le hicieron entrega allí del diploma. Se nos saltaban las lágrimas de la emoción».

Carolyn Ann Franklin murió el 25 de abril de 1988, dos semanas antes de cumplir 44 años. Hacía pocas semanas que se había graduado y había obtenido la licenciatura universitaria. El funeral se llevó a cabo en la iglesia de su padre.

«Era una gran mujer», decía Erma. «Una excelente artista, compositora y cantante que siguió su camino, vivió su vida y descubrió la libertad en su individualidad. No ocultaba su sexualidad y la contaba sin tapujos. Al igual que yo, se sintió frustrada en su carrera por el éxito de nuestra extraordinaria hermana. Al final, Carolyn demostró el talento que poseía y dejó un legado de música imperecedera».

«No se le puede negar que, con todo lo que se pelearon (no se cortaban un pelo), al final Aretha se desvivió por su hermana», decía su cuñada Earline. «Es muy curiosa la relación entre las hermanas de esa familia, son muy, muy competitivas. Aretha se enfadaba con Carolyn o Erma unas dos veces al mes. Eso sí, cuando había problemas, Aretha las protegía más que nadie.

Con lo de mi marido fue distinto porque era él quien cuidaba a Aretha y ésta nunca aceptó (sigue igual a día de hoy) la drogadicción de Cecil. En los años 80, con la expansión del crack, se enganchó. Siguió cumpliendo con mi hermana, aunque cada vez le costaba más, por mucho que ella lo niegue. Para Aretha, su hermano es como su padre, un hombre perfecto y sin defectos. Pero, al igual que su padre, Cecil era una persona brillante y también vulnerable a las tentaciones mundanas. Al final me harté y lo amenacé con irme de casa si no se metía en una clínica de desintoxicación».

Visité a Cecil en Detroit justo antes de someterse a un programa de rehabilitación. Hablaba mucho de sus amigos que habían caído en el crack. «Sabía que Marvin Gaye fumaba porque me recomendó que ni lo probara», me dijo. «La historia de Marvin Gaye con las drogas era premonitoria». También mencionaba a David Ruffin, que se encontraba luchando contra una adicción que, poco años después, lo llevaría a la muerte. Cecil comentaba que toda su familia se había movido en un mundo lleno de tentaciones, «sea whisky, vino o marihuana», comentaba. «Siempre ha estado todo a nuestro alcance y hemos tenido que saber cómo gestionarlo. Ahora ya es hora de poner fin a mi adicción y ganar esta batalla».

Lo volví a ver cuando salió de rehabilitación y me comentó que era la primera vez en décadas que se sentía plenamente lúcido. Decía que tenía muchas esperanzas y proyectos para el futuro.

«Me sentí muy orgullosa de él», decía Ruth Bowen. «Cecil era mi ojito derecho, una de las personas más inte-

ligentes que he conocido. Me daba muchísima pena que
cayera en la droga y me alegré un montón cuando se re-
habilitó. Sin embargo, un día me llamó Earline para decirme que le habían detectado una mancha en el pulmón.
Me vine abajo. Lo pasé fatal y no paraba de pensar en lo
que le afectaría a Aretha. Pero Aretha no se hundió, es
normal en ella, afronta esas cosas con una intensa actividad social. Eso le permite mantener la cordura».

Bowen me comentaba esto enseñándome una foto apa-
recida en *Jet* y en la que se veía a Aretha en su «baile anual
de carnaval» vestida de reina egipcia y con su compañero,
Willie Wilkerson, de presidiario.

Ese verano de 1988, dio un concierto en un club de
Chicago que se emitió en *Soundstage*, de PBS, y luego
salió editado como *Live at Park West*, primero en VHS y
más tarde en DVD. A sus 46 años, está en buena forma,
con un vestido sin mangas estilo años 20, recortado por
delante, luciendo escote y con actitud desenfadada. Se
muestra juguetona y sexi, e incluso bromea con hacer un
striptease. Tras un comienzo vacilante con 'Love Is the
Key', una versión de Frankie Beverly, ofrece la fabulosa
'Love All the Hurt Anyway', su dueto con George Benson.
Cantando las dos partes, su imitación de Benson es una
obra maestra cómico-musical. Tras empezar la canción,
una balada preciosa, le da alas, con un *scat*, al estilo de
Ella Fitzgerald y Sarah Vaughan, soberbio y tremendamente original. El recitado final, acompañado por el gran
guitarrista David T. Walker, se convierte en un sermón
con connotaciones sexuales, en el que dice «I'll meet you
at the front door with one of those sweet kisses. I'll put a
big pot of greens and hot water cornbread on for you,
baby... and we'll slide under those silk sheets...» [te recibi-
ré en la puerta con unos besos suaves. Te daré una olla
con verduras y pan de maíz solo para ti, cariño... y después nos deslizaremos bajo las sábanas de seda]. La sección con los éxitos de Atlantic resulta menos convincente,

pero tanto el tema de su hermana Carolyn 'Ain't No Way' como su repaso a la joya de Columbia 'Sweet Bitter Love' son deslumbrantes, recordándonos su capacidad para moverse en cualquier concierto entre el pop y la música religiosa, como cuando interpreta 'Didn't It Rain', de Mahalia Jackson.

En mayo se celebró en el Madison Square Garden el concierto de celebración del 40 aniversario de Atlantic. Aretha les prometió a sus viejos amigos Ahmet Ertegun y Jerry Wexler que asistiría.

«Vino todo el mundo», recordaba Ertegun. «Todos, desde los Rascals a Ruth Brown, pasado por Wilson Pickett o Led Zeppelin. La idea era celebrar los éxitos de la compañía. Como uno de nuestros mayores hitos fue el trabajo con Aretha, no me imaginaba la fiesta sin ella. Le pusimos un autocar privado de lujo para que la llevara desde Detroit y le reservé la suite del ático en el Waldorf Towers. Me llevé una gran alegría cuando confirmó, similar a la tristeza que sentí cuando, sin darme motivo alguno, excusó su asistencia».

Ese verano, PBS emitió un programa sobre ella en *American Masters*, un reportaje biográfico con datos incompletos y mucho material de archivo de conciertos. Según señalaba con acierto Mark Bego, en *The Queen of Soul*, su biografía sobre Aretha publicada un año después, el único momento reseñable llega cuando le preguntan por su vida sentimental y responde: «Siempre he sostenido que un hombre de verdad no se siente intimidado a mi lado. Unos saben estar a la altura de las circunstancias y otros, no».

«Es pura Aretha, con ese doble sentido sexual», comentaba Ruth Bowen. «También es una opinión sincera sobre su relación con el sexo opuesto. A sus pretendientes lo que les plantea es, si son hombres, que sepan tratarla». En noviembre, la familia sufrió una gran pérdida con el fallecimiento de Rachel Franklin, la hermana del reverendo C.L. Franklin, a la edad de 91 años.

«Abu era lo que nos unía a nuestro pasado», comentaba Erma. «Fue muy importante en nuestras vidas. Nos crio a todos. Era una mujer de campo avispada, divertida y muy leal. Se movía y reía de una forma peculiar y tenía un corazón enorme. Personificaba los valores religiosos tradicionales. Jamás he conocido una persona tan devota. Durante los últimos años vivió en una residencia y nunca perdió su amor por la vida. Todos los de la familia la queríamos muchos, todos los hijos y nietos, los sobrinos y sobrinas y los primos».

Tras el funeral, Aretha tenía un concierto en el complejo de Atlantic City Trump's Castle.

«No sabía si iría», comentaba Ruth Bowen. «Más bien me inclinaba por el no. Llevaba años sin salir del estado de Michigan, por una cosa o por otra, y Abu había sido la mujer más importante de su infancia. Tras darle muchas vueltas, finalmente acudió. Creo que uno de los motivos fue que quería lucir un vestido que había diseñado y que era similar a uno que había llevado Josephine Baker en París».

Aretha nunca se ha caracterizado por la autocrítica y, con todo, a finales de los años 80 empezó a darle vueltas a escribir sus memorias. Antes de contratar a un agente para sondear el mercado, habló un poco de su vida con el periodista Ed Bradley para el programa *60 Minutes*, pero se trataba de una pieza elogiosa y poco más. Eso sí, Aretha no quedó nada contenta con esa entrevista por un punto concreto. En un momento, Bradley le preguntó por el contenido sexual de muchas de sus canciones.

«Está presente en muchas de sus canciones», comentaba. «El deseo. Una sensación... una sensación buena».

«Creo que te confundes de cantante, Ed», respondía Aretha indignada.

Unos meses después, hablé con Bradley.

«He hecho muchas entrevistas con artistas difíciles», me decía, «pero Aretha se lleva la palma. Se cerró en banda cuando me metí en temas personales. Era curioso porque en su música se muestra muy abierta. Apenas le saqué nada, de modo que me sorprendió cuando me enteré de que iba a escribir su autobiografía. No me la imagino desvelando detalles de su vida».

No obstante, en 1989 empezó a trabajar en sus memorias. Shaye Areheart, de la editorial Doubleday de Nueva York, fue una de las personas a las que llamó un agente de Detroit para entrevistarse con Aretha en su casa. Areheart había estado cinco años trabajando con Michael Jackson en su autobiografía *Moonwalk*, que acababa de salir al mercado.

Areheart me contó que fue a Detroit y se presentó en casa de Aretha con dos ramos de rosas blancas. Las dos mujeres estuvieron más de dos horas hablando. Decía que Aretha había estado «simpática, encantadora y divertida». No había ninguna propuesta por escrito ni se habló de ningún editor que la ayudara con la escritura del libro. Tras las reuniones, se le pidió a Areheart y al resto de personas convocadas que hicieran una oferta económica por la cesión de los derechos. Ganó la de Areheart (no confesó la cifra exacta, solo era muy elevada). No obstante, en plenas vacaciones, Aretha le pidió 350.000 dólares más, pero la oferta ya estaba cerrada, así funcionan las subastas.

«A Aretha le da igual seguir las reglas de las subastas o las negociaciones», comentaba Ruth Bowen. «Se empeña en una cosa y ya está. A ella le parece normal cerrar un acuerdo y luego pedir más a su antojo».

También me dijo Areheart que le envió una carta a Aretha en la que, de forma muy diplomática, le explicaba que, al ganar la subasta, no era lógico que le pidiera más dinero. No volvió a saber nada más de la cantante.

31
EL CÓCTEL DE SIEMPRE

Cuando el novelista inglés Somerset Maugham publicó en 1940 una colección de relatos, la revista *Times* lo tildó de «el cóctel de siempre», señalando que era más de lo mismo. Unos años más tarde, Maugham, maestro de la ironía, tituló su siguiente libro de relatos así, *The Mixture as Before*, agradeciéndole el título al crítico del *Times*.

Aretha se tomaba las cosas de un modo similar a Maugham. En una ocasión le comenté que, para algunos críticos y fans, sus discos de finales de los 80 y principios de los 90 no eran más que productos comerciales un tanto redundantes, a lo que me contestó que su interés era estar al día. No quería ser un elemento del pasado para circuitos de viejas glorias. Le pregunté si en algún momento un artista deja de centrarse en el mercado y me respondió que ésa no es la cuestión, que su objetivo principal era tener siempre las mejores canciones, y que normalmente las mejores acaban siendo éxitos comerciales.

Siguiendo la eterna senda del éxito, Aretha volvió en 1989 al estudio de grabación para sacar, con la ayuda de Arif Mardin y Narada Michael Walden, otro disco para todos los públicos. En esta ocasión, la mezcolanza de canciones incluía tres duetos.

«La estrategia de Clive Davis para los cantantes mayores que empezaban a flojear en ventas era ponerlos a hacer duetos con otros cantantes», decía Ruth Bowen. «Juntar a

Aretha con Whitney Houston era una buena jugada, por la música potente de Whitney. Con Elton John ayudaba a Aretha a llegar al mercado del pop. Lo mismo se aplicaba a Kenny G, que provenía del R&B, pero había conquistado al público blanco. Lo de James Brown era distinto, se trataba de juntar dos leyendas. En resumen, se hacía todo tipo de combinaciones con un fin comercial».

Las compañías grandes ganaron mucho dinero en los años 80. La aparición del compact disc, que ofrecía enormes márgenes de beneficio, fue la innovación tecnológica más rentable desde el LP. Millones de consumidores se lanzaron a comprar sus viejos discos en casete y CD, lo que redujo muchísimo los gastos de producción. Por otro lado, las arcas se vieron engordadas por las nuevas obras de una larga lista de artistas muy comerciales, como Bruce Springsteen, AC/DC, Prince, Michael Jackson, Bon Jovi, Whitney Houston, Guns N' Roses. Si lo analizamos un poco, aquella fue la última década en que la industria se basó en la venta de productos tangibles en tiendas físicas.

«Con la cantidad de dinero que se ganaba», decía Jerry Wexler, «podría haber aparecido alguien que se propusiera sacar a Aretha del pop y grabar algún disco memorable, es decir, en el estilo que mejor se le da, tocando el piano y cantando con una buena sección rítmica».

«Aretha y Clive coincidían en lo que querían hacer», matizaba Ruth Bowen. «Querían temas comerciales y no pasa nada, en eso consiste la industria, daba igual que Aretha estuviera en el estudio de Detroit y Whitney en el de Los Ángeles y que luego pareciera que habían cantado juntas. Qué más da si se vende».

Sin embargo, el nuevo disco no vendió mucho con los duetos, ni el insulso con James Brown ('Gimme Your Love') ni el tontorrón con Whitney Houston ('It Isn't, It Wasn't, It Ain't Never Gonna Be'). La canción que titulaba el álbum, la superficial 'Through the Storm', con Elton John, llegó a colarse entre los veinte más vendidos del pop, aunque no sería de lo más memorable de ambos artistas. Ninguno de los cantantes parecía mínimamente interesado en cantar esos temas.

Capítulo aparte merece el dueto con Whitney Houston.

«Hubo todo tipo de historias entre Whitney y Aretha», decía Ruth. «Casi acabaron peleadas. Aretha sigue achacándolo a disparidad de caracteres porque, según ella, a Whitney le faltaba experiencia y madurez, pero creo que Aretha no se sentía segura por si la superaba una cantante de una generación más joven. Poco importaba porque la canción era para olvidar. Al año de publicarse, ni los más fervientes fans de Aretha o Whitney recordaban aquel truño».

«Pasó lo siguiente», resumía Narada. «Whitney voló a Detroit la mar de ilusionada por cantar con Aretha, pero, al entrar en el estudio, ya no era la tía Ree sino la Reina Aretha, la diva con mayúsculas. En aquel entonces, Whitney era la estrella más grande de la música y no pensaba que Aretha se sintiese a prueba. Llegó con cara seria frente a la sonriente Whitney. Aretha era como un boxeador examinando a su rival. Además, como la canción trataba sobre dos mujeres que se disputan a un hombre, Aretha estaba más que metida en el papel. Intenté mostrarme muy suave con ella porque, de lo contrario, a saber lo que me habría soltado. Por otro lado, le gustaba mi idea de producirle una canción de Diane Warren, 'It Isn't, It Wasn't, It Ain't Never Gonna Be' al estilo del *new jack swing* de Teddy Riley, el nuevo estilo de R&B que estaba causando sensación. Aretha lo clavó, pero también se mostró muy distante con Whitney, hasta el punto de que después se dio cuenta de haberse pasado. Unos días más tarde, me preguntó si tendría que llamar a Whitney para pedirle disculpas. Le dije que me parecía bien. No le pregunté si la llamó, no es asunto mío, pero sí sé que tuvieron una relación distante durante un tiempo.

»Los duetos con James Brown y Elton John también fueron particulares. James Brown llegó a mi estudio en el norte de California pensando que se iba a encontrar allí con Aretha. Le dije que la Reina no volaba. Me comentó que habría sido un hito tener en el mismo estudio al Rey y a la reina. Elton John pensaba lo mismo, que habría preferido grabar junto a ella, pero aceptó grabar su parte en Los Ángeles a partir de la voz grabada con Aretha en Detroit».

En plena vorágine de lucha de egos y complicadas relaciones profesionales, Aretha perdió uno de sus principales apoyos personales con el fallecimiento de Cecil Franklin, su querido hermano. Murió el 26 de diciembre de 1989 de cáncer de pulmón. Tenía 49 años.

«Fui yo quien llamó a Aretha para decirle que fuera urgentemente al hospital», recordaba Ruth Bowen. «Earline me había dicho que era cuestión de horas. Sabía que Aretha quería despedirse de él. No llegó a tiempo y quedó destrozada. La muerte de su hermano fue uno de los palos más grandes de su vida. Lo consideraba su mayor fan y mejor amigo, y con razón. Con Aretha, siempre he tenido mis más y mis menos, pero con Cecil me llevé siempre muy bien. Cecil intercedía entre ella y la industria, y muchas veces era gracias a él que ella se mostraba constante en su carrera. Sin él, todo habría sido distinto. No había nadie, y me incluyo a mí, en quien confiara tanto como en su hermano. De hecho, nunca lo sustituyó como mánager. Cambió de agente para los conciertos, como me pasó con Dick Alen, pero no de mánager. Si ya era difícil de llevar cuando estaba su hermano, con su fallecimiento se desmadró. Con Cecil, quedaba la posibilidad de que tomara una decisión razonable, pero desde entonces, se volvió una persona imposible».

«Fue una época tremenda, en dos años perdimos a Carolyn, a Abu y a Cecil», recordaba Erma. «Aretha se quedó unos años como desorientada».

Pasados casi diez años, Aretha seguía recordándolos con un inmenso dolor. Trabajando en sus memorias, le costaba expresar sus sentimientos en este tema. Estuvo muchos años en los que se le saltaban las lágrimas. Me quedaba a su lado, sentados ambos en silencio. Finalmente, un día me habló del calvario que vivió entonces. No obstante, en su cabeza le había dado la vuelta a las fechas: decía que Abu había muerto después de Cecil, cuando lo cierto es que Rachel Franklin había fallecido a finales de 1988, un año antes que su nieto. Se lo dije y se puso furiosa, me respondió que nadie tenía que corregirle al hablar de la muerte de sus seres queridos. Revisé mis datos con Erma y Earline, que eran quienes me habían dado las fechas. Consulté también los certificados de defunción. Los hechos confirmaron lo que le había dicho a Aretha, pero no dio su brazo a torcer. En su libro, dejó escrito que Cecil murió antes que su abuela, de quien erróneamente fechaba su fallecimiento en 1990.

«Aretha es una mujer que sufre mucho, pero nunca quiere mostrarlo», comentaba Erma. «No sabría decir el motivo. Tampoco puedo expresar lo que sufrimos cuando murió Cecil. Fue algo indescriptible. Ella sobrelleva el duelo convirtiendo el dolor en ira. Yo lo entiendo, se había muerto nuestra madre, nuestro padre, nuestra hermana Carolyn, nuestra abuela y nuestro hermano. Demasiadas muertes, es difícil asumirlo, muy difícil hacer el duelo. Se intenta rezando y cantando plegarias, algo ayuda y seguro que Aretha intenta superarlo así también. Sin embargo, también lo expresa con ira y la gente puede que no lo entienda, que le incomode o no lo tolere, pero así es como gestiona Aretha su dolor. Si siente mucho miedo, o una pena inmensa, acaba pagándolo con quien tiene delante».

«La llamé por teléfono, sabía lo unida que estaba a su hermano y quería darle el pésame», me contaba Luther Vandross. «Le pregunté si estaba bien y se enfadó, me contestó si había insinuado que había tenido una crisis nerviosa o una depresión o algo así. No le había dicho eso, solo le expresaba mi preocupación. Se lo tomó a la tremenda y se puso hecha una furia, diciendo que no era tan débil como la gente se creía. Es verdad, era una mujer muy fuerte. Le dije que solo quería saber si necesitaba algo, pero no había forma de calmarla, se enfadaba aún más. Fue una conversación rocambolesca, Aretha no quería transmitir una imagen de fragilidad. Como es propensa a la depresión, tal vez no le gusta que la gente se lo mencione y reacciona así. Tardé mucho tiempo en volver a ponerme en contacto con ella».

«Creo que Aretha disfrutaba en el fondo con sus peleas con Luther», opinaba Ruth Bowen. «Le daba un aliciente a una vida cada vez más aburrida. Se había ido a vivir a una urbanización de lujo y tenía mucho tiempo libre, ya no iba a casi ningún sitio y apenas salía de casa. No le venía mal de vez en cuando una pequeña discusión con Luther. Creo que le aportaba vidilla. Hay que saber lo que es una pelea con Aretha. Discutir se le daba genial».

TERAPIA A BASE DE FIESTAS

«Cada uno sobrelleva la depresión, los cambios anímicos y las malas rachas a su manera», señalaba Erma, poco después de la muerte de Cecil. «La de Aretha es dar fiestas. Todos los años organiza su cumpleaños a lo grande. Reserva un salón pijo e invita a todas las personalidades de Detroit. Así mantiene la cabeza ocupada con los preparativos. Se encarga de organizar los números musicales, el catering, todo. Se pasa semanas eligiendo el vestido y si esa temporada está a buenas conmigo, con mi hijo y con nuestra prima Brenda, nos invita y nos lo pasamos en grande. Aparte de eso, organiza a lo largo del año otras fiestas más pequeñas en su casa. Algunas las monta sin tiempo y deprisa y corriendo, y no salen tan bien. Creo que las hace para invitar a la prensa y salir en los medios. Es normal, las estrellas no pueden desaparecer mucho tiempo».

A finales de los años 80, se le encargó al fotógrafo Paul Natkin cubrir, para la revista *InStyle*, una fiesta navideña que celebraba Aretha en su casa de Bloomfield Hills. Se le dijo que la comida la iba a cocinar la propia Aretha y que asistirían los jugadores de los Pistons de Detroit y los miembros de los Temptations, el grupo de la Motown. Al llegar a la casa, Natkin vio en la puerta dos camiones grandes de catering. Aretha había cambiado de idea en lo de cocinar ella. Además, los Pistons jugaban esa noche en Los Ángeles contra los Lakers, y el único artista presente era el antiguo miembro menos famoso de los Temptations, que cantó con un aparato de karaoke. Los más famosos eran unos presentadores de la televisión local. Según Natkin, Aretha se pasó la velada sentada en una silla con el bolso apoyado en el vientre, las manos encima y un guardaespaldas detrás de ella.

Con todo, en los años 90 Aretha vivió muy buenos momentos. No tardarían en regresar los demócratas al poder y las subsiguientes invitaciones a la Casa Blanca. Ray Charles había cantado sin inmutarse ante Reagan y George Bush (padre), pero Aretha no, debido a sus estrechos vínculos con el Partido Demócrata.

«A principios de la década, ganaba entre 2 y 5 millones de dólares al año», calculaba su agente Dick Alen. «Seguía llenando salas grandes y tenía un cancionero repleto de éxitos. El repertorio habitual lo conformaban, evidentemente, sus hits de Atlantic de los 60 y los 70 y los de Arista de los 80, como 'Freeway' o 'I Knew You Were Waiting'. Si hubiera superado el miedo a volar, habría ganado el triple o el cuádruple, pero no actuaba al oeste del país. No quería ir mucho en coche y tampoco cruzar en autobús las Montañas Rocosas. Continuó ignorando el mercado internacional de Europa, Asia y Latinoamérica, que también le habría dado mucho dinero. Y, por supuesto, no pararon las cancelaciones, en su mayor parte sin motivo. Con todos estos peros, que ganara tanto muestra su relevancia y popularidad como artista».

«A principios de los años 90, me llamó para planear un nuevo disco», decía Arif Mardin. «Nunca le decía que no a Aretha y me apetecía ver qué ideas tenía. Conservo un buen recuerdo de mi relación con ella, duró bastante tiempo y me parecía una persona muy optimista, ya que siempre decía que su nuevo disco iba a ser el mejor. Me gustaba su afán por seguir en las listas de éxito. Sin embargo, en esta ocasión tenía mis dudas. Quería hacer un disco solo de canciones suyas, algo en plan "Aretha Franklin canta canciones de Aretha Franklin". Me envió algunas y no estaban mal, pero no destacaba ninguna. Con toda la delicadeza del mundo, le dije lo que le habría dicho Clive Davis, que sería mejor contar con expertos en componer éxitos. Se produjo un silencio al otro lado del teléfono, me dio las gracias y no volví a saber de ella durante años. Cuando al año siguiente salió el disco, el que tiene el desafortunado título de *What You See Is What You Sweat* [eres lo que sudas], me encuentro con que había dos canciones escritas y producidas por Burt Bacharach, dos de Pic Conley, un productor de moda de la época, y que solo había metido dos suyas de las diez que me había enviado. Se había impuesto el punto de vista de Clive».

Clive también logró que siguiera en la lista de éxitos, si bien por poco. Una de las canciones de Bacharach, 'Ever Changing Times', con coros de Michael McDonald, llegó al top 20 del R&B, pero nada más.

Oliver Leiber, coproductor de la canción 'Mary Go Round', acudió a Detroit a grabar con ella:

«Nos llamó Clive Davis porque mi colega Elliot Wolff y yo estábamos en boca de todos», me decía. «Habíamos compuesto y producido varios éxitos de Paula Abdul: Elliot se había encargado de 'Straight Up' y 'Cold Hearted', y yo, de 'The Way That You Love Me', 'Forever Your Girl' y 'Opposites Attract'. Así que preparamos unas maquetas y se las enviamos a Clive. Lo que hacía él era, básicamente, elegirle las canciones a Aretha. Cuando le enviamos 'Mary Go Round', le gustó y allí que nos fuimos. Por otro lado, trabajar con Aretha implicaba hacerlo en su territorio, es decir, en Detroit, en United Sound, pero genial, porque sabía que George Clinton había grabado allí gran parte de su material de Funkadelic. Elliot y yo estábamos encantados.

»Ojalá pudiera decir lo mismo de Aretha. No nos recibió mal, pero sí con cierta indiferencia. Estuvo a la altura de su reputación de diva, arrogante y fría. Desde el principio nos insistió que estaba allí para trabajar, y que cuanto más rápido, mejor. Durante las dos horas que duraría la grabación de su voz, no paró de fumar Kools. Incluso cantando, le salía humo de la boca. No le puso nada de ganas a la canción, estaba más pendiente del pollo frito que le estaban preparando en la cocina. Nos dimos prisa porque teníamos la sensación de que lo único que quería era comer.

»Se había aprendido el ritmo y la melodía y la cantó sin problema, pero en la maqueta había unos fraseos y melismas que pensábamos que hacían la canción más elegante. Elliot se lo dijo de forma muy suave, ella respondió que estaba bien como había quedado y ni lo intentó como queríamos. Su única indicación (bueno, exigencia) fue meter a su hijo Teddy de guitarrista. No lo hizo mal, pero lo que tocó no encajaba y no lo incluimos.

»Al final del día, se acabó lo que se daba. Aunque figuramos como productores del disco, en realidad únicamente produjimos el tema instrumental. No nos encargamos de las voces, y eso que estábamos allí para eso. Creo que con todos los productores sería igual porque ella tiene muy claro lo que quiere cantar y nadie le dice ni mu. En resumen, fue un honor trabajar con la gran Aretha Franklin, pero estuvo siempre muy fría, como una reina arrogante».

A finales de 1990, empezaron a salir noticias sobre el fiasco del proyecto de Mahalia Jackson. Según un titular de *Jet*, «un tribunal de Nueva York obliga a Aretha a pagar 230.000 dólares por abandonar la obra». Se recogían también las declaraciones del productor Ashton Spring, en que decía que «estaba previsto estrenar el musical en Cleveland en julio de 1984, pero ni siquiera pudimos empezar porque Aretha Franklin no asistió a los ensayos».

En verano sí apareció en un programa de homenaje en Detroit a Nelson Mandela por su liberación en Sudáfrica en febrero.

Aretha no salió de Detroit en todo el verano, con la excepción de un concierto notable en el Radio City Music Hall de Nueva York.

John Pareles escribió lo siguiente en el *New York Times*: «Aretha Franklin encadenó unos cuantos temas de forma sublime... aunque también hubo baladas de segunda con arreglos innecesarios (¿de verdad hay que poner violines en 'Respect'?) que la convierten en una artista tan decepcionante como inigualable». Añadía que 'Ever Changing Times' sonaba como «un descarte de Whitney Houston». En aquel auditorio cavernoso, tuve una sensación distinta, los pies se me iban con la excelente interpretación que hizo de una canción que constituye una de las mejores colaboraciones de Bacharach con Carole Bayer Sager.

Ese mismo verano se vivió una tragedia en la historia de la música norteamericana. El 13 de agosto, durante un vendaval, le cayó encima a Curtis Mayfield una torre de luces en un concierto al aire libre en el Wingate Field de Brooklyn, dejándolo paralítico de cintura para abajo.

«Aretha y yo estábamos muy unidas a Curtis, igual que toda la familia», comentaba Erma. «Fue una noticia horrible. Aretha llevaba un tiempo hablando con él para hacer un disco juntos. Si pensamos en los grandes productores de Aretha, solo dos eran cantantes: Luther y Curtis. Por eso creo que los discos que hizo con ellos tienen un aroma especial. Pese al terrible accidente de Curtis, esperaba que pudiera cantar de nuevo. Y así fue, aunque pasaron algunos años, volvió a trabajar con mi hermana».

El año nuevo empezó con una noticia feliz. En enero de 1991, la Universidad Estatal Wayne de Detroit le concedió a Aretha el doctorado honoris causa.

«Era un tremendo honor para una persona que no había terminado la secundaria», señalaba Erma. «Carolyn,

Cecil y yo teníamos más estudios y a ella se la notaba un poco acomplejada. Era igual de lista que nosotros, ávida lectora e inteligente analista de la situación política y cultural. No tenía sentido que se sintiera intelectualmente inferior, pero dejar el colegio en la adolescencia es algo que te marca. Siempre intentaba mostrar que no sabía menos que nadie y le vino muy bien el honoris causa, le dio más confianza».

En marzo, murió en Los Ángeles el reverendo James Cleveland a los 59 años. Aretha no asistió al funeral en el Shrine Auditorium de Los Ángeles, pero envió una nota en la que decía: «Ha dejado la huella más profunda en la historia de la música góspel... James fue primera influencia musical y mi mentor en mis años de formación».

Dos semanas más tarde, cantó en el funeral, celebrado en Detroit, de Anthony Riggs, asesinado tras regresar de la Guerra de Golfo.

«Mi hermana siempre estuvo comprometida en causas que recibían poca atención por parte de los medios», señalaba Erma. «Salía en las noticias una mujer que había perdido su casa en un incendio, y al instante llamaba a la cadena de televisión para que le dieran el teléfono de la mujer y, al día siguiente, le enviaba un cheque de 30.000 dólares».

En junio regresó a la iglesia de su padre para cantar en el funeral de David Ruffin, fallecido a los 50 años. Me habló de él, lo admiraba igual que a Sam Cooke, Marvin Gaye, Smokey Robinson, Levi Stubbs y Dennis Edwards, situándolo en la categoría más alta de los cantantes de soul.

«Fue una época de soledad», recordaba Ruth Bowen. «Se morían sus mentores y amigos. La relación con Willie Wilkerson tenía altibajos, aunque más bajos que altos. Quería conocer a más hombres, una de las constantes de su vida. Lo bueno para ella es que no tenía que hacer gran cosa para anunciar que estaba en el mercado, llamaba a *Jet* y lo anunciaban en portada».

De hecho, en la portada del 19 de agosto se recogía que «Aretha Franklin afirma que está lista para el amor, es rica y espera que llegue el hombre adecuado que "sepa valorarme". "Me encantan los hombres", asegura, resaltando que no quiere simultanear. "No hace falta que sea una persona famosa o del mundo del espectáculo, simplemente, un hombre que no se sienta intimidado por salir conmigo. Es algo que hablo con otras mujeres famosas, que me comentan también que la fama echa a muchos hombres atrás a la hora de dar el primer paso"».

Aretha explicaba también la letra de una canción suya del nuevo disco, *What You See Is What You Sweat*, titulada 'You Can't Take Me for Granted' [no sabes valorarme].

«Es muy personal, la escribí pensando en una persona, en un hombre de color de más de metro ochenta, una persona encantadora, pero no voy a decir su nombre. En la letra digo: "Your picture's in my locket but I'm not in your back pocket" [llevo una foto tuya en mi medallón, pero tú no llevas ninguna mía en la cartera]. Sí, trata de una historia concreta».

Sin embargo, es una historia que nunca ha compartido con su público.

«Tras el divorcio con Glynn, solamente ha tenido una relación de verdad, la de Willie Wilkerson», aportaba Ruth Bowen. «Willie siempre ha sido un buen hombre y muy leal. Se convirtió en su compañero perfecto. El resto de amores imaginarios no llegaron a nada».

«Willie es un tío seguro de sí mismo», decía Erma. «Le daban igual las historias que contara por ahí Aretha o lo que dijera en la prensa. Y no es porque solo estuviera con ella sino porque creo que la quería de verdad y no tenía que guardar las apariencias ante nadie, por lo que le permitía que comentara lo que quisiera. Pasaba bastante, al igual que la gente. Nadie estaba tan pendiente de Aretha como ella pensaba».

La gente tampoco le prestó mucha atención a *What You See Is What You Sweat*. Fue el disco en Arista que menos se vendió. Pinchó hasta el dueto con Luther Vandross, 'Doctor's Orders', su última colaboración.

«Ya ni sabía cuántas veces me había prometido Aretha que no me volvería a hablar en la vida», decía Luther. «Siempre salía con alguna ofensa nueva. Si iba a actuar en Detroit, me pedía 24 entradas para sus amigos, y si le daba 12, ya la teníamos montada. Acababas harto, dicho finamente. Tampoco podía eternizar el enfado porque es Aretha. Así pues, me llamó para hacer otro tema al estilo de 'Jump to It' e hicimos 'Doctor's Orders'. No está entre mis favoritas, es un poco tontorrón. No ayudó tampoco que Aretha se negara a salir de Detroit porque yo quería haber hecho la producción completa en un estudio de Los Ángeles o Nueva York. Se le empezaba a notar la edad en la voz, pasa con todas las voces y, al grabar, hay que tener un tratamiento especial. Sin embargo, con Aretha no fue posible porque no reconocía el mínimo signo de deterioro en su voz».

En 1991, las carreras de Aretha y Luther iban por derroteros distintos. Su último álbum, *Power of Love*, siguió a la altura de sus éxitos anteriores, mientras que Aretha llevaba cinco años sin un número uno, desde su trabajo con George Michael.

En septiembre volvió a cantar en el Radio City Music Hall y el crítico del *New York Times*, Stephen Holden, publicó la siguiente reseña: «La cantante ha desarrollado con el tiempo una puesta en escena al estilo de Las Vegas que le hace un flaco favor a lo que mejor hace, actuar sin adornos, un pop con sabor de góspel, con la pasión y la frescura de una cantante de iglesia. En los discos se cuelan ecos de esta pasión, incluso en el potaje disperso que es su nuevo disco, *What You See Is What You Sweat*».

Siempre pendiente de salir en los medios, en noviembre apareció en la serie de televisión *Murphy Brown*, menos estilizada que en las fotos del disco. Cantaba al piano 'Natural Woman', con Candice Bergen colándose en los coros.

429

Siguió celebrando a lo grande su cumpleaños y en marzo de 1992 cumplió los 50. Esta vez fue en el salón de un hotel de Detroit con la Duke Ellington Orchestra, dirigida por Mercer, el hijo de Duke. Entre los doscientos invitados estuvieron jugadores de los Pistons de Detroit, algunos presentadores locales de televisión y su hermano Vaughn.

«Nos unimos mucho más a raíz de la muerte de Cecil», comentaba Vaughn, medio hermano de Aretha, mayor que ella. «Iba a Detroit a las fiestas y muy feliz de que me invitara. Había épocas en que Aretha estaba triste, pero se animaba con esos encuentros sociales. Además, empezó a pedirme que la ayudara en la organización de los viajes y la gestión de su carrera. En los años 90 tuvo problemas con Hacienda y me llamó con más frecuencia. Yo me había licenciado de una larga carrera militar en 1974 a los 40 años. Desde entonces, vivía al sur y trabajaba en correos. Cuando me pidió que trabajara con ella, había cumplido ya los 60 y pensaba en una jubilación tranquila. No me atraía el mundo de la farándula, pero me sentía obligado por amor hacia nuestra madre. Dado que soy básicamente un soldado, no me resultó fácil porque un soldado se rige por la disciplina, pero un artista, por el estado de ánimo. Dependiendo del estado de ánimo, se da o se cancela un concierto, se cumple o no el horario de grabación. Era para mí un mundo nuevo con normas nuevas. Tuve que acostumbrarme a dejarme llevar por los acontecimientos. No era mi forma de ser y durante años me sentí incómodo, no me gustaba ser yo quien tuviera que disculpar el carácter voluble de Aretha. Tampoco entendía muy bien lo del dinero porque ella ganaba muchísimo y siempre necesitaba más. Comprendí su relación con el dinero cuando vi que no se dejaba nunca el bolso en el camerino, se lo llevaba siempre consigo porque iba con el dinero para pagar a quienes trabajaban para ella. Intenté convencerla de usar cheques, pero nada, pagaba a tocateja».

«Casi todos los conciertos que le organicé», comentaba Dick Alen, de la agencia William Morris, «estipulaban que, de la cantidad total, había que darle 25.000 dólares en efectivo antes de actuar. Lo usaba para pagar nóminas, sin impuestos ni registros de ningún tipo. Le pedí muchas veces que dejara constancia, pero ni caso. Sabía que, tarde o temprano, tendría que soltarle un dineral a Hacienda».

«Con todos los problemas económicos, se alegró mucho con la victoria de Bill Clinton», recordaba Vaughn. «Era demócrata, músico, saxofonista y fan del rhythm and blues. Aretha pensó que establecería contacto regular con ella y así fue. Había hecho campaña por él y se lo agradeció. La restituyó en el trono, la mantuvo como figura mediática y le dio el reconocimiento merecido».

En el verano de 1992 y con 52 años de edad, Aretha Franklin cantó el himno del país en la Convención del Partido Demócrata que proclamó candidato a Clinton. Ese mismo verano, mientras languidecían las ventas de sus discos en Arista, el álbum *Amazing Grace*, grabado 21 años atrás, conseguía el doble disco de platino.

«La llamé para darle la noticia», decía Jerry Wexler. «Cada vez le costaba más vender discos, se iba a alegrar. Y tanto que se alegró. Fue una conversación agradable, recordando los buenos momentos. Me animé a sugerirle que grabara un disco de corte clásico, todo de blues o jazz, algo para la historia. Ahí se acabó la conversación. "Ay, no, Clive tiene a Babyface y a L.A. Reid escribiéndome canciones. Los conoces, ¿no, Jerry?". Cómo no, acababan de hacer 'I'm Your Baby Tonight' con Whitney Houston. Pero cuando le dije, muy suavemente, que igual era demasiado mayor para cantar esas canciones, se lo tomó como un insulto. Llegó otro periodo de silencio, me convertí en un apestado».

Viajó ese verano a Nueva York para actuar en el homenaje a Clive Davis organizado por el Friars Club en el Waldorf Astoria. También actuaron artistas como Dionne

Warwick, Kenny G y Barry Manilow, entre otros. Aretha quería salir la última. Entonces llegó la sensación: salió con un tutú y se puso a dar vueltas con bailarines de la compañía City Center Ballet.

«Cuando nos dijo lo que iba a hacer, no me lo quería creer», decía Ruth Bowen. «Para mí, iba a hacer el ridículo, y creo que no me equivoqué. Fue otra de esas ocasiones en que perdía el sentido de la realidad. Se veía como una bailarina grácil, pero, a ojos de los demás, era un hipopótamo bailando. Lo más fuerte es que decía que quería salir así... ¡por respeto a Clive!»

En *The Soundtrack of My Life*, la autobiografía de Davis, este dejó constancia de la anécdota con mucho tacto: «Hizo algunas piruetas bailando con una agilidad asombrosa».

«A Davis parecía respetarlo más que al resto», decía Vaughn. «Pensaba que no podía enfrentarse a él porque tenía contacto con todos los compositores y productores de éxito. También le decía que iba a hacer un disco solo con sus temas. No le hacía falta el beneplácito de Davis, lo daba por hecho».

«En cada disco incluía canciones suyas para tener más ingresos», señalaba Dick Alen. «No hay nada malo en eso».

«Creo que si se hubiera dedicado más a la composición, o se hubiera mostrado dispuesta a que la ayudaran, tendría un listado mayor de hits escritos por ella misma», opinaba Billy Preston. «Si le preguntas al fan medio de Aretha el título de una canción compuesta por ella tras dejar Atlantic en los años 70, no tendrás respuesta. Igual que con Ray Charles. ¿Qué escribió después de 'What'd I Say?' Fue el último tema de su puño y letra que fue un éxito».

«No diría que mi hermana es vaga», matizaba Vaughn. «Da varios conciertos al año, pero, cuando no está de gira, le falta constancia. Al haber servido en el ejército, yo la disciplina la tengo muy arraigada. Aretha tenía que luchar contra su hábito de quedarse en casa durante semanas, sentada en el sofá y sin hacer nada más que comer y ver la tele. Le dije un par de veces que eso no era bueno, pero me soltó una bronca y no saqué más el tema».

La idea de cantar un tema a dúo con Teddy Pendergrass, que estaba en silla de ruedas, hizo que pasara del sofá al escenario del Mann Music Center de Filadelfia.

Erma Franklin estuvo décadas convencida de que no se habían valorado sus dotes musicales, de modo que sintió una satisfacción especial cuando, en noviembre de 1992, se usó su versión de 'Piece of My Heart' en un anuncio de vaqueros Levi's hecho en Inglaterra. El tema vendió, solo en Reino Unido, 100.000 copias, sonó por toda Europa y le ofrecieron hacer un videoclip.

«Fue maravilloso volver a estar en boca de todos, aunque fuera más en Gran Bretaña que en Estados Unidos», me comentó. «A los ingleses les gusta mucho nuestra música, me sentía abrumada. Recibí un par de ofertas muy lucrativas para actuar en Londres, tenía que dar un concierto con Aretha. Eran ofertas millonarias. Les dije a los promotores que ella no aceptaría por el miedo a volar y nos ofrecieron seis plazas en primera en un transatlántico de lujo. Aretha se lo pensó pero declinó al final, con lo que se pasó la ocasión. Yo no lo hacía por despertar una carrera inactiva sino porque habría estado bien. Estaba feliz con mi trabajo en Boysville, que entonces era el centro de atención a la infancia más grande de Michigan, era muy bonito ver cómo salían adelante niños abandonados o víctimas de abusos. En esa época de mi vida, no sé si me habría vuelto a la carrera musical en el caso de que me hubieran ofrecido grabar o salir de gira. Le daba gracias a Dios por haber sobrevivido de joven a la locura del mundo del espectáculo y rezaba para que mi hermana siguiera sana y salva».

La supervivencia de la carrera comercial y artística de Aretha es tema digno de estudio. Cuando parece que no va a remontar el vuelo, sale algo que la devuelve a lo más alto. No paraban de salirle cosas por su estatus y es lo que pensó Spike Lee cuando la llamó para darle un final por todo lo alto a su película de 1992 *Malcolm X*. Ella contactó con Arif Mardin, que hizo unos arreglos de 'Someday We'll All Be Free', de Donny Hathaway, sencillos, de estilo religioso, en la estela de *Amazing Grace*, el disco de góspel producido por Jerry Wexler con Mardin y Aretha. Su interpretación magistral de una canción que suena en los títulos de crédito finales contienen una ironía que salta a vista: la historia de uno de los conversos del Islam más famosos la resume en un himno de resonancias cristianas.

Mientras tanto, su situación financiera tocó fondo. A finales de año, Hacienda le notificó una orden de embargo de 225.000 dólares por el impago de impuestos en 1991 por su casa de Bloomfield Hills. «Pese a no ser acusada de ningún delito», señalaba la revista *Jet*, «el embargo consiste en la cantidad que le debería pagar al erario público si vendiera la propiedad».

«En realidad, Hacienda nos hacía un favor porque la obligaba a trabajar», opinaba Vaughn. «Tras un periodo prolongado de inactividad, solo se activaba por amenazas, como una carta del gobierno. Servía para recordarle que, le gustara o no, tenía que ganar dinero. Yo no estaba al tanto de los detalles de los problemas con el fisco y a lo mejor se estaban cebando con ella por ser famosa, pero el caso es que a las pocas semanas estaba llamando a Ruth Bowen y a Dick Alen para salir de gira».

Con todo, no dudaba en actuar gratis si había que homenajear a algún artista que admirase. En diciembre, por ejemplo, apareció en los Kennedy Center Honors para homenajear al vibrafonista de jazz Lionel Hampton.

«Tengo por norma no apoyar a los republicanos», explicaba Aretha. «Lionel era republicano de toda la vida y con él hice una excepción porque mi padre lo adoraba, todos nosotros, de hecho. Había ido a la iglesia de New Bethel. Un día, nuestro padre nos llevó a Erma y a mí un concierto suyo en Detroit y Lionel nos subió al escenario a bailar un poco mientras seguía tocando. Sería mi primera vez fuera del escenario de la parroquia. Evidentemente, ahí no había líneas rojas que valieran, había que homenajear al gran Lionel Hampton y disculparle que votara a ese partido».

Un mes después, Aretha volvió al redil, actuando en diversos actos para Bill Clinton.

«Mi hermana está en su elemento en esas galas con presidentes y príncipes», decía Vaughn. «Ahí es cuando parece una reina y se relaciona con ellos de tú a tú. Es fascinante ver a todos esos dignatarios extranjeros que se dirigen a ella como si fuera tan importante como ellos. Entendí entonces su auténtica realeza».

Su actuación en la capital del país generó críticas laudatorias, no así su vestuario: los colectivos animalistas se quejaron de que llevara un abrigo de piel de marta cibelina.

Time publicó un artículo con el titular «¿Respeto? Ni a flor de piel». Alec Baldwin y Chrissie Hynde, simpatizantes de la organización PETA, manifestaron un descontento que derivó en un pequeño escándalo.

«La polémica llegó a sus oídos y me pidió que le reuniera los artículos críticos», recordaba Vaughn. «No quería, sabía que al final mataría al mensajero. Hice como que no los encontraba, pero no me creyó y tuve que pasárselos. Menos mal que no la tomó conmigo, pero se tiró media hora larga echando do pestes contra los que se metían con ella. Decía que a ver cuántas vacas se habían matado para fabricar los zapatos de cuero que llevaban quienes la criticaban, por no hablar de sus diamantes que vendrían de las minas sudafricanas donde trataban a los trabajadores como esclavos. Estaba furiosa».

Aretha escribió un texto breve defendiéndose en *Vanity Fair*. «Todos usamos cuero en nuestros zapatos y bolsos, así que ya está bien de tanta hipocresía».

435

En abril de 1993, su imagen pública se vio reforzada por el especial televisivo de Fox *Aretha Franklin Duets*. El concierto tuvo lugar en el Nederlander Theater de Nueva York, a beneficio de la asociación de lucha contra el SIDA Gay Men's Health Crisis, con la actuación de Bonnie Raitt, Elton John, Rod Stewart y Gloria Stefan y los discursos de Dustin Hoffman y Robert De Niro. Aparte de un dueto tierno y adorable encantador con Smokey Robinson de su éxito "Just to See Her", me pareció un espectáculo aburrido y sensiblero.

Jon Pareles lo vio de forma diferente en el *New York Times*: «Tal vez animada por la rivalidad, Aretha Franklin desplegó sus dotes mayúsculas para la improvisación. Es capaz de conjugar la agilidad del jazz, el lamento del blues, la calidez del pop y el fervor del góspel y, aunque ahora tiene una voz más ahumada que en sus gloriosos años 60, dispone de todo el rango necesario».

En *Vanity Fair*, James T. Jones IV, describiendo una desafortunada secuencia de baile en la que los voluminosos pechos de la cantante casi se quedan al descubierto, escribía: «Hubo quien se quedó mudo con el ballet surrealista de Aretha intentando hacer piruetas con su tutú».

Liz Smith proseguía el ataque al día siguiente en su columna de tirada nacional: «(Aretha) debería ser consciente de que tiene los pechos muy grandes para vestir así, pero salta a la vista que le da igual lo que pensemos de ella, y ésa es la actitud que distingue a las divas de verdad de las meras estrellas».

Aretha contraatacó a lo que consideraba una ofensa con un artículo de prensa dirigido a Smith: «Me parece increíble que tengas la insolencia cuestionar mi actitud... Tengo lo que hay que tener para ponerme un top y nadie me ha dicho nunca nada. Seguro que tú también te lo pondrías si pudieras... Avisa cuando seas crítica experta en moda».

«Como todas las mujeres, Aretha es muy sensible a las críticas que arremeten contra ella», decía Erma. «Y también como todas, al mirarse en el espejo, no se ve como la ven los demás, sino lo que quiere ver. Quiere verse como una persona mucho más delgada que, treinta años atrás, sueña con ser bailarina o cantante de ópera. No es de las que se rinden y dejan atrás sus sueños, y me parece admirable. En la vida no siempre elegimos bien, pero lo peor que se puede hacer es dejar de soñar».

Envalentonada por su contraataque a Liz Smith, se propuso de nuevo quitarse el miedo a los aviones. A punto de embarcar un día en un vuelo corto de Toronto a Detroit, en el último instante se asustó y se fue en autobús.

«Esa vez creí que podría», decía Erma. «Se lo había tomado en serio y lo intentó, pero le pudo el miedo. En mi opinión, nunca ha examinado ese miedo que tiene. El tema es la falta de control. Aretha tiene que tenerlo todo controlado: cuando va en coche, puede decirle al chófer que vaya más deprisa o más despacio, que vaya por otro camino o que haga una parada. En el avión se siente indefensa, sin poder controlar nada, y no puede con eso».

Aretha creía que un aspecto vital que podía controlar por completo era su carrera. Al haber ejercido influencia en la nueva hornada de cantantes de éxito, pensaba que lo justo era triunfar ella misma todavía más.

En otoño de 1993 llegó al decimotercer año en Arista, más o menos el mismo tiempo que había estado en Atlantic. Desde su primer contrato con Columbia hacía 33 años, no había cambiado su objetivo: grabar temas de éxito. A los 51 años de edad, creía que podía llegar al nivel de ventas de gente como Madonna, Janet Jackson, Mariah Carey o Paula Abdul.

«Aretha decía que solo había que acertar con la canción y el productor», recordaba Erma. «Tras escuchar 'Rhythm Nation', de Janet Jackson, o 'Vogue', de Madonna, sostenía que esas canciones ya las había hecho ella y que, si se las hubieran ofrecido, las habría convertido en un éxito mayor. Mi hermana tenía ese lado competitivo que la mantenía en la brecha, le daba fuerzas para pelearse con esas estrellas más jóvenes. El único problema era la cultura de la imagen. Con la MTV, había que hacer videoclips y el aspecto era tan importante como la música. A Tina Turner le fue estupendamente porque, pese a tener un par de años más que Aretha, estaba en forma. Aretha no, y le pasó factura».

«Mi hermana me dijo que no le apetecía grabar un nuevo disco», decía Vaughn. «Lo que quería era sacar tres singles nuevos y meterlos en un recopilatorio de grandes éxitos».

La elección de las canciones y los productores corrió de nuevo a cargo de Clive Davis. La primera elección fue el grupo de compositores y productores llamados C+C Music Factory. Habían sacado en 1990 un disco, *Gonna Make You Sweat*, que vendió más de cinco millones de copias y consiguieron que cuatro de sus canciones llegaran al número uno, incluyendo la canción que titulaba el disco, 'Gonna Make You Sweat (Everybody Dance Now)', y 'Things that Make You Hmmm'. El estilo rememoraba de forma descarada y contagiosa la música disco de los 70. Pese a sus reticencias con esa música, Aretha siguió las indicaciones de Clive y le puso voz a un tema de baile de C+C llamado 'A Deeper Love'. Aretha lo intentó y grabó la canción con unas ganas un poco forzadas. El single sonó por ahí, pero no llegó a las listas. Pasó como una exhalación.

Aretha tenía una relación mucho más fluida con el equipo de Babyface, L.A. Reid y Daryl Simmons, que echaba la vida al R&B, que dialogaba con viejos maestros, como Marvin Gaye o Curtis Mayfield.

'Willing to Forgive', una canción de Babyface y Simmons, le permitía tomar aire y contar una historia, y encajaba a la perfección con su estilo pícaro, mucho más que el baile frenético de 'A Deeper Love'. Lo mismo se aplicaría a "Honey", una sensual balada que podría haber formado parte de su cancionero de los años 60. 'Willing to Forgive' tuvo buena acogida y llegó al top 5 del R&B.

El primer *Greatest Hits* de Aretha Franklin, que incluía estos tres temas nuevos, consiguió el disco de platino, lo que demostraba la vigencia de sus anteriores éxitos con la compañía, tanto 'Jump to It' como 'Freeway of Love' o 'I Knew You Were Waiting for Me' y la admirable capacidad de Clive Davis de mantener actual a una artista clásica.

«No hay punto de comparación entre sus canciones en Atlantic y Arista», opinaba Jerry Wexler. «Desde un punto de vista artístico, no hay color, Atlantic gana de cajón. Pero en lo comercial, Clive ganó más dinero que nosotros y tiene mérito porque él la tuvo cuando se le había pasado el momento. Con todo, supo adecuarla a los tiempos, y la convirtió en superventas. Para quitarse el sombrero».

«Siempre me quedaré con la sensación de que Aretha podía haber hecho discos muchísimo mejores y no las porquerías que sacó», señalaba Carmen McRae. «Recuerdo que una vez lo hablé con Shirley Horn. Hacía poco que se había muerto Sarah Vaughan y estaba yo grabándole un disco de homenaje. Shirley, que es una estupenda cantante de jazz, tocaba el piano. Le comenté que ese disco debería hacerlo otra. Me preguntó si pensaba en Aretha. Me había leído la mente y me dijo que me olvidara porque ella se iba a tirar toda la vida buscando más y más canciones de éxito. Le dije que era una lástima y ella me dijo que así es como habían salido canciones como 'Dr. Feelgood'».

Aretha participó además en un proyecto que muchos consideraron bueno (pero no soberbio) y que recuperó para el gran público a viejas glorias. Se trata de un disco formado todo por duetos y, en esta ocasión, por parte de Frank Sinatra, que tenía entonces 78 años. El primero de sus dos *Duets* fue una estrategia comercial muy hábil: se convirtió en un éxito enorme (fue el único disco de Sinatra en superar los tres millones de copias) pero, en lo artístico, no pasa de ser un álbum curioso y peculiar. Un buen ejemplo de ello sería su canción con Aretha, 'What Now My Love'.

Grabaron por separado, en distintos estudios y en días diferentes y, como era de esperar, suena como si cantaran juntos. Tras una espectacular introducción de Aretha, la orquesta acomete un ritmo de jazz con Aretha siguiendo a Sinatra. Las réplicas de Aretha no quedan del todo bien y ambos, Aretha y Frank, parecen aliviados cuando concluye la canción.

Phil Ramone, productor del disco, consideraba un logro ese dueto.

«Se lo llevé todo a Aretha a Detroit», me comentó. «Ya tenía la voz de Frank y Aretha se moría de ganas por grabar con él. Llegó temprano al estudio para prepararse. Sabía que yo había trabajado muchas veces con Frank y me expresó su admiración por él. Le comenté que se lo dijera en persona, que podía grabar un mensaje antes de cantar. Se lo pensó un instante y grabó el mensaje en el que decía que había aprendido mucho de él, en fraseo, entonación y matices. Evidentemente, eso no salió en el disco, pero sí lo escuchó Frank. Acto seguido, grabamos su voz. Lo tenía ya planificado y, cómo no, las ideas que aportó eran brillantes».

En 1994, Aretha volvió al rhythm and blues clásico al participar en el disco *A Tribute to Curtis Mayfield*. Contó con su habitual Arif Mardin para los arreglos y producción del excelente tema de Mayfield 'The Makings of You'.

«Me pidió que le dejara al final un espacio para improvisar», decía Mardin. «Como destacaba que Curtis mezclaba los temas de R&B con toques y voces de jazz, quería concluir su interpretación con scat. A Aretha se le ha reconocido la fusión del góspel con el R&B, pero no se ha tenido en cuenta su capacidad para la improvisación vocal. Para mí, es la mejor cantante de lo que denomino "scat soul". En esos momentos es cuando se desvela su magisterio para el jazz, pero enraizado en la gran tradición del blues de Sam Cooke y Little Willie John».

Al final, en el álbum estuvieron también, entre otros, Steve Winwood, Bruce Springsteen, Lenny Kravitz, Whitney Houston y Eric Clapton. La canción de Aretha destaca por su aire tranquilo. Su vínculo especial con las canciones de Curtis, ya evidenciado en *Sparkle*, queda patente de nuevo. Pero es su aparición memorable en el programa de Donnie Simpson, *Video Soul*, lo que merece repetidos visionados en YouTube.

Simpson fue a casa de Aretha. Sentado a su lado, Aretha está frente al piano de cola. Cuando le pide que cante 'The Makings of You', le responde que no sabe si recuerda los acordes y le pide que le cante las primeras notas. No necesita nada más: tras un par de segundos probando la voz, se acuerda de la canción y ofrece la versión definitiva. Queda tan natural que emociona especialmente. Con su canto que va elevándose y descendiendo en los lamentos, había dado con el punto que definía la genialidad de Curtis para fusionar el optimismo de la fe divina con la angustia del amor terrenal. Con su estilo que combina lo terrenal y lo divino, Aretha era el instrumento perfecto para la canción de Curtis.

«Me da igual lo que dijeran de Aretha», sentenciaba Billy Preston. «Que se pasa mucho tiempo recluida en Detroit en su casa, que lleva décadas sin subirse a un avión o sin ir a Europa, que cancela la mitad de los conciertos, poniendo de los nervios a todos los productores y promotores, que canta temas comerciales que no le llegan a la altura de los zapatos, que es demasiado diva y está desconectada del mundo. Sí, vale, pero llega un concierto, se sienta al piano, se pone a cantar de cuerpo y alma una buena canción y te cagas encima. Y ahí ves, sin ninguna duda, que es la mejor cantante que ha dado este país de mierda».

33
UNA ROSA

Cuando conocí a Aretha en 1994, y empezamos una larga colaboración que llevó a la publicación de su autobiografía *From these Roots*, una de las primeras cosas que me mostró fue un artículo de *Billboard* que tenía guardado. Era la columna «Chart Beat», de Fred Bronson, fechada el 15 de mayo, que decía lo siguiente: «Al llegar con 'Willing to Forgive' al puesto 88 de los más vendidos, Aretha Franklin alcanza la cifra de 33 años y tres meses triunfando en las listas. Rob Durkee señala en "America's Top 40" que ostenta así el récord de cantantes femeninas, superando en un mes a Tina Turner».

Para ella, ésa era la prueba de que su carrera no había entrado en decadencia, como daban a entender sus detractores. Aseguraba que le quedaban los mejores años, incluso décadas, por delante.

Un nuevo hito fue, sin ninguna duda, su presencia en marzo en los Grammy para recibir un premio a su carrera. Ese verano la invitó también Bill Clinton a una recepción en la Casa Blanca. Llevó un vestido blanco excesivamente escotado y guantes largos de color blanco. Ofreció una interpretación ligeramente alterada de 'Natural Woman' y un 'Say a Little Prayer' un poco decepcionante. En Washington también cantó ante un grupo de congresistas negros en el Kennedy Center, y luego celebró su propia su fiesta de gala con doscientos invitados.

Por esos meses, la revista *Jet* recogió que Janet Jackson había batido la marca de catorce discos de oro de Aretha como cantante femenina. Según me contó Vaughn, su hermano, le pidió que revisara las cifras, al pensar que se habían manipulado a favor de Janet.

«Estaba todo en orden y ya no salió el tema nunca más», comentaba Vaughn. «Era su naturaleza competitiva, que, por otro lado, está bien porque gracias a esa obsesión había llegado tan lejos. Otra cosa que me gustaba de ella era que podía dejar vicios como el tabaco, tras treinta y cinco años de estar muy enganchada. Pasó el mono y no volvió a encender ningún cigarrillo, igual que con el alcohol a principios de los 70, dejándolo de repente sin más. Es una mujer con una voluntad de hierro en muchos aspectos. Sé que le gustaría tener esa fuerza de voluntad con la comida, el único vicio con el que no puede».

Actuó en noviembre en el Carnegie Hall, donde mencionó que había dejado de fumar y que mantenía el peso con una combinación de «sobres dietéticos y hombres jóvenes». No me convenció cuando versionó las desmesuradas baladas de Mariah Carey, 'Hero', y de Whitney Houston, 'Greatest Love of All', pero suscribo las palabras de Stephen Holden en el *New York Times*: «Los conciertos de Aretha Franklin son tristemente irregulares, aunque el martes estuvo perfecta y con la voz impecable».

En otro artículo publicado en noviembre, esta vez en *Billboard*, el experto David Nathan señaló que Franklin, Gladys Knight y Patti LaBelle seguían atrayendo a seguidores de distintas generaciones, mencionando que 'Willing to Forgive' contribuía a que su *Greatest Hits* llevara veinticinco semanas en las listas de éxitos. Jean Riggis, responsable de música negra en Arista, reconocía «la importancia del triunfo de 'Willing to Forgive' porque contábamos con los ingredientes necesarios: una gran artista, un gran productor, una gran canción y todos pasándoselo en grande durante la grabación. Sin embargo, con las artistas clásicas

443

como Aretha no siempre se da en el clavo. Con 'A Deeper Love' no nos fue tan bien, encontramos muchas reticencias por parte de las emisoras de radio. 'Willing to Forgive' era un tema que iba más al grano y muchos se sorprendieron cuando se coló entre los cinco más vendidos».

Ese mismo año, Aretha pasó a ser, a los 52 años de edad, la galardonada más joven de los Kennedy Honors. Recibió el reconocimiento junto con Kirk Douglas, Morton Gould, Pete Seeger y Harold Prince. Fue a la ceremonia Renauld White, modelo de alta costura y actor de la serie matutina *The Guiding Light*, una de sus favoritas. Durante la gala, transmitida por televisión, Patti LaBelle y los Four Tops cantaron en su honor.

Pero no todo eran premios y honores. La tienda de lujo Saks Fifth Avenue la demandó por impago de compras que ascendían a 262.000 dólares y que incluían abrigos de piel y zapatos.

«Mi hermana no puede encargarse de la gestión del dinero, tienen que administrárselo», comentaba Erma. «El problema es que quiere controlarlo todo. Y le pasa que se pone a derrochar y luego pasa de las facturas, pero nadie se hace cargo, se acumulan y le viene todo al final. Claro, como es Aretha Franklin, le extienden el plazo, pero a los cuatro o cinco meses la gente pierde la paciencia. He trabajado durante años en temas de administración, igual que nuestra prima Brenda, y no creo que pudiéramos poner orden con facilidad, pero a ver quién le rechista. De hecho, a ver quién le rechista nada».

Para contrarrestar la publicidad negativa y seguir cerca de sus fans, ofreció una larga entrevista a la revista *Ebony* en su casa. Se presentó de nuevo como una diva sencilla en un reportaje que salió en portada y se tituló «Aretha habla de hombres, matrimonio, música y maternidad». También anunciaba que quería sacar un vídeo sobre cocina, un disco que se llamaría *Live at Carnegie Hall* y otro que estaba haciendo con sus hijos para un sello que estaba creando,

World Class Records. Esos proyectos nunca vieron la luz, como tampoco se sabría nada más de otros dos que comentaba en esa entrevista: una película de un cuento de hadas con actores negros y una película sobre su vida. En cuanto al tabaco, decía que prefería hacerle frente al sobrepeso que al cáncer y añadía que, al dejar el tabaco, llegaba de nuevo a las notas altas. En el tema de los hombres, mencionaba a varios y de Renauld White decía que era un amigo «cercano, muy cercano». El sentido del artículo era dejar claro que no tenía ningún problema.

Yo tenía previsto con ella acabar las entrevistas para su libro a finales de 1995. Calculé que me llevaría unos seis meses el proceso de entrevistas. Al final, fueron años. Me aplazó y canceló montones de entrevistas. Cuando nos reuníamos, nos pasábamos tanto tiempo hablando como escuchando música. La música nos daba a ambos enorme placer. Sus preferencias eran las mismas que las mías: góspel, R&B y jazz. Destacaba de cada género a los clásicos que conjugaban sabiduría y pasión. Nos pasamos horas escuchando, entre otros, a Albertina Walker, Rance Allen, Nancy Wilson, Andy Bey, Candi Staton y Betty Carter. Por otro lado, como estaba planeando un nuevo disco, se encontraba estudiando la lista de nuevos productores que le había dado Clive Davis. Analizaba con detalle el trabajo de cada uno y sabía quiénes estaban en un buen momento. Conocía la obra de todos, desde Aaron Hall a R. Kelly. Aunque opinaba de todo, cuando le preguntaba por la nueva hornada de productores, decía que eso lo llevaba Clive. Decía que quería dar clases particulares de ópera y estudiar piano clásico en la Escuela Juil-liard de Nueva York.

Poco después anunció en otras entrevistas su intención de dedicarse al bel canto y aprenderse sonatas de Chopin, hasta el punto de que había contratado a un profesor de ópera y pronto incorporaría en su repertorio arias italianas. Con todo, lo de Juilliard quedó como un proyecto pendiente, nunca se matriculó.

Nuestras entrevistas no podían durar más de noventa minutos y acordamos que tenía derecho a acabarlas cuando las preguntas no fueran de su agrado. Bueno, también cancelaba conciertos sin despeinarse. Su agente, Dick Alen, me contó que una vez insistió en irse de Carolina del Norte el día anterior a un concierto por un incendio forestal que había a más de 300 km. Pese a que el parte meteorológico indicaba que no había peligro, tenía miedo de que el fuego cambiase de dirección.

«Tenemos a la Aretha valiente y a la miedosa», resumía Erma. «La valiente cantaba todo tipo de canciones en cualquier escenario. No se inmutaba ni actuando en televisión ante millones de espectadores, estaba tan cómoda como si cantara en el salón de casa. El problema era que actuara, no podía con los aviones y canceló varios viajes en autobús a California porque tampoco quería ir por las Montañas Rocosas. Le dan miedo esas carreteras».

Eso sí, un proyecto que, afortunadamente, no canceló fue su participación en uno de los discos más exitosos de aquel año, la banda sonora de Babyface para la película *Esperando un respiro*, donde también cantaban Whitney Houston, Brandy, Patti LaBelle, Chaka Khan, Faith Evans y Toni Braxton. El disco llegó a lo más alto, se vendieron nueve millones de copias y varias canciones se convirtieron en hits, como 'Exhale (Shoop Shoop)', de Whitney Houston, 'Let It Flow', de Toni Braxton, 'Sittin' Up in My Room', de Brandy y 'Not Gon' Cry', de Mary J. Blige. La interpretación de Aretha de "It Hurts like Hell", una balada conmovedora de Babyface, resultaba efectiva y fue el sexto sencillo del álbum, pero no llegó muy lejos. Pese a ello, Geoffrey Himes publicó en el *Washington Post* que «el momento cumbre se debe a Aretha Franklin, que nos hace oír en cada nota el tema del título (de la canción)».

En 1996, la Reina viajó a Toronto para ver a Diahann Carroll interpretando el papel principal de un nuevo montaje de *El crepúsculo de los dioses*.

«No calculó de entrada el frío que iba hacer», recordaba Erma. «Tuvo que encargar un abrigo de visón de una de las mejores tiendas pero, como era tan grande, reservó dos butacas, de modo que se sentaron los dos, ella y el abrigo, en la primera fila del teatro. Para morirse de risa».

«A mi hermana le gusta llamar la atención por donde va», decía Vaughn. «La gente se lo pasa bien con ella en los conciertos y en las fiestas. Además, siempre está pendiente de que haya prensa y fotógrafos, es consciente de la importancia de seguir saliendo en los medios. Como todas las estrellas, su temor es que los fans la olviden si desaparece de la esfera pública».

Durante ese verano, una de las fotografías buenas en las que salió fue haciendo entrada en la gala del 25 aniversario del Kennedy Center en Washington DC. Su acompañante fue Arthur Mitchell, director fundador del Dance Theater de Harlem.

Unas semanas después seguíamos trabajando en sus memorias y me pidió que nos reuniéramos en Nueva York porque tenía que actuar en el Carnegie Hall, en el JVC Jazz Festival. Ni lo dudé. Era la vigésima vez que la iba a ver en directo en los últimos años y, aunque siempre es un placer, tenía mis dudas porque sus conciertos recientes me habían parecido superficiales, pero esa noche se salió. Jon Pareles lo reseñó así en el *New York Times*: «Por si alguien lo había olvidado, demostró ser de nuevo una de las mejores repentistas norteamericanas». Treinta años después de componer y grabar 'Dr. Feelgood', la cantó con una firmeza alucinante. Me dejó de piedra. Había recuperado todo el vigor.

Ese mismo vigor quedó patente en un concierto gratuito al aire libre en el Grant Park de Chicago, con motivo de la inauguración de la Convención Nacional Demócrata en la que saldría nominado Bill Clinton para revalidar el cargo.

Aretha seguía trabajando su relación con la prensa, haciendo apariciones públicas, anunciando proyectos y asegurando que iba a superar su miedo a volar. Buena prueba de ello sería el reportaje aparecido en octubre en *Jet* y en el que aludía al proceso de escritura de sus memorias, además de un vídeo de cocina al estilo de Julia Child que, vaya por Dios, nunca se materializó. También comentaba que había estado escuchando cintas para combatir la ansiedad y había asistido a clases para vencer el pánico a los aviones.

«Hay que reconocer que lo intenta», señalaba Ruth Bowen. «Es una luchadora, siempre intenta volver a volar, perder peso, administrarse el dinero y gestionar una relación sentimental. Es bueno intentarlo, pero también hay que conocerse uno mismo, examinarte y ver qué es lo que te falla, de dónde te vienen los miedos, o el comer de forma compulsiva o el acabar siempre con el mismo tipo de hombre. Aretha no es así, no tiene autocrítica, no sabe analizarse, no lleva bien las críticas vengan de donde vengan, de los demás o de ella misma. Así pues, los esfuerzos no llevan a nada. El mundo la sigue llamando porque todos quieren escucharla cantar. Eso no cambia, como tampoco su forma de ser. Es la mujer más cabezona que ha existido en la tierra desde que Eva mordió la manzana. En resumen, nadie puede decirle ni mu».

«En los años 60 y 70, sí le podía decir algunas cosas porque la ayudaba a sacar éxitos en Atlantic», recordaba Jerry Wexler. «Cuando pararon los éxitos, dejó de escucharme. En los 80 y 90, hablaba con Clive porque era quien le grababa los éxitos. Mientras todo vaya bien, se puede hablar con ella, pero cuando se cortan los éxitos, se detiene también la comunicación».

En 1996, la relación entre Aretha y Clive era excelente. Le recomendó un grupo nuevo de productores: Sean «Puffy» Combs, Jermaine Dupri, Dallas Austin y Daryl Simmons. Aretha añadió a Michael Powell, que le había producido un montón de éxitos a Anita Baker, y también incluyó a su viejo amigo Narada Michael Walden.

«Cuando renovó con Arista a mitad de los 90, quería que la prensa recalcara que había obtenido mucha libertad creativa», decía Ruth Bowen. «Quería que se supiera que era libre para cantar canciones suyas y producir ella misma los discos. Durante años se veía a sí misma como una mujer muy poderosa y pensaba que era el momento de demostrarlo. Pero la verdad es que si miramos el disco que hizo tras firmar el nuevo contrato con Arista, *A Rose Is Still a Rose*, solo aparece una canción escrita y producida por ella, 'The Woman'. Las demás estaban producidas por otros. Y el único single exitoso, el que daba título al disco, no era de Aretha sino de Lauryn Hill. Era una canción escrita y producida por Lauryn, incluso fue a Detroit a grabarla».

Hill era miembro, junto con Wyclef Jean y Pras Michael, de The Fugees, el grupo de moda de hip hop y R&B. Su disco de 1996, *The Score*, con el mega éxito 'Killing Me Softly with His Song' (un suave eco de la versión de 1973 de Roberta Flack), fue uno de los más vendidos del año. Un par de años antes de triunfar con su disco en solitario, *The Miseducation of Lauryn Hill*, Hill había empezado a componer y producir al margen de los Fugees.

'A Rose Is Still a Rose' funciona impecablemente a varios niveles. La compositora y productora de 22 años le ofrece a la cantante y diva de 55 un texto que entiende a la perfección. Hill le otorga a Aretha, de manera muy inteligente, el papel de narradora, la mujer mayor que le da consejos a la chica joven con mal de amores. «Listen, dear» [Escucha, cielo], dice Aretha en la introducción hablada, «I realize you've been hurt deeply... because I've been there» [sé que te han hecho daño... y lo sé porque he pasado por ahí]. Y entonces, de súbito, el preludio da un giro espiritual cuando la cantante añade: «But regardless... we're all precious in His sight» [En cualquier caso... todos somos amados a Sus ojos]. La historia se narra desde la perspectiva de una creyente. El malo aparece identificado al instante como una figura familiar para Aretha: el hombre adúltero que con sus «sticky game... steals her honey and forgets her» [juegos retorcidos... te roba el cariño y luego te olvida]. Pero la gracia de Dios es generosa y la belleza emerge desde dentro. "Baby girl" [Chiquilla], canta Aretha, «you hold the power» [tienes el poder]. Como himno que celebra la autoestima, se trata de la letra más interesante de Aretha desde 'Respect'. Y con su despliegue de energía funk del sello Fugee, también constituye su mejor single en décadas.

Aunque fue el único éxito del disco, al llegar al número 26 como canción pop, es un álbum agradable y tranquilo, con unas canciones producidas de manera que la voz de Aretha suene, más que juvenil, auténtica. Se percibe una desesperación menor, esa obsesión por cantar lo que sea con tal de triunfar, de la que había en sus discos anteriores. Acomete el omnipresente tema del gran fracaso amoroso con evidente compasión. Sí se advierte, con todo, un cierto deterioro en la voz, que parece en ocasiones estridente.

Durante la producción, Aretha me invitó a escribir el texto del disco y a ver cómo grababa en el Vanguard Recording Complex en Oak Park, a las afueras de Detroit. Quedamos a primera hora de la tarde, llegó vestida con chándal y se puso a trabajar en seguida. No había músicos, cantaba sobre una pista de música finalizada, su principal método de grabación desde que se instalara en Detroit unos catorce años atrás. Trabajaba con rapidez y eficacia. El productor no se encontraba en Detroit, con lo que solo estaban Aretha y un técnico. Escuchaba con atención las grabaciones, pero de forma natural, sin afectación. En ocasiones, el técnico le preguntaba si quería repetir alguna parte que había quedado estridente, pero cuando ella le pedía que lo aclarase, éste reculaba y retiraba la pregunta. Me acordé de la observación de Erma al respecto de que Aretha se ve a sí misma de forma diferente a como la ven los demás. Era más que evidente que también se escucha a sí misma de modo distinto.

«Cuando me viene uno de esos chicos jóvenes diciéndome que le ha producido a Aretha alguna canción, me da la risa», comentaba Ruth Bowen. «Nadie la ha producido en serio, simplemente, le dan una canción, una pista grabada y sudan tinta china para vérselas con ella. Jerry Wexler sería quizás el último tío con cojones de indicarle la mejor forma de cantar. Clive podía sugerirle, o incluso exigirle, que trabajara con uno u otro productor, pero ninguno se atrevía a darle la más mínima indicación».

En ese mismo periodo, a mediados de los años 90, le pregunté a Ray Charles, que también se había opuesto a recurrir a productores externos, si creía que los cantantes como él o Aretha podían aprender algo de los consejos que les dieran para cantar.

«No sé qué coño me va a enseñar a mí uno de esos autodenominados productores», me contestó. Su arrogancia de cantante era similar a la de Aretha. «Pueden venirte con un nuevo aire para una canción o con un ritmo para la gente joven o con una frase pegadiza que encaja bien. Me parece perfecto, para eso están, pero, por favor, que ni se les ocurra enseñarnos a cantar a gente como a mí, Aretha Franklin, Gladys Knight o Lou Rawls. Llevamos cantando toda la vida, antes de que esos productores fueran espermatozoides dentro de las pollas de sus padres. Hemos ganado mucho dinero no ya cantando sino peleando mucho para cantar con nuestro estilo. Es ese estilo el que nos ha hecho famosos y nos ha hecho vender discos. La pregunta es sencilla: ¿quién sabe mejor cómo expresar en el disco el estilo de un cantante, el cantante que lo inventó o el productorcillo de 25 años que, como mucho, tiene dos o tres hits en su carrera?

»A ver, que no pasa nada, esos dos o tres hits son importantes, cuentan mucho para artistas como Aretha o yo, que todavía queremos seguir al pie del cañón. Yo trabajo del siguiente modo. Viene mi amigo Quincy Jones a presentarme a un productor con el que voy a ganar dinero. Yo le digo que de acuerdo, que me pase las canciones y que si las siento, las cantaré. Me las aprenderé de las pistas grabadas y luego que el productor haga las mezclas como le dé la gana. Pero a la hora de cantar, que no me diga ni mu. Vamos, no quiero ni que esté dentro del estudio».

Había otro maravilloso cantante de soul que había sido muy importante en la resurrección de Aretha tras su decadencia en Atlantic a mediados de los 70 y que se caracterizaba por la humildad: Curtis Mayfield. Tras el accidente traumático que sufrió en 1990, regresó al estudio para grabar un último disco, el destacable *New World Order*, publicado en 1996, tres años antes de fallecer a los 57 años. Para tomar aire y cantar, grabó el disco tumbado, llenando los pulmones y soltando solo una frase cada vez. Tardó varios meses. Ya resulta difícil grabar así, pero encima lo hizo con canciones optimistas y llenas de esperanza.

El momento más emotivo llega con una canción coescrita por Curtis, producida por Narada Michael Walden y en la que cantaba Aretha, 'Back to Living Again'. Con un falsete precioso y sobrecogedor, Curtis canta a solas los primeros cuatro minutos. La suya es una historia en que la serenidad combate la amargura y la desesperación. Su lema es bien sencillo: «Si te sientes inferior, tienes que ser superior». Su fe en curarse permanece inalterable. Y en los segundos finales, Aretha, en pleno modo góspel, subraya el mensaje con exhortaciones imponentes, dándole ánimos a Curtis, empujando a quien había escrito la canción 'Keep on Pushing»', diciéndole: «¡Vamos, Mayfield!... ¡muy bien, Mayfield!». En definitiva, pasándole parte de su energía al genio que le había dado con *Sparkle* uno de los hitos de su carrera.

La familia Franklin siempre había apoyado a los demócratas desde que C.L. se instalara en 1946 en Detroit.

Aretha cantó en la toma de posesión del segundo mandato de Bill Clinton en enero de 1997.

«Las ideas políticas de Aretha son más que obvias», decía Ruth Bowen. «Es progresista hasta la médula. Estaba encantada de apoyar al partido que, en nuestra opinión, mejor atendía a nuestra gente, aunque le mosqueó que no se le diera mucha relevancia a su actuación. Se habló muy poco ese mes de ella y si pasa un mes y no sale en revistas ni periódicos, va al teléfono y llama a algún periodista para darle la noticia que sea. Así permanece en el candelero. Lo malo es que casi todas las noticias que da son auténticas trolas».

Un buen ejemplo sería un artículo que salió entonces en *Billboard*, en el que Aretha hablaba de la actividad de su empresa Crown Productions. Había comprado los derechos de la biografía de Jesse Jackson, escrita por Marshall Frady, y quería hacer una película biográfica sobre su viejo amigo. También hablaba de su sello World Class Records y de un disco que iba a sacar con la coral de la iglesia New Bethel. Nunca más se supo.

Lo que hizo fue dar en junio un concierto de góspel, «Aretha Franklin's Gospel Crusade for AIDS» [la cruzada góspel de Aretha Franklin contra el SIDA], para inaugurar el JVC Jazz Festival en el Avery Fisher Hall de Nueva York. Me invitó y me encantó. Pese a que en algunos conciertos anteriores le había faltado convicción en la voz, esa noche estuvo perfecta. Con los coros del grupo New Jersey Mass Choir, interpretó temas de *Amazing Grace* y estuvo en su salsa recordando las canciones de su obra maestra de 1972. A mi lado estaba sentada una señora mayor que había ido a Detroit a verla y me dijo: «La ha atrapado el Espíritu Santo y la tiene bien atada».

Durante su viaje a Nueva York, le dijo a la prensa que iba a matricularse en Juilliard para estudiar música clásica. Es más, según declaró en *Billboard*, estaba aceptada y formalizaría la matrícula en otoño. «No tendrá mucho tiempo para comprar material de clase, ya que ahora mismo se encuentra trabajando en la grabación de una nueva versión de 'Respect' para la película *Blues Brothers 2000*, en la que retomará el papel de dueña del restaurante».

La canción se grabó, pero no se llegó a matricular en Juilliard. Llegó el mes de septiembre, se metió en otras cosas y lo dejó de lado.

Cuando estábamos inmersos en las entrevistas para sus memorias, se publicó una autobiografía que le llamó la atención: *Between Each Line of Pain and Glory*, de Gladys Knight. Erma me comentaba lo poco que le había gustado porque, según le dijo a su hermana, la criticaba de manera injusta. Knight mencionaba momentos de desprecio de Aretha hacia ella. Según ponía en el libro, ambas se cruzaron en unos premios Grammy y Aretha ni siquiera se paró a devolverle el saludo. Aretha lo negaba, decía que eso no había pasado nunca. Gladys, por su parte, afirmaba que sí, y varias veces.

«Aretha siempre se había llevado mal con las mujeres de su edad», señalaba Erma. «Soñaba con que desaparecieran y se quedara ella como la única cantante, es decir, soñaba con eliminar la competencia. Al ignorarlas (tanto a Gladys o Mavis, o las más jóvenes, como Natalie o Whitney), en su cabeza es como si no existieran».

Hubo otro libro que no le sentó bien, *How I Got Over: Clara Ward and the World-Famous Ward Singers*, de Willa Ward. Como testigo privilegiada, Willa dedicaba muchas páginas a relatar la relación de 24 años entre C.L. Franklin y su hermana Clara.

Aretha le dijo a Erma que Willa mentía y que pensaba que había metido esa parte para tener publicidad y vender libros. Poco importaba que hubiera salido en una editorial académica como Temple University Press, alejada de los intereses comerciales. Aretha afirmaba que Willa saldría en el programa de Oprah y que el único objetivo del texto era generar escándalo a costa de su padre. Al final, Willa no fue al programa de Oprah y nadie se hizo eco del libro.

Al margen de estos pequeños dramas, Aretha se mostraba siempre dispuesta a colaborar en las ocasiones realmente dramáticas. De hecho, en ese periodo de su vida pareció asumir el papel de cantante nacional de funerales.

Coleman Young era una figura fundamental en la política norteamericana, el primer alcalde negro de Detroit, cargo que ostentó durante veinte años en cinco mandatos. Tenía una relación cordial con Aretha, ella le había apoyado desde el principio en todas las campañas. Cuando falleció a finales de noviembre de 1997, cantó en el funeral 'The Impossible Dream'.

Por otro lado, tras la muerte de la princesa Diana de Gales, ocurrida el 31 de agosto de ese año en París, se organizó un disco de homenaje y se llamó a Barbra Streisand, Paul McCartney, Whitney Houston, Sinéad O'Connor y Aretha Franklin, entre otros. Debido a la premura de tiempo, la mayoría de los artistas cedieron temas ya publicados, como el caso de Streisand con 'Evergreen' o Diana Ross con 'Missing You'. Conmovida por el trágico fallecimiento de la joven madre, Aretha fue al estudio con un coro de iglesia baptista y cantó el himno 'I'll Fly Away', sin ninguna duda el tema más emotivo del doble CD.

«Me gustó ese gesto», recordaba Erma. «Se lo podía haber quitado de encima cediendo cualquier canción de *Amazing Grace* o *One Lord, One Faith, One Baptism*. No obstante, se lo tomó en serio y grabó un tema completamente original. Todos vamos siempre muy liados, y Aretha, la que más, pero hay ocasiones en que saca tiempo para tener esos gestos tan maravillosos».

No era extraño que mostrase su generosidad y, al mismo tiempo, siguiera teniendo hambre de éxito. A la prensa le dijo que no le cabía duda del exitazo que supondría *A Rose Is Still a Rose*.

En *Billboard* pensaban igual, y decían que el disco, publicado a principios de 1998, era «un crucero elegante y todoterreno que encaja perfectamente con Lauryn Hill, de los Fugees. Supone una unión totalmente electrizante que constituye el trabajo más poderoso y cercano al pop de su larga carrera».

Una semana más tarde se publicaba un reportaje sobre Aretha en que decía, entusiasmada, que tenía la voz mejor que nunca en todo, en claridad, rango, etc. Preguntada por el hecho de que habían pasado seis años del fracaso de *What You See Is What You Sweat*, Aretha, por una vez, hacía ejercicio de autocrítica: «Sé que el último disco no quedó muy bien, el público te lo deja claro, y tienes que tenerlo en cuenta para readaptarte a los tiempos modernos».

Reconocía que necesitaba un empujón en la carrera, y confiaba en que llegaría con *A Rose Is Still a Rose*. Las ventas y las críticas fueron buenas. Un crítico tan severo como Robert Christgau recogió en el *Village Voice* que «es pura Aretha, con una fuerza increíble que nadie ha sabido expresar jamás con palabras».

Rolling Stone señaló que era «una obra extraordinaria... que nos la muestra (a Aretha) legendaria y contemporánea a la vez».

Aparte del disco o del single, llegaría otro acontecimiento, completamente imprevisto, que sería esencial para ratificar la consideración de Aretha Franklin como un icono de la escena internacional. Vaughn, su hermano, lo llamaría El Gran Acontecimiento. Tendría lugar en el Radio City Music Hall de Nueva York durante la 40ª edición de los Grammy, adonde acudió para cantar 'Respect' con Dan Aykroyd y los Blues Brothers como anticipo del estreno del film *Blues Brothers 2000*.

Cantó el tema que había interpretado en infinidad de ocasiones. Pese a que no fue su mejor actuación, encandiló al público. Al terminar, se fue al camerino poniendo final a la velada. No obstante, la velada acababa de empezar. El Gran Acontecimiento estaba a punto de producirse.

34
VINCERÒ

Aretha me invitó a Nueva York a los preparativos de los Grammy a lo largo de febrero de 1998, pensando que tendríamos tiempo para algunas entrevistas del libro. No hubo ningún hueco. Estaba lógicamente preocupada por todos los actos.

La semana de los premios empezó con una cena en Le Cirque, el restaurante pijo del hotel Palace, en la avenida Madison. Aretha, lectora compulsiva de la revista *Gourmet*, tenía muchas ganas de conocer el célebre establecimiento de alta cocina. Como sentía curiosidad por la elaboración de las carnes y pescados, pidió varios platos. Probó la comida y no le convenció, con lo que se sacó del bolso un tarro de tamaño familiar de sal condimentada que esparció generosamente sobre la comida. Su hermano Vaughn, consciente del malestar del camarero, se me acercó y me susurró: «No sería la primera vez que sale el chef de la cocina y le dice que se guarde la sal, pero a ella le importa un bledo. Lo hace siempre. Y con razón, para mí esto está soso».

A la noche siguiente, en un acto de la asociación benéfica MusiCares en el que estaba presente Luciano Pavarotti, interpretó 'Nessun dorma', la famosa aria del *Turandot*, de Puccini. La había ensayado durante meses en casa con su profesor de ópera, cantando con una cinta grabada con la orquesta entera. Su interpretación, aunque convencional, recibió una gran ovación.

«Puede que a los puristas de la ópera no les convenza, pero a mí me ha encantado tu interpretación», le dijo después Pavarotti. «Puccini poseía un alma enorme, pero tú la has engrandecido. ¿Podrías hacerme el honor de venir a mi casa en Módena para grabarla juntos?»

Aretha le confesó que no viajaba en avión y Pavarotti le contestó que con su jet privado y su piloto tendría una experiencia de vuelo más relajada que tomarse un baño de espuma, y se lo ofreció solo para ella.

Aretha se lo agradeció y le dijo que se lo pensaría. Le invitó a ir a Detroit para cocinarle comida típica del sur.

«Sería un placer, pero ahora tengo muchos dolores», le comentó. «Me estoy preparando para una operación de cadera. En cuanto salga y me recupere, le diré a mi piloto que me lleve a Detroit y después nos vamos a Italia».

Aretha estaba encantada, Pavarotti también y la velada, según comentaría ella, fue estupenda.

Tres días después, el 25 de febrero por la tarde, se celebró la ceremonia de los Grammy. Aretha tenía que cantar 'Respect' en el escenario del Radio City Music Hall. Una media hora más tarde, tenía que salir Pavarotti para cantar el aria que había interpretado Aretha en MusiCares, 'Nessun dorma'.

Tras cantar 'Respect', Aretha regresó al camerino. Allí la esperaba el productor Ken Ehrlich, que le dijo que Pavarotti no se encontraba bien, que había cancelado en el último momento y le pedía si podía sustituirle. Aretha quería saber los detalles. Por ejemplo, si la orquesta tocaría el mismo arreglo que en MusiCares. Le dijo que no, que era distinto y que la orquesta era más grande, con 65 músicos y un coro de 20 voces. Le pidió una cinta para escucharla. Al ponerla, vio que no estaba en su tono. Le preguntó cuándo tendría que salir exactamente. Ehrlich miró el reloj y le respondió que faltaban menos de veinte minutos. Habría sido normal pensar que, en esas condiciones, Aretha se hubiera negado a cantar.

No obstante, se lo pensó unos veinte segundos y asintió. «De acuerdo». Acto seguido, pidió quedarse a solas en el camerino para concentrarse en la grabación.

Pasados veinte minutos, salió al escenario, tras una presentación de Sting, que explicó el cambio de última hora. Llevaba un vestido de brocado rojo con puños y cuello de visón. Parecía tranquila, como si hubiera ensayado durante horas. El aria de Puccini, escrita para un cantante varón, habla de la perseverancia, de un pretendiente que tiene que ganar la mano de una princesa resolviendo un misterio. El punto culminante llega con la repetición de una palabra, *vincerò*. Triunfaré. Le quedaba como anillo al dedo, Aretha estaba convencida de que iría bien. Lo tenía todo de su lado: su elevado sentido musical, el enorme rango vocal que aún conservaba, su confianza inquebrantable y el hecho de haber estudiado durante meses la pieza. Si a los 21 años había cantado de forma maravillosa 'Skylark', de Hoagy Carmichael y Johnny Mercer, a los 56 podría con Puccini. La Grand Opéra, o por lo menos, con el sello de Puccini, tenía muchos elementos en común con el cancionero popular estadounidense.

«Cuando escuché a Aretha cantando "Nessun dorma"», recordaba Jerry Wexler, «me acordé de una noche que estuve hablando de música con Frank Sinatra. Le encantaba Puccini y decía que los grandes compositores norteamericanos, como Irving Berlin, Jerome Kern y, sobre todo, George Gershwin, se basaban en él. Le extrañaba que los músicos de jazz no hubieran tomado las melodías de Puccini como base para la improvisación. Bueno, Aretha entendió lo mismo que Sinatra, que no hay que cantar literalmente a Puccini. Podía usar sus recursos estilísticos, y ella los emplea mejor que nadie para esculpir sus canciones según su perspectiva vocal. Aquella noche, todo el mundo asistió el exquisito arte de Aretha. Quizá su voz sonara un poco áspera, pero en el fondo expresaba una gran dulzura y hermosura. Iba a la esencia de la canción con mucha elasticidad, manifestando un sentimiento profundo. No le tenía miedo al aria, la hizo suya, se la llevó a su terreno. Tras cantar la última nota, el público se puso en pie de inmediato enfervorecido, celebrando lo evidente, el triunfo de Aretha».

No fue la única sorpresa de los Grammy. Un hombre con el torso desnudo saltó al escenario, durante la actuación de Bob Dylan, con las palabras "Soy Bomb" [bomba de soja] escritas en su pecho*; también saltó Dirty Old Bastard mientras hablaba Shawn Colvin; Barbra Streisand canceló su dueto con Céline Dion. Con todo, la ceremonia pasará a la historia como la noche en que Aretha interpretó a Puccini. En general, gozó de buena acogida.

El titular de *Billboard* lo resumía así: «Los Grammy: Triunfos y alborotos. Se ha visto que los artistas no tienen que estar nominados para disfrutar del mercadeo del éxito de los Grammy. La leyenda del soul, Aretha Franklin, se muestra preparada para recibir la atención del público únicamente por actuar en la ceremonia».

Un semana más tarde, Fred Bronson, en su columna «Chart Beat» de *Billboard*, contextualizaba la actuación de Aretha. *'A Rose Is Still a Rose'*, en el número 43, es el primer single de Franklin en llegar a la lista de éxitos desde el puesto 26 de *'Willing to Forgive'* en 1994. Se trata de su tercer sencillo del hit parade en los años 90, pero hablamos de una carrera de superestrella que se extiende durante 37 años y dos semanas, desde su debut en Columbia la semana del 27 de febrero de 1961 con *'Won't Be Long'*». Bronson recordaba que llevaba en Arista 17 años, más tiempo que en Columbia (siete años) y Atlantic (diez).

---

* (*N. del E.*) El hombre en concreto era el artista Michael Portnoy, contratado como bailarín para la actuación de Dylan. Explicó más tarde que quería reinvidicar, con esas palabras, «bomba de soja», un arte explosivo, añadiendo que las dos palabras también podían leerse como una mezcla de español e inglés, es decir, como «soy la bomba».

Aretha había mostrado una resistencia a prueba de bombas en su afán de no desaparecer de la voluble escena pop norteamericana. Con todo, la actuación de los Grammy, y la publicación de *A Rose Is Still a Rose*, serían su último hito comercial, por lo menos en el momento de escritura de este libro. El éxito de su versión de 'Nessun dorma' le abrió la posibilidad de cantar con orquestas sinfónicas.

«Teníamos la sensación de que, con el éxito operístico, su carrera tomaría un rumbo interesante», comentaba Erma.

«Recibió ofertas del mundo de la música clásica», añadía Vaughn. «Querían que cantara arias en auditorios famosos, y no solo en Estados Unidos sino también en Europa. Se le abría un nuevo mundo y parecía que Aretha iba a explorar ese terreno, pero al final se echó atrás. El tema es que le gusta controlar hasta el mínimo detalle de sus conciertos. Es lógico y, además, no se habría sentido cómoda cantando con las sinfónicas de Boston o Cleveland bajo la batuta de directores insignes. Es ella quien está al mando, la directora insigne, y no le faltan galones tras tantos años en el negocio musical».

«Existen varios precedentes del cambio que podría haber tomado Aretha con los Grammy», señalaba Jerry Wexler. «Sarah Vaughan, por ejemplo, dio durante años conciertos sinfónicos. La Filarmónica de Nueva York tocaba Mahler durante la primera mitad y, después del intermedio, salía Sarah y, acompañada de las cuerdas, cantaba 'Summertime', de Gershwin, 'Send in the Clowns', de Sondheim, y un puñado más de temas clásicos. Aretha se encontraba en buena posición, la senda estaba ya abierta».

«A todos nos encantaba la idea», afirmaba Ruth Bowen. «Era un paso natural y se adaptaba a su estilo. Se habría convertido en una diva aún mayor. Podría aparecer con joyas espléndidas, con pieles maravillosas y llegar a una cuota superior, adonde no había llegado ningún cantante de rhythm and blues, habría conquistado un nuevo mundo. Habría cantado ante público de clase alta y habría ganado mucho dinero. Eso sí, me daba a mí que no se animaría, por lo menos a gran escala, porque esos conciertos se planean con mucha antelación, con más de un año, y Aretha no es de las que planifican tanto, por no mencionar sus cancelaciones de última hora, algo inadmisible en el circuito de la música clásica. Sin embargo, el elemento definitivo fue la falta de control. Quizás le suceda a todas las grandes damas que se hacen mayores, pero el caso es que con Aretha era así: según envejecía, más control quería, y necesitaba de sus actuaciones».

De hecho, durante un periodo concreto, Aretha planteó cambiar las normas de la gestión de los conciertos. Vaughn y Ruth Bowen tenían cierta razón al decir que esa naturaleza controladora entorpecía los planes, pero tras el éxito de 'A Rose Is Still a Rose', creía que podía situarse a la altura de gente como Janet Jackson o Madonna. Proponía hacer conciertos con bailarines, raperos y un coro de góspel. Decía que iba a adelgazar treinta kilos, que iba a cumplir su sueño de estudiar piano clásico en Juilliard y que iba a desarrollar su estilo de ballet.

Con todo el orgullo del mundo, me enseñó el *Billboard* del 21 de marzo en el que Fred Bronson realizaba la siguiente estadística: «'A Rose Is Still a Rose' es la canción número 96 de Aretha Franklin que llega al hit parade del R&B. Se trata del segundo récord de la historia, solo batido por James Brown, con 118. También es la 52ª vez que alcanza el top ten. Solo hay dos artistas que la superan: Brown con 58 y Louis Jordan con 54».

En esos días, apareció en el concierto *Divas Live* de Nueva York, organizado por la cadena VH1, que recaudó más de 750.000 dólares para una campaña a favor de la recuperación de los programas de música en los colegios. Una Aretha llena de energía cantó 'Chain of Fools' con Mariah Carey y luego, 'Natural Woman' con un coro formado por Mariah, Carole King, Céline Dion, Gloria Stefan y Shania Twain. Aretha cantó el estribillo al principio y al final. Aunque después compartió el micro, concluyó la canción improvisando en solitario. La compositora del tema, Carole King, no interpretó sola ninguna parte, pero no pareció importarle. Era desde hacía mucho la canción de Aretha y esa noche reivindicó esa circunstancia.

En mayo volvió a la portada de *Jet*, quejándose esta vez de que no le llegaban ofertas del mundo del cine. Por lo demás, todo le iba bien: había vuelto a ponerse a dieta en serio, estaba encantada con el éxito de 'A Rose Is Still a Rose' y de *Divas Love* y había encontrado el amor. No da más detalles al respecto, habla del Hombre Misterioso. «Es encantador», añade. «No trabaja en la industria. Da igual la edad que tenga».

Ruth Bowen, cuando le comenté ese artículo, me dijo: «Da igual la edad porque no existe. De ser una persona real, nos lo habría dicho. No le daba vergüenza hablar de Ted White, Dennis Franklin, Glynn Turman o Willie Wilkerson y va y de repente esconde una supuesta relación. No tiene sentido, no era cuestión de proteger a nadie porque cualquiera presumiría de salir con la Reina del Soul, lo pregonaría a los cuatro vientos. Aretha llevaba tiempo haciendo cosas raras y todo por seguir saliendo en la prensa».

En junio salió en la revista *Time* como una de las personas más importantes del siglo XX.

Al mes siguiente, *Billboard* recogió que su último disco había vendido 292.000 ejemplares y el single, 'A Rose Is Still a Rose', era disco de oro.

En agosto, *Ebony* publicó otro reportaje elogioso sobre ella. «Estos días está exultante de amor», según el texto. «Sin embargo, se niega a identificar al destinatario de su cariño».

A lo que no se negó fue a interpretar de nuevo el papel de Mrs. Murphy con los Blues Brothers, retomando el personaje de la película original para cantar 'Respect' en la secuela con Dan Aykroyd y John Goodman sustituyendo a John Belushi.

Aretha siguió con una carrera activa en la industria musical. No obstante, empezó el año siguiente sufriendo un revés en su imagen pública que le sentó fatal.

35
CONTROL DE DAÑOS

A lo largo de mis largas conversaciones con Erma, me mostró que no se había valorado la labor benéfica de su hermana.

«La gente, por lo general, no ve lo que ha hecho, no ya por su familia sino por los más necesitados», afirmaba Erma. «He perdido la cuenta de las veces que veíamos las noticias de la tele, salía una familia que lo había perdido todo por un temporal o una enfermedad, y en seguida me pedía que les enviara dinero de manera anónima. Era ayuda desinteresada, le traía sin cuidado que se lo reconocieran o le dieran las gracias».

Por otro lado, convocó a la revista *Jet* a una fiesta en el hospital Henry Ford de Detroit en la que, según se publicó, «se pusieron a bailar en sus asientos cientos de personas entre pacientes y trabajadores».

«Durante los próximos veinte minutos», les dijo Aretha a los pacientes, «las enfermedades van a desaparecer».

Eso fue en Navidad. Dos meses más tarde, en febrero de 1999, salió en un reportaje un aspecto diferente de su carácter. El *Detroit Free Press* llevó en portada el siguiente titular: «¿Por qué nunca salda Aretha las deudas?» El artículo incidía en sus finanzas y aseguraba que, en los últimos diez años, la habían demandado por impago más de treinta veces y casi siempre eran acreedores de Detroit. Uno de los problemas más serios había sido con Dean Pitcairn, propietario de una empresa de limusinas, que la acusaba de intentar escabullirse por aburrimiento. «Para mí, [Aretha y sus abogados] piensan que si pasa el tiempo, terminamos perdonándolos. Lo que más me mosquea es que todo el mundo la ve como una gran dama, cuando es una persona a la que no le importa pisotear a los más débiles». Pitcairn llegó a un acuerdo por 1.500 dólares.

La lista de acreedores (fontaneros, floristas, empresas de catering, servicios de limusinas) era larga.

Harvey Tennen, antiguo juez y abogado que representó en el pasado a Aretha, explicaba que sus problemas económicos estaban relacionados con los personales, sobre todo con la muerte de su padre y su hermano. También afirmaba que tenía problemas para confiar en los demás, lo que hacía que se lo gestionara todo ella.

«En el fondo, era una cuestión de karma», opinaba Erma. «Nos pasamos años diciéndole que se buscara a alguien que le llevara las cuentas y a quien autorizara para emitir pagos, que necesitaba fijarse unos máximos porque gastaba más de lo que ganaba. El problema es que se lo decíamos y se ponía hecha una furia y nos retiraba la palabra. Nos la tenía jurada durante meses y todo por decirle lo que era evidente, que no podía llevar ella algo tan importante como las finanzas».

Su reacción al artículo del *Detroit Free Press* no se hizo esperar. Le sentó fatal. Le contó a Erma que iba a organizar un boicot contra el periódico y, al cabo de unos días, sacó una nota de prensa que, según aclaró, estaba escrita por ella misma.

«En alusión a una noticia publicada en la primera página de un periódico local, resulta evidente, en mi opinión y en la de muchos, el intento malicioso y mezquino de desacreditarme al repescar una noticia antigua que la gente de aquí ya conoció hace quince años y que no añade nada. No se publica ninguna novedad, no merece salir en portada en un medio nacional, pero asumo la responsabilidad por unas pocas demandas frente al 99,9% de gente que no ha expresado queja alguna. Hay muchos con los que hago negocios y que están más que satisfechos. Tal y como se reconoce en el artículo, a día de hoy no tengo ninguna deuda, y ni yo ni mis representantes tenemos conocimiento de la existencia de demanda alguna en el estado de Michigan. Y los embargos no son demandas y no pueden considerarse como tales. Son exigencias de pago, cualquiera lo sabe. Por mi trabajo, calendario de actuaciones y al no tener secretario que me lleve esos asuntos cuando viajo, es ese pequeño porcentaje de gente de menos del 0,1% con quien me relaciono en el terreno profesional, y que no reciben el dinero, el que recurre a esa opción, que no es nada rara. Los famosos recibimos demandas a diario por muy diversos motivos y, en ocasiones, por parte de personas que únicamente quieren sus quince minutos de fama o que se enfadan si se tarda un poco. Hay algunas quejas fundamentadas y lamento haber llegado a los juzgados, cuando nunca ha sido mi intención. Jamás ha habido mala fe o falta de respeto o preocupación por mi parte hacia la gente trabajadora y a los dueños de los comercios de Detroit. Nunca he comprado nada ni he usado ningún servicio sin pensar en pagar en tiempo y forma».

Sin pensar en la mala prensa del asunto, Aretha organizó la fiesta de su 57 cumpleaños en el Atrium Gardens de Southfield (Michigan), con la asistencia del alcalde Dennis Archer y varios famosos, y las actuaciones de Chaka Khan y Nnenna Freelon.

«Aretha nos dijo que la había invitado el príncipe Rainiero para actuar ante él en Mónaco, lo que nos pareció una pasada», recordaba Erma. «Iba a ser una gala en primavera y mi hermana estaba dispuesta a ir. Pensaba viajar de Mónaco a pasar unos días en París, una ciudad que le encantaba y a la que llevaba unos treinta años sin ir. Esperábamos que el plan de un viaje de tanto glamour fuera el acicate para vencer su miedo a los aviones. Lo intentó, y no era la primera vez, pero de nuevo, a la hora de la verdad, no se animó».

Sí que fue en mayo a Washington D.C. en autocar privado (el único medio de transporte en que podía controlar totalmente el horario) para cantar en la cena anual de la Asociación de Corresponsales de la Casa Blanca. Según el *New York Times*, cobró 55.000 dólares. Durante el camino, comentó que iba a lanzar un nuevo disco que se llamaría *The Queen of Duets* [la reina de los duetos] y que se basaría en los discos de duetos de Sinatra. Al poco tiempo, anunció en *Billboard* que el disco estaba en fase de producción, si bien, como tantos otros proyectos anunciados por ella misma, no llegó a salir.

Su imagen de figura icónica de la historia musical estadounidense no decayó en ningún momento, pese a estas idas y venidas. Incluso fue a más, como se vio, por ejemplo, en el hecho de que la cadena VH1 la situase en la posición más alta del listado de las cien mujeres más importantes del rock and roll.

«La verdad, no sabía que Aretha fuera cantante de rock», ironizaba Ruth Bowen. «Creía que hacía R&B, jazz o góspel. No sé cuándo la gente empezó a verla como rockera».

El bus privado la transportó a Los Hamptons, en Long Island (Nueva York) para pasar quince días de vacaciones, que aprovechó para presentar una ceremonia benéfica a favor de la asociación Children's Academy de Harlem, y para dar una fiesta en una mansión que perteneció a Henry Ford. Entre los invitados estaban Christie Brinkley, Lloyd Price, Geoffrey Holder, Freddie Jackson y Star Jones.

Los homenajes no cesaban. En septiembre regresó a la Casa Blanca para recibir, de manos del presidente Bill Clinton, la Medalla Nacional de las Artes.

A finales de 1999 publicó, tras cinco años de trabajo, *From these Roots*, la autobiografía, lo que vivió también como un gran momento. Pese a que me impidió participar (a mí y a cualquiera) en la edición final, incluyó mi nombre en la portada como colaborador.

Nada más salir el libro, Oprah Winfrey la invitó a su programa de la *ABC* para una entrevista. Puso, eso sí, dos condiciones: que las mujeres del público fueran con ropa elegante y los hombres, de traje o esmoquin.

Durante la entrevista, Aretha se mostró a la defensiva ante las preguntas sobre temas que no mencionaba en el libro. No estuvo muy receptiva y hubo momentos en que pareció agresiva. Fue una situación incómoda. El publicista de la editorial me confesó después que Aretha se presentó demasiado reservada, lo que no resultaba positivo para que el lector medio se interesara por el libro.

El libro apareció durante una semana en la lista de los más vendidos del *New York Times* y luego desapareció. Las ventas fueron mal y se desestimó el proyecto de sacarlo en edición de bolsillo. Recibió malas críticas y no se tradujo a ningún idioma. Se le achacaba sobre todo que Aretha contaba pocas cosas.

«No tiene sentido escribir un libro si no vas a aportar nada», opinaba Ruth Bowen. «Parecía una nota de prensa larga. A quienes la conocíamos nos pareció normal que se abriese tan poco, pero era absurdo sacar a la luz esa sucesión de loas hacia ella misma. Intentando proteger su imagen, logró el efecto contrario».

Sin embargo, con el paso del tiempo, Aretha pasó a decir que su libro había sido un éxito de crítica y ventas. Desde que se publicó, nos hemos visto muchas veces y siempre lo cita como la única crónica que refleja su vida de manera fidedigna.

QUINTA PARTE

LA LEONA EN INVIERNO

36
LOS DESEOS DE ARETHA

Según llegaba a su fin el siglo XX, Aretha Franklin, que se acercaba a la sesentena, se veía consolidada como una de las cantantes más importantes y respetadas de Estados Unidos. Labrándose una carrera que la había llevado del góspel al jazz, al pop y al rhythm and blues para volver después a sus orígenes. Se la llegó a etiquetar como pionera del rock y, por si fuera poco, probó a cantar hasta arias de ópera.

Sus primeros pasos en Columbia habían sido titubeantes. El estrellato lo conquistó en Atlantic y peleó toda la vida por mantenerse en lo más alto. No fue una lucha fácil, y una persona de carácter más débil habría tirado la toalla. Sufrió una sequía de éxitos tras un recorrido épico por los distintos géneros musicales, regresó con *Sparkle* y volvió la sequía con la etapa de la música disco. Resurgió en los años 80 en Arista y vivió una sequía más dura la década posterior. No obstante, a finales de los 90, regresó con fuerza, y el triunfo de la actuación de 'Nessun dorma' en los Grammy la devolvió al centro de nuestra cultura musical.

«Puede que no acertase con todo lo que hizo para seguir siendo famosa», decía su antiguo productor Jerry Wexler. «A veces se le quebró la voz y no eligió bien algunas canciones, metió muchas cursiladas. Pese a todo, hay que rendirse a la evidencia, es una artista como la copa de un pino. Habrá vivido unas seis épocas musicales diferentes y siempre ha estado ahí. No será como Miles Davis, que nunca paró de innovar y de romper moldes, o como Duke Ellington o Marvin Gaye, que todo lo que compusieron fue brillante. Ella se dedicó principalmente a interpretar y adaptar material muy diverso, estudiando sin parar las listas de *Billboard*, pero se metió en varias de esas listas durante más de cuarenta años. A ver quién consigue lo mismo».

Eso sí, desde el año 2000 en adelante, no conocería más el éxito comercial. Iría espaciando progresivamente las apariciones públicas y la publicación de discos. Según sus parientes más cercanos, tuvo una mayor inestabilidad emocional que le ensombreció el ánimo.

Su familia percibió también que hablaba de una relación imaginaria con Tavis Smiley, el famoso periodista. Era amigo suyo, aunque él no sentía nada hacia ella. Aun así, Aretha decía que era una de las grandes relaciones de su vida, recreando la imaginaria ruptura con el título de uno de sus discos.

«En el tema de los hombres», me aclaraba Ruth Bowen, «Aretha siempre se ha engañado a sí misma. Pero esa vez estuvo tan desconectada de la realidad que no me lo podía creer».

Sí había un proyecto que parecía viable, el disco de duetos, que siguió comentando cuando nos veíamos. En una de esas conversaciones me pidió que escribiera el texto para el álbum y me prometió que me enviaría el listado de canciones.

En marzo de 2000, *Billboard* publicó que «el ansiado *Duets* de Aretha estará listo el 20 de junio. Aunque todavía no se ha decidido la lista de temas, ya hay uno confirmado, 'Don't Waste Your Time', un dueto con la nominada al Grammy Mary J. Blige».

La canción había aparecido en *Mary*, el álbum de Blige de 1999, que, de algún modo, seguía la estela publicitaria de Aretha. Situada en el hip-hop, Mary J. Blige, al igual que Aretha, colaboraba con Elton John y Lauryn Hill, además de cantar una balada de Diane Warren, 'Give Me You', con la participación de Eric Clapton.

«Era un proyecto a lo grande, quería grabar con los mejores artistas del momento», señalaba Ruth Bowen. «Tenía un montón de nombres, como Julio Iglesias, Tony Bennett o R. Kelly. A mí me parecía genial, e imagino que a Clive también, pero en seguida empezó Aretha con sus exigencias, cambios de agenda y cancelaciones y esas cosas. Aquel proyecto nació muerto. No me dejó ayudarla con la planificación porque quería encargarse del mismo ella sola. Lo del control obsesivo iba cada vez a más».

Bueno, no fue capaz de controlar la producción del disco de duetos, pero no decayó en lo de las grandes fiestas de cumpleaños.

«Le gustaba mucho celebrarlo», afirmaba su hermano Vaughn. «Las montaba como si fueran lo más importante del mundo. Eran siempre en Detroit y elegía a varios artistas. Invitaba siempre a los presentadores de televisión más importantes porque veía las noticias todas las noches y le encantaba codearse con ellos. Los 58 años los celebró en el Town Center Garden Atrium de Southfield, con el alcalde Dennis Archer y Lloyd Price. Estuvo Rose Royce tocando 'Car Wash' y Pete Escovedo con un magnífico jazz latino».

Ese verano volvió al JVC Jazz Festival. La actuación no fue bien. El *New York Times* tituló: «Los deseos y necesidades de Aretha no siempre se cumplen». Según el crítico Ben Ratliff, «Aretha se puso muy seria la tercera vez que se le pidió a la banda bajar el volumen. Miró fijamente al director musical y recibió una ovación del público cuando le pidió que lo solucionara. Sin embargo, el concierto del sábado en el Avery Fisher Hall ya había comenzado con mal pie y no había modo de arreglarlo».

Aretha lo pasó mal todo el concierto, y daba igual que fuera culpa de la mesa de mezclas o de que la banda tocara de manera pesada y desafinada. No le salió bien ni siquiera el popurrí, tantas veces interpretado, con sus éxitos ('Respect', 'Think' y 'Ain't No Way'). Cantó «Nessum dorma», incorporada ya a su repertorio, con sorprendente indiferencia. Para mí, el único momento destacable fue cuando cantó y tocó al piano 'A Song for You', de Leon Russell, que le dedicó a Johnnie Taylor, el gigante del R&B recientemente fallecido, a quien conocía desde los años 50 cuando viajaban por el mismo circuito del góspel.

No le costaba rendir homenajes póstumos a sus colegas, como tampoco sacar a flote su espíritu competitivo. En noviembre de ese año, por ejemplo, se tomó muy mal la publicación de la autobiografía de Natalie Cole, *Angel on My Shoulder*, en la que la autora describía las rabietas de la diva: «No soportaba que saliera en el mismo programa de televisión que ella, y se iba de donde estuviera si entraba yo». Aretha me llamó furiosa diciéndome que lo había leído, que no era cierto y que quería escribir un desmentido. Le dije que se fijara en la continuación del texto, cuando Natalie aclaraba lo siguiente: «Menos mal que ha cambiado. Ahora somos amigas». Al final, prefirió no decir nada.

Al cabo de unos meses, actuó con James Carter para un disco en directo. Natalie estaba entre el público, aplaudiéndola sin parar. Sin embargo, las canciones de Aretha no formaron parte del álbum que salió, *Live at Baker's Keyboard Language*. Le pregunté qué le había pasado a Ahmet Ertegun, gran amigo de Aretha y productor ejecutivo del disco, y me respondió que había conseguido que Aretha fuera a cantar en la grabación, y que cantó de maravilla, pero que luego las negociaciones se complicaron y tuvo que descartarla.

A finales de 2000, el calendario de actuaciones de Aretha descendió considerablemente, según constataba Dick Alen, su agente de William Morris: «Llevaba tres o cuatro años sin publicar ningún disco nuevo. No tenía canciones nuevas y las ofertas no eran como antes. Por suerte, VH1 tuvo la idea de rendirle homenaje en un programa de *Divas Live* y con eso salvó los muebles, siguió un tiempo en primera línea».

El homenaje a Aretha, un concierto en el Radio City Music Hall de Nueva York, se emitió en abril de 2001. La recaudación fue a parar a la fundación de VH1 Save the Music y actuó un montón de gente, desde el trompetista de jazz Clark Terry a Mary J. Blige, pasando por Kid Rock o Paul Morton, de la gran iglesia baptista de St. Stephen. Aretha estuvo sensacional, sobre todo en su inteligente diálogo musical con Stevie Wonder.

«Se lo pasó en grande y le vino muy bien», me comentaba Erma. «Fue a su casa a felicitarla, había salido estupenda y las críticas fueron magníficas. Cuando fui, tenía la casa hecha un caos. No es que fuera nada nuevo, pero esa vez me quedé alucinada, ni siquiera había deshecho las maletas de su último viaje de hacía dos semanas. Había ropada tirada por todas partes, bolsas de plástico de la tintorería esparcidas por el suelo y el fregadero hasta arriba de platos. Me dijo que iba a despedir a la asistenta. No le comenté nada, siempre le ha costado confiar en sus asistentas. Sin embargo, vi debajo de la mesita del salón, y entre un montón de revistas de *Vogue*, un cheque de pago de regalías por 20.000 dólares. Entonces le dije que tenía que organizarse, que un poco más y tira un cheque. Se lo enseñé, lo miró, se lo metió en el bolso y luego añadió que no tenía derecho a criticarla, que era muy ordenada. Después estuvo semanas sin hablarme».

En agosto de 2001, a Erma le detectaron un cáncer. Fueron su hija Sabrina y su prima Brenda quienes se lo dijeron a Aretha.

«Se enfadó un montón», me contó Sabrina. «Se puso como loca diciendo que los médicos no tenían ni idea, que eran unos inútiles, y me soltó que no la volviera a llamar para darle una noticia así, que no quería enterarse porque no se lo creía, que era todo mentira. Aretha vivía en una constante negación en temas personales. Aquí, sin embargo, iba más allá porque era llevar esa negación de la realidad al estado físico de otra persona, como si al negarlo desapareciera el cáncer. Aretha había sufrido la pérdida de su padre, de su hermana Carolyn y de su hermano Cecil. No quería ni pensar en la posibilidad de que se muriera Erma.

»Cuando no pudo negarlo más, llamó a mi madre, pero no fue a verla al principio. Tardó varios meses en visitarla, y se presentó con un montón de cosas para comer. Se quedó en la casa y le preparaba cenas de lujo. Mi madre ya no comía mucho, aunque valoraba la ayuda de su hermana. Dejaron atrás todas las rencillas y peleas del pasado, se pasaban los días hablando y riendo. Las visitas de Aretha le sentaban muy bien a mi madre, y según fue empeorando, iba a verla más a menudo. Le dio también dinero a Eva Greene, vecina y buena amiga de mi madre, para que se instalara en su casa y la cuidara. Le enviaba gerberas frescas para que le alegraran la vista, además de cestas de fruta, CDs, revistas y dulces. La relación entre ambas había sido compleja. Habían vivido una intensa rivalidad, pero terminaron queriéndose y entendiéndose con mayor intensidad. Lo importante era no inmiscuirse cuando se peleaban porque siempre hacían las paces. Mi madre murió el 7 de septiembre de 2002, unos catorce meses después del diagnóstico. Se marchó en paz con Aretha, y por esa parte, genial».

Por si fuera poco, dos meses después falleció su último hermano, Vaughn. Fue un duro golpe.

«Según se le iba muriendo la gente, se volvía más desconfiada», recordaba su cuñada Earline. «Se hizo más controladora y, por otro lado, se le descontroló el peso. El miedo le hacía querer controlarlo todo, y lo único que no podía controlar era el apetito. La ansiedad hacía que comiera más».

El estado de ánimo lo tenía por los suelos. En noviembre de 2001, el *Detroit Free Press* publicó que Aretha había demandado al tabloide *Star* «por un reportaje del año pasado que la tachaba de bebedora compulsiva». La información era falsa porque Aretha llevaba sin beber desde principios de los años 70. Según Aretha, llegó a un acuerdo extrajudicial y el medio publicó una disculpa.

«Esa porquería de artículo la dejó, como es lógico, bastante tocada», afirmaba Ruth Bowen. «Si pensamos en toda la enfermedad de Erma, en lo rápido que fue, es fácil imaginar lo mal que estaba. Para colmo, en noviembre se incendió una de las casas que tenía en Detroit. No quedó nada. No vivía en ella, pero tenía allí un montón de ropa y discos».

En enero de 2003, el *Detroit Free Press* publicó que Aretha tuvo que colaborar a regañadientes con la policía en la investigación del incendio por imposición del juzgado.

«Es una persona que huye de la publicidad negativa, y lo del incendio le afectó mucho», aclaraba Ruth Bowen. «No se llegó a descubrir la causa del mismo, pero la prensa insinuó que había algún interés detrás, lo que era mentira. Le dije a Aretha que pasara página y se volcara en sacar un disco. Habían pasado seis años desde *A Rose Is Still a Rose*. Quien estaba ahora al frente de Arista era L.A. Reid y quería que Aretha volviera al estudio. Visto lo mal que lo estaba pasando, no se me ocurría qué tipo de música haría. Siendo como es, hizo como que no pasaba nada y llamó al nuevo disco *So Damn Happy* [la mar de feliz]».

37
GRANDES CLÁSICOS

Uno de los aspectos más fascinantes de la imagen pública de Aretha era su descarada nostalgia. Le apasionaba la música de su juventud y respetaba a los músicos de la época.

En 2003, Aretha aceptó presentar un capítulo de *American Soundtrack*, un programa de conciertos de la PBS producido por la emisora de Pittsburgh WGET. El repertorio se componía de canciones antiguas dirigidas a quienes habían nacido en los años 40 y 50. Lo presentaría con Lou Rawls y en el programa aparecerían también artistas como su exnovio Dennis Edwards, Gloria Gaynor o Mary Wilson.

«Aretha siempre ha sido fan de esa música», incidía Ruth. «Valoraba a los artistas de su tiempo y se sentía parte del linaje del rhythm and blues, pero también decía que no quería limitarse a ese circuito. Esa vez participó porque le pagaron bien y porque quería cantar con Lou».

El dueto que hicieron Aretha y Lou, 'At Last', es un relectura del clásico asociado desde siempre a Etta James. Contenta por la presencia ultradistendida de Lou y los coros góspel llenos de matices, Aretha le dice al público que suenan igual que los Pilgrim Travelers, en referencia al grupo góspel de los años 50 en el que cantó Lou. Aretha se encuentra en plena forma y ofrece una de sus mejores interpretaciones del nuevo siglo.

«Quedó muy contenta», señalaba Ruth. «Le sentó de maravilla volver a conectar con las grandes estrellas del soul. No obstante, al día siguiente me llamó para decirme que no quería encasillarse como una diva del pasado y que iba a hacer un disco de hip hop. Le dije que no la creía y me contestó que sí, que no había vuelta atrás».

Ese disco, *So Damn Happy*, sería, más que un disco de hip hop, un trabajo con influencias de ese género. Troy Taylor coescribió y produjo tres temas, incluido el primer single, *The Only Thing That Matters*.

«Había escrito algunas canciones con Mary J. Blige para un disco con Puffy Combs», comentaba Taylor. «Al final, Mary pasó porque decía que Puffy quería controlarlo todo. Por entonces me llamó L.A. Reid, que estaba con un disco innovador de R&B con Aretha, para preguntarme si me interesaba. ¡Toma, claro! A Mary también le encantó la idea y, de hecho, haría los coros de una canción, 'Holdin' On'. Lo grabamos en el salón de Aretha porque tenía montado allí un estudio. He producido a muchas leyendas, como Patti LaBelle y Ron Isley, y me gusta pensar que llegaba en buen momento. Sin embargo, lo de Aretha era otra liga. Cuando vi la letra en el piano, había apuntado un montón de cosas, todos los cambios en la melodía. Tenía una visión muy completa sobre la forma de interpretar la canción. Así pues, la clavó en solo dos o tres tomas. Le dije que improvisara un poco y lo hizo de lujo, es de las mejores. Luego me enteré de que se le acababan de morir dos parientes, pero nadie lo habría imaginado viéndola en aquellas sesiones. Era una gran profesional. Y esos que dicen que se estaba quedando sin voz, vamos, ni de lejos. Llegaba a cualquier nota que le diera la gana».

Se llevó la misma impresión Gordon Chambers, que coescribió 'The Only Thing Mission' y 'Ain't No Way', aparte de producir esta última.

«Al llegar al estudio de su casa de Detroit», decía, «estaba ensayando al piano. Ahí descubrí que no solo se aprendía las canciones de las cintas, sino que también las trabajaba en el piano. Así es como las "arethiza". Tal vez ahora cantara más con la cabeza que cuando estaba en su apogeo, pero se había adaptado sin problema. Me daba cosa decirle nada, pero una vez me armé de valor y le sugerí que repitiera una estrofa. Me miró como si fuera la directora del colegio a punto de reñirme y me dijo que no le parecía que hubiera quedado mal pero que, aun así, iba a cantarla de nuevo. Le quedó con más fuerza. Me dijo que antes le había salido bien aunque la segunda vez estaba mejor. Era su manera de alabarme el oído.

»También tenía muchísima gracia. Me contaron que se iba a la cocina a comer coles, pero era una mujer muy sibarita. Tenía comida exótica de todas partes, incluso de Oriente Medio. Nos trató a lo grande, quería que estuviéramos a gusto en su casa. Cuando salió el disco, fui a verla cantar en el Radio City Music Hall. Me acompañó mi madre y, en un momento dado, Aretha me pidió que me levantara y me presentó ante el público. Fue increíble, ningún artista me había tratado con tanto respeto».

Burt Bacharach produjo uno de los temas del disco, 'Falling Out of Love', una canción escrita con Jed y Jerry Leiber.

«Grabó tres o cuatro canciones mías», me recordó Bacharach. «Pensaba escribir los arreglos en Los Ángeles y registrarlos para después ir a Detroit a grabar la voz. En 'Falling Out of Love', la única que incluyó al final, le puse los arreglos por teléfono. La escribí en sol, me dijo que era muy grave y le contesté que estaba justo en su tesitura. Me pidió que la subiera una tercera menor. No lo veía y, con mucho cuidado, le señalé que quedaría muy alto. Entonces puso el teléfono en el piano y la tocó como decía ella. Tenía toda la razón del mundo, quedaba mejor. Cuando llegué a Detroit, me invitó al estudio, me dijo que las coristas estaban a punto. Le dije que no hacía falta meter coros en esos arreglos, pero me dijo que me iban a gustar. Y vaya que sí. Había escrito unos coros muy armoniosos.

»La única discrepancia menor que tuvimos se refería a la interpretación. Eran canciones nuevas, así que le pedí que cantara las melodías tal y como estaban escritas, por lo menos en las estrofas iniciales y los estribillos, y ya que luego introdujera las variaciones que quisiera. Siguió mis indicaciones en casi todo, pero como es una cantante tan precisa como brillante, le cuesta no meterle su toque, y, por lo general, mejoraba la canción».

El primer single, *The Only Thing Missing*, publicado en el verano de 2003, tuvo buena acogida. «Hacía años que Aretha Franklin no sonaba tan natural», opinó Jon Pareles en el *New York Times*.

Por su parte, Fred Bronson dejó la siguiente observación en *Billboard*: «Han transcurrido cuatro años y nueve meses entre su anterior éxito ('Here We Go Again', de 1998) y 'The Only Thing Missing', lo que supone el paréntesis más largo en su extensa carrera de éxitos. La primera aparición de Franklin en las listas de R&B se remonta a 1960».

«Es increíble que, tras las muertes de Erma y Vaughn, pudiera sacar un disco como *So Damn Happy*», opinaba Ruth Bowen. «Es su forma de sobrellevarlo, dejando de lado la tristeza y el dolor. Lo lleva bien casi todo el tiempo, pero antes de que saliera el disco, pasó lo de Luther Vandross y se desmoronó, ya no podía ir por ahí como si nada y "la mar de feliz". La tragedia de Luther la dejó muy tocada. Con todas sus historias de diva, lo quería con locura».

El 16 de abril de 2003, Luther tuvo un ataque muy grave en su apartamento de Manhattan. Un mes después, Aretha organizó una vigilia y una misa en la iglesia baptista Little Rock de Detroit, con la presencia de los Four Tops y el Ebenezer Mass Choir. Además, rezó por él en numerosas ocasiones en su casa de Bloomfield Hills.

«Lo hacía todo con el mejor de los deseos», señalaba Ruth Bowen. «Creía que si rezaba mucho, el mismísimo Dios salvaría a Luther, que si tenía que escuchar a alguien, sería a ella. Por desgracia, empeoró, y con toda "la mar de felicidad", la verdad es que era ella quien más lo sintió».

Durante un concierto en julio en Atlanta, tuvo un momento de respiro. Compartió escenario con su ex, Dennis Edwards, que convirtió el 'My Girl' de los Tempations en 'My Queen'.

Dio otro concierto, esta vez especialmente deslucido, en uno de sus espacios favoritos, el Radio City Music Hall de Nueva York. Tuve la misma sensación de otras veces, un concierto donde su genialidad solo se manifestó en algunas de sus canciones de Columbia, con emotivas versiones de 'Skylark' y '"Try a Little Tenderness'. Se pasó gran parte del espectáculo quejándose del sonido. Al terminar, me dijo que no había podido ensayar por la tarde. «Mis agentes y publicistas me llenan demasiado la agenda», concluyó.

De lo que no se quejó fue del reportaje elogioso que le dedicó *Jet* en que hablaba de su nueva pareja, cuyo nombre ocultaba, y de quien decía que «me hace realmente feliz». También hablaba, sin dar apenas detalles, de las carreras de sus hijos Kecalf, Eddie y Teddy. «Eddie grabará pronto, y lo hará con mi sello». Además, anunciaba planes de abrir su agencia de representación de artistas, Crown Booking, para llevar sus conciertos y los de otros artistas, como los de sus hijos.

«Lo de Crown Booking era una puñalada a Queen Booking, mi agencia, que, durante muchos años, le había reportado tantos beneficios», comentaba Ruth Bowen. «Estaba enfadada conmigo porque no le daba las cifras astronómicas que me pedía. Creía que podía ponerse al nivel de Janet Jackson, Michael Jackson o Madonna, algo evidentemente ridículo. Lo de ir por su cuenta era más un sueño que otra cosa; ni siquiera sabía llevar sus cuentas. Era una estupidez y, claro, no la llegó a montar. Al final volvía a Dick Alen, el único hombre de todo el país con la paciencia necesaria para aguantar sus idioteces».

«Mira, te cuento una cosa importante», me dijo Aretha a principios de 2004. «¡Voy a ir a California este verano! ¿Te das cuenta? ¡Llevo veinte años sin cantar en la Costa Oeste!».

«¿Vas a tomar un avión?».

«Ojalá», me contestó. «Iremos con mi autocar, con tiempo y calma».

Tras esa conversación, llamé a Ruth Bowen para ver qué había de verdad. No me creía que fuera a hacer un viaje tan largo por carretera. «Lleva años queriendo actuar en Los Ángeles», me explicó Ruth. «Siempre cancela a última hora. La idea de pegarse esa paliza de viaje acaba pesando más. Tampoco le atrae la idea de cruzar las Montañas Rocosas. Una vez aceptó ir por el sur, a través de Texas y Nuevo México, pero se anunció temporal y se echó atrás. Esta vez parece que va en serio. Ha cerrado dos conciertos en el Greek Theater, pero para septiembre, es decir, que todavía queda. No me extrañaría que los cancelase».

Todavía faltaba tiempo, y dio una entrevista en *Ebony* en la que anunciaba la ruptura con un novio del que, para variar, no daba su nombre. «He pecado de ingenua, es increíble a estas alturas de mi vida», comentaba. «Cuando quieres a alguien, a veces no ves lo que salta a la vista. Desde fuera se ve todo mucho mejor». Concluía con tres promesas: «Voy a adelgazar, organizarme mejor y pasar de hombres mentirosos».

Por otro lado, tuvo que ingresar en el hospital Sinai-Grace de Detroit por una reacción alérgica a los antibióticos. Le contó a la prensa que Clive Davis le había enviado flores.

«Es imposible contar las veces que Aretha había dejado de hablarse con Clive», decía Ruth Bowen. «Siempre era por dinero, ella le pedía unos anticipos disparatados y él se negaba. Luego se arreglaban porque se necesitaban: ella tenía prestigio y él, contactos. Son como dos reinas que se aprovechan del poder de la otra. Aretha es la Reina del Soul y Clive, la Reina de la Radio Musical. Se hacen mutuamente la pelota de una manera que da asco, están siempre adulándose. Basta con leer lo que escribió Aretha sobre Clive en los agradecimientos de su disco, eso de que es el paradigma de la industria musical, su querido Clive, el más cosmopolita de todos. A Clive le encanta y ella, más feliz que nadie de que Clive la lleve a sus fiestas megapijas de los Grammy».

La muerte de otro viejo amigo le añadió más dolor. Como sabía que conocía muy bien a Ray Charles, me llamó tras su fallecimiento, el 10 de junio de 2004, pidiéndome una dirección para enviar flores. Me habló con mucho cariño del día que lo subió al escenario del Fillmore West para cantar 'Spirit in the Dark'. En sus declaraciones a la prensa, mencionó su valor y la confianza que transmitía:

«Abarcaba muchos géneros musicales y podía cantar lo que fuera con mucha clase. Destaca su valentía al igual que su genio musical, ese valor que tuvo para salir adelante cuando, a los 15 de años de edad, se quedó sin madre. También quiero recordar la seguridad que tenía, como compositor, productor y cantante. Era un ser lleno de bondad».

Aretha también expresaba su bondad a la mínima ocasión, y lo demostró de nuevo cantando en Chicago a beneficio de Southwest Women Working Together, una organización de ayuda a mujeres y niños víctimas de la violencia doméstica.

Cumplió finalmente su promesa de viajar a California. Se habían agotado las localidades de los conciertos del 17 y 18 de septiembre en el Greek de Los Ángeles. Entre los asistentes estaban Clive Davis y Tavis Smiley, que el día anterior al primer concierto la entrevistó para su programa de televisión, lo que profundizó la pasión no correspondida de Aretha hacia Smiley.

«Iba por ahí dando por sentada la relación», recordaba Earline. «Llegaba a insinuar que se casarían, aunque todos los que conocían la historia sabían que Tavis la valoraba como artista y nada más. No iba a ser el juguete de Aretha, no era de esos tíos. Sin embargo, ella estuvo años como si vivieran una relación tórrida. Y nada más lejos de la realidad».

El primer concierto resultó decepcionante. Salió con fuerza, recordando sus años en Columbia con una excelente interpretación de 'Try a Little Tenderness', pero, a partir de ahí, fue cuesta abajo. Hizo un repaso superficial de sus grandes éxitos con un grupo de bailarines haciendo una coreografía de hip hop bastante insulsa. Se movía poco por el sobrepeso, y su voz no llegaba al nivel de sus mejores años. Le acompañó a la guitarra Teddy Richards, hijo suyo y de Ted White, que llevaba actuando con ella desde 1984.

«Tardó una eternidad en el viaje de vuelta a Detroit», recordaba Ruth Bowen. «No quería viajar más que unos pocos cientos de kilómetros al día. Me contó que estaba tan cansada que se iba a tomar el resto del año de descanso. Al llegar a su casa, supongo que tendría alguna discusión con Clive, porque empezó a hablarme de su proyecto de montar Aretha's Records para tomar sus propias decisiones. Le comenté que era absurdo, que llevaba veinticinco años haciendo lo que quería, que lo que decía era una tontería. Y entonces me dejó de hablar».

El 26 de marzo de 2005, Gail Mitchell publicó en *Billboard* que Aretha iba a sacar en junio un nuevo disco, sin título por el momento. Lo editaría en Aretha's Records, con artistas invitados como Faith Hill, Dennis Edwards y el cantante de góspel Smokie Norful. Ese disco nunca salió.

En junio encabezó en el Madison Square Garden un concierto de la 22ª edición del McDonald's Gospelfest.

«Hay que renovar ya las raíces del góspel», me dijo. «Por eso llevo a Joe Ligon, de Mighty Clouds of Joy». Era el mismo que cantaba en su disco *One Lord, One Faith, One Baptism*, producido por ella en 1987.

El mejor momento fue su interpretación de 'Amazing Grace', un himno que nunca fallaba para desplegar sus mejores dotes sobre el escenario.

En julio cantó, junto con Alicia Keys, Patti Austin y Patti LaBelle, en el funeral de Luther Vandross, que tuvo lugar en la iglesia Riverside, en Nueva York. Había fallecido a los 53 años. Más tarde escribió de él lo siguiente: «Era una persona muy sencilla, a la par que elegante. Y lo mejor es que era muy auténtico, no había nada impostado en él. Era un caballero de la cabeza a los pies. Me alegro de haber conocido a un ser tan maravilloso como persona y cantante. A día de hoy, 'Get It Right' es mi canción de cabecera. No abundan las amistades de verdad. Era divertido, inteligente y con mucho sentido del humor. No teníamos que pasar mucho tiempo para saber que éramos amigos, lo sabíamos sin más».

«Siento la necesidad de cantar más góspel», me confesó tras la muerte de Luther. «Es una sensación que siempre tengo ahí. Ahora que todos mis amigos se están yendo, tengo que expresar mis sentimientos con las canciones que me han acompañado desde niña».

Dicho y hecho. En julio actuó en Detroit, en la iglesia Greater Emmanuel, cantando con los Spiritual QC's, Beverly Crawford y Candi Staton, las antiguas canciones religiosas que le traían felices recuerdos de la adolescencia de gira con su padre.

«Me alegré sobre todo de ver a Candi», decía Aretha. «La conocía de antes de su éxito de los 70 'Young Hearts Run Free', de cuando estaba en las Jewel Gospel Singers y la veía en el Apollo. Entonces se hacía llamar Cassietta y era de las mejores. Por eso es una bendición compartir púlpito en esta etapa de madurez de ambas».

Las incursiones en la música religiosa, constantes a lo largo de la carrera de Aretha, se intensificaron en 2005.

Poco después del concierto en Detroit, contribuyó con improvisaciones vocales en la remezcla de «I Gotta Make It», el himno del ídolo juvenil del R&B Try Songz, que cantaba un soul seductor al estilo de R. Kelly. Tal y como había hecho en "A Rose Is Still a Rose", de Lauryn Hill, Aretha hacía el papel de madre que daba sabios consejos a los jóvenes.

Cambiando de nuevo el chip, rindió homenaje a las generaciones anteriores cantando en recuerdo a Rosa Parks, la matriarca del movimiento de derechos civiles, fallecida el 24 de octubre de 2005. Fue la primera mujer cuya capilla ardiente se instaló en la Rotonda del Capitolio de Washington D.C. Después se trasladó el féretro a Detroit, donde estuvo expuesto durante dos días en el Museo de Cultura Afroamericana. Lo visitaron miles de personas. El 2 de noviembre se ofició un funeral en el Greater Grace Temple de Detroit, la ciudad en la que había vivido durante los últimos cuarenta años.

El funeral, de siete horas y veintiocho minutos de duración, se transmitió por la CNN. Se leyeron discursos grandilocuentes. Hubo homenajes de, entre otros, senadores como Hillary Clinton y Barack Obama, pastores como Jesse Jackson, Al Sharpton, Louis Farrakhan y T.D. Jakes. El momento más emotivo fue musical: la versión de Aretha de "The Impossible Dream", el tema del musical de Broadway *El hombre de La Mancha*, maravillosamente adaptado de una balada empalagosa a un himno religioso.

Ese mismo mes, Aretha viajó a Washington D.C., pasando por alto las diferencias ideológicas para aceptar la medalla presidencial por la libertad concedida por George W. Bush. En la lista de premiados estaban Carol Burnett, Alan Greenspan, Muhammad Ali, Andy Griffith, Paul Harvey y Jack Nicklaus.

Al igual que Aretha, Lou Rawls era un cantante que había transitado la senda del góspel al R&B, el jazz y el pop.

Falleció en enero de 2006 y Aretha pensaba que su obra no se había valorado con justicia. «Empezó cantando en la iglesia y luego se abrió a todo el mundo», me decía. «Triunfó en la música, pero fue más que eso, tocó todos los géneros. Era uno de los grandes».

En junio murió también Arif Mardin, su arreglista de tantos años, y le rindió homenaje con estas palabras: «Fue para mí lo mismo que Nelson Riddle y Billy May para Sinatra. Era el mejor de todos».

En diciembre falleció James Brown y de él dijo que estaba a la altura de Duke Ellington, porque había sido «el cantante masculino más enérgico del R&B».

Fue una sucesión de fallecimientos de amigos y colegas que le pasó factura. Empezó a ser consciente de su mortalidad y fue diciéndole a sus amigos que su gran proyecto iba a ser montar un musical de Broadway basado en su autobiografía. Durante los años siguientes, hizo varios castings en Detroit y Los Ángeles. Le filtraba a la prensa nombres de mujeres para hacer de ella (como Jennifer Hudson o Halle Berry), pero todo se quedó en un proyecto, no encontró financiación para la obra. Entonces pensó en hacer una película y llegó a decir que el guion se basaría única y exclusivamente en su libro, y que ella lo supervisaría personalmente. Ese proyecto tampoco se materializó.

«El R&B goza de buena salud», declaró en *Jet* en junio de 2007, donde nombraba a los artistas que más admiraba del momento: Erykah Badu, Jill Scott, Soulchild, Ne-Yo, Chris Brown, Mary J., Trey Songz, Anthony Hamilton, Gerald Levert y Nelly.

Seguía pensando que su fama estaba a la altura de esos artistas citados y que, si no era tan popular, se debía a las ventas irregulares de sus discos en Arista. Durante todo el año se quejó de que la compañía no hacía buena promoción de sus discos y de que se le debía dinero. A finales de año, salió en el *New York Times* anunciando que *Jewels in the Crown*, un recopilatorio de duetos ya publicados, sería su último disco en Arista. Se rompía la relación con Clive Davis. «Se acabó», le dijo a Jon Pareles. «Ya se puede decir que se ha acabado». Davis respondió: «Los abogados dicen que aún queda contrato. No lo sé, no lo he mirado. En cuanto a nosotros, hemos tenido una relación larga».

Aretha anunció el lanzamiento de su compañía Aretha's Records, añadiendo que el primer disco que sacaría, *A Woman Falling Out of Love*, ya estaba casi a punto. Solo falta encontrar distribución. Aclaraba también que la elección del título, «una mujer peleada con el amor» se debía a que «se basa en la realidad, en una relación que tuve y que no salió bien por un montón de motivos». Sus parientes más cercanos me confesaron que era pura fantasía, una historia inventada a partir de su amor platónico por Tavis Smiley.

Aretha nunca paraba, ni en su vida privada ni en su carrera profesional, y en esa época estaba también estaba moviéndose constantemente. Tal y como llevaba diciendo desde hacía años, volvió a comentar su intención de matricularse en Juilliard para estudiar piano clásico, aunque tampoco fue más allá del mero anuncio.

Salió en la portada de *Jet* hablando de su aumento considerable de peso, que atribuía a haber dejado de fumar en 1992 y aseguraba que se había puesto a dieta. Le preguntaban si apoyaba a Hillary Clinton o a Barack Obama en las primarias del partido Demócrata, a lo que respondía con evasivas y sin decantarse por ninguno.

A finales de 2008, volvió a subirse al autocar para actuar en el teatro Nokia de Los Ángeles y después se fue a Nueva York.

Cantó en el Radio City Music Hall dos días antes de cumplir los 66, el domingo de Pascua. Me pareció un concierto soso e insustancial. Después de cantar 'Respect', le pidió al director de la orquesta, H.B. Barnum, que la ayudara porque se le había desatado el zapato, con lo que ahí vimos a Barnum arrodillado literalmente a sus pies.

«Qué más da», me dijo después. «Total, es la Reina».

La siguiente canción fue 'I Remember', de Keyshia Cole, un enorme éxito de hip hop/R&B del momento. Contó con la ayuda de Ali-Ollie Woodson, un magnífico cantante a la altura de David Ruffin y Dennis Edwards, sus predecesores en los Temptations. «Como no consiguió a Dennis, me llamó a mí», me contó Woodson. «Fue un halago porque Dennis es de los grandes. Le pedí si podía cantar un par de canciones mías y se enfadó. Me dijo que podía darme con un canto en los dientes por cantar con ella la canción de Keyshia Cole. Sabía que era mejor no discutir con ella, con lo que ahí se quedó la cosa».

«Estaba un día en casa y me llamó Aretha Franklin», me comentaba Keyshia Cole. «Me quedé de piedra. Era la gran referencia, para mí y para todas las cantantes jóvenes. Me dijo que le había encantado 'I Remember' y quería que le escribiera una canción igual de buena. Le dije que me había salido bien porque hablaba de una experiencia personal y que, si quería una canción a medida, tendría que contarme algo de su vida. Se quedó callada un instante y me respondió que entonces le tendría que ceder los derechos de la canción. Le dije que claro, que me parecía bien. Me contestó que volvería a llamarme y no supe más de ella. Más tarde me dijo una persona que la conocía desde hacía tiempo que nunca suelta prenda y la llamaba la Reina de Hielo que nunca se derrite».

Aunque no colaboró con Keyshia Cole, sí grabó un dueto exitoso con Mary J. Blige. En marzo ambas ganaron un Grammy por 'Never Gonna Break My Faith', un dueto góspel de *Jewels in the Crown*.

No le sentó nada bien que en los Grammy Beyoncé presentara a Tina Turner como «la Reina», un título que celosamente se había guardado para ella. Su declaración ante la prensa fue ambigua: «No sé a quién habré ofendido o qué ego se habrá sentido tocado, si el de los guionistas de los Grammy o el de Beyoncé, pero, dado que se busca solo la polémica, no voy a darle más importancia. Solo quiero agradecer a los Grammy y a la academia por mi vigésimo galardón y expresarle mi cariño a Beyoncé».

Ese mes de marzo llegó otra mala noticia, que su casa de Detroit se ponía en venta judicial. Aretha llamó rápidamente a *Jet* para aclarar el asunto.

«Ni siquiera es la casa donde vivo», comentó. «Uno ve las noticias y parece que me voy a quedar en la calle vendiendo chucherías. Las deudas están saldadas. La historia no tiene más, los medios se han precipitado. Ya está todo solucionado».

Ese verano, Jerry Wexler, su amigo y productor más importante, murió a los 91 años. Sus hijos organizaron su funeral en Nueva York en un momento en que sabían que Aretha estaría en Manhattan. Además, el hotel estaba como a un kilómetro de camino. El día anterior al funeral, la llamé varias veces y le dejé muchos mensajes recordándole la hora y el lugar. No apareció. Le pregunté unas semanas después y me contestó que no se había enterado.

Sin embargo, ese mes de noviembre apareció a lo grande en *Rolling Stone*. La revista dedicó un especial a los cien mejores cantantes de rock, situando a Aretha Franklin en el número uno. Durante los años siguientes, proyectaría tal honor en una pantalla grande en sus conciertos.

Por esas fechas publicó un disco navideño excesivo y anodino, con producción y arreglos de ella misma. Aprovechó el texto del disco para lanzarle un reproche a sus antiguos mentores: «Estoy encantada de grabar el primer LP navideño de mi carrera, y es una lástima que ni John Hammond ni Jerry Wexler ni Clive Davis lo tomaran como prioridad porque es lo que siempre he querido hacer».

El disco, distribuido por Rhino, el sello de Warner para sus reediciones de Atlantic, tuvo pocas reseñas y menor éxito comercial.

«Nunca le preocupó vender pocos discos», me comentaba Earline. «Te decía que había sido un éxito y que los distribuidores le ocultaban las cifras para no pagarle las regalías. O ignoraba el fracaso y pasaba al siguiente proyecto sin más. Como Aretha es quien es, una de las grandes figuras de la cultura norteamericana, el siguiente proyecto siempre era más importante. Y en 2009 no había nada más importante que la toma de posesión del primer presidente negro de la historia del país».

UNA MUJER PELEADA CON EL AMOR

Dada su indiscutible talla histórica como cantante y artista, cuya canción 'Respect' evoca a una generación que rompió las barreras de la discriminación racial, a nadie sorprendió que Aretha fuera invitada a cantar en la toma de posesión de Barack Obama el 20 de enero de 2009. En respuesta a la primera pregunta que cualquiera se haría al recibir la invitación a un acto de esa envergadura (¿qué me voy a poner?), sorprendió a quienes con frecuencia la criticaban por sus atuendos estrafalarios al elegir un elegante conjunto gris coronado por un sombrero, que fue la prenda más comentada del día. Tras examinar las páginas web de los más destacados diseñadores europeos, al final encontró el sombrero perfecto en Detroit. Su creador, Luke Song, nacido en Seúl y de 36 años de edad, gozaba de una reputación exquisita entre las afroamericanas devotas más distinguidas de la ciudad. El sombrero estaba diseñado alrededor de un enorme lazo gris atado a un lado.

Aretha comentó su elección para la revista *Newsweek*: «Tuvieron que modificarlo un poco, porque lo quería con bordes de brillantes pequeños. Y el lazo estaba a la izquierda, pero yo lo quería a la derecha. Es mi mejor lado, el más fotogénico. Me pasé tiempo buscando a diseñadores del mundo entero y va y lo tenía en casa».

Ese momento quedó inscrito como una nueva victoria de la oprimida Detroit, la ciudad a la que había defendido durante años Aretha sin descanso.

Aquel helado día de enero, recibió más elogios por su conjunto que por su canción. Comentando el asunto en el debate con las mujeres periodistas del programa *The View*, reconoció haber quedado descontenta: «hacía demasiado frío para cantar». Cuatro años después, en la segunda toma de posesión de Obama, la actuación de Beyoncé causó menos sensación porque cantó en playback. Curiosamente, Aretha la apoyó: «Fue una imagen curiosa, pero le quedó bien. Tal vez haga yo lo mismo la próxima vez».

Mientras promocionaba el disco navideño y preparaba un nuevo álbum pop, *A Woman Falling Out of Love*, concedió diversas entrevistas, como la de Rashod Ollison, un agudo crítico musical de *Virginian-Pilot*. Cuando Aretha estaba a punto de cumplir 68 años, le pregunté a Ollison su opinión sobre ella.

«Después de mi madre, la voz de Aretha es de las primeras que recuerdo de mi infancia», me escribió. «Mis padres ponían siempre sus discos. Me atrapó la autoridad que mostraba su voz, sobre todo a la hora de cantar góspel. Y sigue provocándome el mismo efecto a día de hoy. Su música nunca delata ningún signo de autocompasión, incluso cuando se trata de canciones tristes que suspiran por el regreso de un hombre. Siempre transmitía un sentido de trascendencia, por la influencia de las canciones religiosas, por supuesto, pero también por los blues picantes de Dinah Washington.

»No obstante, en mis entrevistas con ella, y en las muchas que le he leído y visto en televisión, su indiferencia y leve condescendencia le quitaban atractivo y parecía una persona insignificante. Era una mujer muy insegura, obsesionada con la fama pese a su enorme legado, ofrecía una imagen muy alejada de la mujer indomable que ofrecía en su música.

»Mi trabajo de crítico consiste en quitar las capas, el barniz dorado que desorienta a los fans. Aretha es maravillosa, compleja, un genio de la música y oculta tras su legado mucha oscuridad y misterio.

»No es nada raro. Pasa con muchos artistas tan inmensos, que tienen una especie de desconexión interior, que tal vez sea necesaria. Tienen que conservar un lado infantil, con los ojos muy abiertos, para que su arte sea puro y arriesgado, no sé. En el caso de Aretha, sobre todo en los últimos veinte años o más, no ha habido mucho riesgo musical, ha ido conformándose con discos triviales y siguiendo las modas del momento. En los conciertos, normalmente va a medio gas. No hay que esperar que suene igual que en 1967 o que actúe con la misma energía (eso sí, Gladys Knight, criticada por Aretha en muchas entrevistas, se mantiene de forma estupenda en los conciertos y suena igual, o mejor, que en los años 70). En los directos de Aretha también falla la mera expresión musical, máxime si tenemos en cuenta los arreglos estridentes en plan Las Vegas».

Ruth Bowen, la antigua representante, consejera y amiga de Aretha, falleció en mayo de 2009. En mi última entrevista con ella, me dijo: «La quiero, siempre la querré. Es la mujer más necesitada de amor materno que he conocido jamás. Creo que, por un tiempo, cumplí ese papel, pero solo una madre es capaz de aguantar sus caprichos y cambios de humor. Yo no. Y solo una madre vería con buenos ojos la cutrez de conciertos que daba. Cuando me pedía la opinión sobre algo, le decía lo que pensaba, que se buscara un buen productor, alguien que supiera montar buenos conciertos, que dejara de ser tan controladora, que no lo sabía todo, que reconociera sus limitaciones porque nadie es perfecto, tampoco ella. Pero lo que le decía caía en saco roto, no quería escucharlo y por ese motivo, con todo lo que nos queríamos, discutíamos una y otra vez».

Ese verano cantó en el Hollywood Bowl, donde le rindió homenaje póstumo a Michael Jackson. Su muerte había sorprendido al mundo entero. Después actuó en el Radio City Music Hall. En esos conciertos recurrió a lo que Jerry Wexler había denominado «soul exagerado». melismas acentuados, emocionalidad exagerada y musicalidad teatralizada.

El año 2010 empezó de manera tranquila. Pasó el principio del año en Detroit, entrando y saliendo del estudio. La grabación de *A Woman Falling Out of Love* iba despacio. Estuvo meses para elegir las canciones y trabajarlas. Seguía distanciada de Clive Davis y quería mantenerse al margen de las grandes compañías; ser, por primera vez, no solo productora del disco sino también ejercer de ejecutiva discográfica, sin opiniones de nadie ni interferencias.

Llegó a enseñarles el álbum a los directivos de Rhino Records, el sello de Warner que controlaba el catálogo de Atlantic y claro candidato para la distribución del nuevo disco.

«Nos llamó desde Los Ángeles al presidente de la compañía y a mí», comentaba Cheryl Pawelski, responsable entonces de A&R en Rhino. «Quería que nos reuniéramos en el hotel Trump de Nueva York. Nos apetecía mucho sacar el nuevo disco de Aretha. La esperamos un rato en el hall y nos llevaron a una planta entera que había reservado. Estaba llena de inmensos adornos florales enviados por Elton John y Mariah Carey con motivo de su cumpleaños. Estuvo muy amable. Se puso a desayunar mientras escuchábamos el disco. Le comenté que me encantaba el piano en tres de las canciones y deduje que lo tocaba ella. Me lo confirmó y me dio las gracias. No obstante, el disco no me gustó, tenía producciones y géneros muy diversos. Era irregular y nada del otro mundo. Evidentemente, no se lo dije porque, para empezar, no me lo preguntó. Cuando terminó, le dimos la enhorabuena y las gracias y nos fuimos. Nos dijo que quería un anticipo de un millón de dólares y lo descartamos al instante. Aunque hubiera sido un buen disco, era mucho dinero, y para ese disco, era una cifra disparatada».

En julio, Aretha apareció en Filadelfia con, atención, la exministra de Exteriores Condoleeza Rice, que había estudiado piano. Rice tocó varias piezas de Mozart y, para concluir el espectáculo, Aretha cantó una selección de sus éxitos.

Ese verano rodó un anuncio divertido de las barritas de chocolate Snicker's donde se reía de su imagen de gran diva. En él salían cuatro adolescentes en un coche. Dos de ellos se muestran tan enfadados por el hambre que tienen que se convierten en divas irritables, interpretadas por Aretha y Liza Minnelli.

A finales de 2010, Aretha cayó enferma. Tuvo que cancelar sus compromisos por un intenso dolor de estómago. Pasó por el quirófano. En diciembre, el *National Enquirer* publicó el siguiente titular: «Aretha Franklin, 6 meses de vida. Su lucha contra el cáncer de páncreas. Los médicos le quitan la mitad del estómago». Aretha negó después que estuviera tan grave, aunque no mencionó la enfermedad que tenía.

Había vivido mucho tiempo con una curiosa contradicción: quería tener una intensa presencia pública a la vez que exigía privacidad. En ese momento, la privacidad era su principal obsesión. Le pidió a las personas de su entorno que no dijeran nada y no consentía ni una pregunta sobre su estado de salud. Le prohibió a todo el mundo que se diera el mínimo detalle. Su prima Brenda le dijo que podría decirlo para animar a la gente con la misma dolencia. Le contestó enfadada: «Te equivocas. No me pasa nada». De nuevo, la negación, aunque ahora más fuerte que nunca.

«Así es ella», decía su cuñada Earline. «Nunca cambiará. Le da igual que otros famosos hablen de sus enfermedades como ejemplo para el público, ella actúa de forma distinta, se calla por completo. Cuando tenía problemas con el alcohol en los años 60 y 70, tampoco dijo nada. Es lo mismo que sus problemas de estómago en 2010. Creo que pensaba que, si se daba a conocer lo que le pasaba, le perjudicaría en la carrera».

«Después de operarse, sus familiares pasamos mucho tiempo con ella en el hospital», recordaba Sabrina, su sobrina. «Estaba contenta de tenernos allí, pero, cuando recibió el alta y fue a casa, se volvió muy irritable. Si le decías algo que le sentaba mal, te dejaba de hablar durante semanas. Nos pasó a mi prima Brenda y a mí. También se enfadó con gente que llevaba años trabajando con ella. Empezó a despedir a empleados sin motivo. Está claro que una operación importante te deja en un estado emocional vulnerable, pero con Aretha era otra cosa, como si huyera de las personas que más la querían».

«La conozco de toda la vida», me decía un miembro de New Bethel, la iglesia fundada por su padre. «Cuando leí la noticia en el *National Enquirer*, no me creí que el cáncer pudiera con ella. Aretha es la única persona que podría acabar con el cáncer. Si yo fuera el cáncer, ni me acercaría a ella».

Un mes después de la operación, parecía completamente recuperada. Empezó a aparecer en los medios para transmitir que se encontraba bien y que pronto volvería al trabajo.

Su primera entrevista la concedió a *Jet*, el semanario dirigido a la comunidad negra que siempre la había tratado bien. Se publicó en enero de 2011 con el titular «El Señor me ha ayudado a superarlo». Se mostraba optimista, le daba las gracias a los fans y a Stevie Wonder por estar presente cuando salió del quirófano. Decía que la operación había salido «estupendamente». «Me encuentro genial», comentaba, añadiendo que «lo primero que voy a pensar es en Aretha, es la prioridad, es el momento de hacer primero lo que me apetezca».

En febrero apareció, extremadamente delgada, en una grabación en vídeo para dar las gracias por un homenaje de los Grammy con Jennifer Hudson, Christina Aguilera, Yolanda Adams, Florence Welch y Martina McBride cantando sus éxitos.

En marzo volvió a ser portada de *Jet*. Vestida con una bata larga de tela rosa, adornada con hileras de perlas finas, la Reina volvía a tomar las riendas. El titular rezaba: «Es un nuevo capítulo de mi vida». Se negaba a hablar de la enfermedad o la operación, decía que estaba con un nuevo régimen que le había hecho perder más de 10 kilos. El artículo iba acompañado de fotografías de Aretha con sus hijos Eddie, Teddy y Kecalf, junto con Sabrina Owens, Brenda Corbett y Willie Wilkerson.

Pocos días después, invitó a Wendy Williams a Detroit, donde la presentadora le hizo una entrevista, en la que la llamaba «Srta. Franklin» de manera cortés, en la habitación de un hotel, acompañadas de una cena ligera. Se mostró de nuevo evasiva con los temas de salud y se rio de sus problemas de peso, diciendo: «Antes estaba demasiado gorda incluso para hablar». Cuando Williams le señaló que, como muchas mujeres, Aretha era una persona ingenua y «capaz de enamorarse a lo loco», le respondió ofendida que eso le podría pasar a Wendy, pero no a ella. Hablaron a continuación del casting para la película sobre su vida y el programa terminó cuando Aretha le pidió a Wendy ayuda para financiar la película. Todo eso en directo.

Tras el rechazo de Rhino, *A Woman Falling Out of Love* se publicó en Aretha's Records el 1 de mayo. Según Dick Alen, que seguía con la gestión de su carrera, había recibido de Walmart el adelanto de un millón de dólares que llevaba tiempo buscando, lo que le dio a la cadena la exclusividad de venta del disco en sus tiendas y su página web durante un mes, para luego ponerse a la venta en iTunes.

«Cumplió su deseo», decía Alen. «Se quedaba con el control de todos los aspectos del disco, aunque, por desgracia, echó por tierra el acuerdo al entregar el disco meses más tarde y con un máster malo que se tuvo que rehacer. El disco no tenía potencia, la gente ni lo oyó, apenas se vendió y ése fue el final de la vida breve y desdichada de Aretha's Records».

Will Hermes escribió en *Rolling Stone* una de las críticas más generosas: «Lo bueno es que Aretha Franklin, que acaba de cumplir 69 años, sigue en activo y que su espléndido instrumento, pese a flaquear un poco, conserva su energía y agilidad».

Me gustó mucho su versión de 'Sweet Sixteen', de B.B. King, una canción que, según me dijo, «me recordaba mi adolescencia en Detroit cuando mi padre iba a ver a B.B. King actuar en los clubs y ponía sus discos en casa. Era genial volver a ese blues».

No obstante, el resto del disco es prescindible. Hay una mezcla de baladas empalagosas: 'The Way We Were', en un dueto forzado con Ron Isley, 'Theme from a Summer's Place' y 'How Long I've Been Waiting', una canción suya un tanto recargada. También hay góspel liviano: 'Faithful', con Karen Clark-Shead, y 'His Eye Is on the Sparrow', cantado por su hijo Eddie. Y una versión extraña e histriónica de 'My Country 'Tis of Thee', el tema que cantó en la posesión de Barack Obama.

El 9 de mayo ofreció su primer concierto tras caer enferma ocho meses atrás. Tuvo lugar en el Chicago Theater.

En el concierto me sorprendió la recuperación de Aretha. Cantó de manera ardiente 'Sweet Sixteen' que justificó toda la velada. Su concatenación de éxitos ('Ain't No Way', 'Chain of Fools' y 'Baby, I Love You') sonó con frescura. Cantaba como si le diera las gracias a la vida. En el *Chicago Tribune*, Bob Gendron comentó que «amasaba las notas, acortándolas y alargándolas a su antojo, expresando lamentos ásperos para llegar a finales climáticos». Era maravilloso verla recurrir a sus viejos recursos.

501

Al terminar, estuvimos hablando de la película sobre su vida. «Si Halle Berry no quiere hacer de mí, hay muchas actrices que matarían por el papel. Seguimos con el proyecto y las audiciones».

«Habla de la película como si el proyecto estuviera a punto», decía Dick Alen, que también estuvo en el concierto de Chicago. «El caso es que ningún estudio ni nadie ha mostrado interés en financiarla. Es otro de sus proyectos fantasiosos».

En los proyectos más viables (como el interés de Alan Elliott de sacar *Amazing Grace*, el magnífico film de Sydney Pollack con la actuación de 1971), se mostraba menos cooperadora.

«Para mí es una película fundamental de la música popular estadounidense», me señalaba Elliott. «Me propuse hacer lo que fuera para estrenarla. Estuve cinco años detrás de Aretha. Le ofrecí la mitad de los beneficios, pero me dijo que prefería un anticipo de un millón de dólares. Conseguí financiación y se lo ofrecí, y entonces me pidió también la mitad de las ganancias. Iba aumentando sus exigencias según transcurrían las negociaciones. Pasó de un millón a tres, luego a cuatro y a cinco. Me presentó una demanda absurda para paralizar un estreno del que no se había dado ninguna fecha, al tiempo que alegaba que me estaba aprovechando del uso de su nombre, cuando había aumentado dos veces la hipoteca de mi casa para seguir con el proyecto. Espero que algún día lleguemos a un acuerdo y vea la luz una película que representa de manera única su genialidad». Mientras se compaginaba este libro, seguía sin estrenarse*.

A lo largo del verano de 2011, siguió con un calendario ligero de actuaciones, cantando en el festival de jazz de

---

* (*N. del E.*) Como hemos comentado en el capítulo 19, la película se estrenaría finalmente en 2018.

Toronto, así como en Wolf Trap, cerca de Washington D.C. Prefirió centrarse en los conciertos para volver a estar en forma.

No obstante, en agosto salió un artículo en *Billboard* que anunciaba la demanda de Norman West contra Aretha al no haber firmado un contrato de royalties por la canción 'Put It Back Together Again', compuesta por él para *A Woman Falling Out of Love*. West aseguraba que fue a juicio como último recurso, tras no llegar a ningún acuerdo con ella.

Aretha, tremendamente molesta, sacó una nota de prensa: «Dicho de un modo fino, me resulta increíble que Norman West haya tenido la osadía de presentar una demanda contra Springtime Publishing, tras haberle ayudado y asesorado personalmente durante los últimos quince años.

»He ayudado a Norman West a ser una persona importante en la industria musical, a ganarse la vida con esto y he usado varias canciones suyas en mis CDs, haciendo que grabasen sus canciones otros artistas».

Llamé a West hace poco para saber si se había resuelto el asunto y declinó hacer comentarios.

En septiembre, Aretha apareció con Tony Bennett en su CD *Duets II*, con el tema 'How Do You Keep the Music Playing?'.

Al mes siguiente cantó 'Precious Lord' en la inauguración en Washington del monumento a Martin Luther King.

Ese mismo mes, el *New York Times* publicó que Aretha cantó en una boda de la alta sociedad en el restaurante Four Seasons de Manhattan: se casaban dos hombres, Bill White y Bryan Eure.

Tres meses después, el 6 de enero de 2012, anunció por sorpresa a Associated Press su intención de casarse en verano con Willie Wilkerson, añadiendo que quería contar con las actuaciones de Smokey Robinson, Stevie

Wonder y la cantante góspel Karen Clark. Decía que ella misma se encargaría de los preparativos, ya que no pensaba contratar a nadie para ese cometido.

«La cantante reconoce haber tenido en el pasado una "relación íntima" con otra persona famosa», señalaba la nota de AP, citando a Aretha: «Era presentador de un programa nocturno. Ahora me alegro de que entonces no saliera bien, y tenía delante de mí lo que buscaba. Somos muy compatibles, nos apoyamos mutuamente, hacía mucho tiempo que nadie me atendía tan bien. Los hombres siempre me han tratado bien, pero con Will es especial».

En opinión de su cuñada Earline, todo era un cuento: «Bendita Aretha, cuando lleva tiempo sin aparecer en los medios, se las apaña para volver a salir. Eso de la boda fue un invento, a Will le sentó fatal al enterarse. Es un buen tío y buen amigo, pero tiene otras mujeres, no tenía intención de casarse con ella y nunca se lo pidió. Y la historia con Tavis Smiley, bueno, era otra fantasía recurrente».

Dos semanas más tarde, Tracey Jordan, publicista de Aretha, sacó la siguiente declaración pública:

«Con mucho pesar, queremos decirles a nuestros amigos y fans lo siguiente: Will y yo hemos llegado a la conclusión de que íbamos muy rápido y que no habíamos pensado bien las cosas. La boda no se llevará a cabo. No haremos más comentarios al respecto, debido a la naturaleza personal del asunto».

Tras el malentendido, rehicieron la amistad y se les vio juntos en diversos actos. Aretha siguió saliendo en los medios para asegurarse de la vigencia de un reinado que llegaba a su sexta década.

39
LA GRAN REINA

Cuando Whitney Houston falleció en Los Ángeles el 11 de febrero de 2012, Aretha hizo una declaración: «Ahora no tengo palabras. No me lo puedo creer, no me lo creía cuando he visto la noticia en la televisión. Mi corazón está con Cissy, su hija Bobbi Kris, su familia y Bobby». Dos días después, en un concierto privado en Charlotte (Carolina del Norte), dijo de Whitney que era «una de las cantantes más grandes que había escuchado ante un micrófono». En una entrevista con Al Roker poco antes del funeral, recordaba cuando la conoció siendo una niña de diez años: «Y dije: "¡Ay, cómo canta esta niñita! ¡Cómo canta la niña de Cissy!"».

Aretha actuó en el Radio City Music Hall la víspera del entierro, que se llevaría a cabo cerca, en Newark (Nueva Jersey). Durante el concierto, interpretó dos temas de Whitney, 'I Will Always Love You' y 'The Greatest Love of All'. Tuvo que esforzarse con esas baladas tan difíciles, pero las cantó de manera muy emotiva.

Aunque se la esperaba en el funeral oficiado en la iglesia baptista de la Nueva Esperanza, no asistió. Según excusó Tracey Jordan, estaba aquejada de espasmos musculares y calambres en las piernas.

«Quería haber ido», decía su prima Brenda Corbett. «Le había pasado factura la presión de sus últimos conciertos y se encontraba fatal. No se olvidó de honrar a

Whitney, ya que, en todos los conciertos que daría en adelante, se sentaría al piano para interpretar 'I Will Always Love You', a modo de sentido homenaje».

A lo largo del año, Aretha escribió generosos homenajes por los fallecimientos de sus colegas Etta James, Don Cornelius, Donna Summer y Dick Clark.

«Le afectaron mucho esas muertes», comentaba su cuñada Earline. «Llegaron una tras otra. Aretha, no obstante, tiene su forma particular de afrontar el duelo, inventándose alguna noticia buena sobre su vida».

Convocó a la prensa a su 70 cumpleaños, celebrado en marzo en el hotel Helmsley Park Lane de Manhattan. Clive Davis se sentó en su mesa. «He vuelto a firmar con Clive», le comentó a un periodista, haciendo así las paces con el hombre que fraguó su resurrección en los años 80 y era ahora ejecutivo de Sony Records. Durante los siguientes meses se anunciaría que trabajaría con los productores Kenny «Babyface» Edmunds y Nate «Danja» Hills y grabaría versiones de las grandes divas del pop de antaño, un proyecto que llevaba el elevado sello comercial de Clive Davis. En el momento de escribir estas líneas, no ha comenzado la producción.

«Llevo 42 años grabando coros con mi prima», me decía Brenda. «A día de hoy, sigo sin saber si va a contar conmigo o no para el próximo disco o concierto. Pueden pasar meses sin saber nada de ella si se enfada conmigo por algún motivo. Entonces me llama como si no hubiera pasado nada. Hace lo mismo con Sabrina, Earline y Tiffany, la hija de Earline. Y no solo con la familia, actúa igual con quienes trabajan para ella. Por ejemplo, una vez despidió a H.B. Barnum, su director musical durante décadas y una persona que siempre había estado ahí en los momentos más difíciles. Le pregunté el motivo y me contestó que no fue a verla ni la llamó cuando estuvo en el hospital. Le contesté que sí que había llamado y que le había enviado flores, que había mostrado mucha preocupación por ella. No me escuchó, lo había despedido y no había más que hablar».

En abril se desvinculó de la agencia de representación William Morris Endeavor y se cambió a ICM, además de continuar con su proceso de despedir y volver a contratar a dos publicistas, Gwendolyn Quinn y Tracey Jordan.

Siguió ofreciéndole a la prensa pequeñas noticias sobre la película, como la posibilidad de contar con Audra McDonald, la célebre cantante de Broadway de voz operística, para el papel principal. Eso sí, no había guion, director ni estudio que financiase el proyecto.

En junio asistió a una cena, de 40.000 dólares el cubierto, para recaudar fondos para la campaña de reelección de Barack Obama, que se celebró en casa de Sarah Jessica Parker. Después se fue en el autocar a Nueva Orleans para participar en el festival Essence. «La actuación de Aretha Franklin no remontó el vuelo», según resumió Ben Ratliff en el *New York Times*. «Estuvo llena de silencios incómodos».

Pocos días después asistí al concierto increíblemente breve que dio en el teatro Nokia de Los Ángeles. Le faltaba el aire y no estaba bien. Hablamos después y me confirmó que se encontraba mal, que tenía muchas ganas de llegar a su casa, pese al temor que le daba el largo viaje por carretera. También me comentó que quería volver a Hollywood y salir en televisión. La agencia Reuters anunció que «la Reina del Soul Aretha Franklin dijo el sábado que quiere participar de jurado en *American Idol*, días después de que Jennifer Lopez y Steven Tyler declararan que no participarían más en el programa de la Fox».

Durante las siguientes semanas, siguió manifestando su interés en la prensa declarando que era la persona ideal, aunque nunca llegó la invitación.

Se pasó el principio de año en Detroit. En marzo de 2013, a los 71 años de edad, viajó a Nueva York. Asistí al concierto que dio un sábado en el Performing Arts Center de Newark. El público se componía de negros y blancos, con una edad media entre los 55 y los 70 años. El recinto estaba lleno de fans de Aretha. El alcalde de Newark, Corey Booker, la presentó de forma muy elogiosa, confesando que, de niño, la voz de Aretha le había hecho conectar con la divinidad. Comentó que sus canciones estaban en el centro de nuestra conciencia colectiva y le dio paso lleno de emoción. Sin embargo, no apareció. Tardó cuarenta minutos en hacer acto de presencia.

Salió con un abrigo de visón blanco que se quitó al instante para tirarlo al suelo. Willie Wilkerson lo recogió y retiró del escenario. No le favorecía nada el conjunto plateado sin mangas que lucía. Había ganado mucho peso en los últimos meses. Acompañada de una big band, recordó algunos éxitos del pasado, como 'Baby I Love You', 'Think' o 'Natural Woman'. Tenía la voz desgastada, pero conservaba los tonos graves. A la voz le faltó emotividad hasta que llegó a 'Sweet Sixteen', de B.B. King. Cantó de manera divina el blues tradicional de doce compases, un milagro solo a la altura de los mejores artistas de R&B, uniendo lo terrenal con lo sagrado y celestial, atreviéndose con un pequeño baile y sin preocuparse de que se le cayeran las tiras del sostén. Recordaba las alabanzas de B.B. King en la iglesia de su padre y mencionó sus días de gloria en los estudios de Atlantic en Manhattan, en la época dorada del soul, para dar paso a 'Ain't No Way', con Brenda cantando tras ella las notas altas. Tras veinte minutos de actuación, salió del escenario. Durante los diez minutos de descanso, la banda tocó 'Got to Get It Up', de Marvin Gaye, mientras el público se movía sin cesar.

La segunda parte del espectáculo empezó con Aretha contando un chiste sobre un perro hablador que no tenía ninguna gracia. El público emitió un leve quejido. No entiendo por qué insistía en hacer esas cosas, pero era su concierto, organizado, producido y ejecutado según sus pautas. Cantó un par de éxitos más, 'The House that Jack

Built' y 'Call Me', y después se sentó al piano para rendirle homenaje a Whitney Houston con 'I Will Always Love You'. La cantó despacio, de forma exquisita, convirtiendo la balada sentimental en un canto fúnebre góspel. Le dedicó al alcalde, que se había ido ya, el tema 'Make Them Hear You', del musical *Ragtime*, lo que me recordó que, cincuenta y tres años antes, durante su primera sesión de grabación en 1960 en Columbia, cantó un tema similar, 'Are You Sure', del musical *The Unsinkable Molly Brown*. Intentaba complacer al público mayoritario con los géneros más populares, si bien la Aretha de 71 años no era la misma de cuando tenía 18.

Antes de concluir con la inevitable 'Respect', dio paso a 'It's about Time for a Miracle', el tipo de tema religioso bailable que su idolatrada Clara Ward interpretaba en los años 50 en cabarets de jazz y salas de Las Vegas mientras la Aretha preadolescente cantaba góspel con su padre.

Fue un concierto corto, duró unos 45 minutos. Estuvo bien en algunos momentos y llamaba la atención su fraseo, aunque sonaba fatigada. Leyó las canciones con su habitual perspicacia e inteligencia. Mención aparte merece la escenografía, con proyecciones de diapositivas de fotos familiares y el número de *Rolling Stone* que la elegía la mejor cantante de todos los tiempos. Aquello parecía una fiesta de fin de curso del instituto.

Los fans, siempre fieles, la ovacionaron en pie. Se había entregado por completo. Anunció después que iba a dar una gira en verano, aunque luego la cancelaría por el empeoramiento de su estado de salud. Siguió empeñada en no mencionar la enfermedad.

Su tenacidad era inagotable. Volvió a los escenarios a finales de 2013 para cantar en un casino de Detroit. Apenas cantó media hora, pero cantó. Cerró conciertos para enero en el Radio City Music Hall y anunció a la prensa que iba a grabar un disco nuevo con versiones de canciones de otras divas, con la supervisión de Clive Davis y la producción de Babyface y Don Was. Era admirable su entrega y valor incluso afrontando una grave enfermedad.

Contemplando aquellos breves conciertos, no sentía más que tristeza al ver a una artista que era la sombra de lo que había sido. Por otro lado, también sentía admiración por su fuerza de voluntad. Me venía a la cabeza lo que debería hacer: soñaba con que diera un concierto acompañada solo de un trío de jazz, interpretando canciones de George Gershwin y Cole Porter y baladas de Percy Mayfield. Quería verla cantando al piano sus mejores canciones y las de Thomas A. Dorsey, James Cleveland y Curtis Mayfield, que pusiera su carrera en manos de los mejores productores, los del gusto musical más refinado, que se olvidase de estar siempre en las listas de éxito y de gente como Clive Davis, obsesionado más por las ventas que por la calidad musical. En definitiva, quería que fuera una artista, y mujer, completamente diferente.

Me acordé entonces de que mi trabajo consistía no solo en contar su historia, sino también intentar entenderla y aceptarla como es.

¿Y cómo es?

¿Quién es Aretha Franklin?

Es la tercera de cuatro hermanos brillantes, descendientes de dos genios: la madre (en el terreno de la canción) y el padre (en el del canto religioso).

Es una niña que vivió el abandono de su madre del hogar familiar, escapando de un padre respetado en la comunidad religiosa negra como una figura progresista e implicada social y políticamente.

Una niña que sufre de joven la muerte de su madre y se dedica a buscar el amor materno en todas las mujeres que se relacionan con su padre.

Y pese a que sus hermanos tenían también talento para la música, es ella quien posee una voz de oro, la favorita de su padre, que la saca a cantar, cuando apenas llega a la adolescencia, en las ceremonias de góspel que les labran a ambos una gran reputación entre la comunidad afroamericana.

Es una mujer que, en plena adolescencia, alumbra a dos hijos.

Una mujer que llega a la veintena con su padre metiéndola en la industria del espectáculo y firmando un contrato con la principal compañía discográfica.

Una joven que, también a esa edad, se casa con un hombre con fama de mujeriego, que lleva su carrera con mano dura.

Desencantada por no lograr el éxito, cambia de compañía y alcanza el estrellato con una serie de discos únicos en la historia de la música estadounidense.

Es la superestrella que se convierte en la voz musical del movimiento de los derechos civiles y en un icono musical, y todo antes de cumplir los 30.

Con el frenesí de una ajetreada vida personal y profesional, la nombran Reina del Soul y tiene que combatir el alcoholismo y la depresión.

Inaugura su reinado mudándose de Detroit a Los Ángeles, donde no encuentra la estabilidad doméstica ni la fama en el mundo del cine.

En la segunda mitad de los años 70, cuando dejan de llegar los éxitos, la Reina da palos de ciego intentando reinventarse como diva de la cultura disco.

La Reina cambia de sello y mentor y no renuncia al trono al conquistar nuevos éxitos con la ayuda de productores de la era posterior a la música de discoteca.

En los años 80 sufre la trágica muerte de su padre junto con la de sus dos queridos hermanos. Abandona Hollywood y su frustrada carrera cinematográfica para instalarse ya de por vida en las urbanizaciones más adineradas de Detroit.

Al cumplir los cincuenta, sesenta y setenta, se centró en estar musicalmente al día. Se rodea de productores más jóvenes y compañeros para grabar duetos, logrando unas ventas que, pese a no llegar a las cuotas de calidad de sus trabajos anteriores, le bastan para seguir en la brecha.

En esos años también se acrecientan sus fobias al no tener la ayuda de las dos personas en quienes más confiaba, su padre y su hermano. La Reina no se subirá a ningún avión ni viajará en autobús con tormenta o por parajes montañosos. Aprende a sobrellevar las fobias con el control, conjuga el pavor incontrolable con el control obsesivo de su carrera.

Cuando cae enferma, teme que el público conozca su dolencia y se limita a decir que no tiene nada grave. Intenta controlar lo que publican los medios. Cuando lleva tiempo sin aparecer en la prensa, su temor se centra en que el público se olvide de ella, con lo que, para evitarlo, se inventa historias de amoríos, planes de boda o proyectos de películas sobre su vida.

El miedo a quedarse sin dinero lo manifiesta llevando el bolso en el escenario y sin quitarle el ojo de encima.

En su cabeza, el control es el antídoto contra el miedo. Contrata, despide y vuelve a contratar una retahíla de publicistas, agentes y representantes porque, cuando han cumplido su cometido, es incapaz de delegar y renunciar al control. Es por eso que monta su propio sello y se encarga de las labores de producción y marketing.

Tras el fracaso de esta decisión, no asume ninguna responsabilidad, la autocrítica no es su fuerte. Con el tiempo ha ido mejorando las excusas que se pone. Al final, cuando no le queda más remedio que volver a pedir ayuda, nadie se la niega. Al fin y al cabo, es Nuestra Gran Reina.

La Reina es la última superviviente, un símbolo de fortaleza que combate los achaques físicos y la depresión. Siempre sigue adelante, sin importarle las adversidades.

Hoy me la imagino paseando por su extensa mansión de las urbanizaciones boscosas de Detroit. Tiene una fotografía imponente de su padre, joven y pletórico, que le recuerda el linaje de artistas al que pertenece. Contempla esa fotografía y las de sus hermanos fallecidos, Erma, Cecil, Carolyn y Vaughn. Vive absorta en los recuerdos y se centra en los buenos para no pensar en los malos. Busca la paz sentándose al piano y deslizando los dedos por el teclado. A continuación, cierra los ojos y canta. Y encuentra la paz. Escucha su voz llena de claridad y pureza, una voz un poco ajada por la edad, pero inmortal. Su voz.

AGRADECIMIENTOS

Roberta Ritz y Aaron Cohen me ayudaron desinteresadamente a ofrecerme una perspectiva crítica. Les estoy enórmemente agradecido por ello.

Toda mi gratitud para Michael Pietsch, para mi magnífico editor John Parsley, para mi magnífico agente David Vigliano, para Malin von Euler-Hogan, para mis numerosos entrevistados, con especial mención a Earline Franklin, Brenda Corbett y Sabrina Owens, así como a Dick Alen y Alan Elliott.

Con todo el amor para mi familia: Roberta, Alison, Jessica, Charlotte, los Nin, James, Isaac, Henry, Jim, Esther, Elizabeth y todos los sobrinos y sobrinas.

Con todo el amor para mis amigos Alan Eisenstock, Harry Weinger, Herb Powell y toda la gente de Tuesday-morning.

Gracias a David Freeland, cuyo trabajo con Ruth Bowen me ayudó a entender su compleja y brillante personalidad.

Y te doy las gracias a ti también, mi Señor Jesucristo.

BIBLIOGRAFÍA

Bego, Mark. *Aretha Franklin: Queen of Soul.* New York: Da Capo, 1989.

How Sweet the Sound: The Golden Age of Gospel. Washington, D.C.: Elliott & Clark, 1995.

Branch, Taylor. *At Canaan's Edge: America in the King Years, 1965-1968.* New York: Simon & Schuster, 2006.

Charles, Ray, & David Ritz. *Brother Ray.* New York: Dial Press, 1978.

Carpenter, Bill. *Uncloudy Days: The Gospel Music Encyclopedia.* San Francisco: Backbeat Books, '05.

Cohen, Aaron. *Amazing Grace.* New York: Continuum, 2011.

Cohodas, Nadine. *Queen: The Life and Music of Dinah Washington.* New York: Pantheon, 2004.
Cole, Natalie, con Digby Diehl.
Angel on My Shoulder: An Autobiography. New York: Grand Central Publishing, 2000.

Cole, Natalie, con David Ritz. *Love Brought Me Back: A Journey of Loss and Gain.* New York: Simon & Schuster, 2010.

Davis, Clive, con Anthony DeCurtis. *The Soundtrack of My Life*, New York: Simon & Schuster, 2012.

Dobkin, Matt. *I Never Loved a Man the Way I Love You: Aretha Franklin, Respect and the Making of a Soul Music Masterpiece.* New York: St. Martin's Griffin, 2004.

Farley, Charles. *Soul of the Man: Bobby "Blue" Bland.* Jackson, MS: University Press of Mississippi, 2011.

Freeman, Scott. *Otis! The Otis Redding Story.* New York: St. Martin's Press, 2001.

Franklin, Aretha, y David Ritz. *Aretha: From These Roots.* New York: Villard, 1999.

Franklin, Rev. C.L. *Give Me This Mountain: Life History and Selected Sermons.* Jeff Todd Tilton, ed. Urbana: University of Illinois Press, 1989.

Heilbut, Anthony. *The Fan Who Knew Too Much: Aretha Franklin, the Rise of the Soap Opera, Children of the Gospel Church and Other Meditations*. New York: Knopf, 2012.

Heilbut, Tony. *The Gospel Sound: Good News and Bad Times*. New York: Simon & Schuster, 1975.

James, Etta, y David Ritz. *Rage to Survive*. New York: Villard, 1995.

Jones, Quincy. *Q: The Autobiography of Quincy Jones*. New York: Doubleday, 2001.

Kelley, Robin D. G. *Thelonious Monk: The Life and Times of an American Original*. New York: Free Press, 2009.

King, B.B., con David Ritz. *Blues All Around Me: The Autobiography of B.B. King*. New York: Avon Books, 1996.

Knight, Gladys. *Between Each Line of Pain and Glory: My Life Story*. New York: Hyperion, 1997.

LaVette, Bettye, con David Ritz. *A Woman Like Me*. New York: Blue Rider Press, 2013.

Pleasants, Henry. *The Great American Popular Singers*. New York: Simon & Schuster, 1974.

Prial, Dunstan. *The Producer: John Hammond and the Soul of American Music*. New York: Farrar, Straus and Giroux, 2006.

Richards, Keith, con James Fox. *Life*. New York: Little Brown & Company, 2010.

Ritz, David. *Divided Soul: The Life of Marvin Gaye*. New York: McGraw-Hill, 1985.

Robinson, Smokey, con David Ritz. *Smokey: Inside My Life*. New York: McGraw-Hill, 1989.

Salvatore, Nick. *Singing in a Strange Land: C.L. Franklin, the Black Church, and the Transformation of America*. New York: Little, Brown and Company, 2005.

Schwerin, Jules. *Got to Tell It: Mahalia Jackson, Queen of Gospel*. New York: Oxford University Press, 1992.

Seymour, Craig. *Luther: The Life and Longing of Luther Vandross*. New York: HarperCollins, 1994.

Ward-Royster, Willa, conversación con Toni Rose. *How I Got Over: Clara Ward and the World-Famous Ward Singers*. Philadelphia: Temple University Press, 1997.

Wexler, Jerry, and David Ritz. *Rhythm and the Blues: A Life in American Music*. New York: Knopf, 1993.

SELECCIÓN DISCOGRÁFICA

Álbum de Chess Records
Songs of Faith
(1957)

Álbumes de Columbia Records
Aretha
(1961)
The Electrifying ArethaFranklin
(1962)
The Tender, The Moving,
The Swinging Aretha Franklin
(1962)
Laughing on the Outside
(1963)
Unforgettable:
A Tribute to Dinah Washington
(1964)
Runnin' Out of Fools
(1964)
Yeah!!! In Person With Her
Quartet
(1965)
Soul Sister
(1965)
Take It Like You Give It
(1967)
Aretha Franklin's Greatest Hits
(1967)
Take a Look
(1967)

Aretha Franklin's Greatest Hits
Vol.II
(1968)
Soft and Beautiful
(1969)
Today I Sing the Blues (1969)
In the Beginning: The World of
Aretha Franklin 1960-1967
(1972)
Aretha: The First 12 Sides
(1972)
Aretha Franklin: Legendary
Queen of Soul
(1981)
The Queen in Waiting: The
Columbia Years 1960-1965
(2002)
Take a Look: Aretha Franklin
Complete on Columbia
(*Columbia,* 2011, caja; incluye
DVD *Aretha '64! Live on the*
Steve Allen Show)

Álbumes de Atlantic Records
I Never Loved a Man the Way
I Love You
(1967)
Aretha Arrives
(1967)
Lady Soul
(1968)
Aretha Now
(1968)
Aretha in Paris
1968)
Aretha Franklin: Soul '69
(1969)
Aretha's Gold
(1969)
This Girl's in Love With You
(1970)
Spirit in the Dark
(1970)

Aretha Live at Fillmore West
(1971)
Young, Gifted and Black
(1972)
Amazing Grace
(1972, álbum doble)
Hey Now Hey
(The Other Side of the Sky)
(1973)
Let Me in Your Life
(1974)
With Everything I Feel in Me
(1974)
You
(1975)
Sparkle
(1976)
Sweet Passion
(1977)
Almighty Fire
(1978)
La Diva
(1979)
Aretha's Jazz
(1984)
Aretha Franklin:
30 Greatest Hits
(1986, álbum doble)
Amazing Grace:
The Complete Recordings
(1999, álbum doble)

Álbumes de Arista Records
Aretha
(1980)
Love All the Hurt Away
(1981)
Jump to It
(1982)
Get It Right
(1983)
Who's Zoomin' Who
(1985)
Aretha

(1986)
One Lord, One *Faith,*
One Baptism
(1987, álbum doble)
Through the Storm
(1989)
What You See Is What You
Sweat
1991)
Aretha Franklin Greatest Hits
1980-1994
(1994)
A Rose is Still a Rose
(1998)
So Damn Happy
(2003)
Jewels in the Crown:
All-Star Duets with the Queen
(2007)
Knew You Were Waiting:
The Best of Aretha Franklin
1980-1988
(2012)

Álbum en Aretha's Records
A Woman Falling Out of Love
(2011)

Álbumes en Rhino Records
Aretha Franklin: Queen of Soul:
The Atlantic Recordings
(1992, box set)
Rare & Unreleased Recordings
from the Golden Reign of the
Queen of Soul
2007, álbum doble)
Oh Me Oh My:
Aretha Live in Philly, 1972
(2008)
This Christmas
(2009)

Apariciones en otros álbumes

*Here's Johnny: Magic
Moments from the Tonight
Show*Johnny Carson
(*Casablanca Records,* 1974)
'Until You Come Back to Me
(That's What I'm Gonna Do')

*The Blues Brothers:
Original Soundtrack Recording,*
VVAA
(*Atlantic,* 1980)
'Think'

Be Yourself Tonight
Eurythmics
(*RCA,* 1985)
'Sisters Are Doin' It for
Themselves'

*Malcolm X: Music from the
Motion Picture Soundtrack,*
varios artistas
(*Qwest,* 1992)
'Someday We'll All Be Free'

A Very Special Christmas 2,
varios artistas
(*A&M Records, 1992*)
'O Christmas Tree'

Duets
Frank Sinatra
(Capitol, 1993)
'What Now My Love'

*Sister Act 2: Back in the Habit—
Songs from the Original Motion
Picture Soundtrack,* varios
artistas
(Hollywood Records, 1993)
'A Deeper Love'

*Grammy's Greatest Moments
Volume II,* varios artistas
(*Atlantic,* 1994)
'Respect'

*Grammy's Greatest Moments
Volume III,* varios artistas
(Atlantic, *1994*)
'Bridge over Troubled Water'

A Tribute to Curtis Mayfiel,
varios artistas
(*Warner Brothers Records,*
1994)
'The Makings of You'

*Tapestry Revisited:
A Tribute to Carole King,*
varios artistas
(*Atlantic,* 1995)
'You've Got a Friend'

*Waiting to Exhale:
Original Soundtrack Album,*
varios artistas
(*Arista, 1995*)
'It Hurts Like Hell'

*Jumpin' Jack Flash:
Original Movie Soundtrack,*
varios artistas
(*Musicrama,* 1995)
'Jumpin' Jack Flash'

*Diana Princess of Wales
Tribute,* varios artistas
(*Sony,* 1997, álbum doble)
'I'll Fly Away'

*Blues Brothers 2000:
Original Motion Picture
Soundtrack* by Various Artists
(*Universal,* 1998)
'Respect'

VH1 Divas Live, varios artistas
(*Sony*, 1998)
'Chain of Fools', 'A Natural
Woman', 'Testimony'

Mary
Mary J. Blige
(*MCA Records*, 1999)
'Don't Waste Your Time'

Ali: Original Soundtrack
(*Interscope*, 2001)
'Ain't No Way'

Forrest Gump:
The Soundtrack—Special
Collectors' Edition
(*Sony, 2001*, álbum doble*)*
'Respect' [1967]

So Amazing:
An All-Star Tribute to Luther
Vandross, varios artistas
(*J Records*, 2005)
'A House Is Not a Home'

I Gotta Make It
Trey Songz
(*Atlantic*, 2005)
'Message from Aretha',
'Gotta Make It (Remix)'

Bobby [banda sonora de la
película], varios artistas
(*Island Def Jam*, 2006)
'Never Gonna Break My Faith'

Duets II
Tony Bennett
(*Columbia*, 2011)
'How Do You Keep the Music
Playing?'

Selección de álbumes del
reverendo C. L. Franklin

Hannah the Ideal Mother
(*Atlanta International*, 2006)

The Best of Rev. C. L. Franklin
(*Jewel Records*, 2010)

Álbumes de Erma Franklin

Super Soul Sister
(*Brunswick Records*, 2003)

Piece of Her Heart: The Epic
and Shout Years
(*SHOUT! Records*, 2009)

Álbumes de Caroline Franklin
Baby Dynamite!
(*RCA*, 1969)
Sister Soul: The Best of the RCA
Years 1969-1976
(*Ace Records, 2006*)

SELECCIÓN DE VIDEOGRAFÍA Y FILMOGRAFÍA

Las fechas entre corchetes corresponden a la fecha original de entrega del material.

Aretha Franklin Live at Park West
(*Image Entertainment*, 1985)

The Blues Brothers
[Collectors' Edition]
(Universal, 1998)
'Think' [1980]

The Blues Brothers 2000
(*Universal*, 1998)
'Respect'

VH1 Divas Live
(*Sony*, 1998)
'Chain of Fools'
'Natural Woman'

Eurythmics: Greatest Hits
(*BMG*, 2000)
'Sisters Are Doin' It for Themselves'

25 Years of Hits:
Arista Records 25th
Anniversary
(*Sunset Home Visual*
Entertainment, 2000)
'I Knew You Were Waiting (For Me), 'It Hurts Like Hell' y 'Freeway of Love' [medley]

Ladies and Gentlemen:
The Best of George Michael
(*Sony*, 2000)
'I Knew You Were Waiting (For Me)'

Rhythm, Love and Soul
(*SHOUT! RECORDS*, 2003)
'Respect'
'At Last'
'Freeway of Love'

More Rhythm, Love and Soul
(*SHOUT! RECORDS*, 2003)
'Chain of Fools'

This Is Tom Jones
(*Time Life*, 2007, álbum triple)
'I Say a Little Prayer' [1970]
'The Party's Over' [1970]

Take a Look: Aretha Franklin
Complete on Columbia
(*Columbia*, 2011, box set)
Includes DVD *Aretha '64! Live*
on the Steve Allen Show
'Lover Come Back to Me' [1964]
'Rock-A-Bye Your Baby with
a Dixie Melody' [1964]
'Won't Be Long' [1964]
'Skylark' [1964]
'Evil Gal Blues' [1964]

Aretha Franklin:
Live in Paris [1977]
(*Hudson Street*, 2011)

Tony Bennett: Duets II—
The Great Performances
(*Sony*, 2012)

FILMOGRAFÍA

The Blues Brothers
(Universal, 1980)

The Blues Brothers 2000
(*Universal,* 1998)

The Zen of Bennett
(*Columbia,* 2012)
[Documental]

Libros del Kultrum le agradece el tiempo dedicado a la lectura de esta obra. Confiamos en que haya resultado de su agrado y le invitamos a que, si así ha sido, no deje de recomendarlo a otros lectores.

Puede visitarnos en www.librosdelkultrum.com, en Facebook, en Twitter y en Instagram donde encontrará información sobre nuestros proyectos; y desde donde le invitamos a hacernos llegar sus opiniones y recomendaciones.

TÍTULOS PUBLICADOS KULTRUM

W
O
M